Wirtschafts- und EDV-Lexikon

Von

Dr. Alfred Kyrer

o. Univ.-Prof.

2. Auflage

R. Oldenbourg Verlag München Wien

CIP-Titelaufnahme der Deutschen Bibliothek

Kyrer, Alfred:
Wirtschafts- und EDV-Lexikon / von Alfred Kyrer. – 2. Aufl. –
München ; Wien : Oldenbourg, 1988
ISBN 3-486-20810-1

NE: HST

Gesamtherstellung: R. Oldenbourg Graphische Betriebe GmbH, München

ISBN 3-486-20810-1

Vorwort

Für jedes Fachgebiet ergibt sich von Zeit zu Zeit die Notwendigkeit, den jeweils verwendeten Begriffswortschatz zu sichten, zu überprüfen und an neue Erfordernisse anzupassen.

Im Gegensatz zu anderen einschlägigen Publikationen wurden in dieses Handlexikon der Wirtschaft auch Begriffe aus den Grenzgebieten der Wirtschaftswissenschaften, insbesondere der EDV, Statistik, Mathematik und Rechtswissenschaft einbezogen, da sich immer mehr zeigt, daß in vielen Situationen nur fachübergreifende Problemlösungen zielführend sind.

Mit dem vorliegenden Handlexikon der Wirtschaft werden insoferne neue Wege beschritten als versucht wird, den Begriffsapparat nicht historisch-enzyklopädisch zu behandeln, was zwangsläufig eine breitere Darstellung erfordert, sondern einfach auf den konkreten Inhalt der jeweiligen Begriffe abzustellen und diesen möglichst kurz und verständlich zu definieren. Vielfach benötigt der Leser von Wirtschaftsinformationen einfach rasche Auskunft über einen Begriff und keine umfassende Abhandlung.

In den letzten drei Jahrzehnten haben relativ viele englischsprachige Fachausdrücke und Abkürzungen, die vielfach ebenfalls auf englische Bezeichnungen zurückgehen, in die Wirtschaftssprache Eingang gefunden. Diese Begriffe wurden daher ebenfalls aufgenommen, jedoch erfolgt die begriffliche Erklärung jeweils unter dem üblichen deutschen Begriff. Gibt es im Deutschen keinen passenden Begriff, so wurde der englische Begriff beibehalten und unmittelbar dieser definiert. Gewaltsame Eindeutschungen wurden also vermieden.

Es gibt nichts Frustrierenderes für den Benützer eines Lexikons als wenn er von Verweis zu Verweis eilt, ohne Konkretes über einen bestimmten Begriff zu erfahren. In diesem Handlexikon wurden daher Verweise in Form von Pfeilen nur in dem jeweils unbedingt notwendigen Umfang vorgenommen. Dabei signalisieren einfache Pfeile (→), daß der betreffende Begriff an anderer Stelle erläutert wird, ein zweifacher Pfeil (⇒) weist hingegen darauf hin, daß an anderer Stelle zusätzliche Information verfügbar ist, die jedoch zum Verständnis des jeweiligen Begriffes nicht unbedingt erforderlich ist.

Ausdrücke, die ausschließlich oder überwiegend in Deutschland, Österreich oder der Schweiz gebraucht werden, wurden durch ein (D), (A) oder (CH) näher gekennzeichnet.

Alles in allem soll dieses Lexikon zu etwas größerer „semantischer Hygiene“ beitragen, die in deutschen Landen noch immer nicht sehr stark verbreitet ist.

AAA
Auch als „Triple A“ bezeichnet. Dies ist die höchste Bonitätsstufe im Standard & Poor’s System. Unternehmen bzw. Länder dieser Gruppe liegen in Bezug auf Zinszahlung und Tilgung ihrer Anleihen weit über dem Durchschnitt.

ABC
Abk. für Advance Booking Charter.
Charterflüge, die im voraus gebucht werden müssen (spätestens 30 Tage vor Abflug) und einen Mindestaufenthalt erfordern (mindestens 7 Tage, maximal 6 Wochen).

ABC-Analyse
- Ursprüngliche Bedeutung im Bereich der Materialwirtschaft: Gliedern von Materialien oder Erzeugnissen in A-, B- und C-Teile. Dabei sind
  A-Teile: Die aus der Sicht des Umsatzes, des Gewinnes, des Deckungsbeitrages oder der Kosten wichtigen Produkte
  B-Teile: Die weniger wichtigen Produkte und
  C-Teile: Die unwichtigen Produkte mit geringem Umsatzanteil.
- Im übertragenen Sinn: Analysen betrieblicher Aufgaben, Arbeitsgegenstände usw. zeigen immer wieder, daß einige wenige von großer Bedeutung und viele weitere von insgesamt geringerer Bedeutung sind.

Abdecken
An der Terminbörse: Einen Leerverkauf (short sale) durch den Kauf der gleichen Quantität im gleichen Terminmonat auflösen.

Abfindung
- einmalige Geldentschädigung zum Abgelten von Rechtsansprüchen
- bei Wertpapieren: Ein Großaktionär oder eine andere Gesellschaft unterbreiten den restlichen („freien“) Aktionären einer AG den Vorschlag, ihre Aktien zu einem bestimmten Kurs anzukaufen. Gerüchte über diese Maßnahme können – wenn der Abfindungskurs lukrativ ist – zu steigender Nachfrage und damit steigenden Börsenkursen führen.

Abgabenerklärung (Bausparen) Ⓐ
Antrag auf Erstattung von Einkommens-(Lohn–)steuer für Beiträge an Bausparkassen (gem. §§ 108 und 114 EStG 1972).

Abgestufter Bevölkerungsschlüssel
Regelung im Rahmen des Finanzausgleichs die bewirkt, daß die größten Gemeinden eine doppelt so hohe Kopfquote erhalten wie die kleinsten.

Ab Kai
A.K. bedeutet, daß der Verkäufer die Ware dem Käufer am Kai des im Kaufvertrag vereinbarten Bestimmungsortes zur Verfügung stellen muß. Der Käufer muß alle Kosten und Gefahren der Beförderung der Ware bis zu diesem Ort tragen. Es gibt zwei A.K. Verträge, die benutzt werden, nämlich A.K. verzollt und A.K. (Zoll zu Lasten des Käufers); im zweiten Fall obliegt die Verpflichtung zur Zollabfertigung für den Import der Ware dem Käufer anstelle des Verkäufers. Die Parteien sollen immer die vollständige Klauselbezeichnung benutzen, nämlich A.K. verzollt, oder A.K. (Verzollung zu Lasten des Käufers), andernfalls besteht Ungewißheit, wer die Einfuhrabfertigung vornehmen muß.
Falls die Parteien wünschen, daß der Verkäufer die Einfuhrabfertigung der Ware vornehmen soll, aber daß einige Importkosten ausgeschlossen werden sollen – wie z.B. Mehrwertsteuer oder ähnliche Steuern – sollte dies durch einen Zusatz deutlich gemacht werden (d.h. ausschließlich Mehrwertsteuer und/oder Steuern).

Ablauforganisation
Teilgebiet der Organisation, das sich mit der räumlichen und zeitlichen Folge des Zusammenwirkens von Menschen, Betriebsmitteln und Arbeitsgegenständen bzw. Informationen beim Erfüllen von

Arbeitsaufgaben befaßt. Sie besteht in der Planung, Gestaltung und Steuerung von Arbeitsabläufen. Sie bringt die Arbeitsabläufe in allen Bereichen des Unternehmens in einen Ordnungszusammenhang, um dadurch ein möglichst wirtschaftliches und menschengerechtes Betriebsgeschehen zu erreichen.

Ablehnungsbox
Kassette im Geldausgabeautomat, zum Sammeln der Noten, die nicht ausgegeben werden können.

Abräumauftrag
Dauerauftrag zum Übertrag des gesamten Kontoguthabens bis auf einen angegebenen Restsaldo auf ein anderes Konto.

Abrechnungskurs
Kurs (Notiz), zu dem eine Abrechnung (z.B. von Wertpapieren) durchgeführt wird.

Abrufkommunikation
Auch hier handelt es sich um Kommunikation in einem Netz mit Sternstruktur, allerdings erfolgt die Kommunikation mit einer automatisierten Kommunikationszentrale. BTX-Zentralen ermöglichen, Nachrichten von einem Kommunikationspartner aufzunehmen und für den Abruf eines anderen zu speichern.

Absatz-Lag
Zeitabstand zwischen dem Anfallen des Outputs und der Unterbringung der Güter auf dem Markt.
Die über die augenblickliche Nachfrage hinausgehende Produktion geht in die Output-Lager. Über bestimmte Schwellenwerte hinausgehende Output-Lager haben Rückwirkungen auf die Investitions- und Produktionstätigkeit der betreffenden Unternehmen.

Abschichtung
Stufenweise Rückzahlung von Beteiligungskapital.

Ab Schiff
A.S. bedeutet, daß der Verkäufer dem Käufer die Ware an Bord des Schiffes in dem im Kaufvertrag vereinbarten Löschungshafen zur Verfügung stellen muß. Der Käufer muß alle Kosten der Lieferung der Ware bis zu diesem Ort tragen.

Abschlag
Ist vom Kassakurs abzuziehen und ergibt den Termin-Kurs.

Abschlagsdividende
Vorauszahlung auf die noch festzusetzende gesamte Dividende für das betreffende Geschäftsjahr (besonders in den USA üblich).

Abschlußbilanz
Am Ende des Geschäftsjahres erstellte Bilanz.

Abschreibung
Beträge, welche die Wertminderung des Anlagevermögens erfassen. Wertminderung tritt ein als Folge rein technisch bedingter Abnützung durch die Produktionstätigkeit (technische Abschreibung) bzw. infolge der ökonomischen Überlegenheit neuer Anlagen durch technischen Fortschritt (ökonomische Abschreibung). Davon zu unterscheiden ist die steuerrechtliche Abschreibung, bei welcher dem Investor die Möglichkeit eingeräumt wird, Investitionen als Betriebsausgaben von der zu versteuernden Besteuerungsmenge abzuziehen. In jeder Begriffsverwendung kann zwischen linearer, degressiver und progressiver Abschreibung unterschieden werden, je nach geschätzter Verteilung der Abschreibungsbeträge über die gesamte Nutzungsdauer.

Absonderung
1. Konkursrecht: Hier erfolgt eine A. jener Vermögensobjekte, an denen Gläubiger länger als 60 Tage vor der Konkurseröffnung Sicherungs- oder Befriedigungsrechte erlangt haben.
2. Erbrecht: Hier erfolgt eine A. des Nachlaßvermögens vor der Einantwortung und seine gesonderte Verwahrung und Verwaltung.

Absorptionsmatrix
Begriff aus der Input-Output-Analyse.
Die A. zeigt die gütermäßige Zusammensetzung der Vorleistungen jedes Wirtschaftsbereiches, also den Einsatz von Waren und Dienstleistungen für die laufende Produktion. Zeilenmäßig gelesen zeigt die A., in welchen Wirtschaftsbereichen ein bestimmtes Gut zum Einsatz gelangt, spaltenmäßig gelesen, welche verschiedenen Güter in einem Wirtschaftsbereich zum Einsatz gelangen. Die A. enthält keine Information über die Herkunft der Güter. Die A. ist wesentlich dichter besetzt als die Makematrix. Die Güterströme in der A. sind zu Produzentenpreisen ohne Mehrwertsteuer bewertet.

	Güterkonten	Produktionskonten	Endnachfrage	
Güterkonten		Absorptionsmatrix	Endnachfragematrix	Verwendung
Produktionskonten	Makematrix			Produktionserlöse
Importe	Importe			Primärinput
BIP		Wertschöpfungsmatrix		
	Aufkommen	Produktionskosten	Endnachfrage	

Abtretung
→ Zession

Ab Werk
A.W. bedeutet, daß die einzige Verantwortung des Verkäufers darin besteht, die Ware auf seinem Grundstück (d.h. das Lager oder die Fabrikationsstätte) zur Verfügung zu stellen. Er ist mangels anderer Vereinbarung nicht verpflichtet, die Ware auf das vom Käufer zu beschaffende Beförderungsmittel zu verladen. Der Käufer trägt alle Kosten und Gefahren, die mit dem Transport der Ware von diesem Ort zum Bestimmungsort verbunden sind. Die Klausel stellt eine Mindestverpflichtung für den Verkäufer dar.

Abwertung
Herabsetzen des Außenwertes einer Währung gegenüber anderen Währungen. Bei Wechselkursen wertet die Notenbank die Landeswährung ab, indem sie ihren Wert, ausgedrückt in Gold, Sonderziehungsrechten oder anderen Währungen herabsetzt. Bei schwankenden Wechselkursen (Floating) erfolgt die Abwertung auf den Devisenmärkten nach Angebot und Nachfrage.
Gegensatz: Aufwertung.

Abzinsen
Ermitteln des Gegenwartswertes zukünftiger Ausgaben und Einnahmen (Zeitwert der Ausgaben und Einnahmen, die nach dem Investitionszeitpunkt anfallen).

Abzinsung
Diskontierung aller einzelnen Beträge auf den Zeitpunkt der Anschaffung bzw. Inbetriebnahme einer Anlage.

ADA
Neuere Programmiersprache; aus Pascal hervorgegangen. Wurde durch Aktivitäten des Department of Defense in Washington initiiert und ist eine „allumfassende“ Sprache, die es erlauben soll, so-

wohl die Standardverarbeitungen im Bürobereich als auch in der Prozeßverarbeitung abzuwickeln. Bedingt durch den großen Druck des Militärs entstanden schnell vielfältige A.-Implementationen, insbesondere auch eine A.-Maschine; dies ist ein Computer, bei dem der Prozessor unmittelbar A.-Befehle ausführen kann. A. zeichnet sich durch besonders gute Lesbarkeit und Strukturierung aus, um den Austausch und die Verbreitung von Programmen zu vereinfachen.

Adhäsionsprinzip

Nach dem A. zieht die Kompetenz zur Regelung eines bestimmten Sachverhaltes eine weitere Kompetenz zur Regelung nicht ausdrücklich angeführter Sachverhalte nach sich.

Beispiel 1: Über Antrag eines Verletzten entscheidet das Strafgericht auch über den zivilrechtlichen Anspruch, der aus dem strafbaren Sachverhalt erwachsen ist.

Beispiel 2: Bund und Länder können nach dem A. im Rahmen ihrer Kompetenz der Erlassung materiellrechtlicher Normen auch die dem Vollzug dieser Zwangsnormen dienenden verfahrensrechtlichen Vorschriften erlassen.

Der ökonomische Hintergrund des A. ist darin zu sehen, daß nach Möglichkeit ⇒ Bewilligungskonkurrenzen vermieden und eine Verfahrenskonzentration erreicht werden soll.

Administrierte Preise

Durch einen mit Marktmacht ausgestatteten Entscheidungsträger (z.B. öffentliche Hand, Angebotsmonopole, Kartelle) festgesetzte oder kontrollierte Preise. Sie können daher von jenen Preisen abweichen, die durch das freie Zusammenspiel von Angebot und Nachfrage zustandekommen würden.

Änderungen der Marktverhältnisse wirken sich nicht unmittelbar bzw. nicht in einer dem Konkurrenzmodell entsprechenden Weise aus.

Administrierte Preise sind in der Regel inflexibel nach unten. Dagegen lassen sich Kostenerhöhungen im Bereich der administrierten Preise vergleichsweise leicht weitergeben. Hierin wird einer der Gründe für die modernen Inflationsphänomene gesehen (markup inflation; schleichende Inflation; Stagflation). Durch die öffentliche Hand administrierte Preise haben im Warenkorb des Preisindex für die Lebenhaltung ein hohes Gewicht. Wichtigste Bereiche sind: Öffentliches Verkehrswesen, Nachrichtenübermittlung, öffentliche Versorgung (Strom, Gas, Wasser). Teilweise öffentlich administriert werden die Preise z.B. im Nahrungs- und Genußmittelsektor (Agrarmarktordnung), Gesundheitswesen, Versicherungswesen, Wohnungssektor (Altbaumieten, Sozialmieten).

Adressbus

Leitungen zum Adressieren einer Speicherstelle. Ermöglicht die direkte Adressierung von 64 KB, 1 MB, 4 MB oder 16 MB oder mehr.

Adresse

Gibt den Ort an, an dem Daten im Computer gespeichert sind.

Adressierbereich

Die Gesamtheit aller Speicherstellen, auf die der Mikroprozessor direkt zugreifen kann.

Aggregation

Zusammenfassung gleichartiger Transaktionen oder Wirtschaftssubjekte zu makroökonomischen Aggregaten.

Agio

Bei Aktienemissionen wird häufig als „Preis" ein Wert festgelegt, der höher als der Nennwert ist. Der Prozentsatz, mit dem die Ausgabe den Nennwert überschreitet, nennt man A. Wird eine Obligation (Anleihe) am Ende der Laufzeit mit mehr als dem Nennwert getilgt, so spricht man hier ebenfalls von einem A. Das A. ist in diesem Fall ein Ausgleich für eine entsprechend niedrigere Verzinsung während der Laufzeit.

Agiobonus
Auf diese Weise wird den Aktionären ein Teil des Wertzuwachses zur Verfügung gestellt. Ausschüttung in Form von Aktien zu Lasten der Agiorücklagen.

Agiorücklagen
Rücklage, die dann entsteht, wenn eine Gesellschaft Aktien zu einem den Nennwert übersteigenden Preis ausgibt.

AKK (D)
Anstalt für Kabelkommunikation, Ludwigshafen.

Akkreditiv
Vertragliche Zusicherung eines Geldinstitutes
- für Rechnung des Auftraggebers
- innerhalb eines festgelegten Zeitraumes
- an einen bestimmten Empfänger
- gegen Übergabe vorgeschriebener Dokumente, die meistens die Lieferung einer Ware betreffen

einen bestimmten Betrag in einer vorgeschriebenen Währung zu zahlen.
Wird vom Importeur (= Käufer) veranlaßt; die Akkreditivbank (= Bank des Importeurs/Käufers) erhält den Auftrag, bei der Avisobank (= Bank des Exporteurs/Verkäufers) ein Akkreditiv zugunsten des Exporteurs zu eröffnen, d.h. bestimmte Dokumente von diesem entgegenzunehmen und dafür Zahlung zu leisten. In der Regel wird dieses Akkreditiv unwiderruflich eröffnet und in manchen Fällen auch durch die Avisobank bestätigt (hier haften für den Akkreditivbetrag sowohl die Akkreditiv- als auch die Avisobank).

Akquisition
Bemühungen eines Unternehmens, Kunden für die eigenen Produkte bzw. Dienstleistungen anzuwerben.

Aktie
An der Börse handelbares Wertpapier, das das Miteigentum an einer Aktiengesellschaft und den Anspruch auf einen aliquoten Anteil am ausgeschütteten Gewinn (Dividende) verbrieft. Neben den „normalen" Stammaktien gibt es bei manchen Aktiengesellschaften (z.B. Creditanstalt-Bankverein und Länderbank) Vorzugsaktien, deren Inhaber einen bevorzugten Anspruch auf Dividende, dafür aber oft in der Hauptversammlung der Aktiengesellschaft kein Stimmrecht haben. In Österreich sind Inhaberaktien üblich, die sich formlos übertragen (und anonym erwerben) lassen, im Ausland gibt es teilweise auch Namensaktien, deren Eigentümer bei der Gesellschaft in Evidenz gehalten werden. Für alle Arten von Aktien gilt, daß der Aktienkäufer Risikokapital bereitstellt, also auch an etwaigen Verlusten der AG partizipiert (indem die Dividende ausbleibt und/oder der Börsenkurs der Aktie sinkt).

Aktiengesellschaft
Die A. ist eine juristische Person.
- Leitungsbefugnis: Im allgemeinen Trennung von Leitung und Aktionären.
  - Vorstand: Ihm obliegt die Geschäftsführung; wird bestellt durch
  - Aufsichtsrat: Ihm obliegt die Kontrolle; wird gewählt von der
  - Hauptversammlung: Versammlung der Aktionäre.
- Haftung: Durch Gesellschaftsvermögen (nicht durch Privateigentum der Aktionäre), also auf Kapitaleinlagen beschränkt.
- Gewinn: Im allgemeinen auf Grund der Kapitalbeteiligung an die Kapitaleigner verteilt.
- Finanzierung: AG besitzt die günstigsten Finanzierungsmöglichkeiten. Eigenkapitalvergrößerung durch Grundkapitalerhöhung – Ausgabe von Stamm- oder Vorzugsaktien, die an der Börse (meist als Inhaberpapiere) gehandelt werden können. Kreditbeschaffungsmöglichkeiten auf Grund der Publikationsverpflichtung wesentlich besser als die der Unternehmungen anderer Rechtsformen.

- Steuern: Gewinn und Vermögen unterliegen einer zweifachen Besteuerung.
- Publizitätsvorschriften: AG ist verpflichtet, den Jahresabschluß und den Geschäftsbericht zu veröffentlichen.

Aktienindex
Kennzahl, die die Entwicklung der Aktienkurse zeigt. Er kann nach verschiedenen Gesichtspunkten zusammengesetzt und gewichtet sein.

Aktien, junge
Anläßlich einer Kapitalerhöhung ausgegebene neue Aktien, die noch nicht zu einer vollen Jahresdividende berechtigen und deshalb bis zur Dividendenausschüttung separat gehandelt werden.

Aktiensplit
Ist der Kurs einer Aktie zu hoch geworden, spalten amerikanische Aktiengesellschaften ihre Aktien, um wieder zu attraktiven Kursen zu kommen.
Beispiel:
alter Kurs: Dollar 400,–
Split: 1:1 (amerikanische Diktion „Two for One") ergibt 2 Aktien zu je Dollar 200,–
Wertmäßig ändert sich somit insgesamt nichts, die neue, höhere Anzahl an Aktien ist in Summe nicht mehr wert als vorher der Altbestand. Gleichzeitig erfolgt auch eine Korrektur des Nennwertes pro Aktie. Wegen der im Ausland üblichen Stücknotiz ist dies jedoch für den Aktionär nur von sekundärer Bedeutung.

Aktienumtausch
- Umtausch von Aktien.
- Wird dann vorgenommen, wenn sich hierzu durch eine Änderung der rechtlichen Verhältnisse einer AG die Notwendigkeit ergibt, das ist insbesondere bei Änderung der Firmenbezeichnung, Übernahme der Firma durch eine andere Firma, Änderung des Nennbetrages der Aktie, Umwandlung von Inhaber- in Namensaktien und umgekehrt, Umwandlung von Stamm- in Vorzugsaktien und umgekehrt.

Die Aufforderung zum Einreichen der Aktie wird entsprechend den gegebenen Gesetzesbestimmungen bekannt gemacht. Unter Umständen können Aktien, die nicht zum Umtausch eingereicht werden, als kraftlos erklärt werden. Dies muß aber ebenfalls entsprechend den gesetzlichen Bestimmungen bekannt gemacht werden.

Aktionär
Aktieninhaber einer AG.

Aktionärversammlung
Versammlung der Aktionäre.

Aktionsparameter
→ Instrumentenvariable

Aktiva
Vermögensteile eines Unternehmens, die auf der linken Seite der Bilanz aufgeführt sind:
- Anlagevermögen (materielle Wirtschaftsgüter wie Betriebsmittel, Gebäude, Maschinen usw.).
- Immaterielle Werte wie Patente, bezahltes know-how usw.
- Umlaufvermögen (Forderungen, flüssige Mittel).

Aktiven, leicht verwertbare (CH)
Im schweizerischen Bankwesen der durch Art. 16 der Verordnung zum Bankengesetz bestimmte Teil der Aktiven einer Bank, die im Liquiditätsausweis aufzuführen sind, z.B. bei der Nationalbank diskontfähige Wechsel oder verpfändbare Obligationen.

Aktivgeschäfte
Bankgeschäfte, die auf der Aktivseite der Bilanz aufscheinen, insbesondere Kreditgeschäfte.
Gegensatz: Passivgeschäfte.

Aktivtausch
Umschichtung innerhalb der Aktiven bei unveränderter Bilanzsumme, z.B. Umwandlung von Sachvermögen in Geldvermögen

Akustikkoppler
Ein A. ist ein → Modem, welches die Hör- und Sprechmuschel des Telefonhörers aufnimmt und damit die Verbindung zu einem anderen Gerät bzw. Benützer herstellt.

Akzelerator-Effekt
Wirkung einer Nachfragesteigerung auf die Investitionstätigkeit. Die „akzelerierende" Wirkung besteht darin, daß die Erhöhung der Produktionskapazität (sowohl im Bereich der Anlagen als auch der Lagerbildung) die auslösende Nachfragesteigerung bei weitem übersteigt. Diese – für Tempo und Ausmaß eines Wirtschaftsaufschwunges entscheidende – Verstärkerwirkung infolge der „Überreaktion" der Kapazitätserweiterung ist bedingt entweder durch Steigerung der Umsatzerwartungen (Lager-Auffüllung) und/oder durch die technische Unteilbarkeit von Anlagen (z.B. Fabrik).

Akzept
- Annahme einer Anweisung durch den zur Leistung an einen Dritten Angewiesenen; bedarf der Schriftlichkeit.
- Annahme eines Wechsels durch den Bezogenen.
- Als Akzept wird auch ein akzeptierter (gezogener) Wechsel bezeichnet.

Akzeptabilität
Annehmbarkeit, Verständlichkeit, Wohlgeformtheit (auch Natürlichkeit) einer Äußerung.

Akzessorietät
Strenge Abhängigkeit des Nebengeschäftes vom Hauptgeschäft. So haftet z.B. der Bürge nur insoweit,als Verbindlichkeiten aus dem Hauptgeschäft bestehen.

ALGOL
Abk. für ALGOrithmic Language.
Programmiersprache, die in europäischer Zusammenarbeit in den fünfziger Jahren und danach entstanden ist. In A. wurden die Grundprinzipien des strukturierten Programmierens zum ersten Mal realisiert. Die A.-Familie wurde allerdings nie in breitem Maße genutzt, da insbesondere Schwächen in der Ein- und Ausgabe vorhanden waren.

Algorithmus
Eine Rechenvorschrift, die angibt, wie in einer endlichen Anzahl von Schritten ein bestimmtes Problem gelöst werden kann. Dadurch lassen sich Rechenvorgänge (als Problemlösungen) formalisieren und in Programmen für den Ablauf formulieren. Computerprogramme bestehen deshalb aus mehr oder weniger umfangreichen Algorithmen.

Allgemeine Geschäftsbedingungen
kurz AGB
Bedingungen, die ein größeres Unternehmen allen von ihm abgeschlossenen Verträgen oder allen Geschäften einer bestimmten Art zugrundelegt.

Allokation
Sind die Bedürfnisse der Wirtschaftssubjekte größer als die zu ihrer Befriedigung verfügbaren Produktionsmittel, muß eine Entscheidung über ihre alternative Verwendung getroffen werden; dieses Knappheitsproblem entsteht sowohl für einzelne Wirtschaftssubjekte wie für eine Gesellschaft insgesamt. Unter Allokation ist die Zuteilung der knappen Produktionsmittel auf die alternativen Verwendungen zu verstehen; werden Allokationsentscheidungen nicht streng zentral getroffen, sondern von vielen Wirtschaftssubjekten auf Angebots- und Nachfrageseite dezentral, muß eine Koordination sichergestellt werden durch einen Allokationsmechanismus. Als wichtigste Allokationsmechanismen sind Markt, Demokratie, Bürokratie und Verbandsentscheidungen zu unterscheiden.

Allokationseffizienz
A. liegt vor, wenn Produktionsfaktoren so eingesetzt werden, daß eine Steigerung des Produktionsergebnisses nicht mehr möglich ist (Produktionseffizienz) und dieses Produktionsergebnis zugleich den

Bedürfnissen der Nachfrageseite bestmöglich entspricht (Tauscheffizienz).

Allonge
Mit einem Wechsel oder einer Namensaktie verbundene Verlängerung, die für weitere Indossanten Platz bietet, wenn Rückseite voll ist.

Alpha-Numerische Tastatur
Bedieneinheit mit einer Ziffern- und Buchstabentastatur zum Abruf und zur Eingabe von Informationen. „Alpha" steht dabei für Buchstabe und „numerisch" für Ziffern.

Alternativen
Handlungs- oder Lösungsmöglichkeiten eines Entscheidungsträgers, die die Voraussetzungen und Bedingungen der Entscheidungssituation berücksichtigen.

Alternative Ökonomie
Sammelbegriff für zum Teil sehr heterogene Ansätze im Bereich der neueren Wirtschaftstheorie und/oder Wirtschaftspolitik, die sich von der traditionellen Ökonomie unterscheiden.
Merkmale für alternatives ökonomisches Denken (Wolfgang Pichler):

- Humanistisches Menschenbild anstelle der eindimensional ökonomisch orientierten Denkweise des rationalen, nutzenmaximierenden „homo oeconomicus"
- Priorität ökologischer und verteilungspolitischer Ziele gegenüber rein quantitativen Wachstumszielen
- Erweiterung der partizipativen Spielräume und Eintreten für eine weitere Humanisierung der Arbeitswelt.

In methodischer Hinsicht bedienen sich die Vertreter einer A.Ö. einer integrativen, fächerübergreifenden, ganzheitlichen Denkweise.

Alternativhypothese
Jene experimentelle Hypothese, durch die eine → Nullhypothese verworfen wird.

Alternativkostenmethode
Begriff aus der Evaluierungsforschung. Der Nutzen, der mit einem bestimmten Projekt verbunden ist, wird mit jener Kosteneinsparung bewertet, die sich bei alternativen („zweitbesten") Projekten ergeben würde.

Altersvorsorge
Vorsorge für den Ruhestand, vor allem durch langfristiges Ansparen und Geldanlage in Form von Wertpapieren und/oder Abschluß einer Lebensversicherung. Aus dem angesammelten Guthaben wird ein steuerfreies Zusatzeinkommen bezogen.

Amortisation (A)
1. Kraftloserklärung eines Sparbuches/-briefes, Wertpapiere, Disposcheines.

- erfolgt über Landesgericht für Zivilrechtssachen/Handelsgericht
- die Kraftloserklärung erfolgt nach Ablauf einer Aufgebotsfrist (Wiener Zeitung) und dem Ansuchen um definitive Kraftloserklärung mittels Gerichtsbeschluß.

2. Abschreibung einer Investition oder Rückzahlung eines Darlehens in Jahresraten. Beim typischen Amortisationsdarlehen wird in die jährliche Amortisationsrate neben der Tilgung auch die Verzinsung (des jeweiligen Darlehensrestes) so eingerechnet, daß sich für die gesamte Amortisationsdauer eine jährlich gleich hohe Belastung des Darlehensschuldners ergibt.

Amortisationsdauer
Zeitspanne einer Investition, in der alle Ausgaben durch zurückfließende Einnahmen gedeckt sind (pay-back-period, pay-off-period, Kapitalrückgewinnungs-, Kapitalrückflußdauer).

Amortisationsrechnung
Statische Investitionsrechnung. Ermittelt die Zeitspanne innerhalb der der ursprüngliche Kapitaleinsatz über die Erlöse zurückgeflossen (amortisiert) ist. Der in den Erlösen enthaltene Gewinn und die Abschreibungen dienen der Amortisation des Kapitaleinsatzes. Entscheidungskrite-

rium ist für die Zweckmäßigkeit einer Investition die Länge der Amortisationszeit des eingesetzten Kapitals. Je kürzer diese Zeitspanne ist, desto sicherer ist diese Investition.
Amortisationszeit (Jahre) = Kapitaleinsatz : (Gewinn bzw. Kostenersparnis p.a.) + (Abschreibungen p.a.)

Amtlich nichtnotierte Währungen Ⓐ
Jene Währungen, die nicht an der Wiener Börse gehandelt werden.

Amtlich notierte Währungen Ⓐ
Alle Währungen, die an der Wiener Börse gehandelt werden (an der Wiener Börse werden frei konvertierbare Währungen gehandelt).

Analog
Analoge Messungen verwenden kontinuierlich veränderbare physikalische Größen (wie Länge, Spannung etc.), um Werte darzustellen. Dies im Gegensatz zu digitalen Messungen, bei denen physikalische Größen in Zahlenwerte vorgegebener Genauigkeitsstufe umgesetzt werden.

Anbieter
Wer über das Medium Bildschirmtext Informationen an die Öffentlichkeit bringt ist Bildschirmtextanbieter bzw. Informationsanbieter.

AND
Logische UND-Funktion: Der Ausgang ist genau dann „an", wenn alle Eingänge „an" sind.

Anderkonto
Treuhandkonto zu Gunsten bestimmter Vermögensmassen. Notaren und Rechtsanwälten sowie Angehörigen der öffentlich bestellten wirtschafts- und steuerberatenden Berufen vorbehalten.

Andienungsankündigung
→ Delivery Notice.

Angebotsfunktion
Funktion, die den vermuteten oder geplanten Zusammenhang zwischen dem mengenmäßigen oder monetären Angebot eines Marktobjektes als abhängiger und dessen Preis und anderen Erklärungsvariablen als unabhängigen Variablen angibt. Wichtigste Erklärungsvariable sind Produktionstechnik und -kosten, Ziele, Marktstruktur. Bezieht sich die Angebotsfunktion auf einen Anbieter, ist sie eine einzelwirtschaftliche Angebotsfunktion; bezieht sie sich auf mehrere, ist sie eine aggregierte Angebotsfunktion. Die graphische Darstellung einer Angebotsfunktion, meist mit dem Preis als einziger exogener Variabler, ist eine Angebotskurve. Verläuft diese monoton steigend, repräsentiert sie das Angebotsgesetz. Änderungen des Preises führen zu Bewegungen auf der Angebotskurve, Änderungen von unter der Ceteris-paribus-Klausel stillgehaltenen anderen Erklärungsvariablen ändern Lage oder Gestalt der Kurve oder beides.

Angebotsgesetz
Verhalten sich auf dem Markt für ein Wirtschaftsobjekt ein oder mehrere Anbieter als Mengenanpasser, dann wird ceteris paribus eine umso größere Zahl von Einheiten des Objekts angeboten, je höher dessen Preis ist.

Angebotskurve
→ Angebotsfunktion

Anlageinvestitionen
Die A. umfassen die Käufe neuer Anlagen sowie von gebrauchten Anlagen und Boden nach Abzug der Verkäufe von gebrauchten Anlagen und Boden. Als Anlagen werden in diesem Zusammenhang alle dauerhaften reproduzierbaren Produktionsmittel angesehen, mit Ausnahme dauerhafter militärischer Güter und derjenigen dauerhafter Güter, die in den privaten Verbrauch eingehen. Als dauerhaft gelten diejenigen Produktionsmittel, deren Nutzungsdauer mehr als ein Jahr beträgt und die normalerweise aktiviert und abgeschrieben werden; ausgenommen sind geringwertige Güter.
Die A. werden unterteilt in
- Ausrüstungsinvestitionen (Maschinen

und maschinelle Anlagen, Fahrzeuge usw.) und

- Bauinvestitionen (Wohngebäude, Verwaltungsgebäude, gewerbliche Bauten, Straßen, Brücken, Wasserwege usw.).

Angebotspolitik

Stabilitätspolitische Strategie, die einen Aufschwung der ökonomischen Aktivität zur Wiederherstellung der Vollbeschäftigung durch eine Erhöhung des Handlungsspielraums der Unternehmen herbeiführen will. Positive Investitionsanreize werden demgemäß erwartet aus einer Reduzierung der gewinnabhängigen Besteuerung, der betrieblichen Lohn- und Lohnnebenkosten, dem Abbau administrativer Investitionshemmnisse wie z.B. Umweltschutzauflagen u.ä. Überdies soll die allokative Funktion der Marktpreise durch Reduzierung der Inflationsrate wiederhergestellt werden.

Die Senkung der Inflationsrate soll über eine Verknappung des Geldangebotes erreicht werden: in dieser Hinsicht entspricht die Angebotspolitik also den monetaristischen Empfehlungen. Diese insbes. in USA praktizierte Beschäftigungsstrategie („Reaganomics") unterscheidet sich von der Globalsteuerung durch Diagnose und Therapie: Investitionsschwächen werden nicht rein nachfrageseitig als Ergebnis einer sinkenden Gesamtnachfrage erklärt, sondern als Ergebnis negativer Investitionsanreize für die Produzenten; dieser Sicht entspricht die oben skizzierte Therapie. Mit der Strukturpolitik gemeinsam hat die Angebotspolitik eine starke Berücksichtigung der angebotsseitigen Probleme; während die Angebotspolitik aber nach – gemäß ihrer liberalen Tradition – die notwendigen Strukturpassungen den unternehmerischen Entscheidungen überläßt, versucht die Strukturpolitik durch staatliche Interventionen selbst diese Anpassungsprozesse einzuleiten oder zu fördern.

Ankündigungswirkungen

Wirkungen, die dadurch entstehen, daß bestimmte, geplante Maßnahmen (z.B. Preis- oder Steuererhöhungen) bekannt werden und die von diesen Maßnahmen betroffenen Personen bzw. Personengruppen vorzeitig reagieren.

Zwei Arten von A. sind zu unterscheiden:

- Selbsterfüllung von Prognosen: In diesem Fall bewirkt das Prognoseergebnis, daß das prognostizierte Ereignis, das ohne Publikation unter Umständen unterblieben wäre, nun tatsächlich eintritt, z.B. wenn eine Rezession durch ein Wirtschaftsforschungsinstitut angekündigt wird und die Unternehmer geplante Investitionen unterlassen, Beschäftigte entlassen, die Geschäftsbanken auf Grund der Prognose weniger Kredite gewähren usw.
- Selbstaufhebung oder Selbstzerstörung von Prognosen: In diesem Fall führt die Ankündigung einer bestimmten Prognose dazu, daß das angekündigte Ereignis nicht eintritt, weil – um beim obigen Beispiel zu bleiben – sowohl seitens der staatlichen als auch der nicht-staatlichen Prozeßregler Anstrengungen unternommen werden, um die angekündigte Rezession zu verhindern.

Anlagevermögen

Vermögensteile, die dem Betrieb zum dauernden Gebrauch dienen. Wird zum Erstellen seiner Leistungen (zum Sichern des Geschäftsbetriebes) benötigt.

Anleihebegebung

Ausgabe (Emission) von Obligationen zur Finanzierung. Die Anleihebegebung umfaßt alle Einzelaktivitäten der Vorbereitung der Genehmigung und des Verkaufs der Anleihe.

Anleihe

Langfristige Schuldaufnahme gegen Ausgabe von festverzinslichen Wertpapieren.

Annuität

Jährlich anfallende Zahlungspflicht aus einem Schuldverhältnis bestehend aus: Schuldzins und Tilgungsbetrag. Für die Finanzplanung (Liquidität) ist die Höhe der zu leistenden Annuitäten von entscheidender Bedeutung.

Annuitätenmethode
Eine Variante der Kapitalwertmethode. Sie ist dann praktikabel, wenn die Kapitalwertmethode nicht zweckmäßig ist; das wird dann der Fall sein, wenn der Investor wissen möchte, wie hoch die durchschnittlichen Einnahmen mindestens sein müssen, um den Kapitaldienst und die Betriebs- und Unterhaltskosten decken zu können. Bei diesem Verfahren werden die durchschnittlichen effektiven Einnahmen und Ausgaben einfach errechnet und gegenübergestellt. Die anfallenden Einnahmen und Ausgaben werden in zwei äquivalente uniforme Reihen transformiert.
Vorteilhaft ist eine Investition, wenn Einnahmeannuitäten > Ausgabeannuitäten, vorziehungswürdig bei der höchsten Annuitätendifferenz.

Annuitätenzuschuß (A)
Zuschußleistung zur Tilgung von geförderten Darlehen. Die Zuschußleistung erfolgt von Körperschaften (z.B. Wohnungsverbesserungsdarlehen Wien – durch die Gemeinde Wien etc.).

Anrecht

- Recht eines Aktionärs auf eine bestimmte Leistung (z.B. Bezugsrecht, Teilrecht usw.).
- Anspruch auf Erhalt von Wertpapieren, wenn dieser nicht nur oder überhaupt nicht an die Begleichung eines Gegenwertes, sondern an den Besitz bestimmter Wertpapiere (Mantel und Kupons oder auch nur bestimmter Dividendenscheine) gebunden ist. Diese Rechte können entweder in einem Dividendengutschein, einem Optionsschein, in der Abstempelung der Wertpapiere oder in den Wertpapieren selbst verbrieft sein (→ Bezugsrecht und Teilrecht).
- Anrechtsspitzen können entweder verkauft werden bzw. es können so viele Anrechte dazugekauft werden, damit ein weiteres Stück, der aus der Anrechtsausübung resultierenden Wertpapiere erhalten werden kann. Die Anrechte können innerhalb der jeweils festgesetzten Frist angekauft oder veräußert werden (Handelsfrist). Nach Ablauf der Handelsfrist wird für Anrechtsspitzen (ausgenommen Bezugsrechtsspitzen) in der Regel der anteilige Verkaufserlöse von der AG (Patronanzbank) bzw. Einlösestelle an den Einreicher weitergegeben.
- Die Anrechte können innerhalb einer jeweils festgesetzten Frist bei einer AG (der jeweiligen Patronanzbank) bzw. der Einlösestelle (festverzinsliche Wertpapiere) eingereicht werden. Findet die Einreichung innerhalb der festgesetzten Frist statt, erhält der Einreicher bei Vorhandensein der entsprechenden Anzahl von Anrechten gegen Leistung eines eventuellen Aufgeldes eine entsprechende Anzahl von Wertpapieren.

Anschaffungswertprinzip
Bewertung zum Anschaffungs- oder Herstellungswert, d.h. kein Gegenstand soll höher angesetzt werden, als seine Anschaffung oder Herstellung gekostet hat. Beim abnutzbaren Anlagevermögen werden Wertminderung berücksichtigt (Abschreibungen).

Anschlußfinanzierung
Da im Regelfall Kapital vom Schuldner (Investor) für längere Zeitspannen benötigt als vom Gläubiger (Sparer) angeboten wird, muß dafür Sorge getragen werden, daß an die Stelle des sein Kapital zurückfordernden Gläubigers ohne Verzug ein anderer Financier tritt. Eine geregelte Anschlußfinanzierung ist also die Voraussetzung für jede Fristentransformation.

Antiinflationspolitik
Auf Bekämpfung der Geldentwertung ausgerichtete Politik der Regierung, u.a. durch beschränkende Maßnahmen hin-

sichtlich der Kreditgewährung, der Löhne und der Preise sowie Steuerung der Staatsausgaben.

Antitrustbestimmungen
In den USA bald nach 1900 eingeführte und seither wiederholt verschärfte gesetzliche Regelungen zur Hintanhaltung der Konzentrationstendenzen in der Wirtschaft.

Antizipative Verzinsung
Zinsen werden im voraus für einen bestimmten Zeitraum verrechnet.

Antizyklisch
Dem Auf und Ab des Konjunkturzyklus zuwiderlaufend oder absichtlich entgegensteuern. Die Vertreter des Monetarismus behaupten, daß wegen verschiedener Time-lags antizyklisch gedachte Maßnahmen prozyklisch wirken (d.h. die Konjunkturschwankungen sogar noch verstärken).

Antizyklische Budgetpolitik
→ Kompensatorische Budgetpolitik

Anwender-Software
→ Software

Antwortseiten
Beim Bildschirmtext. Über die A. kann der BTX-Benutzer dem Anbieter Informationen senden.

APEX
Alle großen Linien und Fluggesellschaften (außer Lufthansa) bieten diesen Advance-Purchase-Excursion-Tarif an (nur PanAm nennt ihn Super-A.); Voraussetzung: Mindestens 21 Tage vor Abflug buchen und bezahlen. Mindestaufenthalt 7 Tage.

Äquivalenzprinzip
Ökonomisches Prinzip, welches unter der technischen Voraussetzung der Ausschließbarkeit zum Inhalt hat, daß nur jene Wirtschaftssubjekte zu einer ökonomischen Leistung zugelassen werden, die bereit und in der Lage sind, eine festgelegte Gegenleistung zu erbringen; alle übrigen Wirtschaftssubjekte bleiben ausgeschlossen. Zahlreiche Leistungen des öffentlichen Sektors werden trotz Existenz einer Ausschlußtechnologie dennoch nicht nach dem Äquivalenzprinzip, sondern zum Nulltarif abgegeben; in diesem Fall spricht man von sogenannten „meritorischen" Leistungen. Diese werden mit ökonomischen oder außerökonomischen Begründungen gerechtfertigt.

Arbeitseinkommen
Entgelt für erbrachte Arbeitsleistungen, dazu zählen:

- Diensteinkommen der Beamten
- Löhne, Gehälter
- Entgelt für Heimarbeit
- Sonstige Vergütungen (Erwerbstätigkeit muß den Verpflichteten vollständig oder zu einem wesentlichen Teil in Anspruch nehmen)
- Pensionen oder ähnliche fortlaufende Bezüge
- Renten auf Grund von Versicherungsverträgen
- Ansprüche gegenüber dem Insolvenzausfallsfonds

Arbeitsgemeinschaft
kurz: ARGE
Interessengemeinschaft, die in der Regel in der Form einer Gesellschaft Bürgerlichen Rechts organisiert ist. Häufige Anwendung in der Bauwirtschaft zur Abwicklung großer Investitionsprojekte.

Arbeitsintensiv
Der Faktor „Arbeit" überwiegt im Vergleich zu den übrigen produktiven Faktoren.

Arbeitskoeffizient
Gibt an, wieviel Arbeit je Produkteinheit aufgewendet wurde.
(input-output-Indikator)
(reziproker Wert der Arbeitsproduktivität)

Arbeitskräftepotential
engl.: „labour force".
Summe aus unselbständig Beschäftigten

und vorgemerkten Arbeitslosen. In der Praxis ist die Berechnung des Arbeitskräftepotentials und der auf diese bezogenen Arbeitslosenrate nicht ganz einfach, weil es auch vom Arbeitsplatzangebot abhängt, wieviele Frauen, ältere Menschen usw. im Berufsleben bleiben bzw. in dieses zurückkehren.

Arbeitslosenrate Ⓐ
auch Arbeitslosenquote.
Gemeldete Arbeitslose in Prozent des Arbeitskräftepotentials. In Österreich stieg die Arbeitslosenrate von 8,4% im Jahre 1924 bis auf 25,9% im Depressionsjahr 1933 (1937: 18,6%). In der zweiten Republik wurde die höchste Arbeitslosenrate 1953 (8,7%) und die bisher niedrigste im Jahre 1974 verzeichnet (1,5%). Beim internationalen Vergleich der Arbeitslosenrate wirkt sich die unterschiedliche Erhebungsmethode störend aus: In den meisten Ländern Registrierungsmethode (bei den Arbeitsämtern gemeldete Stellensuchende), in den USA und Kanada Sample-Methode (stichprobenweise Befragung der Haushalte nach der Zahl der Personen, die sich selbst als arbeitslos einstufen).

Arbeitslosenversicherung Ⓐ
Versicherungsähnliche Zuführung laufender (Dienstnehmer- und Dienstgeber-) Beiträge zu einem Fonds, aus dem arbeitslos Gewordene anfangs (in Österreich je nach Beschäftigungsdauer 12 bis 30 Wochen lang) Arbeitslosengeld und in der Folge bei Bedürftigkeit Notstandshilfe gewährt wird. In Österreich wird ein beträchtlicher Teil des Beitragsaufkommens für die Arbeitsmarktförderung verwendet (Umschulungs- und Übersiedlungsbeihilfen, Kurzarbeiterunterstützung usw.).

Arbeitslosigkeit
Im subjektiven Sinn: Erwerbslosigkeit trotz Arbeitsfähigkeit und Arbeitswilligkeit, im objektiven Sinn: Nichtbeschäftigung eines Teiles des Arbeitskräftepotentials. Nach der Entstehungsursache unterscheidet man

- friktionelle A.: entsteht bei Arbeitsplatzwechsel und zwar zwischen dem Verlassen des alten Arbeitsplatzes und dem Antritt einer neuen Stelle in der gleichen Branche
- konjunkturelle A.: wird durch einen Nachfragerückgang ausgelöst
- versteckte A.: entsteht, indem Arbeitskräfte aus dem Arbeitsprozeß ausscheiden ohne sich arbeitslos zu melden bzw. Arbeitskräfte, die ohne Vollauslastung tätig sind. Die versteckte A. kann auch durch gesetzlich unterschiedlich geregelte Kündigungsfristen beeinflußt werden.
- strukturelle A.: Angebotslücken in bestimmten Sektoren stehen Nachfragelücken in anderen Sektoren gegenüber. Der Transfer von Arbeitskräften zwischen den einzelnen Arbeitsmärkten wird durch folgende Faktoren erschwert:
- unvollkommene Information
- mangelnde Bereitschaft zum Wechseln der Branche in der gearbeitet wird
- geringe regionale Mobilität der Arbeitskräfte
- unzureichende Qualifikation,die ein Hinüberwechseln in ähnliche Tätigkeiten begünstigen würde.

Arbeitsmotivatoren
Motivatoren zur Erhöhung der Qualität der Leistung bzw. des wirtschaftlichen Umganges mit knappen Ressourcen können sein: Leistungsorientierte Entlohnung, Prämiensystem bezüglich Budgetunterschreitung, Teamarbeit, Job-enrichment (Anreicherung der Beschäftigung mit sachlicher Zuständigkeit), Job-enlargement (Erhöhung der Vielseitigkeit der Beschäftigung), Sinnvermittlung durch Information über die Funktion der Einzelleistung im Gesamtzusammenhang. Fehlende oder ungenügende Leistungsmotivatoren (disincentives to work) führen zur sogenannten „X-Ineffizienz".

Arbeitsproduktivität
Produktion je Beschäftigtem.

Arbeitsteilung
Ausführung gleich- oder verschiedenartiger Tätigkeiten durch verschiedene Personen zum gleichen Zeitpunkt oder innerhalb eines vorgegebenen Zeitraumes, wobei die Tätigkeiten Teil einer umfassenden Gesamtaufgabe sind.

Arbeitszeitverkürzung
Die Forderung nach einer A. geht davon aus, daß in entwickelten Volkswirtschaften der Bedarf an materiellen Gütern und Dienstleistungen immer langsamer wächst, während gleichzeitig immer weniger Arbeitskräfte benötigt werden, um diese materiellen Güter und Dienstleistungen zu erzeugen. Die A. kann erfolgen durch

- eine Verringerung der Berufstätigkeitsjahre (LEBENSARBEITSZEIT) durch Verlängerung der schulischen Ausbildungszeit und/oder einer Senkung des Pensionsalters.
- eine Verringerung der Zahl der Jahresarbeitstage (JAHRESARBEITSZEIT) durch Verlängerung des Urlaubs und/oder durch Einführung von zusätzlichem Bildungsurlaub.
- eine Verringerung der wöchentlichen bzw. täglichen Arbeitszeit (WOCHENARBEITSZEIT) mit dem Ziel der schrittweisen Einführung der 35-Stunden-Woche.

Arbitrage
Ausgleich von Zins- (oder Kurs-) Unterschieden zwischen Börsenplätzen durch An- und Verkäufe zur Lukrierung der Zins- bzw. Kursspanne. Stellt somit die Arbitrage ein möglichst einheitliches Preis- (Zins-, Wechselkurs-) Niveau zu jedem bestimmten Zeitpunkt her, liegt die wirtschaftliche Funktion der Spekulation darin, mit Hilfe von Termingeschäften die Preis- (Zins-, Wechselkurs-) Schwankungen im Zeitverlauf zu glätten.

ARGE
→ Arbeitsgemeinschaft

ARD
1. Abk. für Arbeitsgemeinschaft der öffentlichen Rundfunkanstalten Deutschlands. Ziel: Wahrnehmung gemeinsamer Interessen bei Hörfunk und Fernsehen.
2. Abk. für American Research and Development Corporation. Boston. Gegr. 1956 zur institutionalisierten ⇒ Venture Capital Finanzierung.

ARIMA-Modelle
Mischungen von autoregressiven mit moving-average-Modellen bei nicht stationären Zeitreihen.

Arithmetikprozessoren
Zusätzliche Chips, die die grundlegenden Rechneroperationen durch Schaltungen (hardwaremäßig) wesentlich rascher ausführen (ca. zehn- bis fünfzigmal schneller).

Array
Rasterartige, topographische Anordnung von Elementen in einem System. Die Elemente können entweder gleicher oder verschiedener Art sein. Die Anordnung besteht meist in Mustern, d.h. Konfigurationen, die eine bestimmte Regelmäßigkeit aufweisen. Die Arraybildung ist von besonderer Bedeutung bei integrierten Schaltungen und Sensorsystemen.

Arrosion
- im weiteren Sinn dasselbe wie Konversion
- im engeren Sinn versteht man darunter eine Konversion, bei der bei Zeichnung einer neuen Anleihe das Recht eingeräumt wird, einen bestimmten Teil der gezeichneten neuen Anleihe nicht in Bargeld, sondern in alten Anleihen einzubringen.

Arrow-Paradoxon
Aus jeweils vollständigen, reflexiven und transitiven, aber sonst nicht beschränkten individuellen Präferenzordnungen über je

zwei soziale Zustände läßt sich bei Gültigkeit des Pareto-Prinzips (ziehen alle Beteiligten den Zustand A dem Zustand B vor, dann soll dies auch für die soziale Präferenzordnung gelten) sowie Ausschluß einer diktatorischen Lösung und irrelevanter Alternativen keine widerspruchsfreie soziale Präferenzordnung gewinnen.

ASCII-Code
Abk. für American Standard Code for Information Interchange.
Dieser weist jedem der 128 Zeichen aus Ziffern, Buchstaben, Sonderzeichen und Steuerzeichen einen Wert von Null bis 127 (kleiner A.-Code) bzw. von Null bis 255 (großer A.-Code) zu.

Assanierung
Verbesserung der Wohnqualität eines größerflächigen Gebietes durch Sanierung der erhaltungswürdigen und Erneuerung der nicht erhaltungswürdigen Bausubstanz, oft unter Auflockerung der Bebauungsdichte durch Schaffung von Grünflächen.

Assembler
Ein Programm, das Befehlssymbole und Operanden oder symbolische Adressen einer Assemblersprache in Operationscode und Operand einer Maschinensprache umwandelt.

Assemblersprache
Eine Sprache mit ähnlicher Struktur wie eine Maschinensprache, aber aufgebaut auf Befehlssymbolen und symbolischen Adressen. Assemblerprogramme sind sehr viel leichter zu schreiben und zu begreifen als Programme in Maschinensprache.

Audivision
Wiedergabe und/oder Aufzeichnung von Bild- und Ton-Programmbeiträgen mittels Trägern (Film, Kassette, Band, Platte).

Aufbauorganisation
Hier werden die Aufgaben (eines Unternehmens) auf verschiedene Stellen aufgeteilt und die Zusammenarbeit dieser Stellen geregelt.

Aufgeld
→ Agio

Aufschlag
Ist dem Kassakurs zuzuzählen und ergibt den Terminkurs.

Auftragszession
Abtretung von Forderungen, die dem Grunde nach bereits vertraglich entstanden sind, deren Lieferung oder Leistung aus diesem Vertrag jedoch noch nicht erbracht wurde.

Aufwertung
Offizielle Wertzunahme der Währung eines Landes gegenüber den Währungen anderer Länder. Daraus ergibt sich automatisch auch eine Änderung der Parität gegenüber anderen Währungen, die nicht oder nicht im gleichen Verhältnis aufgewertet wurden. (Gegensatz: Abwertung).

Aufzinsung
Erhöhung eines Wertes unter Verwendung der Zinseszinsrechnung in Abhängigkeit von der Zeit.

Ausgabe
Begriff aus der EDV-Sprache. Eine Ausgabe besteht aus Daten, die vom Computer erzeugt wurden und die für die Außenwelt bestimmt sind.

Ausgabekurs
Fester Kurs, zu dem Anleihen, Obligationen, Anteilscheine, Aktien bei der Emission ausgegeben werden (z.B. 99,5% oder 101% etc., je nach Marktlage).

Ausgedinge
Gesamtheit der Rechte eines Landwirtes (bzw. seiner Witwe), der seinen Hof einem Nachfolger übergibt, sich aber auf Lebzeiten ein Wohnrecht, Naturalleistungen, Nutzungsrechte und dgl. vorbehält.

Ausgleich
Maßnahme zum Abwenden des Konkurses bzw. zum Sanieren eines Unterneh-

mens, wobei eine zumindest teilweise Befriedigung aller Gläubiger erfolgen muß. Durch das Eröffnen des Ausgleichsverfahrens erfolgt grundsätzlich keine Einschränkung der Verfügungsberechtigung des Ausgleichsschuldners. Der Kontoinhaber, über dessen Vermögen das Ausgleichsverfahren eröffnet wurde, bleibt daher weiter über sein Konto verfügungsberechtigt (die Verfügungsberechtigung kann jedoch durch den Ausgleichsverwalter bzw. das Gericht eingeschränkt werden).

Ausländer
Wenn bei juristischen Personen der Sitz bzw. bei sonstigen Rechtspersonen der Mittelpunkt der wirtschaftlichen Lebensinteressen nicht im Inland liegt.

Ausländerkonvertibilität
Eine Währung ist konvertibel im Sinne der A. wenn ein Ausländer, der über Guthaben in einer solchen Währung verfügt,

- sie ohne weiteres gegen seine eigene Währung austauschen kann (Rapatriierungsfreiheit)
- sie ohne Wertverluste und besondere Bewilligung in eine Drittwährung umwandeln kann (Transferfreiheit).

Ausländische Wertpapiere
Wertpapiere, die von einem Ausländer emittiert sind.

Auslandsschuld Ⓐ
Finanzschuld in fremder Währung. Im Finanzschuldenbericht synonym verwendet mit Fremdwährungsschuld. Die Umrechnung in Schilling erfolgt zu Devisenmittelkursen.

Auslosung
Durch sie wird bestimmt, welche Stücke einer Anleihe entsprechend dem Tilgungsplan zurückbezahlt werden.

Aussagenanalyse
→ Inhaltsanalyse

Ausschließlichkeitsklausel
Vereinbarung, daß für die Dauer des Kredit-/Darlehensverhältnisses alle Bankgeschäfte über das kredit-/darlehensgewährende Institut abgewickelt werden.

Ausschlußprinzip
Technische Eigenschaft, einzelne Wirtschaftssubjekte (individuelle Ausschließbarkeit) oder bestimmte Gruppen von Wirtschaftssubjekten (gruppenmäßige Ausschließbarkeit) von der Nutzung einer bestimmten ökonomischen Leistung auszuschließen. Individuelle Ausschließbarkeit ist im privaten Sektor Voraussetzung für die Möglichkeit einer Preisfinanzierung, im öffentlichen Sektor Voraussetzung für Gebührenfinanzierung; im Fall der gruppenmäßigen Ausschließbarkeit besteht im öffentlichen Sektor die Möglichkeit einer Beitragsfinanzierung. Ist keine Art der Ausschließbarkeit technisch gegeben, handelt es sich um eine nicht-marktfähige Leistung, die über generelle Zwangsabgaben (Steuern) finanziert werden muß.

Ausschlußrecht
Recht der Mitglieder eines Emissionssyndikates, einen gewissen Prozentsatz der Obligationen einer Anleihe von der öffentlichen Zeichnung auszuschließen, im voraus für sich zu reservieren.

Außenbeitrag
Der A. ergibt sich als Differenz zwischen der Ausfuhr und Einfuhr von Waren und Dienstleistungen (einschließlich der Erwerbs- und Vermögenseinkommen von bzw. an die übrige Welt). Erfaßt werden also die Waren- und Dienstleistungsumsätze zwischen Inländern und der übrigen Welt sowie die Erwerbs- und Vermögenseinkommen, die Inländer von der übrigen Welt bezogen haben bzw. an die übrige Welt geflossen sind.
Andere Bezeichnung: Außeninvestition

Außenfinanzierung
Eigen- (Beteiligungs-)finanzierung und Fremdfinanzierung.

Außeninvestition
→ Außenbeitrag.

Außenwert einer Währung
Das durch die Devisenkurse ausgedrückte Verhältnis zu den Fremdwährungen.

Außergewöhnliche Belastung (§ 34 ESTG)
(A)
Vom Einkommenssteuergesetz anerkannte Belastungen, die eine Ermäßigung der Einkommenssteuer bewirken; Ausgaben für den Haushalt des Steuerpflichtigen, für seine Angehörigen sind grundsätzlich nicht abzugsfähig. Aufwendungen führen nur dann zu einer Ermäßigung der Einkommenssteuer, wenn sie außergewöhnlich und zwangsläufig sind und die wirtschaftliche Leistungsfähigkeit wesentlich beeinträchtigen.
Beispiel: Krankheitskosten, Kosten für ein Hochschulstudium der Kinder an einem anderen Ort, Heiratsausstattung der Tochter, Unterhaltszahlung an den geschiedenen Ehegatten, Aufwendungen für erheblich behinderte Kinder usw.

Außerbörslicher Handel
Transaktionen, vor allem in nicht kotierten Wertpapieren, die außerhalb der Börse im sogenannten Freiverkehr abgewickelt werden.
⇒ Kotierung

Aussonderung
Jene Vermögenswerte, die sich im Besitz oder im Gewahrsam des Gemeinschuldners befinden, die jedoch im Eigentum Dritter stehen (z.B. unter Eigentumsvorbehalt gelieferte Waren).

Austastlücke
Als „Austastlücke" bzw. blanking interval bezeichnet man die zeitlichen Bereiche innerhalb des Fernsehsignals, die keine Bildinformation tragen. Man unterscheidet zwischen der horizontalen Austastlücke (= Zeitintervall, in dem der Elektronenstrahl vom Bildende zum Bildanfang des nächsten Bildes springt). Die vertikale Austastlücke enthält 25 Zeilen, die man bei schlechter Synchronisation als schwarzen Balken auf dem Fernsehbildschirm sieht. Sie kann für andere Informationen, z.B. Synchronisations-, Meß- oder Videotext-Signale genutzt werden.

Ausüben
Den Optionsverkäufer auffordern, seiner Verpflichtung nachzukommen. Sie besteht im Falle der Kaufoption darin, die physische Währung (Devisenoptionen in Philadelphia) bzw. einen Terminkontrakt (in Chicago) zu verkaufen und im Falle der Verkaufsoption darin, die physische Währung bzw. einen Terminkontrakt zu kaufen.

Auszeichnungszinssatz
Gesamtbelastung bei Krediten/Darlehen in Prozent p.a. (besteht aus Zinsen, eventuell Bearbeitungsprovision, eventuell Kreditprovision usw.).

Autarkie
Selbstversorgung durch inländische Produktion unter Verzicht auf die wohlstandsmehrende Wirkung der internationalen Arbeitsteilung. Zu einem verstärkten Autarkiestreben („Autarkismus") kommt es erfahrungsgemäß insbesondere bei einem Anstieg der Arbeitslosigkeit, obwohl der Versuch, bisherige Importe durch Inlandsproduktion zu ersetzen und so die Arbeitslosigkeit zu „exportieren", Retorsionsmaßnahmen auslöst, die die Beschäftigung in den Exportindustrien gefährden.

Autokorrelation
Eine bestimmte Variable zu einem bestimmten Zeitpunkt hängt von derselben Variablen zu einem früheren Zeitpunkt ab. Dies stellt einen Störfaktor dar, der eliminiert („herausgefiltert") werden muß.
⇒ Zeitreihenanalyse

Autonome Ausgaben
Staatsausgaben, die im Wege eines Deficit Spending ohne korrespondierende Einnahmen getätigt werden. Da die Empfänger dieser Gelder ihrerseits eine (zusätzliche) Nachfrage ausüben, entstehen in der Folge induzierte Ausgaben; darauf

beruht der Multiplikator bei autonomen Ausgaben.

Aval (Kurzbez.)
Bürgschaft, die für den Aussteller (insbesondere des Wechsels) durch Unterschrift mit dem Vermerk „als Bürge" vermerkt ist.

Axiom
Aussage, die keines Beweises bedarf, da der betreffende Sachverhalt offenkundig ist bzw. immer erfüllt ist z.B. Kreislaufaxiom (Für jeden Kreislaufpol ist die Wertsumme aller Zuströme gleich der Wertsumme aller Abströme).

b
Abkürzung aus der Börsensprache für „bezahlt". Zu dem betreffenden Kurs konnten alle Kauf- und Verkaufsaufträge durchgeführt werden.

B
Begriff aus der Börsensprache.
Abk. für „Brief". Zu dem jeweiligen Kurs bestand zwar ein Angebot, es kam jedoch zu keinen Umsätzen.

Baby Bonds
Bezeichnung für klein gestückelte Schuldverschreibungen; weite Kreise der Bevölkerung sollen am Kapitalmarkt dafür interessiert werden.

Back-up-Linie
→ Standby-Linie

Back-up-Version
Eine zweite, gesicherte Version von Daten und Programmen.

Baisse
Ausdruck für Periode andauernder Kursrückgänge – sinkende Kursbewegung
Gegensatz: Hausse
(Bären-Markt, bear-market).

Baissier
Investor, der auf ein Sinken der Kurse spekuliert.
Andere Bezeichnung: Bear

BAK
Abk. für Bundesaufsichtsamt für das Kreditwesen

BAM
Abk. für Bundesanstalt für Materialprüfung, Berlin

Bandbreite
Zwischenraum zwischen den zwei Interventionspunkten eines Devisenwechselkurses, innerhalb derer die täglichen Kursnotierungen schwanken dürfen, ohne daß die Notenbank des Landes intervenieren muß.

Bandwagon effect
⇒ Mitläufereffekt

Bankgarantie
Erklärungen (Garantieversprechen) eines Geldinstitutes an ein anderes Geldinstitut über Aufforderung Zahlung zu leisten. Die Bankgarantie ist von der Bürgschaft zu unterscheiden. Die Bürgschaft besteht akzessorisch (hinzutretend) zu einem Hauptgeschäft, während die Bankgarantie völlig selbständig zum Tragen kommt. Der Bürge zahlt eine fremde Verpflichtung, der Garant erfüllt seine eigene.

Bankakzept
Ein von einem Geldinstitut akzeptierter Wechsel.

Bankauskunft
von einem Geldinstitut erteilte Bonitätsauskunft über eine bestimmte Person/Firma.

Bankbestätigung (A)
gemäß
- § 10 Abs. 3 GmbH-Gesetz
- § 28 Abs. 2 Akt.-Gesetz

Bestätigung eines Geldinstitutes, die von den Geschäftsführern einer GesmbH/AG zu
- Gründung oder
- Kapitalaufstockung

benötigt wird.

Bankbilanz (CH)
Bilanz einer Bank. In der Schweiz bestehen auf Grund von Art. 6 des Bankengesetzes und der entsprechenden Verordnung verbindliche Vorschriften für die Aufstellung der Jahresrechnung (umfassend eine Bilanz sowie eine Gewinn- und Verlustrechnung) und die bei größeren Banken erforderlichen Zwischenbilanzen.

Bankenkommission, Eidgenössische (CH)
Vom Bundesrat gewählte, von der eidgenössischen Verwaltung und der Schweizerischen Nationalbank unabhängige Aufsichts- und Vollzugsinstanz des Bankengesetzes und des Anlagefondsgesetzes. Die B. umfaßt 7 bis 9 Mitglieder und verfügt in Bern über ein ständiges Sekretariat.

Bankenkonsortium
Vereinigung mehrerer Banken zur Durchführung einzelner oder regelmäßiger Geschäfte mit hohem Kapitaleinsatz auf gemeinsame Rechnung.

Bankenverband (A)
Verband österreichischer Banken und Bankiers – Interessenvertretung des Bankensektors.

Bankfrische Münzen
Münzen, die noch nicht im Umlauf sind bzw. waren.

Bank für Internationalen Zahlungsausgleich
kurz: BIZ
Gegründet 1930 in Basel zur Abwicklung der deutschen Reparationszahlungen. Die BIZ hat die Rechtsform einer Aktiengesellschaft: Aktionäre sind alle ost- und westeuropäischen Zentralbanken mit Ausnahme jener der DDR und der UdSSR.
Ziele der BIZ:
- Förderung der Zusammenarbeit unter den Zentralbanken
- Schaffung von Möglichkeiten für internationale Finanzgeschäfte
- Übernahme von Treuhand-Agenden

Alle Geschäfte der BIZ werden bargeldlos abgewickelt.
Es handelt sich dabei um:
- zugelassene Gold- und Devisengeschäfte für eigene Rechnung und für Zentralbanken,
- die Verwahrung von Gold für Zentralbanken,
- Diskont- und Lombardgeschäfte mit Zentralbanken,
- Kauf und Verkauf von börsengängigen Wertpapieren (ausgenommen Aktien) für eigene und für Rechnung der Zentralbanken.

Sofern die Zentralbanken keine Einwände haben, dürfen diese Geschäfte auch mit Banken und Unternehmen aus Handel und Industrie sowie mit Privaten abgeschlossen werden. Bestimmte Geschäfte wie Notenausgabe, Kreditgewährung an Regierungen sowie Akzeptierung von Wechseln sind jedoch ausdrücklich untersagt. Besondere Bedeutung kommt der BIZ durch die statistische Erfassung der internationalen Finanzmärkte zu.

Bankgeheimnis (A)
Schutzbestimmung für die Kunden der Geldinstitute, die im Kreditwesengesetz geregelt ist. Umfaßt alle Tatsachen, die einem Geldinstitut auf Grund der bestehenden Geschäftsverbindung mit einem Kunden bekannt wurden. Als Schutzobjekt gelten nur jene Geheimnisse (bloß einer beschränkten Personenanzahl bekannt), bei deren Offenbaren der Kunde einen Nachteil hätte.
Pflicht der Geldinstitute, über Vermögensverhältnisse von Kunden, die ihnen aus der Geschäftsverbindung bekannt werden, Dritten gegenüber Stillschweigen zu bewahren.
Geregelt im Kreditwesengesetz § 23.

Bankomat, in der (CH) **Bancomat**
Bezeichnung für ein international verbreitetes System von Geldausgabe-Automaten, das geschaffen wurde, damit die Bankkunden jederzeit, d.h. auch außer-

halb der Banköffnungszeiten, Notengeld bis zu einem bestimmten Betrag beziehen können.

Bankomatkarte
Vollplastikkarte zum Bedienen von Outdoor-Geldausgabeautomaten.

Bankplatz (CH)
Ortschaft, in der Banken niedergelassen oder durch Geschäftsstellen vertreten sind. In der Schweiz gelten nur jene Ortschaften als B., in denen die Schweizerische Nationalbank durch eigene Bankstellen, Agenturen oder Korrespondenten vertreten ist. Ortschaften ohne eine solche Vertretung gelten als Nebenplätze. Diese Unterscheidung spielt v.a. beim Wechselinkasso und bei der Diskontierung eine Rolle.

Bankregel, goldene
Prinzip der Übereinstimmung (Kongruenz) der Fälligkeiten der Aktivgeschäfte und der Passivgeschäfte einer Bank.

Bankschuldverschreibung (A)
im engeren Sinn: Sonderemissionen, die von der Österreichischen Investitionskredit AG, der Österreichischen Kommunalkredit AG und der Österreichischen Kontrollbank AG begeben werden.

Bank-Switching
Methode um mehr als 64 KB zu adressieren, auch wenn über den Adressbus nur 64 KB direkt adressiert werden können.

Bankvollmacht
Unbegrenzte Vollmacht

Bargeldlos
Ohne Verwendung von Bargeld. Bei der b.en Lohn- und Gehaltszahlung erfolgt nicht eine Auszahlung an den Arbeitnehmer, sondern Gutschrift auf dem Konto des Arbeitnehmers. Der b.e Zahlungsverkehr findet auch im Detailhandel und Tourismus zunehmend Eingang.

Barreserve
Sofort greifbarer Teil des Vermögens.

Barvorlage
→ Fixrahmenkredit

Barwert
Gegenwartswert, der durch Abzinsung von zeitabhängigen Werten unter Verwendung eines Zinssatzes bestimmt wird.

BASIC
Abk. für „Beginner's All-Purpose Symbolic Instruction Code".
Leicht erlernbare, weit verbreitete Programmiersprache, besonders für Mikrocomputer geeignet.

Basis
Differenz zwischen dem Terminkurs und dem Kassapreis. Dieser Ausdruck wird manchmal nachlässig auch für den Kassapreis selbst verwendet.

Basispreis
engl. Bezeichnung: „Striking price or exercise price".
Der Aktienpreis, zu dem der Optionserwerber bei einer „Call"-Option 100 Stück der vereinbarten Aktie kaufen oder bei einer „Put"-Option verkaufen kann. Der Basispreis wird im voraus festgesetzt und bleibt bis Verfall der Option unverändert. Er orientiert sich am Marktkurs der Aktie.

Batch-Betrieb
Verarbeiten und Auswerten von EDV-Daten nicht im → Realtimebetrieb, sondern im Stapelbetrieb (im nachhinein, hintereinander).

Baubewilligung
Genehmigung der zuständigen Baubehörde, ein Bauvorhaben gemäß den vorliegenden Plänen auszuführen.
Zur Bewilligung gehören:
- Baubescheid
- Niederschrift (über die Bauverhandlung)
- Baubeschreibung
- Bauplan

Baud
Maßeinheit für die Übertragungsgeschwindigkeit in der Nachrichtentechnik.

Baudrate
Die B. gibt an, wieviele Bit pro Sekunde gesendet oder empfangen werden; Die B.n von Sender und Empfänger müssen übereinstimmen; typische B. für langsamere Geräte (Drucker, Plotter etc.) sind 110, 300 bis 960, B.-raten für schnellen Datenaustausch (z.B. mit anderen Computern) sind 9600, 19200 bis zu 1 Million.

Baurecht
Das begrenzte, veräußerliche und belehnbare Recht, ein Bauwerk auf fremdem Grund zu erstellen. Dieses Recht kann nur von öffentlichen Fonds, Kirchen, gemeinnützigen Anstalten und Gebietskörperschaften vergeben werden. Das Baurecht ist zweifach registriert, einmal im C-Blatt der belasteten Liegenschaft, zum anderen in einer separaten Baurechtseinlage. Als Baurechtseinlage wird die nächste, freie Einlage im Grundbuch herangezogen. Dauer eines Baurechtes maximal 100 Jahre.

Bausparkassen
Spezielle Kreditinstitute zum Abwickeln von Bausparverträgen. Die Aufgabe der B. ist das Ansammeln von Sparkapital, das den Bausparern als zinsengünstiges Darlehen zur Verfügung gestellt wird.

bB
Begriff aus der Börsensprache.
Abk. für „bezahlt Brief“. In diesem Fall konnten limitierte Kaufaufträge nicht zur Gänze ausgeführt werden, da noch ein weiteres Angebot bestand. Kaufaufträge hingegen konnten vollständig abgewickelt werden.

Bear (Bär)
→ Baissier

Bear Spread (Baisse-Spread)
Eine Strategie, die bei fallenden Kursen einen Gewinn abwirft. Die Strategie kann am Optionsmarkt entweder mit Verkaufs- oder mit Kaufoptionen ausgeübt werden. In beiden Fällen wird eine Option mit einem Basispreis, der über der aktuellen Kursnotierung liegt, gekauft und eine Option mit einem Basispreis, der unter der aktuellen Notierung liegt, verkauft. Beide Optionen haben gewöhnlich das gleiche Verfalldatum.

Bearish
Kursdrückend; in Bezug auf Personen: Erwartet fallende Kurse.

Bedarfsanalyse
Verfahren, bei dem unabhängig vom monetären Aufwand eine Nutzenmaximierung angestrebt wird.

Bedingung
B. ist die einem Rechtsgeschäft von den Parteien hinzugefügte Beschränkung, durch die der Eintritt oder die Aufhebung einer Rechtswirkung von einem ungewissen Umstand abhängig gemacht wird. Man unterscheidet zwischen
- aufschiebender B. (Suspensivb.): Die Rechtswirkungen beginnen erst dann, wenn das ungewisse Ereignis eintritt.
- auflösender B. (Resolutivb.): Die Rechtswirkungen eines Geschäftes treten sofort ein, sollen aber wieder aufhören, wenn das ungewisse Ereignis eintritt.

Befehl
Begriff aus der EDV-Sprache
Jeder B. besteht aus 2 Komponenten: dem Operationsteil und dem ⇒ Adreßteil. Der Operationsteil legt die jeweilige Funktion (z.B. Addition, Vergleich, Verschiebung etc.) fest, der Adreßteil bestimmt mit welchen Daten die oben erwähnten Funktionen auszuführen sind. Man unterscheidet ⇒ interne Befehle, ⇒ externe Befehle und ⇒ Makrobefehle.

Befristung
Terminisierung. Ist die von den Parteien angeordnete zeitliche Beschränkung eines Rechtsverhältnisses, sodaß ein Recht mit einem bestimmten Zeitpunkt beginnt oder endet.

Beiträge
Monetäres Äquivalent für die potentielle Inanspruchnahme einer öffentlichen Lei-

stung bei gruppenmäßiger Ausschließbarkeit (individuelle Zurechnung der Nutzung bzw. Kostenverursachung ist nicht möglich). Z.B. Anliegerbeiträge für Kanalbau, Straßenbeleuchtung, Ortstaxe.

Belegleser
Sammelbezeichnung für alle jene EDV-Eingabeeinheiten, mit denen Formulare (Belege) unterschiedlicher Größe und unterschiedlicher Beschriftung gelesen und die Daten automatisch erfaßt werden können.

Berner Union
Dachorganisation aller nationalen Exportversicherungsinstitutionen. Gegründet: 1934, Sitz in Bern. Verfügt über 36 Mitglieder aus 28 Ländern, u.a. EXIMBANK (USA), HERMES und TREUARBEIT (Bundesrepublik Deutschland), COFACE (Frankreich), ECGD (Großbritannien), SACE (Italien), ERG (Schweiz), ÖSTERREICHISCHE KONTROLLBANK.
Die Hauptaufgabe der B.U. besteht in der Harmonisierung der unterschiedlichen Exportversicherungskonditionen ihrer Mitglieder und damit in einer Eindämmung des Konditionenwettbewerbs.

Besitzer
Person, die eine Sache besitzt, d.h. die die tatsächliche Herrschaft darüber ausübt (ohne im juristischen Sinn Eigentümer sein zu müssen).

Behauptet
Börsennotierungen, die sich annähernd auf dem bisherigen Stand bewegen.

Beitragsgrundlage (A)
Begriff aus der Sozialversicherung
Bemessungsbetrag zum Berechnen der Sozialversicherung (vorgegebener Prozentsatz). Durch eine betragsmäßig festgesetzte Höchstbeitragsgrundlage wird der Beitrag nach oben begrenzt.

Benützungsbewilligung
Genehmigung der zuständigen Baubehörde, ein gebautes Objekt benützen (bewohnen) zu dürfen. Bis zum Erteilen der B. gilt das Bauvorhaben als noch nicht abgeschlossen (steuerlich: Errichtung von Wohnraum, Neuschaffung).

Beschäftigungsgrad
Prozentsatz, mit dem ausgedrückt wird, inwieweit die Kapazität eines Produktionsapparates ausgenutzt wird.

Beschluß
Bezeichnung für eine Willensäußerung entweder eines Kollegialorgans, das auf Grund satzungsmäßiger oder gesetzlicher Vorschriften zustandekommt oder eine meist vollstreckbare formelle Willensäußerung eines Gerichtes.

Besserungsschein
→ Genußscheine

Bestandsgröße
Ökonomische Größe oder Menge, die zu einem bestimmten Zeitpunkt (z.B. Stichtag) gemessen wird. Beispiele: Kapitalstock, Geldvermögen, Bevölkerungszahl, Gesamtschuld.

Bestandshaltepreise
Sie lauten auf einen bestimmten Betrag je Bestandsobjekt für einen bestimmten Zeitraum (z.B. Mieten, Pachten, Zinssätze).

Bestandskonto
Konto, das zum Verrechnen von Beständen (Vermögen- und Kapitalteile) dient.

Bestätigte Zession
- Zession mit Drittschuldnerbestätigung und Anerkenntniserklärung
- Der Drittschuldner wird von der Abtretung der Forderung verständigt und hat durch die Anerkennungserklärung die Forderung als richtig anzuerkennen. Dadurch wird das Risiko von Einwendungen des Drittschuldners gegen die abgetretenen Forderungen vermindert.

Betriebs-System-Software
→ Software

Betriebskapital
Mittel, über die ein Unternehmen zur Fi-

nanzierung von Vorräten, Debitoren und Kassengeldern verfügt. Diese Mittel errechnet man, wenn man die sofort einforderbaren und kurzfristigen Schulden vom Umlaufvermögen abzieht.

Betriebsmittel
Geräte, Maschinen, Anlagen und Arbeitsunterlagen, die in irgendeiner Weise in einem System daran beteiligt sind, die Arbeitsaufgabe zu erfüllen.

Betriebsüberschuß
Bruttoproduktionswert minus Vorleistungen, minus Brutto-Entgelte für unselbständige Arbeit, minus indirekte Steuern, plus Subventionen, minus Abschreibungen (= Saldo des Produktionskontos).

Betriebszuammenschluß
Zweck: Vergrößerung der Kapitalbasis, Risikoverteilung, Verbesserung der Produktionsverhältnisse, Ausnutzung steuerlicher Vorteile. Folgende Arten sind zu unterscheiden:
(a) B. auf horizontaler Ebene: Konzentration von Betrieben gleicher Produktions- oder Handelsstufe.
(b) B. auf vertikaler Ebene: Konzentration von aufeinanderfolgenden Produktions- oder Handelsstufen.
(c) B. unterschiedlicher Branchen und Produktionsstufen.

Bewertung
Zielbezogene Beurteilung von Sachverhalten.

Bewilligungskonkurrenz
B. liegt dann vor, wenn für die Verwirklichung eines Projektes mehrere verwaltungsbehördliche Bewilligungen benötigt werden.
Andere Bez.: Kumulationsprinzip
Das Gegenteil von B. wäre eine Verfahrenskonzentration.

Bezogener
Im Wechsel- und Scheckrecht derjenige, an den der Zahlungsauftrag gerichtet ist.

Bezugsberechtigter
Diejenige Person, die Anspruch auf die Versicherungsleistung hat.

Bezugsrecht
Ein Recht, auf Grund dessen Aktionäre, zumeist zu günstigen Bedingungen, junge Aktien aus einer Kapitalerhöhung beziehen können. Der Nachweis für den Anspruch auf dieses Recht wird grundsätzlich mit einem bestimmten Dividendenschein erbracht. Das Bezugsrecht hat einen bestimmten Wert und wird an der Börse gehandelt (Bezugsrechthandel).

bG
Begriff aus der Börsensprache.
Abk. für „bezahlt Geld". Dies bedeutet, daß limitierte Kaufaufträge nicht vollständig ausgeführt werden konnten, also noch weitere Nachfrage nach den betreffenden Wertpapieren bestand. Verkäufe konnten alle durchgeführt werden.

Bike-and-Ride
Kombination des öffentlichen Verkehrsmittels mit dem Radverkehr als Zubringerverkehrsmittel zum Bahnhof oder zur Haltestelle. Damit sollen die langen Zu- und Abgangszeiten des ÖPNV verkürzt werden.

Bilanz
Eine B. ist der Vermögens- und Kapitalstatus eines Unternehmens zum Zeitpunkt des beendeten Geschäftsjahres. Sie ist eine Aufstellung betrieblicher Werte.
- Aktivseite der B.: Übersicht über Werte der mit betrieblichen Mitteln beschafften Vermögensgegenstände (Schuldendeckungspotential).
- Passivseite der B.: Gibt Auskunft, aus welchen Quellen die betrieblichen Mittel stammen.

Bilanz
Die B., an der neben der Unternehmung auch der Fiskus, die Gläubiger, die Beteiligten, die Arbeitnehmer und vielfach auch die Öffentlichkeit interessiert sind, stellt den Vermögens- und Kapitalstatus einer Unternehmung zum Zeitpunkt je-

des beendeten Geschäftsjahres dar. Ihre unmittelbare Aufgabe besteht in der Gewinnermittlung nach Handelsrecht und Steuerrecht. Auf der linken Seite der Bilanz findet sich das Vermögen (= Aktiva) und auf der rechten Seite das Kapital (= Passiva).

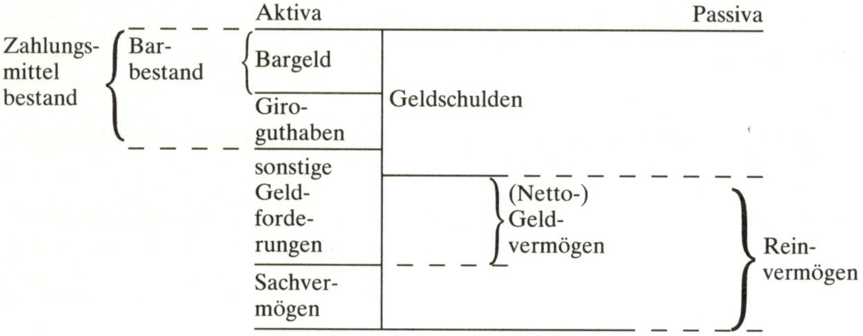

BIP
→1. Bruttoinlandsprodukt
2. Bipolar

Bipolar
kurz: BIP
Nicht so hoch integrierter Speicherchip mit schnellem Zugriff.

BID
engl. Ausdruck für ⇒ Geldkurs bzw. Geldzins

Bidrate
Zinssatz, den eine Eurobank für die Einlagen zu zahlen bereit ist.

BIGFERN Ⓓ
Abk. für „Breitbandiges Integriertes Glasfaser-Fernnetz". Es soll die in sieben Städten entstehenden kleinen Bigfon-Inseln etwa ab 1985 verbinden, um über größere Entfernungen hinweg die Nutzung breitbandiger Formen der Individualkommunikation zu erproben. Die erste Glasfaserverbindung wird mit etwa 150/Mbit/sec. zwischen den Bigfon-Inseln Hamburg und Hannover eingerichtet.

BIGFON Ⓓ
Abk. für den Versuch der Bundespost mit einem „Breitbandigen Integrierten Glasfaser-Fernmelde-Orts-Netz", der in sieben Städten (Berlin, Düsseldorf, Hamburg, Hannover, München, Nürnberg, Stuttgart) begonnen hat. Insgesamt wurden 10 Bigfon-Inseln mit jeweils zwischen 30 und 50 Teilnehmeranschlüssen errichtet. Folgende schmal- und breitbandige Dienste sollen auf einer Glasfaseranschlußleitung übertragen werden: Digitalisiertes Fernsprechen, Telex, Daten- und Textübertragung, Fernwirken, zwei bis vier TV-Kanäle aus einer größeren Anzahl in der Zentrale auflaufender Programme, 24 UKW-Stereoprogramme und Bildfernsprechen (Fernsehnorm). Der Bigfon-Versuch soll insgesamt etwa drei Jahre dauern.
⇒ Glasfaserkabel

Bilanz der laufenden Posten
→ Leistungsbilanz

Bilanzverkürzung
Bilanzsumme verringert sich dadurch, daß ein passives Bestandskonto belastet und ein aktives Bestandskonto erkannt wird. Beispiel: Wenn eine Ware bezahlt wird (Buchung: Verbindlichkeiten an Bank) → Bilanzverlängerung.

Bilanzverlängerung
Bilanzsumme wird durch einen Ge-

schäftsfall vergrößert, indem ein aktives Bestandskonto belastet und ein passives Bestandskonto erkannt wird. Beispiel: Kauf von Waren auf Kredit (Buchung: Warenvorrat an Verbindlichkeiten aus Lieferungen und Leistungen). → Bilanzverkürzung.

Bilateral
Zweiseitige Vereinbarungen zwischen Ländern oder Interessengruppen.

Bildfernsprechen
Akustische und optische Kommunikation zweier Teilnehmer über ein Breitbandvermittlungsnetz.

Bildschirm
EDV: Ausgabegerät.
Bei kleineren Geräten findet man 20 bis 25 Zeilen zu je 40 Zeichen, der übliche Standard in der gehobeneren Klasse liegt bei 25 Zeilen mit je 80 Zeichen, wobei oft die 25. Zeile zur Anzeige von diversen Einstellungen verwendet wird.
Jedes Zeichen am B. ist aus einem Punktraster zusammengesetzt. Je mehr Punkte das Feld hat, umso schärfer wirkt die Schrift. Die Auflösung für ein Buchstabenfeld reicht dabei von 8 × 7 bis zu der sehr feinen Auflösung 16 × 10 Punkten.
Andere Bezeichnung: Monitor.

Bildschirmtext
Abk.: BTX
B. ist ein Telekommunikationsdienst der 2. Generation, der als offenes System konzipiert wurde. Damit ist Dialogfähigkeit und ⇒ Kompatibilität sichergestellt. Durch die Standardisierung bestimmter Grundfunktionen, die nach dem ⇒ Modulprinzip entwickelt wurden, ist es möglich, vom Bildschirmgerät aus Verbindungen zu beliebigen Datenverarbeitungssystemen unterschiedlicher Anbieter und unterschiedlicher Gerätehersteller aufzubauen. B. weist eine bislang unerreichte Benutzerfreundlichkeit auf, da es als selbsterklärendes System konzipiert ist. Allerdings erfordert das neue Medium ein „Denken in Verknüpfungsstrukturen", in Hierarchieebenen, weil die Präsentation des Stoffes, nicht – wie bei einem Printmedium – nebeneinander, sondern hintereinander erfolgt. Bei B. können die Informationen nur in zeitlich aufeinanderfolgenden Schritten betrachtet werden. B. ermöglicht die Handhabbarkeit großer Datenbestände entweder über den B.-Rechner oder andere externe Rechner, sowie Softwarenutzung zu günstigen Preisen und innerbetriebliche Organisationsentwicklung durch den Aufbau von ⇒ Inhouse-Systemen oder ⇒ geschlossenen Benutzergruppen.

Bildschirmtextseite
Der Inhalt eines „Fernsehbildes" gilt als eine Seite. Eine Bildschirmtextseite hat 24 Zeilen zu je 40 Zeichen. Diese Seiten werden in der Bildschirmtext-Zentrale gespeichert.

Bill of Lading
→ Konnossement

Binärzeichen
Ein Zeichen aus einem Zeichenvorrat von zwei Zeichen. Als Binärzeichen können beliebige Zeichenpaare verwendet werden, insbesondere 0 und L; wenn keine Verwechslung mit Ziffern zu befürchten ist, auch 0 und I.

Bit
Abk. für binary digit
Kleinste Informationseinheit, Werte 0 oder 1(L), realisiert durch eine Schalterstellung (Relais, Halbleiterschalter). Der Begriff wird auch verwendet

- zum Kennzeichnen der Menge von Zeichenelementen eines bestimmten Datenbestandes oder
- zur Angabe der Übertragungsleistung eines Übertragungskanals.

Die Speicherkapazität wird in der Regel in Byte (Kilobyte, Magabyte) dargestellt.

Bitbreite
Anzahl der Bits für ein Wort (zusammengehörige Gruppe, z.B. meistens 8 Bit im Mikrocomputerbereich).

BIZ
Abk. für Bank für internationalen Zahlungsausgleich

Black-Box-Methode
Methode zur Untersuchung komplexer Systeme, bei denen zunächst nur die Eingangsgrößen (der „Input“) und die Ausgangsgrößen (der „Output“) bekannt sind, die Struktur des Systems jedoch erst erforscht werden muß. Instrumente hierzu sind Veränderung der exogenen Variablen unter Anwendung der ⇒ ceteris-paribus-Methode.

Blankoindossament
Indossament an den (nicht genannten) Inhaber auf einem Scheck oder Wechsel, das nur aus der Unterschrift besteht. Kann wie ein Inhaberpapier übertragen werden.

Blankokredit
Kredit, der ohne Schwierigkeiten irgendwelcher Art aufgrund der guten Bonität des Kunden gewährt wird.

Blankoscheck
ein noch nicht mit allen Bestandteilen versehener (z.B. fehlender Betrag) aber bereits unterschriebener Scheck.

Blankowechsel
Als Sicherstellung im Ausleihungsgeschäft verwendeter Wechsel
- notwendig ist das Akzept des (der) Bezogenen
- es müssen sämtliche Schuldner, Mitschuldner und Bürgen mit vollen Vor- und Zunamen bzw. firmenmäßig unterzeichnen. Es ist eine Wechselerklärung notwendig, die die Regelung der Aktivierung des Blanko-(Rekta)wechsels vorsieht (meist im Kreditvertrag eingearbeitet)
- vollständiges Ausstellen ist nicht beabsichtigt
- Wechselsumme, Verfallstag oder andere Angaben sollen erst nachträglich eingesetzt werden.

Blockdiagramm
grober Ablaufplan, graphisches Darstellen der logischen Struktur (z.B. der zeitlichen Abfolge) eines Ablaufes. Auch Folgestruktur, Ablaufdiagramm.

Blockfloating
System, bei dem mehrere Länder (Währungsblocks) untereinander feste Wechselkurse vereinbaren, die sich nur innerhalb bestimmter Bandbreiten bewegen können, während sich die Wechselkurse gegenüber Drittländern aus Angebot und Nachfrage ergeben.

Blockzeit
Die B. oder Kernzeit ist jener Teil der täglichen Arbeitszeit, während der alle Arbeitnehmer auch im Falle von Gleitzeitvereinbarungen anwesend sein müssen.

Blue Chips
Aktien großer Unternehmen mit guten Wachstumschancen.
Amerik. Börsenausdruck, der seinen Ursprung im Pokerspiel (die blauen Jetons hatten den höchsten Einsatzwert) haben soll. Damit werden die Aktien renomierter und alteingesessener Unternehmen bezeichnet, die auf einer besonders soliden Basis stehen. B. C. müssen keineswegs besonders hohe Kurssteigerungen, dafür aber ein solides Wachstum aufweisen.
Der bekannteste Börsenindex der New Yorker Börse, der Dow-Jones-Index der Industrieaktie ist ein Durchschnittswert auf der Basis der täglichen Kursentwicklung einer Auswahl von 30 „B. C.“.

Bodensatz
Jener Teil der Einlagen, der erfahrungsgemäß unabhängig von vereinbarten Kündigungsfristen auf den Konten verbleibt.

Börsen
B. sind regelmäßig stattfindende, staatlich beaufsichtigte, organisierte Märkte für vertretbare (fungible) Waren (besonders Effekten, aber auch gewisse Rohpro-

dukte, wie Mehl, Getreide, Baumwolle usw.).
Arten der B.:
- Effektenb.
- Waren- oder Produktenb.
- Devisenb.
- Fracht- und Versicherungsb.

Vielfach werden alle Arten von börsenfähigen Gütern in einem Börsengebäude gemeinsam gehandelt, man spricht dann von einer „allgemeinen B.".

Börseneinführung (A)
Aufnahme des Handels mit einem bestimmten Wertpapier an der Börse nach Zulassung durch das Bundesministerium für Finanzen auf Vorschlag der Wiener Börsenkammer.

Börsenindex (Aktienindex) (A)
Index dient zum Messen der Bewertung der Aktienkurse.
Dies geschieht durch Zusammenfassen von Kursen aller oder eines repräsentativen Teiles der an einer Börse gehandelten Werte. Durch unterschiedliche Berechnungsmethoden der verschiedenen Aktienindices ergeben sich beim Vergleich oft Differenzen. Die Girozentrale errechnet für Österreich einen Aktienindex, der mit Basis 31.12.1966 sämtliche amtlich notierte Aktien von österreichischen Unternehmungen enthält.

Börsennotierung
- offizielles Zulassen eine Aktie oder Anleihe an einer Wertpapier-Börse.
- im amtlichen Kursblatt der Börse veröffentlichte Kurse der gehandelten Aktien und Anleihen.

Börsenumsatzsteuer (BUST)
Steuer für Börsenumsätze.
Jedes Geschäft in inländischen Wertpapieren unterliegt prinzipiell der Börsenumsatzsteuer (Ausnahmen: Neuemissionen sowie Investmentgeschäfte, die mit den Fonds direkt abgewickelt werden). Die Steuer wird vom Kurswert berechnet und variiert je nach Wertpapier-Art. Sie wird auf der Kundenabrechnung nicht ausgewiesen, ist jedoch im Kostenersatz bereits berücksichtigt.

Bogen
Teil eines Wertpapiers. Enthält eine Anzahl numerischer Kupons (Ertragsscheine), die zum Empfang von Ertrágnisausschüttungen berechtigen, sowie ev. einen Erneuerungsschein (Talon) zum Bezug eines neuen Bogens.

Bond
→ Schuldverschreibung

Bonifikation
Sondervergütung, besonders im Wertpapier-Emissionsgeschäft gebräuchlich.

Bonifizierung
Nachträgliches Anheben der Nominalverzinsung durch den Emittenten, damit der Ertrag der Altanleihen etwa jenem der neu ausgegebenen Anleihen entspricht. Dadurch werden Kursrückgänge bei Altanleihen verhindert und das Vertrauen in den Rentenmarkt gestärkt.

Bonität
Ansehen eines Unternehmens bei Banken und Warenliefanten. B. ist das Ergebnis pünktlicher Erfüllung eingegangener Verpflichtungen und der dazu notwendigen Liquiditätsplanung.

Bonitätsrisiko
Risiko, daß der Kreditnehmer seiner Schuldendienstverpflichtung, die sich auf Tilgung und Zinszahlung erstreckt, nicht nachkommt.

Bonus
1. Außerordentliche Ertragsausschüttung eines Unternehmens in guten Geschäftsjahren anstelle oder zusammen mit einer Dividende.
2. Mengenrabatt des Lieferanten an die Abnehmer in Abhängigkeit von der Bestellmenge.
3. Schadensfreiheitsrabatt, der bei der Kfz-Haftpflichtversicherung gewährt wird.

Bonuskarte
→ Stockdividende

Bootstrap Loader
Ein kurzes Ladeprogramm, das ein größeres Programm – in der Regel das Betriebssystem – lädt und damit das „Hochfahren" eines Computers ermöglicht.
Andere Bez.: Urlader, Bootprogramm

BOPM
Abk. für Balance of Payment Manual.
Handbuch, das vom Internationalen Währungsfonds herausgegeben wird und Regeln für die Erstellung von ⇒ Zahlungsbilanzen enthält.

Break even Point
→ Gewinnschwelle

Breitbandkommunikation
Breitbandkommunikation ist der Austausch von Informationen mit besonders hoher Bandbreite zwischen einem und fünf MHz. Diese Kapazität ermöglicht die Übertragung farbiger Bewegtbilder mit Stereoton.

Breitbandvermittlungsnetz
Vermittlungsnetz zur Übertragung von Bewegtbildsignalen zwischen Teilnehmern in beiden Richtungen. Ein B. hat eine Sternstruktur, wie das heutige Telefonnetz. Jeder Teilnehmer kann mit jedem in Bild-, Ton- und/oder Textkontakt treten. Ein Sternnetz benötigt eine Vermittlungszentrale, in der die Verbindung zwischen zwei oder mehr individuellen Teilnehmern geschaltet wird.
Beispiel: Telefon.

Breitbandverteilnetz
Ein B. hat eine Baumstruktur und wird für die Übertragung von Hörfunk- und Fernsehprogrammen benutzt. Die Übertragung erfolgt ausschließlich von einer Zentralstelle zu den Teilnehmern.
Beispiel: Großgemeinschaftsantennen.

Briefing
Aus der Militärsprache übernommener Ausdruck für kurze Lagebesprechung, Unterweisung, wie ein Prozeß oder eine bestimmte Handlung ablaufen soll. So bezeichnet man z.B. als B. die Zusammenkunft der Crew eines Flugzeugs 1 1/2 Stunden vor Abflug, um nochmals alle Flugdaten, Sicherheitsvorkehrungen, Zollbestimmungen, Währungs-, Erste-Hilfe-Fragen und anderes durchzusprechen.

Briefkurs
Verkaufskurs von Banken für Währungen, höchste Notierung, auch Warenkurs.

Broker
Wertpapier-Makler bzw. Börsenhändler. In Großbritanien und in den USA gibt es keine Universalbanken, wie sie auf dem Kontinent bestehen. Der Börsenhandel wird von Spezialbanken, den Brokerfirmen, durchgeführt.

Bruttoeinkommen aus Unternehmertätigkeit
Die B.a.U. und Vermögen enthalten die Einkommen der privaten Haushalte und des Staates aus Zinsen, Nettopachten und immateriellen Werten, aus Dividenden und sonstigen Ausschüttungen der Unternehmen mit eigener Rechtspersönlichkeit sowie von Unternehmen ohne eigene Rechtspersönlichkeit (Entnahmen und nicht entnommene Gewinne), und zwar nach Abzug der Zinsen auf Konsumentenschulden bzw. auf öffentliche Schulden. Dazu kommen die unverteilten Gewinne der Unternehmen mit eigener Rechtspersönlichkeit (Kapitalgesellschaften, Genossenschaften usw.). Die Anteile der Sektoren am Volkseinkommen enthalten einerseits noch die aus den Einkommen zu leistenden direkten Steuern, derjenige der privaten Haushalte außerdem die Sozialbeiträge; andererseits sind die von den privaten Haushalten empfangenen Renten und übrigen laufenden Übertragungen noch nicht eingezogen. Nach Hinzurechnung der empfangenen laufenden Übertragungen von anderen Sektoren und von der übrigen Welt (ohne Subventionen) und nach Abzug der geleisteten laufenden Übertragungen an andere Sektoren und an die übrige Welt (ohne

indirekte Steuern) erhält man die Summe der verfügbaren Einkommen der Volkswirtschaft, d.h. aller Sektoren.

Brutto-Entgelte für unselbständige Arbeit
Brutto-Einkünfte der Arbeiter und Angestellten aus ihrem Arbeitsverhältnis, einschließlich Arbeitgeberbeiträge zur Sozialversicherung, Familienbeihilfen und die betreffenden Fondsbeiträge gehören nicht dazu.

Bruttoinlandsprodukt
Summe aller Güter und Dienste die in einer Volkswirtschaft in einem Zeitraum (meist Kalenderjahr) für die Endnachfrage (privater Konsum, private Investition, staatliche Güternachfrage, Export) produziert worden sind. Das BIP wird also nach dem Territorialprinzip (Inlandsprinzip) definiert – zum Unterschied vom sogenannten Bruttosozialprodukt (BSP), welches nach dem Inländerprinzip erstellt wird.
Definitorischer Zusammenhang zwischen BIP und BSP:

BIP
+ Faktoreinkommen der Inländer aus dem Ausland
– *Faktoreinkommen der Ausländer aus dem Inland*
= *BSP*

D.h.: BIP = Ergebnis aller Produktrionsprozesse in einem geographischen Raum und in einem bestimmten Zeitraum, unabhängig davon, wem die Produktionsfaktoren gehören.
BSP (Inländerprodukt) = Diejenigen Güter und Dienste, die von Inländern gehörenden Produktionsfaktoren hergestellt werden, unabhängig vom geographischen Einsatzort.

Bruttoinvestitionen
Diese setzen sich aus den Anlageinvestitionen (Ausrüstung und Bauten) und der Vorratsveränderung zusammen.

Bruttoproduktionswert
Als B. bezeichnet man in der Regel das bewertete Produktionsergebnis (= Output). Der nach Abzug der sogenannten Vorleistungen verbleibende Saldo ist der sogenannte Nettoproduktionswert oder die Bruttowertschöpfung. Diese gibt an, welcher Wert den Vorleistungen durch die Produktionstätigkeit und den anschließenden Verkauf der Erzeugnisse hinzugefügt wurde. Berücksichtigt man ferner, daß die Werterhöhung der Vorleistungen im Produktionsprozeß zum Teil durch eine nutzungsbedingte Wertminderung der Produktionsmittel erkauft wurde, so folgt daraus, daß die Abschreibungen vom Nettoproduktionswert abgezogen werden müssen. Auf diese Weise gelangt man zur sogenannten Nettowertschöpfung.

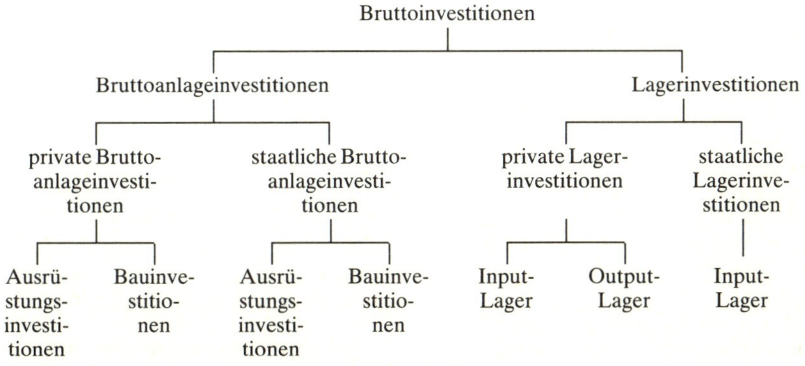

Zur Verdeutlichung der definitorischen Zusammenhänge folgende Graphik:

Bruttoproduktionswert (=Output)

Umsatz(erlöse)	Selbsterstellte Anlagen

Nettoproduktionswert (=Bruttowertschöpfung)	Vorleistungen

Nettowertschöpfung	Abschreibung

Bruttosozialprodukt
Das B. zu Marktpreisen ist – von der Verwendung her gesehen – gleich der Summe aus

- privater Konsum
- öffentlicher Konsum
- Bruttinvestitionen
- Außenbeitrag

BSP
→ Bruttosozialprodukt

BTX
→ Bildschirmtext.

Bubble Memory
→ Magnetblasenspeicher

Buchgeld
Bank- oder Giralgeld. Jederzeit in Metall- und Notengeld umwandelbare Bank- und Giroguthaben, die in der Regel dem bargeldlosen Zahlungsverkehr dienen.

Buchgewinn
bei Veräußerung oder Höherbewertung von Aktien entstehender Gewinn, anstelle der bisher als stille Reserven bestehenden Differenz zwischen dem Buchwert und dem höheren Marktwert.

Buchhaltung
Alle schriftlichen Aufzeichnungen, deren Aufgabe es ist

- den Stand und die Veränderungen des Vermögens
- sowie den wirtschaftlichen Erfolg

eines Unternehmens nachzuweisen.
Funktionen:

- Alle betrieblichen Vorgänge werden zahlenmäßig erfaßt.

Beispiele:

- Einzahlung auf Sparbuch
- Überweisung von einem Konto auf ein Konto bei einem anderen Kreditinstitut.
- Informationsdokumentation:
  Alle Interessenten (z.B. Vorstand, Finanzbehörden, Sparkassenaufsichtsratbehörden, Mitarbeiter) werden über die Lage des Unternehmens informiert.
- Dispositionsfunktion:
  Die Buchhaltung bildet eine Entscheidungsunterlage für unternehmerische Entscheidungen.

Buchungsschnitt
Jener Zeitpunkt, bis zu dem die Belege (z.B. Überweisungen, Grundbücher, Abrechnungen) noch am selben Tag verarbeitet werden. Nach diesem Zeitpunkt anfallendes Beleggut wird erst am nächsten Arbeitstag verarbeitet.

Buchverlust
Bei Tieferbewertung von Werten entstehender Verlust. Entsprechend der Differenz zwischen dem bisherigen höheren und dem neuen tieferen Buchwert.

Buchwert
Betrag, zu dem ein Aktivposten in der Bilanz angeführt ist, ohne Berücksichtigung des allfälligen Mehr- oder Minderwertes bzw. des Nennwertes.

Budget
Summe der Geldmittel, die für bestimmte Maßnahmen (bestimmter Zeitraum) zur Verfügung stehen.

Budget
ist das finanzielle Kernstück des → operativen Planens, es enthält alle Ausgaben und Einnahmen sowie Kosten- und Lei-

stungsgrößen als Vorgabe für einen bestimmten Zeitraum

Budgetausgleich
Grundsatz der Budgeterstellung, wonach die Einnahmensumme der Ausgabensumme entsprechen muß.

- Materieller B.: Alle ordentlichen Ausgaben müssen durch ordentliche Einnahmen finanziert werden; eine Verschuldung ist nur sehr begrenzt für sog. rentierliche Investitonen erlaubt. Die Befolgung des Prinzips des materiellen B. führt in letzter Konsequenz zur Verstärkung konjunktureller Schwankungen (sog. „Parallelpolitik"). Als konjunkturpolitische Alternative wurde daher das Prinzip des B. nur noch formell verstanden.
- Formaler B.: Alle Ausgaben müssen durch Einnahmen gedeckt werden (unabhängig ob „ordentliche" Einnahmen oder Verschuldung).

Budgetinzidenz
Bei der B. geht es um die Erfassung von Staatseinnahmen und Staatsausgaben, d.h. man versucht zu ermitteln, wer bestimmte steuerliche Belastungen tatsächlich trägt (Einnahmeninzidenz) bzw. wer in den Genuß von bestimmten Staatsausgaben kommt (Ausgabeninzidenz). Die Differenz zwischen beiden Arten der Inzidenz bezeichnet man als Nettoinziolenz.

Budgetmultiplikator
Mißt die Auswirkungen einer Erhöhung des Budgetdefizits auf das Volkseinkommen.

Buerges (A)
Bürgschaftsfonds Gesellschaft m.b.H.
Eine vom Bund in Zusammenarbeit mit der Bundeswirtschaftskammer errichtete Sondergesellschaft zur Gewerbeförderung. Nach festgesetzten Schwerpunkten gewährt die Bürges Zinsen- und Förderungszuschüsse für Kapitalmarktkredite und übernimmt Bürgschaften für Unternehmen der gewerblichen Wirtschaft.

Built-In-Flexibility
→ Eingebaute Flexibilität

Bull Spread
Eine Strategie, die bei steigenden Kursen einen Gewinn abwirft. Am Optionsmarkt wird dazu eine Option mit einem Basispreis unter der aktuellen Kursnotierung gekauft und eine Option mit einem Basispreis über der Notierung verkauft. Beide Optionen haben gewöhnlich den gleichen Verfalltermin. Diese Strategie kann entweder mit Kauf- oder mit Verkaufsoptionen ausgeführt werden.

Bull (Stier)
→ Haussier

Bundesgarantie (A)
auch als Exportgarantie bezeichnet.
Bedeutet das Abdecken der wirtschaftlichen und politischen Risiken beim ausländischen Abnehmer durch den österreichischen Staat.

Bundesschatzscheine
Festverzinsliche, auf Inhaber lautende kürzerfristige Schuldverschreibungen des Bundes, die direkt in die Portefeuilles übernommen werden.

Bundesschatzscheine
Zur vorübergehenden Kassenstärkung ist der Bundesminister für Finanzen aufgrund des jeweiligen, für das zutreffende Jahr geltenden Bundesfinanzgesetzes bzw. allfälliger Novellen ermächtigt, kurzfristige Verpflichtungen einzugehen. Zu diesem Zweck werden in der Regel Bundesschatzscheine (sog. „Kassenstärkungsscheine") begeben. Gemäß § 41 NBG ist die Österreichische Nationalbank verpflichtet, kurzfristig Bundesschatzscheine in einer Höhe bis zu 5% der Bruttojahreseinnahmen des Bundes aus öffentlichen Abgaben zu eskontieren. Diese sogenannten „eskontfähigen" sind von den „nicht eskontfähigen" Bundesschatzscheinen zu unterscheiden. Erstere können von den Spitzeninstituten der mehrstufigen Sektoren und der Postspar-

kasse zur Mindestreserve-Erfüllung verwendet werden und weisen – im Gegensatz zur unverzinsten Mindestreservehaltung bei der Österreichischen Nationalbank – eine Verzinsung von 2¼% auf, während letztere dem jeweiligen Marktzinsniveau entsprechend verzinst werden.

Bus
Ein Satz Kabel oder Leiterbahnen in einem Computer, die einen zusammenhängenden Satz von Daten transportieren oder die Daten, die sich gerade auf dem Bus befinden.

Business-Graphik
Darstellung statistischer Daten in Form von Kurven-, Banken-, Schreibdiagrammen.

Byte
Standardisierte Zusammenfassung von 8 Bit zu einer Informationseinheit.

C & F
Abk. für Cost and freight (= Kosten und Fracht).
Im Außenhandel übliche Vertragsklausel, die besagt, daß alle Kosten der Verschiffung und Fracht (ausgenommen die Versicherung) bis zum Bestimmungshafen im Warenpreis inbegriffen sind.

CAD
1. Abk. für Cash against documents.
   Die Zahlungskondition Kasse-gegen-Dokumente wird in all den Exportfällen angewandt, in denen zwar von der Zahlungsfähigkeit und -bereitschaft eines Kunden ausgegangen werden kann, wo der Lieferant aber verbleibende Unsicherheiten durch ein Dokumenteninkasso unter Einschaltung einer Bank ausgleichen möchte. Die Bezahlung des Kaufpreises hat Zug um Zug gegen Übergabe der Transportdokumente zu erfolgen.
2. Abk. für Computer aided design.
   Das computerunterstützte Zeichnen und Entwerfen hat zahlreiche Anwendungsmöglichkeiten im Maschinenbau, Elektrotechnik, Werbegraphik, Geodäsie usw. Weist innerhalb der EDV-Anwendungen die stärksten Wachstumsraten auf. Eng damit zusammen hängen Berechnungen mit der Methode der Finiten Elemente. Während computerunterstützte Konstruktionssysteme zunächst nur im Flugzeugbau und dann in der Automobilindustrie üblich waren, dringt dieses Verfahren mehr und mehr auch in kleinere Betriebe ein. Eine wichtige neue Anwendung ist z.B. die Architektur. Dort ist es u.a. möglich, baugenehmigungsfähige Zeichnungen direkt am Bildschirm zu erstellen.

Beispiele für leistungsfähige CAD-Programme wären MEDUSA, MEMOPLOT, HP-DESIGN.

CAE
Abk. für Computer Aided Engineering
Oberbegriff für CAD und CAP; faßt die rechnergestützten Engineering-Verfahren in Entwicklung, Projektierung und Konstruktion zusammen.

CALL
Kaufoption. Eine Option, die dem Besitzer das Recht gibt, die zugrundeliegende Währung bzw. den zugrundeliegenden Terminkontrakt innerhalb eines bestimmten Zeitraumes zu einem genau festgelegten Preis zu kaufen.

Call-Geld
Tagesgeld; unter Banken sehr kurzfristig geliehenes Geld, das täglich abrufbar ist.

Call-Option
→ Kaufoption

CAM
Abk. für Computer Aided Manufacturing.
Rechneranwendung in der Fertigung und zum Automatisieren des Materialflusses.

CAP
Abk. für Computer Aided Planning
Unterstützt das Erstellen der Fertigungsdaten und die Fertigungssteuerung.

Captial Gains Tax
Steuer in den USA, die den Wertzuwachs bei der Realisation von Kapitalanlagen besteuert.

Capital-Output-Ratio
→ Kaptialkoeffizient

CAQ
Abk. für Computer Aided Quality
Schritthaltende Qualitätssicherung durch Rechnerunterstützung.

Cash-and-Carry-Betriebe
Großhandelsbetriebe, die nach dem Selbstbedienungsprinzip an Wiederverkäufer gegen Barzahlung verkaufen.

Cash Earning
→ Cash Flow pro Aktie

Cash Flow
Der Begriff ist mangels gesetzlicher Normierung nicht eindeutig bestimmt. Im wesentlichen versteht man darunter die Differenz zwischen baren Erträgen und baren Aufwendungen (= direkte Ermittlung des C.). Bei indirekter Ermittlung ergibt sich der C.F. aus dem Gewinn zuzüglich den unbaren Aufwendungen abzüglich den unbaren Erträgen. Der C.F. gilt als Indikator für das Innenfinanzierungspotential eines Unternehmens innerhalb einer Periode (Ernst Bleier).
Das Schema für die Berechnung des C.F. bei Einzelunternehmungen und Personengesellschaften umfaßt folgende Positionen:
Ausgewiesener Gewinn (– ausgewiesener Verlust)
– Gewinnvortrag
+ Verlustvortrag
+ Erhöhung der Rücklagen und Rückstellungen
– Auflösung der Rücklagen und Rückstellungen
+ Abschreibungen und Wertberichtungen auf Sachanlagen und Beteiligungen
+ Sonstige nicht ausgabenwirksame Aufwendungen
– Nicht einnahmewirksame Erträge
Brutto C.F. (I)
+ Privateinlagen
– Privatentnahmen
– Privatsteuern
Netto C.F. (II)
Unter dem C.F. (II) wird jener Teil des Einnahmenstromes verstanden, welcher in der Unternehmung nach Abzug der Ausgaben verbleibt und für Selbstfinanzierung von Investitionen und zur Schuldentilgung zur Verfügung steht.

CAT
Abk. für Computer Aided Testing
Computerunterstützung bei Test- und Prüfaufgaben.

CATS
Abk. für: certificates of accrual on treasury securities
US-Inhaberpapiere, welche durch Namenobligationen des US-Schatzamtes gedeckt sind.

CCITT
Comité Consultatif International de Telegraphique et Telefonique, Internationaler beratender Ausschuß für Fernsehen und Telegraphie

CD
→ Certificate of Deposit

CEPT
Abk. für Conférence Europèene des Administrations des Postes et des Télécommunications.
Gremium der europäischen Post- und Fernmeldeverwaltungen.

CEPT-Standard
Seit 1978 bemühen sich die europäischen Postverwaltungen, die unterschiedlichen technischen Entwicklungen und BTX-Verfahren durch einen einheitlichen internationalen Standard zu harmonisieren. 1981 verabschiedeten die in der CEPT (Conférence Europeénne des Administrations des Postes et des Télécommunications) zusammengeschlossenen Postverwaltungen die Grundzüge eines gemeinsamen europöischen Standards. Es

ist dies ein Basis-System, das für die Schrift- und Bildgestaltung drei Verfahren harmonisierte: das britische PRESTEL (Viewdata), das französische TELETEL (Antiope) sowie die deutsche Viewdata-Variante BILDSCHIRMTEXT.
Der CEPT-Standard sieht drei Klassen vor: C 0, C 1 und C 2. Die Klasse C 0 stellte bereits einen gewissen Fortschritt gegenüber dem bisher gültigen PRESTEL dar. Der CEPT-Standard C 2 ermöglicht wesentlich bessere Grafiken.

Certificate
Englisches Wort für eine Eintragungsbescheinigung im Aktionärsverzeichnis.

Certificate of Deposit
Fachausdruck für Geldmarktpapiere mit kurzer bis mittelfristiger Laufzeit, d.h. meist 1 bis 12 Monate, ausnahmsweise bis zu 5 Jahren. Durch das CD bestätigt die betreffende Bank, daß sie einen bestimmten Betrag entgegengenommen hat und nach Ablauf der vom Geldgeber gewünschten Laufzeit einschließlich des bei der Ausgabe festgesetzten Zinses zurückzahlen wird. CDs. lauten in der Regel auf US-Dollar, auch wenn sie von den amerikanischen Banken über ihre Niederlassungen in London ausgegeben werden.

Ceteris-Paribus-Klausel
Die meist stillschweigend getroffene Annahme, daß sowohl die nicht veränderten exogenen Variablen wie auch die gesamte Umwelt eines Modells (oder einer Theorie) konstant, unverändert bleiben.

Charter Party
liegt dann vor, wenn ein Schiffseigner einem Mieter (Charterer) ein Schiff auf Zeit überläßt.

Charts
Angloamerikanischer Fachausdruck für Börsenschaubilder, die in graphischer Form die Kursentwicklung einer Aktie oder verschiedener Wertpapiere aufzeigen und vom spezialisierten Börsenanalysten (Chartists) unter Berücksichtigung der Umsätze usw. für die Erstellung kurz- und mittelfristiger Kursprognosen verwendet werden.

Checklist
Kontrolliste, aufgrund der die Vollständigkeit von Beständen oder Maßnahmen durch Abhaken (checken) überprüft wird.

Chips
Unter Chips versteht man eine hochintegrierte elektronische Schaltung auf der Basis von Halbleiterbauelementen, integriert in einen einzigen kleinen Körper der Größe des Bruchteils einer Briefmarke. Heutige Chips bestehen in ihrer Grundsubstanz aus Silizium. Durch Aufbringen geeigneter Aufdampfungen und durch Abätzen von Bahnen sowie die Injektion von leitenden Molekülen werden im Siliziumkristall Leiterbahnen, Transistoren, Widerstände erzeugt. Dadurch ist es möglich, jede beliebige elektronische Schaltung auf einem Chip zu realisieren. Voraussetzung hierfür ist allerdings die Entwicklung geeigneter Schaltungen in einem Computer-Aided-Design-System und die Abbildung dieser Schaltungen im entsprechenden Verkleinerungsmaßstab auf die Vorstufen der Chips.

CIF
cost, insurance and freight
Der Warenpreis versteht sich einschließlich aller Kosten der Verschiffung, der Versicherung und der Fracht bis zum Bestimmungshafen.

Clean Payment
Von C.P. spricht man, wenn im internationalen Geschäftsverkehr eine Zahlung nicht gegen Vorlage von Dokumenten (Akkreditive oder Inkassi), sondern durch ungebundene Überweisung oder mittels Schecks erfolgt. Die Zahlungsbedingungen „Vorauszahlung“, „Zahlung nach Erhalt der Ware“, „Offenes Zahlungsziel“ sind C.P.-Bedingungen.

Clearing
Gegenseitiges, bargeldloses Aufrechnen von Forderungen und Verbindlichkeiten, wobei nur mehr die Spitzen (Salden) beglichen werden.

Clearing
Im Außenhandel wird jede zwischenstaatliche Verrechnung als C. bezeichnet. Man unterscheidet dabei zwischen bilateralem C. eine Verrechnung zwischen zwei Ländern, und multilateralem C. wie ihn die europäische Zahlungsunion ausübt. Innerhalb der Grenzen der einzelnen Volkswirtschaften wird ein C. im bargeldlosen Zahlungsverkehr zwischen den Kreditunternehmen abgewickelt.

Clearing House
Verrechnungsstelle der Börse. Übernimmt die Gegenseite aller Transaktionen und garantiert ihre Erfüllung. Die Bonität des Konstrahenten ist deshalb für den Kunden ohne Belang.

Closed-end-Fund
Ausländischer Anlagefonds mit einer fest begrenzten Anzahl von Anteilsscheinen. Gegensatz: open-end-fund.

Clusteranalyse
Multivariate Analysemethode. Versucht eine vorgegebene Menge von Objekten, die auf Basis metrisch- und/oder nichtmetrisch-skalierter Variablen beschrieben sind, so zu Gruppen zusammenzufassen, daß sich die Objekte innerhalb einer Gruppe möglichst ähnlich sind. Demgegenüber sollen die Gruppen untereinander möglichst unähnlich sein.

CNC-Maschine
Abk. für Computer Numeric Control.
Es handelt sich um Maschinen, die numerisch kontrolliert und über einen Computer mit den geeigneten Programmen und Anweisungen versorgt werden. Klassische C.-M. sind Drehbänke und Fräsmaschinen mit entsprechender Computersteuerung.

Coase-Theorem
Bezieht sich auf die Internalisierung externer Effekte. Gegenüber den herkömmlichen staatlichen Korrekturmöglichkeiten von Marktversagen durch Steuern oder Subventionen wird beim C.T. die freiwillige Internalisierung über eine Ausweitung der Marktprozesse in den Mittelpunkt gestellt. Dabei wird nur nach der pareto-optimalen Allokation der Ressourcen gefragt, Verteilungsprobleme werden hingegen vernachlässigt. → Pareto-Optimum.

COBOL
Abk. für Common Business Oriented Language.
Programmiersprache für kommerzielle Anwendung. Diese Programmiersprache entstand in den sechziger Jahren unter der Obhut des Department of Commerce in den USA. Die Sprache sollte es erlauben, die gesamten in der amerikanischen Wirtschaft anfallenden kommerziellen Anwendungen einheitlich abzuwickeln. C. hat in der Notation ein stark am Englischen orientiertes Format, sodaß man C-Programme relativ gut lesen kann. Schwächen besitzt die Sprache insbesondere in der Verarbeitung von arithmetischen und grafischen Problemen.

Cobweb-Theorem
→ Spinnweb-Theorem

Code
Verschlüsselte Darstellung eines Begriffs, ausgedrückt in Buchstaben oder Ziffern. Gebräuchliche C. BCD, EBCDIC, → ASCII. Pro Buchstabe (Zeichen) braucht man 6 bis 8 Bits (1 Schreibmaschinseite = ca. 2 KB).

Codierung
Umsetzung einer Nachricht von einem Zeichenvorrat in einen anderen.

COM
Abk. für Computer output on Microfilm. Informationsausgabe aus dem Computer auf Mikrofilm. Ähnlich wie ein Plotter auf

Papier zeichnet, werden die graphischen Informationen mit Hilfe eines Mikro-Ausgabegerätes direkt auf Mikrofilm aufgezeichnet.

COMECON
Abk. für COuncil for Mutual ECONomic Assistance
→ Rat für gegenseitige Wirtschaftshilfe

COMFAR
Abk. für Computer Model for Feasibility Analysis and Reporting.
Entscheidungsmodell für ⇒ Feasibility-Studien. Wurde von der ⇒ UNIDO erarbeitet.

Commercial Banks
Geschäftsbanken in den USA. Die Erlaubnis zum Betreiben der Bankgeschäfte kann entweder von der Bundesregierung oder der Regierung eines Einzelstaates erworben werden. Daher unterscheidet man auch zwischen national banks und state banks.

Commodity Futures Trading Commission (CFTC)
Behörde, die in den USA die Terminbörsen überwacht.

Compiler
EDV-Übersetzungsprogramm (Kopilierer, Sprachübersetzer), das aus einer in einer Programmiersprache erstellten Befehlsfolge ein maschineninterpretierbares Programm erstellt.

Computergrafik
Summe der Verfahren, die es ermöglichen, auf einen Bildschirm Bilder zu generieren. Man unterscheidet:
(a) Vektorgrafik: Linien werden als Vektoren definiert und abgebildet.
(b) Mosaikgrafik: Auf dem Bildschirm sind kleine rechteckige Bereiche einzeln definierbar (z.B. beim Bildschirmtext-System realisiert).
(c) Bildpunktweise Verarbeitung: Bei dieser Technik können auch Bilder individuell an beliebigen Punkten gestaltet werden. Während es bei Vektor- und Mosaikgrafik nur darauf ankommt, die entsprechenden Bausteine im Rechner abzuspeichern und zu „übersetzen“, ist eine bildpunktweise Verarbeitung außerordentlich speicherintensiv.

Console
Bedienungspult einer EDV-Anlage oder eines Terminals.

Controlling
Systematische Erarbeitung und Bereitstellung von Entscheidungsgrundlagen.

Convertible Bonds
→ Wandelanleihe

Corporate Identity
Unternehmensidentität
Geisteshaltung, nach der Kommunikation, Verhalten und Erscheinungsbild (corporate design) eines Unternehmens aufeinander abgestimmt erfolgen soll.

Coupons
1. Abschnitte von Aktien oder Obligationen, die das Recht auf Zinsen oder Dividendenzahlung verbriefen.
2. Benzingutscheine (Italien)

Courtage
Entgelt der Bank für An- und Verkauf von Wertpapieren (Börsenkommission).

CPM
engl. Abk. für Critical Path Method.
Kritischer Weg

CPU
Abk. für Central Processing Unit.
Zentrale Prozessoreinheit des Computers. Schaltkreis, der das System überwacht.

Crawling Peg
Anpassung des Wechselkurses in kleinen, unregelmäßigen Schritten und zwar so, daß sich Importeure und Exporteure auf den Wechselkurs zu einem späteren Zeitpunkt einstellen können.

Credit (Haben)
Bei Optionsgeschäften: Geld, das einem

Konto gutgeschrieben wird. Bei einem Haben-Geschäft handelt es sich um eine Transaktion, bei der die Nettoerlöse aus dem Verkauf höher sind als die Nettokosten für den Kauf. Damit fließt Geld auf das Konto.

Credit-Scoring
Auswertung charakteristischer Merkmale von Kreditnehmern, die in Punkte übersetzt und addiert einen Hinweis auf die Zahlungsfähigkeit des Bewerbers gibt.

Cross Rate
Wechselkurs zwischen zwei Währungen, über die Dollarkurs dieser beiden Währungen berechnet. Z.B.: DM/Fr-Kurs berechnet aus der $/DM-Notiz und der$/Fr-Notiz.

Crowding-Out-Hypothese
Monetaristische These, daß eine staatliche Kreditnachfrage bei konstanter Geldmenge potentielle private Kreditnachfrager (v.a. Investoren) vom Geldmarkt verdränge (insbes. durch den Anstieg der Zinssätze). Neben dem monetaristischen „Crowding-Out" (wörtlich: Verdrängen, Hinausdrängen) wird noch ein realer Verdrängungseffekt vermutet: Der Staat verdränge auch im realen Sektor private Nachfrager nach Gütern und Diensten (über Mengen- oder Preiseffekte).

CUE
Elektronische Markierung beim MAZ-Schnitt. Mit Hilfe eines elektronischen Impulses (dem Cue), der auf einer separaten Spur des Magnetbandes aufgezeichnet wird, markiert man eine bestimmte Stelle des Bandes, an der später der Schnitt erfolgen soll.

Currency Mix
Währungsmäßige Zusammensetzung der Auslandsschuld eines Landes.

Cursor
Zeichen zum Positionieren bei Bildschirmeingabe.

Cut-Off
Punktgrenze im → Credit-Scoring.
Unter diesem Wert ist die Kreditvergabe wahrscheinlich mit einem hohen Risiko verbunden.

Daten
Informationen jeglicher Art.

Datenbanken
Dienen der Speicherung von Daten. Definition des Begriffes D. ist noch uneinheitlich. D. sind Informationssammlungen, die in elektronischen Speichern erfaßt und mit einem Programm durchsucht und ergänzt werden können.
Zwei Gruppen von D. sind zu unterscheiden.

(a) Referenz-D.: Sie enthalten Hinweisinformationen, Z.B. auf Dokumente, die für bestimmte Probleme wesentlich sind.
(b) Quellen-D.: Sie informieren den Benutzer über Statistiken, Meßwerte, etc. Dazu zählen auch die Volltext-D. Sie enthalten Texte von Verordnungen, Normen, Gerichtsentscheidungen etc.

Datenbus
Leitungen zur Übertragung von Daten aus dem Arbeitsspeicher zum Rechenwerk (Mikroprozessor) und umgekehrt. Übertragen simultan 8, 16 oder 32 Bits.

Datenkommunikation
Nachrichtentechnische Übermittlung von Daten über Wählnetze oder feste Verbindungen in Zusammenhang mit der Verarbeitung dieser Daten in einer EDV-Anlage

Datenträger
Speichermedien (z.B. Magnetbänder, Disketten, Platten, Kassetten) mit deren Hilfe Informationen (z.B. Kontobewegungen) zwischen Rechenanlagen ausgetauscht werden.

Datexdienst
Aus dem Begriff „Data Exchange Service“ abgeleitete Bezeichnung für Dienst zur Übermittlung von Daten in einem besonderen öffentlichen (Wähl-)Netz.

Datex-Netz
Abk. für Data Exchange Service.
Das D. ist ein öffentliches Wählnetz für Datenübertragung. Es stehen zwei Arten, je nach Vermittlungsprinzip, zur Verfügung:
- Das Datex-L-Netz: „Leistungsvermittelte“ Netze, bei denen eine direkte Leistungsverbindung zwischen den kommunizierenden Partnern aufgebaut wird.
- Datex-P-Netz: „Paketvermittelte“ Netze, bei denen jeder Teilnehmer seine Nachricht in Form eines „Paketes“ an das Netz abliefert und im Netz der Transport entsprechend der Belastung des Netzes optimal organisiert wird.

Dauerbewilligung (A)
Spezielle Bewilligung der Österreichischen Nationalbank, die für einen längeren Zeitraum gilt.

Daueremission
Ausgabe eines bestimmten Nominalbetrages gleichartig ausgestatteter Rentenwerte, die in einzelnen Teilbeträgen ohne Festsetzung einer Zeichnungsfrist zum Ersterwerb angeboten werden.

Debt Management
Verwaltung der (Staats-) Schuld, dem Sinn nach die betriebswirtschaftlich optimale Gestion der eingegangenen oder einzugehenden Verschuldung z.B. durch Ausnützung von Zinsunterschieden zwischen kurz- oder langfristigem und zwischen in- und ausländischem Kapital.
Summe aller Maßnahmen, welche die Höhe und Zusammensetzung der Staatsschuld eines Landes nach Gesichtspunkten des → currency-mix, debt-instrument-mix und Laufzeiten-mix beeinflussen.

Deckungsbeitrag
Differenz zwischen Nettoerlös und Grenzkosten. Ist der Betrag, der zur Dekkung der Fixkosten und zur Erzielung des Gewinns verbleibt. Das Arbeiten mit Deckungsbeiträgen ermöglicht die Bewertung einzelner Produktlinien: Produkte mit höherem D. werden solchen mit geringerem D. vorgezogen. Produkte mit negativem D. sollen überhaupt aus dem Produktionsprogramm eliminiert werden.

Deckungsbeitragsrechnung
Kostenrechnungssystem, bei dem die Gesamtkosten in fixe Kosten und variable Kosten unterteilt werden und nur die variablen Kosten auf die Kostenträger weiter verrechnet werden. Andere Bezeichnungen für D.: Grenzkostenrechnung, Direktkostenrechnung, Direct Costing.

Deckungsfonds (A)
Form der Sicherheit bei Bankschuldverschreibungen („fundierte Anleihen“). Zur vorzugsweisen Deckung (Fundierung) der Teilschuldverschreibungen können in den Deckungsfonds eingebracht werden:
1. Forderungen der Anleiheschuldnerin gegen die Republik Österreich;
2. Forderungen der Anleiheschuldnerin gegen in- und ausländische Unternehmungen (einschließlich Geldinstitute), soweit sie durch die Republik Österreich verbürgt oder garantiert sind;
3. mündelsichere Wertpapiere;
4. Bargeld.

Die Summe der ausgegebenen Teilschuldverschreibungen darf die Höhe der in den Deckungsfonds eingebrachten Deckungswerte nie übersteigen. Die zur vorzugsweisen Deckung der Teilschuldverschreibungen bestimmten Deckungswerte sind als Kaution für die Befriedigung der Ansprüche aus den Teilschuldverschreibungen bestimmt. Die Einhaltung der Satzungsbestimmungen über den Deckungsfonds wird von einem Regierungskommissär überwacht. Verfügungen über die

Deckungswerte sind ausschließlich mit Zustimmung dieses Regierungskommissäres zulässig.
Gläubiger aus diesen Teilschuldverschreibungen werden im Sinne des § 2 des Gesetzes vom 24.4.1974, BGBl. Nr. 48, vorzugsweise aus diesen Deckungswerten befriedigt.
Entspricht etwa dem → Deckungsstock bei Versicherungen.

Deckungsstock
die von den Versicherungsgesellschaften aus den eingehenden Prämien gebildete Rücklage. Dient dazu, die Erfüllung der aus Lebensversicherungsverträgen übernommenen Verpflichtungen zu sichern. Für den Deckungsstock zugelassen („dekkungsstockfähig") sind in erster Linie mündelsichere Wertpapiere.

Decoder
Der Decoder verändert und decodiert übertragene oder gespeicherte Daten so, daß sie in lesbarer Form auf das Endgerät übertragen werden können. Der D. ist eine Zusatzeinrichtung im Fernsehgerät oder BTX-Terminal, die die empfangenen Text- und Bildinformationen speichert und sie in stehende Fernsehbilder, die Btx-Seiten, umwandelt.

Default Value
Vom System ergänzter Wert, wenn ein Benutzer ein verlangtes Kommando bzw. Parameter nicht angibt.

Deficit Spending
Strategie der Nachfragesteuerung zur Konjunkturbelebung, wobei zusätzliche Ausgaben des Staates für Güter und Dienste mit zusätzlicher Staatsverschuldung finanziert werden. Dadurch soll ausgabenseitig ein möglichst großer Multiplikatoreffekt, einnahmenseitig aber kein Kaufkraftentzugseffekt entstehen. Bei Inlandsverschuldung und konstanter Geldmenge können allerdings indirekt über Liquiditätsentzugseffekte auch Kaufkraftentzugseffekte auftreten. Treten die erwarteten Ankurbelungseffekte nicht im erhofften Maß ein, wird eine problemlose Schuldentilgung im Aufschwung durch den „cash flow" an steigenden Steuererträgen unmöglich.

Deflation
Zunahme in der Kaufkraft des Geldes als Folge eines allgemeinen Preisrückganges. Gegenteil: Inflation.

Deflator
Gesamtwirtschaftliche Inflationsrate. In der volkswirtschaftlichen Gesamtrechnung müssen die ermittelten nominellen Zuwachsraten (des BIP und seiner Teilgrößen) um den Preisanstieg bereinigt („deflationiert") werden, damit sich die zumeist entscheidenden realen Zuwachsraten erkennen lassen.

Dekursive Verzinsung
Zinsen werden am Ende einer Verrechnungsperiode berechnet.

Delegation
Übertragen von Aufgaben, Kompetenz und Verantwortung auf nachgeordnete Stellen.

De lege ferenda
Wenn man ein Rechtsproblem erörtert und erkennt, daß
ein Regelungsbedürfnis in einer bestimmten Materie besteht, weil
ein Problem bisher nicht oder nur in unzureichendem Maße in der Rechtsprechung ihren Niederschlag gefunden hat
(F. Meißnitzer).

De lege lata
Vom bestehenden, geltenden Recht her gesehen.

Deliktsfähigkeit
Ist die Fähigkeit, aus eigenem rechtswidrigen Verhalten schadenersatzpflichtig zu werden.

Delivered at Frontier
→ Geliefert Grenze

Delivered Duty Paid
→ Geliefert verzollt

Delivery Notice
Die Ankündigung, die angegebene Menge einer Währung in Erfüllung eines Börsenterminkontrakts liefern zu wollen. Erhält der Käufer eine solche Ankündigung, kann er unter Umständen die Andienung nicht mehr vermeiden, weshalb alle Long-Positionen vor dem Beginn des Liefermonats bzw. dem → „First Notice Day" glattgestellt werden sollten.

Delkredere
- Wertberichtigung für die voraussichtlichen oder gemäß Erfahrung eintretenden Verluste aus Außenständen.
- Gewährleistung für den Eingang von Außenständen eines anderen Gläubigers, beispielsweise vom Vertreter gegenüber dem Unternehmer, meist gegen Entschädigung (Delkredereprovision).

Delphi-Methode
Bei der D.-M. handelt es sich um eine anonyme Expertenbefragung über Entwicklungsmöglichkeiten des interessierenden Sachverhalts in der Zukunft. Aus den Antworten wird der Median und Quartilabstand (= mittlere 50% der Antworten) ermittelt und den Experten bekanntgegeben. Sie werden gebeten, ihr ursprüngliches Urteil aufgrund der zusätzlichen Informationen zu überprüfen. Es wird eine zweite Befragungsrunde durchgeführt usw. Man erwartet eine Konvergenz der Einzelurteile zwischen den Befragungsrunden und nimmt an, daß das Gruppenurteil dem tatsächlich richtigen Urteil näher liegt als ein Einzelurteil.

Delta
Der Betrag, um den sich ein Optionspreis (Prämie) als Reaktion auf eine Preisänderung des zugrundeliegenden Terminkontrakts verändert. Kaufoptionen haben positive D., während Verkaufsoptionen negative D. aufweisen. Delta ändert sich, wenn die Notierung des zugrundeliegenden Terminkontrakts bzw. der zugrundeliegenden Währung variiert. Daher können die Begriffe Anstiegs-D. und Rückgangs-D. angewendet werden. Sie beschreiben die Veränderung der Optionsprämie nach einer Preisveränderung der zugrundeliegenden Währung bzw. des zugrundeliegenden Terminkontrakts um einen vollen Punkt nach oben oder nach unten. Das Anstiegs-D. kann bei einer Kaufoption größer sein als das Rückgangs-D. Das Umgekehrte gilt für → Verkaufsoptionen.

Demodulation
Die Rückgewinnung des modulierenden Signals aus dem Modulationsprodukt.

Dependenz
Einseitige Abhängigkeit einer Größe bzw. eines Sachverhalts.

Depositen
Oberbegriff für Tag- oder Ultimogelder, Fest- und Kündigungsgelder.

Depot
offizielle Verwahrung und Verwaltung von Wertpapieren durch ein Geldinstitut.

Depotbank (CH)
1. Bank, die für schweizerische Anlagefonds (deren Fondsleistung nicht selbst eine Bank ist) zur Aufbewahrung des Fondsvermögens vorgeschrieben ist. Sie wacht darüber, daß nach Gesetz und Fondsregelement unzulässige Anlagen unterbleiben und besorgt die Ausgabe und Rücknahme der Anteilscheine sowie den Zahlungsverkehr für den Anlagefonds.
2. Bank, welche die Verwaltung einer nicht dem Anlagefondsgesetz unterstehenden Anlagestiftung besorgt.

Deregulierung
Abbau staatlicher Einflußnahmen auf den privaten Sektor der Wirtschaft.

Deskriptoren
Oberbegriffe, welche synonyme oder angenähert synonyme Bezeichnungen zusammenfassen, um eindeutige Ordnun-

gen bei der Dokumentation usw. zu ermöglichen.

Devisenarbitrage
Ausnützen von Kursdifferenzen zwischen den Devisennotierungen des eigenen Platzes und ausländischer Plätze.

Devisenausländer
Natürliche und juristische Personen, die devisenrechtlich als Ausländer behandelt werden.
Natürliche Personen: alle jene Personen, die nicht die Inländereigenschaft besitzen.
Juristische Personen: jene Personen, die ihren Sitz oder Ort der Leitung im Ausland haben. Ausländische Niederlassungen inländischer Unternehmungen gelten nur dann als Ausländer, wenn sich der Ort ihrer Leitung im Ausland befindet.

Devisenbewirtschaftung
System der Lenkung des gesamten Zahlungs-, Kredit- und Kapitalverkehrs mit dem Ausland und der Erfassung und Verwendung aller vorhandenen und anfallenden Devisen.

Devisenbilanz
Teilbilanz der → Zahlungsbilanz
In der D. werden die jährlichen Veränderungen von Forderungen und Verbindlichkeiten der jeweiligen Zentralbank inkl. Änderungen ihres Goldbestandes ausgewiesen.

Devisenbonus
Wird einem Exporteur ein Teil seiner Exporterlöse in Devisen zur freien Verfügung gestellt oder ihm ein entsprechendes Bezugsrecht gewährt, so spricht man von einem D. Er ist ein Mittel zur Förderung der Exporttätigkeit, da Exporteure aus dem Verkauf von Devisenfreibeträgen an Importeure Gewinne erzielen können und auf diese Weise in den Genuß einer indirekten Ausfuhrvergütung kommen.

Devisengeschäfte
Devisengeschäfte sind entweder → Kassa- oder → Termingeschäfte. Kassageschäfte werden usancegemäß mit Wertstellung (Valutierung) zwei Werktage nach Abschlußtag getätigt; bei einem Termingeschäft hingegen wird die Erfüllung zu jetzt festgesetzten Kursen in einem späteren Zeitpunkt vereinbart, z.B. nach 1, 3, 6 oder 12 Monaten.

Devisengesetz (A)
Das Devisengesetz 1946 regelt die Devisenbewirtschaftung in Österreich. Es ist ein Rahmengesetz in Form eines geschlossenen, lückenlosen Systems mit dem Zweck

- der Erfassung und
- der Verwaltung der Devisenbestände sowie
- der Kontrolle ihrer Verwendung.

Es ist nach dem NEGATIVPRINZIP konzipiert. Negativprinzip bedeutet, daß grundsätzlich alles verboten ist, was nicht ausdrücklich erlaubt ist. Nicht nur der Zahlungsverkehr mit dem Ausland in allen seinen Formen, sondern viele andere Rechtsvorgänge wie z.B. die Übernahme von Verpflichtungen zwischen Inländern und Ausländern sind vom Devisengesetz unter Bewilligungspflicht gestellt.
Jeder Vertrag, der den Bestimmungen des Devisengesetzes widerspricht, ist nichtig.
Mit der Durchführung des Gesetzes ist die OeNB beauftragt. Sie genießt in devisenrechtlicher Hinsicht aufgrund des Nationalbankgesetzes Behördenstellung. Das zuständige Ministerium ist das Bundesministerium für Finanzen.

Devisengesetz (A)
Legt fest, daß die Österreichische Nationalbank mit dem Durchführen der Devisenbewirtschaftung betraut ist, und für das Aufrechterhalten und Sichern der Währung zu sorgen hat. Einen Bestandteil des Devisenrechtes stellen die Kundmachungen dar. Die Einhaltung wird von der Österreichischen Nationalbank überwacht.

Devisenguthaben
Guthaben in frei konvertierbarer Fremdwährung.

Devisenhandel
Tätigkeit des An- und Verkaufes von Devisen gegen Inlandswährung oder gegen andere Devisen. Der D. ermöglicht es, eine Verpflichtung in Fremdwährung zu erfüllen bzw. Fremdwährungsforderungen gegen Inlandwährung zu konvertieren. Der Handel findet zwischen Banken und Kunden des Inlands sowie zwischen Inlands- und Auslandsbanken statt.

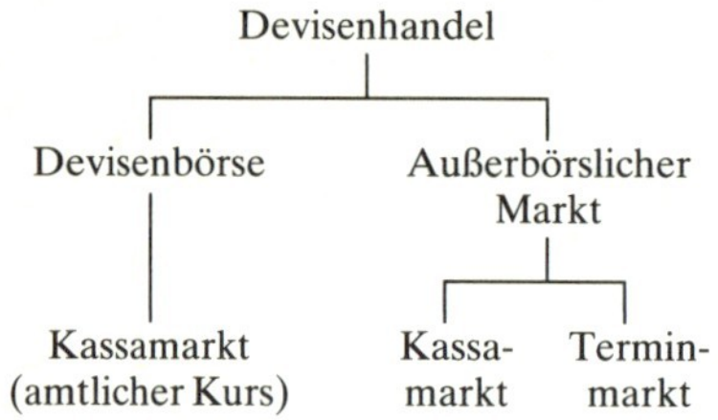

Devisenhändler
Geldinstitute, die zum Handel mit ausländischen Zahlungsmitteln oder mit Forderungen in ausländischer Währung ermächtigt sind.

Devisen im engeren Sinn
Unter D. i.e.S. versteht man Sichtguthaben, die Inländer bei ausländischen Banken in ausländischer Währung unterhalten. Sie stellen immer nur für einen der beiden Transaktionspartner eine Devise dar, es sei denn, die Schuldsumme lautet auf die Währung eines Drittlandes.

Devisen im weiteren Sinn
Von D. i.w.S. hingegen spricht man im Falle jener Sichtguthaben, die Inländer bei ausländischen Banken in ausländischer Währung unterhalten, wobei die Sorten (Valuten) – es sind dies ausländische Banknoten und Münzen im Besitz von Inländern – dazugerechnet werden. Gelegentlich werden auch Schecks und Wechsel, die an sich lediglich Anweisungen auf Devisen darstellen, als Devisen bezeichnet.

Deviseninländer
Natürliche und juristische Personen, die devisenrechtlich als Ausländer behandelt werden.
Natürliche Personen: Jede Person ohne Rücksicht auf ihre Staatsangehörigkeit, die ihren ordentlichen Wohnsitz bzw. gewöhnlichen Aufenthalt im Inland hat oder die sich länger als 3 Monate in Österreich aufhält, ist Devisenhändler.
Die Inländereigenschaft geht nicht verloren, wenn sich die Person auf eine länger dauernde Auslandsreise begibt, sofern die Absicht zur Rückkehr und zum weiteren dauernden Aufenthalt im Inland nicht aufgegeben wird.
Juristische Personen: Deviseninländer sind alle juristischen Personen, die ihren Sitz oder den Ort ihrer Leitung im Inland haben. Somit gelten Niederlassungen, Betriebe und Konsignationslager ausländischer Firmen in Österreich als Inländer, auch wenn sich der Ort ihrer Leitung im Ausland befindet.

Devisenkassahandel
Handel gegen sofortige Erfüllung der Geschäfte, d.h. beide Partner müssen sich gegenseitig die gehandelten Beiträge bzw. deren Gegenwert mit usancengemäßer Wertstellung prompt anschaffen. Seine wesentlichste Aufgabe besteht darin, die im internationalen Zahlungsverkehr anfallenden bzw. benötigten Devisenbeträge zu verwerten.

Devisenkurs
Preis für eine bestimmte Menge ausländischer Zahlungsmittel ausgedrückt in inländischer Währung.

Devisenmarkt
Markt, auf dem Nachfrage und Angebot von ausländischen Währungen zusammentreffen.

Devisenpolitik (A)
Steuerungsmittel der Österreichischen

Nationalbank für Liquidität/Geldmenge. Durch Kauf und Verkauf ausländischer Währungseinheiten und Wertpapiere kann die Nationalbank die Import- und Exportaktivität beeinflussen. Auch dadurch wird der Geldumlauf gesteuert.

Devisenproduktivität
Der von einem Investitionsprojekt erhoffte Betrag zur Verbesserung der Zahlungsbilanz durch Erschließung neuer Exportmöglichkeiten.

Devisentermingeschäft
Kurssicherung von Zahlungsforderungen und Zahlungsverpflichtungen in fremder Währung, die zu einem späteren Zeitpunkt fällig werden. Absichern gegen Kursschwankungen, Ab- und Aufwertungen.

Dienstleistungsbilanz
Teilbilanz der Zahlungsbilanz, in der alle Einnahmen und Ausgaben aus Dienstleistungen zwischen In- und Ausländern gegenübergestellt werden. Die D. wird im österreichischen Zahlungsbilanzkonzept in 14 Positionen unterteilt, wovon der Reiseverkehr die bei weitem wichtigste ist.

Digital
→ Analog

Digitale Übertragung
Die elektrischen Signale der Telekommunikation werden analog oder digital übertragen. Bei der d.Ü. nimmt das Signal nur zwei physikalische Zustände an. Die Übertragungskapazität von Leitungen für digitale Signale wird durch die Bitrate angegeben und in bit/sec. gemessen. Die d.Ü. ist weniger störanfällig als eine analoge und bietet wirtschaftliche Möglichkeiten zur Mehrfachausnutzung vorhandener Leitungen bei kurzen und mittleren Entfernungen. Die Mehrfachausnutzung wurde möglich durch ⇒ Multiplexkanäle.

Digitalisierung
Überführung einer beliebigen Information in eine Sequenz aus Nullen und Einsen. Im einfachsten Fall handelt es sich um die Codierung der Zeichen des Alphabets in 0-1-Sequenzen. Benutzt man acht Nullen bzw. Einsen, so ist es möglich, $2^8 = 256$ Zeichen zu codieren. Dies ist auch die allgemein übliche Verschlüsselung von Zeichenketten im Rechner. Schwieriger wird die Codierung von Tonsignalen oder Bildern. Bei der Digitalisierung von Tönen wird die jeweilige „Schallamplitude" in sehr kurzen Zeitabständen ermittelt und in eine digitale Zahl umgewandelt. Durch eine möglichst schnelle Abtastung der Amplitudenveränderungen kann man das Tonsignal dann sehr genau registrieren und digital übertragen oder speichern.

Digitizer
Einrichtung zum Übermitteln genauer graphischer Koordinaten an den Computer. Ist meistens auf einem Plotter als Zusatzeinrichtung installiert.

Direct Costing
→ Grenzkostenrechnung

Direct Marketing
Unter D.M. versteht man alle Maßnahmen, die darauf gerichtet sind, einzeln oder kollektiv angesprochene Zielpersonen zu einer unmittelbaren Reaktion zu bewegen. D.M. ist eine Verkaufstechnik, bei der das, was verkauft wird, nicht immer eine Ware im traditionellen Sinn ist. Häufig werden auch Informationsangebote, Spendenaufrufe und andere Projekte aus dem Non-profit-Bereich mittels D.M. beworben. Die Unmittelbarkeit der Reaktion, die durch Rücksendung von Antwortkarten oder Coupons oder durch einen telefonischen Anruf erfolgen kann macht eine werbliche Maßnahme besser kalkulierbar. Durch die rasante Entwicklung der Telekommunikation wird D.M. noch erheblich an Bedeutung gewinnen.

Directory
Inhaltsverzeichnis des → FILE

Disagio
Abgeld (Abschlag), Abzug vom Nenn-

wert. Üblich bei der Ausgabe von festverzinslichen Wertpapieren. Aktien dürfen nicht mit D. ausgegeben werden.

Disk-Controller
Interface zur Ansteuerung von einem oder mehreren Diskettendrives. Übliche Größen:
8″ (8 Zoll): Meist standardisiertes Aufzeichnungsformat; Kapazität bis über 1 MB
5 1/4″: „Minidiskette“: Derzeit am weitesten verbreitetes Format; Kapazität bis ca. 630 KB pro Diskettenseite;
3 1/2″: „Mikrodiskette“: Setzt sich nur langsam durch; derzeit bis 740 KB Kapazität pro Diskette.

Diskette
Magnetisch lesbarer Datenträger, ähnlich einer flexiblen Schallplatte.

Diskont
Zinsabzug vom Nominalbetrag einer noch nicht fälligen Forderung als Vergütung für deren Bevorschussung, insb. im Wechselgeschäft (Wechseldiskont).
Diskontpolitik

- währungspolitische Maßnahmen der Notenbank, wobei durch Verändern des offiziellen Diskontsatzes und dadurch indirekt der übrigen Zinssätze des Geldmarktes das Kreditvolumen im Interesse der nationalen Währungs- und Kreditpolitik beeinflußt wird.
- Die Zentralbank beeinflußt die Geldschöpfung und die Geldmenge. Die Banken können diskontierte Wechsel an die Nationalbank weiterverkaufen und erhalten dafür Bargeld. Banknoten und Münzen kommen in die Wirtschaft. Für die Zeit vom Verkaufstag bis zur Wechselfälligkeit werden Zinsen verrechnet. Der Zinssatz beim Verkauf von diskontierten Wechseln an die Nationalbank ist die Bankrate.
  Je höher die Bankrate ist, desto geringer ist das Interesse, Wechsel an die Notenbank zu verkaufen.

Diskontsatz
Ist der auf Jahresbasis umgerechnete Zinssatz, den eine Zentralbank bei der Einräumung eines Diskontkredites berechnet. Der Preis, zu dem sie Wechsel vom Banksystem aufkauft, ergibt sich aus deren Nennwert abzüglich des Diskonts (Diskontsatz mal Wechselbetrag).
Andere Bez. Leitzins, Bankrate

Diskontsatz (CH)
Der bei der Berechnung des Diskonts für die Zeit von der Diskontierung bis zur Fälligkeit des Wechsels angewendete Zinssatz (auch Diskont- oder Bankrate genannt). Die Höhe des D. richtet sich nach der Liquidität der Finanzmärkte, aber auch nach der Bonität der Wechselverpflichteten. Für das Diskontgeschäft der Schweizer Geschäftsbanken kommt der Privatsatz zur Anwendung, der in der Regel über dem offiziellen Diskontsatz der Schweizerischen Nationalbank liegt.

Diskontsatz, offizieller (CH)
In der Schweiz: Der Diskontsatz der Schweizerischen Nationalbank (auch Bankrate genannt) ist nur anwendbar für Wechsel, die eine Laufzeit von höchstens 90 Tagen aufweisen, auf die Schweiz gezogen und mit mindestens zwei als zahlungsfähig bekannten und voneinander unabhängigen Unterschriften versehen sind (nationalbankfähige Wechsel). Der o.D. kommt auch für wechselähnliche Forderungen, deren Bonität über jeden Zweifel erhaben ist, zur Anwendung.

Diskretionäre Maßnahmen
Dabei handelt es sich um ad-hoc-Maßnahmen zur Beeinflussung wirtschaftlicher Prozesse im Gegensatz zu den ⇒ Regelmechanismen.

Diskriminanzanalyse
Statistische multivariate Analysemethode. Untersucht Kategorien von abhängigen Variablen (z.B. Käufer der Produkte A und B) und fragt danach, durch welche Kombination der unabhängigen Variablen eine bestmögliche Trennung dieser

Gruppen möglich ist. Dadurch kann ermittelt werden, ob sich die a priori festgelegten Gruppen bezüglich der unabhängigen Variablen signifikant unterscheiden und welches Gewicht diese Variablen bei der Trennung nach den Kategorien der abhängigen Variablen zukommt.

Dispositionspapier
Wertpapiere im Handelsverkehr, bei denen die Übergabe des Papiers zugleich auch die zum Eigentumserwerb erforderliche Besitzübertragung der Ware ersetzt. Meist Orderpapiere, die durch Indossamente übertragen werden.

Dividende
Gewinnausschüttung an die Aktionäre.
Man unterscheidet zwischen:

- Bardividende (Gewinnausschüttung in bar)
- Stockdividende (Gewinnausschüttung in Form von Aktien ⇒ Aktienkapital wird größer)

Recht auf Dividende wird verbrieft im Dividendenschein.

Dividendenschein
Teil des Bogens, verbrieft das Recht auf Dividende.

Dokumente gegen Akzept
Der Importeur (Käufer) muß einen Wechsel in Höhe des Rechnungsbetrages akzeptieren, um die Warenpapiere zu erhalten.

Dokumente gegen Zahlung
Der Importeur (Käufer) muß den Rechnungsbetrag bezahlen, um die Warenpapiere zu erhalten.

Dokumentenaufnahme
Entgegennahme von Warenpapieren, die durch den Exporteur bei der Avisobank zur Auszahlung des Akkreditivbetrages eingereicht werden.

Dokumentengeschäft
Bereich des Auslandsgeschäftes einer Bank. Zahlungsleistung und Zahlungsgarantie in Zusammenhang mit Warendokumenten (Handelsfaktura, Frachtpapiere, Transportversicherungspolizze, Ursprungszeugnis etc.).

Domar-Effekt
→ Lohmann-Ruchti-Effekt

Domizil
1. Wohnort oder Sitz
2. Zahlstelle (insbesondere bei Wechseln usw.)

Doppelbesteuerungsurkunde
Vertrag zwischen 2 Staaten zum Vermeiden der Doppelbesteuerung. Dadurch wird verhindert, daß Dividenden oder Zinsen sowohl in dem Land, aus dem sie fließen (Quellenstaat) als auch in dem Land, in dem der Gläubiger persönlich steuerpflichtig ist (Wohnsitzstaat) zu versteuern sind.

Doppelwährungsanleihe
Anleihe, bei der die Emmission in einer anderen Währung erfolgt als die Rückzahlung (Tilgung und Zinsen). Z.B. Aufnahme in Schweizer Franken und Rückzahlung in DM.

Doppik
Der Begriff D. leitet sich vom Begriff „doppelte Buchführung" ab. Die D. spielt in der betrieblichen Praxis eine bedeutende Rolle. Ihr Wesen liegt darin, daß die Ergebnisermittlung zweifach erfolgt, nämlich durch den

- Vergleich des Reinvermögens am Periodenende mit dem Reinvermögen am Periodenbeginn einerseits, und die
- Gegenüberstellung der Aufwendungen und Erträge (= Erfolgsrechnung) andererseits).

Hinzu tritt noch, daß jede Buchung doppelt erfolgt (jeder Buchung auf der Sollseite steht eine betragsmäßig gleich hohe auf der Habenseite gegenüber) und daß die Geschäftsfälle chronologisch-systematisch auf Konten erfaßt werden.

Dow-Jones-Index
Index der New Yorker Börse, der den Durchschnittspreis einer Auswahl an Ak-

tien wiedergibt. Er wird gesondert für Aktien der Industrie, der Eisenbahnen und der public utilities berechnet und dient auch dem Versuch, die Börsentendenz nach der Dow-Theorie vorauszubestimmen.

Downgrading
Gegenteil von → Upgrading

Down Loading
Begriff aus der EDV-Sprache.
1. Das Laden eines Programmes aus dem Speicher
2. Das unerlaubte Kopieren von Software

DRCS
Englische Abkürzung für Dynamically Redefinable Character Sets. Deutscher Begriff: Frei definierbare Zeichen. Mit DRCS wird das Btx-Zeichenrepertoire erweitert, so daß nichtlateinische Buchstaben, Kleinflächengrafiken, Firmensignets, Piktogramme usw. dargestellt werden können.

Dummy
Begriff aus der Input-Output-Analyse. Dummy-Zeilen und -spalten dienen der Korrektur von Zahlenwerten.

Dumping
1. Die Ausfuhr von Waren zu Preisen die unter den Gestehungskosten liegen.
2. Im weiteren Sinne versteht man darunter alle Maßnahmen im internationalen Wettbewerb, die eine Verzerrung der realen Marktverhältnisse am Auslandsmarkt bewirken.
   Arten des D.:
   - Wirtschaftspolitisches D.: Staatliche Maßnahmen zur Senkung der Exportpreise etwa durch Exportsubventionen.
   - Frachtd.: Gewährung von begünstigten Frachttarifen
   - Soziales D.: Preisunterbietung durch niedrige Löhne und Sozialkosten.
   - Währungsd.: Währungsabwertung mit dem Ziel einer Senkung der Exportpreise.

Duplexbetrieb
Betriebsweise, bei der Nachrichten gleichzeitig in beide Richtungen übertragen werden.

Durchschnittliche Sparquote
Verhältnis Gesamtsparen zu Gesamteinkommen.

Dynamisches Modell
→ Statisches Modell

Dyopol
Anbieterkonstellation, bei der zwei Anbieter eines Gutes im Wettbewerb miteinander stehen. Die Anbieter sind Dyopolisten. D. ist eine spezielle Form des → Oligopols.

EAN
Abk. für Europäische Artikel Numerierung.
Die Kombination von E. mit sog. intelligenten Datenterminals gestattet eine genaue Steuerung und Kontrolle des Lagerbestandes.

EB-Kamera
Leichte, tragbare elektronische Farbkamera für Schulter- und Stativbetrieb zur Elektronischen Berichterstattung (EB). Meist in Verbindung mit einer tragbaren ⇒ MAZ bei Außenaufnahmen.

EBU
Abk. für European Broadcasting Union. Organisation europäischer Rundfunkanstalten zur Koordinierung der Betriebsabwicklung von Tn/TV-Übertragungen (⇒ Eurovision), für die Interessenvertretung der Rundfunkanstalten in internationalen Gremien, mit Arbeitsgruppen für Entwicklung, Normierung und Betriebsabwicklung.

Echtzeitbetrieb
Betriebsart einer Computerkonfiguration, bei der Programme zur Bearbeitung anfallender Daten ständig betriebsbereit sind und die Verarbeitungsergebnisse in-

nerhalb einer bestimmten Zeitspanne verfügbar sind.

Eckzinsfuß
Zinssatz, der im Eckzinsabkommen zwischen den Vertragspartnern, vor allem den Geldinstitutsverbänden, gesetzlich festgelegt ist. Dem Eckzinssatz kommt eine Orientierungsfunktion zu.

Economies of Scale
Einsparungseffekte durch Betriebsgrößenerweiterung. Bei ihrem Auftreten steigen die Gesamtkosten der Produktion langsamer als die Ausbringungsmenge. Bei konstanten Güterpreisen führt damit die Erhöhung der Ausbringungsmenge zu einer Gewinnsteigerung (Monopolisierungstendenz). Ursachen für economies of scale können in der Technologie liegen (z.B. Vorteile der Massenproduktion, verbessert Ausnutzung großer unteilbarer Anlagen) oder in der Beschaffung von Produktionsfaktoren (z.B. verbilligter Rohstoffeinkauf etc.). Im öffentlichen Sektor werden ebenfalls in vielen Versorgungsbereichen unterstellt und führen so zu zentralisierter Großversorgung (z.B. Großkrankenhäuser, Gesamtschulen etc.). Vielfach werden dabei aber nur die technischen Einsparungseffekte der Größe berücksichtigt, nicht hingegen die u.U. höheren Koordinations-, Informations-, Transport- und Kontrollkosten. Überdies bleiben sozialpsychologische Aspekte meist unberücksichtigt.

ECU
Abk. für European Currency Unit.
Der E. besteht aus einem Währungskorb von 10 europäischen Währungen. Im Jahr 1979 als Recheneinheit der Europäischen Gemeinschaft und als Reservemedium des Europäischen Währungssystems ins Leben gerufen, hat der E. inzwischen begonnen, auch als Anlagewährung an den privaten Geld- und Kapitalmärkten eine wachsende Rolle zu spielen. Wenngleich auch im Falle des E. ein Währungsrisiko besteht, ist es infolge des Einbezugs starker und schwacher Währungen in den E.-Korb doch vergleichsweise begrenzt.

Effekten
Handelbare, vertretbare Wertpapiere wie z.B. Aktien, Anleihen oder Investmentzertifikate.

Effektivität
→ Planungseffizienz

Effektivverzinsung
Tatsächliche jährliche Verzinsung in Prozenten (wirklicher Ertrag) – entspricht Rechnung mit einmal jährlich zu kapitalisierenden Zinsfuß (unter Berücksichtigung aller Nebenkonditionen).

Effizienz
Kriterium für die Qualität der Lösung eines ökonomischen Problems.

- Allokationseffienz liegt vor, wenn alle Produktionsfaktoren so eingesetzt werden, daß eine Steigerung des Produktionsergebnisses nicht mehr möglich ist (Produktionseffizienz) und dieses Produktionsergebnis zugleich den Bedürfnissen der Nachfrageseite bestmöglich entspricht (Tauscheffizienz).
- Verteilungseffizienz liegt vor, wenn die Verteilung von Einkommen und Vermögen so organisiert ist, daß sie den Vorstellungen der Gesellschaft oder

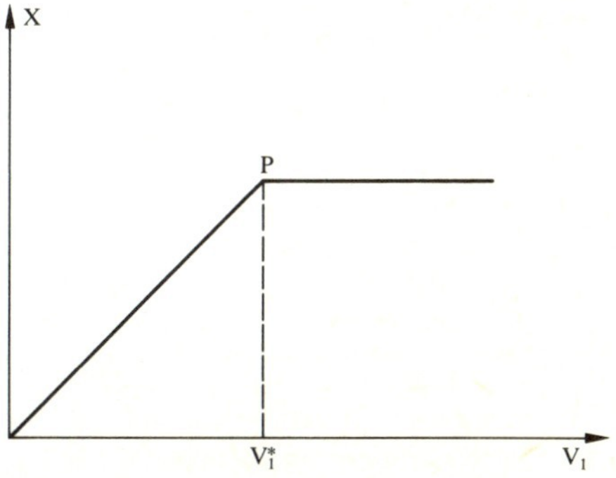

x = Produktionsmenge (Output)
v_1 = variabler Produktionsfaktor
P = Punkt effizienten Faktoreinsatzes

der wirtschaftspolitischen Entscheidungsträger entspricht. Analog sind für alle gesamtwirtschaftlichen Problemlagen derartige Effizienzkriterien zu entwickeln.
⇒ Planungseffizienz

EFTA
Europäische Freihandelszone.
1960 gegründet, um Industriezölle im Handel zwischen Mitgliedsländern abzubauen. Heute gehören noch Österreich, Schweiz, Island, Norwegen, Schweden und Portugal dazu. Hat an Bedeutung verloren, da heute viele Mitglieder mit der → EG Freihandelsabkommen abgeschlossen haben.

EG
Europäische Gemeinschaft
Gegründet: 1967 durch Zusammenlegung der „Europäischen Gemeinschaft für Kohle und Stahl“ (EGKS, Montanunion), der „Europäischen Wirtschaftsgemeinschaft“ (EWG) und der „Europäischen Atomgemeinschaft“ (EURATOM)
Mitglieder: Belgien, BRD, Frankreich, Italien, Luxemburg, Niederlande, Dänemark, Vereinigtes Königreich, Irland, Griechenland, Spanien und Portugal.

Eigenfinanzierung
Finanzierung der Investitionen durch Erhöhung der Eigenmittel des Unternehmens (in diesem Fall einer Kapitalgesellschaft), also durch Zuführung finanzieller Mittel der Eigentümer an das Unternehmen, z.B. durch Aktienausgabe.

Eigenfinanzierungsgrad

$$\frac{\text{Eigenkapital} \times 100}{\text{Bilanzsumme}}$$

Diese Kennzahl gehört zur Darstellung der vertikalen Kapitalstruktur und zeigt an, in welchem Umfang der Unternehmer selbst am Risiko und an der Finanzierung seines Unternehmens beteiligt ist. Die Höhe des E. ist branchenmäßig verschieden und sollte dem Vermögensaufbau entsprechen.

Eigenkapital
Nettovermögen eines Unternehmens, bestehend aus dem laut Bilanz ausgewiesenen Kapital (bei Aktiengesellschaften Grundkapital zuzüglich offener Reserven und Gewinnvortrag), den stillen Reserven und nicht gebundenen Rückstellungen.

Eigenkapitalquote
Jener %-Satz, den (lt. KWG § 12) die Kreditunternehmungen im Interesse der Sicherheit der ihnen anvertrauten Vermögenswerte Eigenmittel, d.i. haftendes Eigenkapital zuzüglich Sammelwertberichtigungen, haben müssen.
In der Regel gilt als haftendes Eigenkapital:
- die Rücklagen
- abzüglich der Widmungsrücklage (für Spendenzahlungen)
- zuzüglich nachrangiges Kapital.

Die Eigenmittel sind ausreichend, wenn sie mindestens 4% der Verpflichtungen abzüglich der flüssigen Mittel 1. Grades betragen.

Eigentümer (A)
Personen, die eine rechtliche Herrschaft über eine Sache hat, die aber nicht unbedingt der tatsächliche Besitzer dieser Sache sein muß. Eigentum ist das umfassendste Recht an einer Sache.

Eigentumsvorbehalt
ist eine im Zusammenhang mit einem Kaufvertrag über eine bestimmte bewegliche Sache getroffene Vereinbarung, daß das Eigentum an der übergebenen Sache auf den Käufer erst nach gänzlicher Zahlung des Kaufpreises übergeht.
Es ist zu unterscheiden zwischen
- einfachem E. (z.B. E. der Lagerstufe)
- verlängertem E. (geht über die Lagerstufe hinaus und wirkt auch im Falle einer Weiterbearbeitung).

Einantwortungsurkunde
gerichtliches Dokument, in dem nach einer Verlassenschaft lediglich festgestellt wird, wer die Erben sind. Enthält keine

Angaben über die Erbmasse (ausgenommen Liegenschaften).

Einfache Produktion
Herstellung eines Gutes in einem Betrieb in einem technisch unabhängigen Produktionsverfahren ohne Verbindung mit anderen Produktionen (Einproduktfirma).

Einfuhrbewilligung Ⓐ
Genehmigung, die das Bundesministerium für Handel, Gewerbe und Industrie für die Einfuhr von nicht zollämterermächtigten Waren erteilt.

Eingebaute Flexibilität
Auch „eingebaute Stabilisatoren" (built-in-stabilizers) genannte Elemente des finanzpolitischen Systems, welche quasi automatisch ohne konkrete Entscheidung im Einzelfall antizyklisch in Bezug auf die Gesamtnachfrage wirken. Die gesamtwirtschaftliche Stabilisierungswirkung dieser Regelmechanismen hängt v.a. davon ab, ein wie großer Anteil der volkswirtschaftlichen Kaufkraftströme insgesamt erfaßt ist.
Beispiel: Progressives Steuersystem (überproportionale Kaufkraftabschöpfung in Vollbeschäftigung, unterproportionale Kaufkraftabschöpfung in Unterbeschäftigung).

Einheitswert
Steuerliche Bemessungsgrundlage, meistens für die Substanzsteuern, wie Vermögen-, Erbschaftsteuer. Einheitswerte werden für land- und forstwirtschaftlichen Besitz, Betriebsvermögen, Grundstücke usw. ermittelt.

Einkommen
Ständige Einnahmen oder Güterempfänge eines Wirtschaftssubjektes und zwar als Gegenleistung für die Abgabe von Faktorleistungen an den Produktionsprozeß („Faktoreinkommen") als Differenz zwischen Erlösen und Aufwendungen aus einem Produktionsprozeß („Gewinn") oder ohne Gegenleistung aufgrund rechtlicher Ansprüche oder freiwilliger Zuwendung („Übertragungseinkommen").

Einkommenseffekt
1. Reaktion eines privaten Haushalts auf die mit der Preisänderung für ein Gut einhergehende Änderung der Kaufkraft seines Einkommens oder seiner Konsumausgaben. Der E. kann den gleichzeitig auftretenden → Substitutionseffekt verstärken, ganz oder teilweise kompensieren oder überkompensieren. Im letzteren Fall liegt das → Giffen-Paradoxon vor.
2. Entstehung von Einkommen durch die Vornahme von Investitionen. ⇒ Investitionsmultiplikator

Einkommenselastizität der Nachfrage
Gibt an, um wieviel Prozent sich die nachgefragte Menge eines Gutes ändert, wenn sich das Einkommen um ein Prozent änder. Im Normalfall ist die E. positiv. Für Nahrungsmittel gilt das ⇒ „Engelsche Gesetz", d.h. die E. ist für diese Güter größer als eins. Bei einem ⇒ inferioren Gut ist die E. negativ, bei einem Sättigungsgrad Null.

Einkommensmultiplikator
Bei der Ermittlung der volkswirtschaftlichen Auswirkungen eines Investitionsprojektes müssen auch sogenannte „Multiplikator-" und „Akzeleratorwirkungen" berücksichtigt werden. Autonome Ausgabenänderungen wirken über den Multiplikator auf das Einkommen; Einkommensänderungen beeinflussen über die Verbrauchsfunktion den Konsum; Konsumvariationen verursachen, wenn die Voraussetzungen des Akzelerationsprinzips gegeben sind, induzierte Investitionen. Das Multiplikatorprinzip für den Gütermarkt ist seiner Konzeption nach ein Nachfrage-Theorem: Die Multiplikatorprozesse werden durch Änderungen der autonomen Nachfrage ausgelöst und führen über vielfache induzierte Nachfragströme zu multiplen Veränderungen der Gesamtnachfrage am Gütermarkt. Dennoch ist die Bezeichnung E. gerechtfertigt. Bei nutzen- bzw. gewinnorientierten Verhaltensweisen der Wirtschaftssub-

jekte bedeuten Veränderungen der Ausgaben für volkswirtschaftliche Endprodukte nämlich stets entsprechende Veränderungen der Einnahmen durch veränderte Gütermengen und/oder durch veränderte Güterpreise, d.h. insgesamt eine Zunahme oder Abnahme des gesamtwirtschaftlichen Einkommens. Da diese Einkommenswirkungen jedoch aus Mengen- und aus Preisänderungen resultieren können, beschreibt der Multiplikator am Gütermarkt grundsätzlich nur Veränderungen des nominellen Einkommens; Aussagen über den Umfang möglicher realer Einkommenswirkungen erfordern dagegen weitere Informationen.

Einkünfte aus Besitz und Unternehmung
Alle anderen Einkünfte als Brutto-Entgelte für unselbständige Arbeit mit Entgeltcharakter. Als Empfänger kommen Kapitalgesellschaften, der Staat und private Haushalte in Betracht. Die Erfassung ist vor oder nach Abzug der Zinsen für die Staats- und Konsumentenschuld möglich, die mit der Produktion nichts zu tun haben (wegen der Faktoreinkommensbeziehungen mit dem Ausland nicht identisch mit dem Betriebsüberschuß).

Einlagen
Auf Sicht oder für bestimmte Fristen bei Geldinstituten deponierte Gelder.

Einmalemission
Ausgabe eines bestimmten Nominalbetrages gleichartig ausgestatteter Rentenwerte, die während einer bestimmten Frist (Zeichnungsfrist) gleichzeitig zum Ersterwerb angeboten werden.

Einnahmen-Ausgaben-Rechnung
Ermittelt den Erfolg durch Gegenüberstellung der betrieblichen Einnahmen und Ausgaben. Sie wird meist von jenen Unternehmen verwendet, die bestimmte Buchführungsgrenzen nicht überschreiten, bzw. freiberuflich tätig sind (Freiberufler, wie Ärzte, Notare, Rechtsanwälte, Wirtschaftstreuhänder und Kleingewerbetreibende).

Einzelunternehmung
- Leitungsbefugnis: Steht grundsätzlich dem Eigentümer zu.
- Haftung (Haftung für Verbindlichkeiten): Eigentümer haftet unbegrenzt und unabgrenzbar (mit seinem gesamten Vermögen)
- Gewinn: Gesamter Gewinn steht dem Eigentümer zu.
- Finanzierung: Im allgemeinen begrenzt durch Vermögen des Eigentümers. Beschaffung von Fremdkapital nur bei entsprechenden Sicherheiten (vorhandene Vermögenswerte)
- Steuern: Gewinne unterliegen der Einkommenssteuer beim Eigentümer
- Publizitätsvorschriften: Keine

Eisberg-Effekt
Bei der Inangriffnahme eines Projektes sind zunächst nur ein Teil der Kosten sichtbar. Folgekosten und Folgelasten, die mit dem Projekt in den Folgejahren verbunden sind, werden erst später berücksichtigt. Bisweilen werden die Folgekosten und Folgelasten bewußt vernachlässigt bzw. niedrig angesetzt, um ein Projekt durchzusetzen.

Elastizitäten
Grundsätzlich setzen E. die relative Veränderung einer Wirkungsgröße in Verhältnis zur relativen Veränderung einer anderen Größe, der man die Ursache der Wirkung zuschreibt, wobei die Möglichkeit einer Rück- und Wechselwirkung sowie sonstige Einflußfaktoren, die nicht im Elastizitätskoeffizienten berücksichtigt wurden, ausgeschaltet ist. Ähnlich wie bei bestimmten Strukturkoeffizienten der Produktionstheorie (Arbeitsproduktivität, Kapitalproduktivität) sollte man daher von Preis-Nachfrage-bezogenen E., Einkommens-Nachfrage-bezogenen E. etc. sprechen. Überdies empfiehlt es sich aus Gründen der Sprachregelung stets zunächst die mögliche Ursache, die stets im Nenner steht, und dann die Wirkungen, die im Zähler steht, anzuführen; dies um Unklarheiten und Mißverständnisse aus-

zuschließen. E. sind dimensionslose Größen und haben daher den Vorteil, daß ihr Wert von der Wahl der Einheit unabhängig ist. Sie sind stets unbenannte Zahlen. Die Häufigsten im Rahmen von ökonomischen Analysen verwendeten E. lassen sich wie folgt gruppieren:

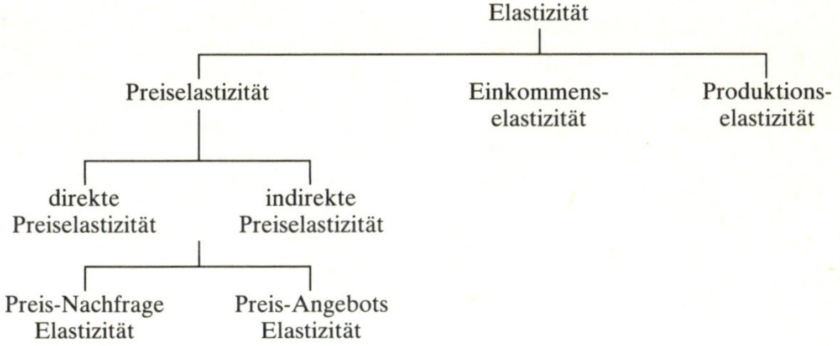

Elektronischer Briefkasten
Telekommunikationsdienst der Deutschen Bundespost im Rahmen der → Telebox. Sender und Empfänger von Informationen können in fremden „Briefkästen" Nachrichten speichern bzw. den eigenen Briefkasten auf Distanz mit Hilfe von Modems leeren.

Embargo
Von der Regierung eines Staates verfügte Sperre über die Ein- und Ausfuhr von Waren oder Kapital für bestimmte Länder.

Emission
1. Ausgabe von Wertpapieren zur Beschaffung von Kapital.
2. Belastung der Umwelt (Luft, Wasser) mit Schadstoffen oder Lärm; die Einwirkung dieser Schadstoffe auf Wälder, Flüsse etc. bezeichnet man aus anderer Perspektive als Immision.

Emissionskurs
Kurs, zu dem neue Aktien oder Anleihen ausgegeben werden.

Emissionsrecht (A)
Recht zur Ausgabe von Wertpapieren, das in Österreich vom Bundesministerium für Finanzen im Rahmen der zu erteilenden Bankkonzession an Kreditunternehmen erteilt wird.

Emittent
Geldinstitut oder Stelle (z.B. Staat, Kreditwirtschaft, Großunternehmen), die eine Emission durchführt.

Endnachfrage
Begriff aus der Verwendungsrechnung des Volkseinkommens. Die E. erhält man durch Aggregation folgender Größen: Konsum, Investitionen, Exporte minus Importe.

Endogene Variable
Veränderliche Größe, die innerhalb eines Modells aus Veränderungen exogener Variablen erklärt wird. Welche Variablen innerhalb eines Modells endogen sein sollen, hängt ab vom Zweck des Modells, der Verfügbarkeit bewährter Hypothesen über funktionelle Zusammenhänge und der Rechenbarkeit des Modells ab. Je mehr Variablen „endogenisiert" werden, desto näher kommt das Modell der Komplexität von Zusammenhängen in der Wirklichkeit; umso schwieriger wird aber auch die mathematische Behandlung. E. V. werden also innerhalb eines Modells erklärt, können aber überdies erklärend sein für weitere e. V. Typische e.V. sind z.B.: Privater Konsum, Ersparnisse, Investitionen etc.

Endwert
Jener Nutzenüberschuß, der sich am Ende des Betrachtungszeitraums, ausgehend von einem bestimmten Investitionsbetrag am Beginn dieses Zeitraumes, unter Berücksichtigung aller Ein- und Auszahlungsströme ergibt.

Engelsches Gesetz
Der Anteil der Ausgaben für Nahrungsmittel nimmt mit deren Zunahme ab.

Engineering
Der Begriff E. umfaßt alle ingenieurmäßigen Arbeiten bei der Planung, Berechnung, Konstruktion, Entwicklung und Projektierung technischer Komponenten, Systeme und Anlagen. Im Vordergrund steht dabei das systematische wohlüberlegte und zielgerichtete Vorgehen beim Lösen eines Problems oder einer Aufgabe und der praktische Nutzen des erzielten Ergebnisses. Der Begriff wird in diesem Sinn auch in zahlreichen Wortzusammensetzungen verwendet, in denen das Bestimmungswort das konkrete Ergebnis der Problemlösung, bezeichnet, z.B. Chip-Engineering, Software-Engineering, System-Engineering.
→ Social Engineering.

Entropie
Wahrscheinlichkeit eines Zustandes

Entscheidung
E.en stellen das Bindeglied zwischen Planungsoperationen und Handlungen dar. Durch E.en wird bestimmt, was getan werden soll (welche Handlungen auszuführen sind) und/oder was unterlassen werden soll (welche Handlungen zu unterlassen sind). Entscheidungen sind definiert als Wahl zwischen zwei oder mehreren Handlungsmöglichkeiten („Alternativen“).
Es gibt vier Arten von Entscheidungen:
(1) kurzfristige ad-hoc Entscheidungen (auch als Führungsentscheidungen bezeichnet)
(2) mittel- bis langfristige Entscheidungen, denen sorgfältige Planungsoperationen vorausgegangen sind (etwa struktur- und wachstumspolitische Entscheidungen)
(3) Konferenz- oder Gruppenentscheidungen (z.B. währungspolitische Entscheidungen betreffend Änderungen des Wechselkurses) und
(4) Delegierte Entscheidungen (etwa Entscheidungen der Ministerien, Ämter, Behörden usw.) Delegierte Entscheidungen setzen Entscheidungen auf höherer Ebene voraus.

In einer Matrix der Entscheidungssituationen lassen sich diese vier Entscheidungstypen im Hinblick auf die Kriterien „Zeitabstand bis zur Handlung“ und „Informationsgrad“ wie folgt darstellen:

Informationsgrad / Zeitabstand bis zur Handlung	klein	groß
kurz	Entscheidung Typ (1)	Entscheidung Typ (3)
lang	Entscheidung Typ (4)	Entscheidung Typ (2)

Graphentheoretisch lassen sich Entscheidungsverläufe, die sich über mehrere Perioden erstrecken, durch Zustandsbäume und Entscheidungsbäume zur Darstellung bringen. Zustandsbäume beschreiben die zu einem bestimmten Zeitpunkt möglichen Zustände und die Verknüpfung der einzelnen Zustände.

Entscheidungstabelle
Tabellarische Übersicht über Aktivitäten, die unter genau definierten Bedingungen gesetzt werden sollen/müssen.

WENN	DANN
Bedingungen	Aktivitäten

Technik aus der Organisationslehre. Gestaltungsmittel zur einfachen Darstellung von Informationen

EPROM
Abk. für Erasable Programmable Read Only Memory.
Zugriffsart auf Speichereinheit eines Computers. Der Chip wird vom Anwender programmiert, läßt sich aber durch Bestrahlung mit UV-Licht erneut programmierbar machen.

Erbfolge
Rechtsnachfolge des Erben in das Vermögen eines Verstorbenen. Beruht auf Gesetz (= gesetzliche Erbfolge) oder auf dem Willen des Erblassers (= gewillkürte Erbfolge).
Gesetzliche Erbfolge tritt ein, soweit eine wirksame Verfügung von Todes wegen fehlt, der Erblasser keine oder eine nichtige Erbeinsetzung vorgenommen hat, sowie bei Ausschlagung und Erbunwürdigkeit. Erbfolge beruht auf dem Grundsatz der unbeschränkten Verwandtenerbfolge, beeinflußt durch das Erbrecht des Ehegatten und läßt den Fiskus nur eintreten, wenn kein noch so entfernter Verwandter vorhanden ist. Nach der Verwandtenerbfolge haben die dem Erblasser näherstehenden Stammeseltern und deren Abkömmlinge den Vorzug von den entfernteren Vorfahren und den von diesen abstammenden Verwandten.

Erblasser
Verstorbene, natürliche Person, die beerbt wird.

Erfüllungsgehilfe
Jede physische und juristische Person, derer sich ein Kaufmann zur Erbringung vertraglich vereinbarter Lieferungen oder Leistungen bedient.

Erfüllungsgrad
Wertziffer, die der Bewerter einer bestimmten Eigenschaft zuordnet; auch als Zielerfüllung oder Ausprägung bezeichnet.

ERP-Fonds
Abk. für „European Recovery Program". Im Zuge des Marshall-Planes nach dem Zweiten Weltkrieg von den USA ins Leben gerufene Sonderfonds, aus denen für bestimmte Zwecke Kredite gewährt werden.

Ertrags- und Kapitalrechnung
Hochrechnung wichtiger Bilanzpositionen, insbesondere der Gewinn-Verlust-Rechnung für einen längeren Zeitraum (z.b. 10, 20, 30 Jahre) im voraus. Auf Grund dieser Hochrechnung kann die Ertragskraft und Rendite einer Beteiligung am untersuchten Unternehmen prognostiziert werden.

Ertragswert eines Unternehmens
Der E. wird bestimmt durch
- den erwarteten nachhaltigen Zukunftserfolg
- den Kapitalisierungszinssatz
- die Nachhaltigkeitsdauer des → Übergewinns

Erwartungsvariable
Variable, über deren mögliche Veränderung der betreffende Handlungsträger zwar eine Vorstellung hat, die aber seinem Einfluß(Kontroll-)bereich weitgehend entzogen sind.

Eskomptieren
Bei Anlagewerten künftige Entwicklungen durch eine entsprechende Höher- oder Tieferbewertung vorwegnehmen. So wird z.B. die Ankündigung einer Dividendenerhöhung durch einen Kursanstieg der betreffenden Aktie eskomptiert.

Eskont
Ankauf von noch nicht fälligen Wechseln und Schecks. → Diskont

Eskontimport
Ausdruck aus der Finanzwelt mit dem u.a. angegeben wird, daß bestimmte oder zu erwartende Entwicklungen im Kurs einer Aktie enthalten sind.

EURECA (EUREKA)
Abk. für European Research Coordination Agency.
Gegründet 1985.
Instrument zur Koordinierung der europäischen High-Technology-Forschung. Mitgliedsländer: Die EG-Staaten mit Spanien und Portugal, ferner Österreich, die Schweiz, Schweden, Norwegen und Finnland.

Eurobond
Auf eine voll konvertible Währung lautende quellensteuerfreie Anleihensobligation, die durch ein internationales Konsortium gleichzeitig auf den Kapitalmärkten mehrerer Länder begeben wurde.

Eurodollar
Bezeichnung für in US$ gerechnete Guthaben und Forderungen auf dem → Euromarkt.

Eurogelder
Zwischen den Geldinstituten international gehandelte Kredite und Einlagen in Währungen, die nicht die eigene Landeswährung sind.

Eurogeldmarkt
Jener Teil des Euromarktes, über den die Transaktionen von kurz- bis mittelfristigen Anlagen (mit höchstens 18 Monaten Laufzeit) abgewickelt werden, v.a. in der Form von Festgeldern.

Eurokaptitalmarkt
Jener Teil des Euromarktes, über den die Transaktionen mit mittel- bis langfristigen Anlagen (mit über 18 Monaten Laufzeit) abgewickelt werden, v.a. in der Form von → Eurobonds.

Eurokredit
In einer Eurowährung gewährter internationaler Bankkredit.

Euromarkt
Markt, auf dem Transaktionen in Währungen (bevorzugt $, DM, sfr) außerhalb des jeweiligen Ursprungslandes dieser Währung vorgenommen werden. Wenn beispielsweise ein Amerikaner sein Geld bei einer Züricher Bank deponiert und diese die Dollarguthaben weiterleitet, hat bereits eine Euromarkt-Transaktion stattgefunden.
Geht es beim Eurogeldmarkt um kurzfristige Gelder, werden am Eurokapitalmarkt langfristige Gelder – vorwiegend Anleihen – gehandelt.

Europäische Freihandelsassoziation
Kurzbez.: EFTA
Die EFTA (engl. Bez.: European Free Trade Association) wurde geschaffen, als 1958 der Plan, alle Länder des Europäischen Wirtschaftsrates (OEEC) in einer Wirtschaftsgemeinschaft zu vereinigen, gescheitert war. Die nicht zur Europäischen Wirtschaftsgemeinschaft (EWG) zählenden Ländern schlossen sich daher zur EFTA zusammen. Das entsprechende Abkommen wurde am 4.1.1960 in Stockkolm unterzeichnet und trat am 3.5.1960 in Kraft. Die EFTA hat ihren Sitz in Genf. Mitgliedsländer: Dänemark und Großbritannien (beide nur bis zu ihrem EWG-Beitritt); Norwegen, Österreich, Portugal, Schweden, Schweiz, Island (seit 1970). Assoziert: Finnland (seit 1961). Aufgabe der EFTA ist die Liberalisierung des Außenhandels zwischen den Mitgliedsländern, die EFTA ist eine Freihandelszone und keine Zollunion. Die nationalen Zolltarife der einzelnen Mitgliedsstaaten bleiben Drittländern gegenüber daher in Geltung. Es genießen nur solche Güter Zollfreiheit, die entweder vollständig im EFTA-Raum hergestellt oder bestimmten Verarbeitungsprozessen unterworfen wurden bzw. zonenfremde Bestandteile von weniger als 50% des Exportwertes enthalten. Das oberste Organ der EFTA ist der Rat, in den alle Mitglieder gleichberechtigte ständige Delegationen entsenden. Der Haushalt wird von den Mitgliedern durch Beiträge nach der Höhe ihres Bruttosozialprodukts finanziert. Seit dem übertritt Dänemarks und Großbritanniens zur EWG wurden zwi-

schen diesen und den Rest-EFTA-Ländern bilaterale Abkommen im Sinne einer Freihandelsregelung für den gewerblichen Sektor und den Montanbereich betroffen, der Agrarbereich hingegen blieb davon ausgeschlosen. Die bilateralen Abkommen sehen die Möglichkeit einer weiteren Vertiefung der gegenseitigen Beziehungen vor.

Europäische Währungseinheit
Als Währungskorb der Mitgliedländer der Europäischen Gemeinschaften (EG) berechnete Bezugsgröße für den Wechselkursmechanismus wie auch als Rechengröße für Interventions- und Kreditoperationen innerhalb des → Europäischen Währungssystems. Deutsche Abk.: EWE. Engl. Abk.: ECU. Übliche französische Bezeichnung: ECU (Ecus).

Europäisches Währungssystem
kurz EWS
Das EWS, das am 13. Mai 1979 formell in Kraft trat, ist ein Kernpunkt der im Entstehen begriffenen Europäischen Wirtschafts- und Währungsunion. Hauptziel des EWS ist es, feste Wechselkursbeziehungen in der Europäischen Gemeinschaft herzustellen, was mit Hilfe eines speziellen Wechselkurs- und Interventionssystems geschieht, in dessen Mittelpunkt die ⇒ ECU (European Currency Unit) steht. Dieses Interventionssystem wird durch die Bereitstellung entsprechender Kreditmöglichkeiten unterstützt. Mitglieder des EWS sind alle EG-Staaten, am Wechselkurssystem nimmt aber Großbritannien zur Zeit nicht teil.

Euroscheck
Scheck, dessen Einlösung bis zu einem bestimmten Betrag durch die Euroscheckkarte garantiert ist.

Eurovision
Organisationsform der Zusammenarbeit der Rundfunkanstalten der westeuropäischen Länder (heute auch unter Mitwirkung amerikanischer Fernsehanstalten) mit dem Ziel des Programmaustausches und der Veranstaltung von Gemeinschaftssendungen.

Evaluierung
Bewertungsverfahren im Rahmen einer Planung.
Unter E. versteht man den Vergleich von Handlungsalternativen mit dem Ziel, an Hand ihrer relevanten Vor- und Nachteile jene Vorgangsweise zu finden, die den höchsten Grad der Zielerreichung erhoffen läßt. Die Vor- und Nachteile werden dabei durch Wirkungsprognosen, d.h. mögliche Konsequenzen für den Fall der Realisierung, ausgedrückt. Dabei wird sowohl auf die beabsichtigten Wirkungen als auch auf die unbeabsichtigten Nebenwirkungen abgestellt.

Evaluierungsforschung
Interdiszipinäre Forschungsrichtung, die sich mit Problemen der Bewertung von Projekten im Rahmen von ⇒ Kosten-Nutzen-Untersuchungen beschäftigt.

Even Parity
→ Parity-Check

Evolutionäres Modell
→ Stationäres Modell

EWG
Europäische Wirtschaftsgemeinschaft.
Die durch die Römischen Verträge 1957 zwischen den Mitgliedstaaten der Montanunion begründete überstaatliche Gemeinschaft zum Errichten eines gemeinsamen Marktes und zum Angleichen der Wirtschaftspolitik der Mitgliedstaaten.
Die EWG gründet sich auf eine Zollunion, die sich auf den gesamten Warenaustausch erstreckt, und auf das Verbot, zwischen den Mitgliedstaaten Ein- und Ausfuhrzölle und Abgaben gleicher Wirkung zu erheben, sowie auf das Einführen eines gemeinsamen Zolltarifs gegenüber dritten Staaten.

Ewige Renten
Staatsanleihen, bei welchen sich der Staat nur zur Zahlung des Zinses (Rente) verpflichtet. Die Titel solcher Rentenanlei-

hen sind nicht rückzahlbar, doch behält sich der Staat vielfach das Recht zur Kündigung oder zum Rückkauf an der Börse vor. Besonders verbreitet ist Frankreich und Großbritannien (consols).

EWS
→ Europäisches Währungssystem

EX Ante-Größen
Geplante Größen.

Excursion-Tarif
Terminierte Reisen (ohne Vorbuchungsfrist), jedoch mit Aufenthaltsminimum und -maximum (14 bis 60 Tage). Wird auch nachträglich bewilligt, sofern der Fluggast länger als 14 Tage an einem Ort geblieben ist.

Exogene Variable
Veränderliche Größe, die innerhalb eines Modells erklärende Funktion hat für endogene Variable, selbst aber in ihrer Veränderung nicht erklärt wird. Durch die Konstant-Setzung aller exogenen Variablen außer jeweils einer, kann deren Auswirkung auf die Veränderung der endogenen Variablen festgestellt werden. Auf diese Weise können im Rahmen von Simulationen Gedankenexperimente gemacht werden.
Typisch e.V. sind die den Haushalten vom Staat zufließenden Einkommen, Transferzahlungen sowie die direkten und indirekten Steuern.

Exoten
Bei uns selten angekaufte und verkaufte Währungen aus außereuropäischen Ländern.

Experimente
Reale Experimente sind in der Sozialwissenschaft im Unterschied zur Naturwissenschaft im strengen Sinn nicht möglich, nämlich i.S. einer „beliebigen Wiederholbarkeit des Experimentes unter identischen Versuchsbedingungen“. Da menschliches Verhalten Erkenntnisobjekt ist, müßte i.S. dieser Definition ein Experiment mit derselben Personengruppe beliebig oft unter identischen Versuchsbedingungen wiederholbar sein; tatsächlich ändern sich aber die Teilnehmer an Experimenten im Ausmaß ihrer Erfahrungen aus bereits durchgeführten Versuchen (Lerneffekt). Daher sind in der Ökonomie nur Gedankenexperimente (Simulationen) möglich (→ Modelle).

Expertensysteme
Softwareprodukte, die Computer in die Lage versetzen, auf Grund von Expertenwissen menschliches Denken (Schließen, Entscheiden, Bewerten etc.) nachzuvollziehen.

Expertenwissen
Von Menschen und/oder Maschinen akkumuliertes Wissen eines bestimmten Spezialgebietes.

Exponentielles Wachstum
Liegt vor, wenn eine Größe in jeweils gleichen Zeitabständen um einen bestimmten Prozentsatz der jeweils vorigen Größe zunimmt.

Exponierter Sektor
Jener Sektor einer Volkswirtschaft, der in unmittelbarem Wettbewerb mit ausländischen Gütern und Leistungen steht.
Gegensatz: geschützter Sektor

Exportmultiplikator
Mißt die Auswirkungen zusätzlicher Exporte auf das Volkseinkommen.

Ex Post-Größen
Tatsächlich eingetretene Größen. Sind teilweise geplant (z.B. bestimmte Lagerbestände am Ende einer Periode) und teilweise ungeplant (z.B. wider Erwarten nicht verkaufte Produkte am Ende einer Periode).

Ex Quay
→ Ab Kai

Ex Ship
→ Ab Schiff

Externe Befehle
E.B. steuern die Verbindung zwischen ⇒

Zentraleinheit und ⇒ Peripherie. Man unterteilt sie in Ein- und Ausgabeanweisungen für den unmittelbaren Transport von Informationen zum oder vom Arbeitsspeicher und in Steuerbefehlen für bestimmte Funktionen der peripheren Geräte.

Externe Effekte
Wirkungen ökonomischen Verhaltens von Konsumenten oder Produzenten, die nicht Gegenstand einer vertraglichen Übereinkunft sind und vom davon Betroffenen auch nicht beeinflußt werden können. Je nach Einschätzung durch den Betroffenen können sie positiv oder negativ sein. Bei Auftreten externer Effekte ist eine wichtige Voraussetzung für eine befriedigende Lösung des gesellschaftlichen Knappheitsproblems über den Markt nicht erfüllt (sog. *Divergenzproblem*). Im Fall negativer externer Effekte entstehen Überproduktion und werden soziale Kosten verursacht (v.a. Umweltschäden). Im Fall positiver externer Effekte kann ein Teil der Nutzenstiftung nicht im Preis abgegolten werden, es entsteht eine Tendenz zur Unterproduktion bis hin zur völligen Nichtversorgung mit einer an sich nachgefragten Leistung (z.B. saubere Luft). In beiden Fällen tritt also Marktversagen auf und führt zur Forderung noch mehr staatlicher Intervention.

Externer Rechner Ⓓ
Private Datenverarbeitungsanlage, deren Angebot vom BTX-Teilnehmer ebenso einfach abgerufen werden kann wie das im öffentlichen BTX-System gespeicherte. Über das DATEX-P-Netz der Bundespost sind die externen Rechner mit den öffentlichen BTX-Vermittlungsstellen verbunden; diese fungieren hierbei als Durchgangsstation.

Ex Works
→ Ab Werk

Factoring
Verkauf von Kundenforderungen an ein Unternehmen, das die Eintreibung, Debitorenbuchhaltung und das Ausfallsrisiko üernimmt. Der F.-Kunde erspart sich Ärger mit dem Eintreiben von Außenständen und erhöht durch die sofortige Bevorschussung seiner Forderungen seine Liquidität.
Beim unechten F. ist der Factor berechtigt, nicht einlösbare Forderungen an das verkaufende Unternehmen zurückzugeben.
Oft übernimmt der Factor auch das Delkredere, trägt also das Risiko des Forderungseingangs ganz oder teilweise. Die Factorprovision ist das Ergebnis der jeweiligen gewählten Kombination von Factorleistungen.

Faksimilegerät
Fernkopiergerät

Faktorbezogene Produktivität
Hier werden einzelne Inputfaktoren (Arbeit oder Kapital oder Material oder Energie) zum Output in Beziehung gesetzt.

Faktoreinkommen
Entgelte für die Mitwirkung im Rahmen von Produktionsprozessen.
F. können dabei auf drei Arten entstehen:
- durch Abgabe von Arbeitsleistungen an Unternehmen, private und öffentliche Haushalte
- durch unternehmerische Tätigkeit
- durch ertragbringende Anlage von Geld

Faktoreinkommen aus dem/an das Ausland
Zahlungen, die als Brutto-Entgelte für unselbständige Arbeit oder Einkünfte aus Besitz und Unternehmung aus dem/an das Ausland erfolgen.

Faktorenanalyse
Statistische multivariate Analysemethode.
Hier erfolgt eine Reduzierung von hoch korrelierten Ausgangsdaten auf einige

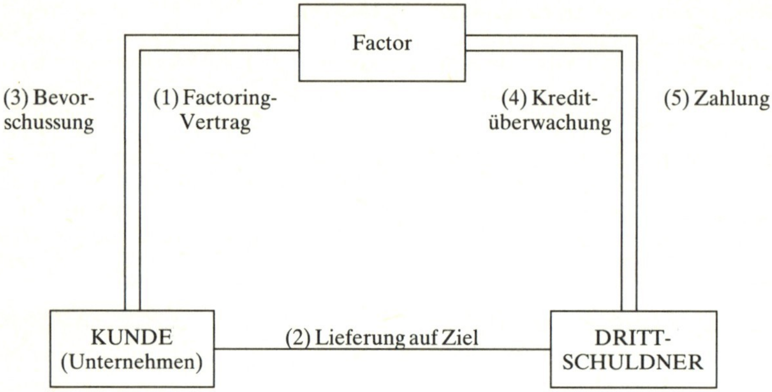

wenige unabhängige Faktoren. Durch die F. sollen zwischen den Variablen bestehende Kausalzusammenhänge aufgedeckt und die Ausgangsvariablen auf diese Ursachen (Faktoren) zurückgeführt werden.

Faktorkosten
Kosten, die mit dem Einsatz von Produktionsfaktoren verbunden sind.

Faktorpreise
Kurzbezeichnung für „Produktionsfaktorpreise".
Preise der Produktionsfaktoren Arbeit, Kapital, Boden(schätze) als Gegenstück zu den (End-)Produktpreisen. In einem marktwirtschaftlichen System leiten sich die F. aus den Produktionspreisen ab, und zwar nach Maßgabe des relativen Knappheitsverhältnisses zwischen den Produktionsfaktoren.

Faktorpreise
Kurzbezeichnung für Produktionsfaktorpreise (Arbeit, Wissen, Kapital, Boden).

Faktorsubstitution
Ersetzen eines Produktionsfaktors durch einen anderen entweder total (totale Substitution) oder teilweise (periphere Substitution) bei quantitativer und qualitativer Konstanz der Produktionsmenge.

Falsifikationskriterium
→ Popper-Kriterium

Familienlastenausgleich (A)
Im weiteren Wortsinn jede Art der (teilweisen) Abgeltung der gegenüber kinderlosen höheren Belastung von Familienerhaltern durch Steuererleichterungen und/oder → Transferzahlungen im engeren Wortsinn die Gewährung von monatlichen Familienbeihilfen (Kinderbeihilfen) sowie von Geburtenbeihilfen aus den Mitteln des Familienlastenausgleichsfonds, der durch eine Art Lohnsummensteuer gespeist wird. Mittelbar zählt zum Familienlastenausgleich auch die Entlastung kinderreicher Familien durch Schülerfreifahrten und kostenlose Schulbücher.

FAO
Abk. für Food and Agriculture Organisation of the United Nations → Ernährungs- und Landwirtschaftsorganisaiton der Vereinten Nationen

Faustpfand
Verpfändete bewegliche Sachen (z.B. Waren, Wertpapiere), die zur Sicherstellung dienen.
Das F.-Prinzip besagt, daß die Verpfändung für Dritte wahrnehmbar sein muß.

Fazilität
Möglichkeit, einen Kredit bis zu einer bestimmten Höhe von einer Bank oder einer internationalen Finanzierungsinstitution in Anspruch zu nehmen.

Feasibility
Vor-Investitionsstudie, durch die die Vorteilhaftigkeit von ⇒ Investitionsprojekten überprüft werden soll. Erstellt werden die Vor-Investitionsstudien von Organisationen, die sich mit Industrieentwicklung befassen, wie staatliche und institutionelle Stellen sowie von Industrieunternehmungen, Beratungsfirmen, Generalunternehmern und Ausrüstungslieferanten.

Federführende Bank
Bank, die anläßlich einer Emission als Vertreterin der Konsortialbanken die Verhandlungen mit der betreffenden Gesellschaft führt und der die Leitung einer solchen Emission obliegt.

Feedback
Im Kommunikationsmodell die als ‚Rückmeldung' zum Kommunikator zurückgehende Reaktion (‚Antwort') des Rezipienten auf eine empfangene Aussage. Die ‚Rückmeldung' kann das Aussageverhalten des Kommunikators beeinflussen, verändern, modifizieren.
Anmerkung: In der Netzwerktheorie bedeutet „Feedback" die Rückführung von Signalen vom Ausgang zum Eingang, sei es im Sinne der (positiven) Rückkopplung (zur Signalverstärkung oder Schwingungserzeugung), sei es im Sinne der (negativen) Gegenkopplung (zur Verbesserung der Verstärkungseigenschaften, Entzerrung usw.).

Feingehalt
bei Edelmetallen Verhältnis des Gewichtes des reinen Metalls zum Bruttogewicht der Legierung.

Feingewicht
Gewichtsanteil des Edelmetalls in einer Münze.

Feinheit
Angabe, wieviel Teile einer Münze aus Edelmetall bestehen,
z.B.: 900 fein 900 Teile Edelmetall
100 Teile beigemengtes Metall (z.B. Kupfer)

Feldforschung
Erhebung von empirischen Fakten mit Hilfe von Hypothesen. F. ist vielfach die Voraussetzung für ⇒ Strukturforschung und Strukturbeeinflussung.

Feldvariable
In Form eines bestimmten Feldes dimensionierte Variable

Fenster
Ein reserviertes Feld auf einem Bildschirm, das für bestimmte Zwecke vorgesehen ist.

Feste Wechselkurse
Wenn der Preis für ausländische Währungen vom Staat oder der Zentralbank fixiert wird (Voraussetzung ist eine gegenseitige Fixierung auch der ausländischen Währungen oder wenn die Kurse der verschiedenen Währungen international verbindlich vorgeschrieben werden.

Festplatte
Externe Massenspeicher des Computers. Eine harte, nicht biegsame, magnetisch beschichtete Platte läuft in einer Kapsel im Vakuum, wobei der Schreib-Lesekopf die Platte nicht berührt, sondern im Abstand von etwa 0,4 Mikron darüberschwebt. Wegen der Berührungslosigkeit kann sich die Platte viel schneller drehen (ca. 2400 Umdrehungen pro Minute, Geschwindigkeiten von ca. 170 km/h am Rand) und ermöglicht dadurch schnellere Zugriffszeiten.
Typische Kapazitäten: 5, 10, 20, 40 Megabyte (sehr häufig 10 MB).
Andere Bezeichnungen: Hard Disk, Winchester

Festwertspeicher
→ ROM

FIBOR

Abk. für Frankfurt Interbank Offered Rate.
Referenzzinssatz für DM-Anleihen mit variablem Zinssatz.

FIFO

Abk. für „First in first out".

1. Betriebswirtschaft: Bewertungsverfahren, bei dem unterstellt wird, daß die zuerst ins Lager übernommenen Bestände auch zuerst verbraucht bzw. verkauft wurden. Dieses Prinzip verstößt u.U. gegen das sog. Niederstwertprinzip.
2. EDV: die zuerst an den Speicher weitergegebene Information wird auch wieder zuerst ausgegeben.

FILE

Logisch zusammenhängende Datenblökke oder Programme, die Namen tragen.

Filtering

Begriff aus der EDV-Sprache
Bestimmte Daten, die in einer Datenbank gespeichert sind, werden auf Grund von Kriterien, die man eingibt, in der Datenbank sortiert, „gefiltert" und erst dann ausgedruckt.

FIMO-STAB Ⓐ

Abk. für Finanzpolitisches Modell zur Stabilisierung.
Das Modell FIMO-STAB ist auf finanzpolitische Simulationen abgestellt. D.h., es soll – wie schon der Name des Modells besagt – die Auswirkungen fiskaler und monetärer Maßnahmen des Bundes auf eine Reihe wichtiger ökonomischer Größen mit dem primären Ziel der Konjunktursteuerung, d.h. der Stabilisierung, quantitativ erfassen. Neben den traditionellen Zielgrößen der Wirtschaftspolitik werden mit dem Modell auch Größen abgeschätzt wie das Aufkommen aus einer bestimmten Steuer, die Höhe des Verbrauches bestimmter Konsumgütergruppen, das Importvolumen usw.

Finance Leasing

Miete eines Anlagegegenstandes mit dem Ziel, daß nach Ablauf der Grundmietzeit der Leasingnehmer den Anlagegegenstand zu Eigentum übernehmen oder zu einer geringen Miete auf Dauer weitermieten kann. F. L. ist eine 100%ige Finanzierung eines Anlagegegenstandes auf längere Frist, kann also auch als Kauf-Miete bezeichnet werden. Der Leasinggeber ist während der Grundmietzeit Eigentümer, der Leasingnehmer Besitzer und Nutzer des Leasinggegenstandes. Das wirtschaftliche Risiko liegt voll beim Leasingnehmer. Die technische Veralterung kann allerdings vertraglich ausgeschaltet werden, indem der Leasinggeber verpflichtet wird, jeweils die neuesten Maschinen zur Verfügung zu stellen. Diese Form von Leasing hilft den Unternehmen insbesondere dann, wenn Liquiditätsschwierigkeiten bestehen. Die anfänglichen Liquiditätsvorteile, die zugleich mehr oder minder große Kapazitätseffekte mit sich bringen, werden jedoch durch höhere Mietzahlungen auf längere Sicht kompensiert.

Finanzausgleich

Regelung der finanziellen Beziehungen zwischen öffentlichen Körperschaften. Es ist zu unterscheiden zwischen einem vertikalen F. und einem horizontalen F.
Vertikaler F.: Regelung des F. zwischen öffentlichen Gebietskörperschaften verschiedener Ebene (z.B. Bund – Länder – Gemeinden)
Horizontaler F.: Regelung des F. zwischen öffentlichen Gebietskörperschaften der gleichen Ebene (z.B. Aufteilung der Einnahmen der länderweisen „Gemeindemasse" auf die einzelnen Gemeinden eines Bundeslandes).
Ferner ist zu unterscheiden zwischen:

- *Trennsystem:* Jeder Gliedstaat hat vollständige Finanzautonomie: Steuern werden autonom festgesetzt und eingehoben ausschließlich zur Finanzierung der autonom beschlossenen Ausgaben.

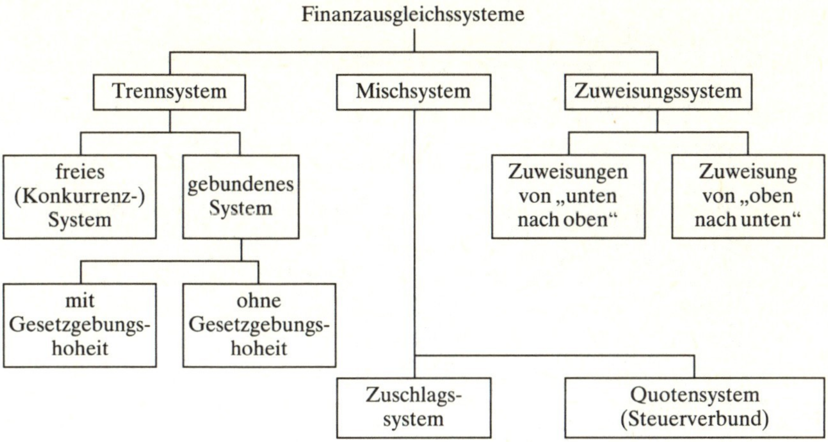

In diesem System erübrigt sich ein Finanzausgleich.

- *Verbundsystem:* Steuern werden zentral eingehoben und nach bestimmten Kriterien (Verteilungsschlüssel) auf die einzelnen Gebietskörperschaften (oder Institutionen) zur Finanzierung ihrer Ausgaben aufgeteilt. Dieses System bedarf „intergovernmentaler“ Transferzahlungen, die in ihrer Gesamtheit „Finanzausgleich“ genannt werden.
- *Mischsystem:* Elemente des Trenn- und Verbundsystems werden nebeneinander wirksam: Die einzelnen Gebietskörperschaften (Institutionen) finanzieren ihre Ausgaben z.T. aus „ausschließlichen“ Abgaben, die unmittelbar von dieser Gebietskörperschaft eingehoben werden, und z.T. aus „gemeinschaftlichen“ Abgaben, die zentral erhoben und nach einem festgelegten Verteilungsschlüssel dezentral verteilt werden.

Finanzierung
Beschaffung monetärer Mittel (Ressourcen) zur Bewältigung bestimmter Zielsetzungen.

Finanzierung aus Abschreibungen
Darunter ist die Verwendung jener Abschreibungsbeträge zu verstehen, die bei der Preiserstellung mit berücksichtigt wurden und der Unternehmung über die Preise dann tatsächlich zuflossen.
→ Lohmann-Ruchti-Effekt
→ Domar-Effekt

Finanzierungsleasing
engl.: Full-Pay-Out-Leasing
Die Mietraten werden so bemessen, daß das vermietete Wirtschaftsgut nach Ablauf der Grundmietzeit einschließlich aller Nebenkosten voll ausfinanziert ist.

Finanzierungsrechnung
In der Literatur wird die F. manchmal auch als „Geldstromanalyse“ bezeichnet, obwohl weder ausschließlich Geld berücksichtigt, noch Ströme erfaßt werden. (engl. „money flow analysis“)
Aufgabe einer volkswirtschaftlichen F. ist die statistische Erfassung von Forderungen und Verbindlichkeiten der Sektoren einer Volkswirtschaft während eines Zeitraumes. Sie ist eine Bestandsänderungsrechnung.
Hierzu erweist es sich als zweckmäßig, Sektoren mit ähnlichen Zielsetzungen zusammenzufassen. Folgende Sektoren werden in der Regel unterschieden:

- Finanzsektor (Banken, Sparkassen,

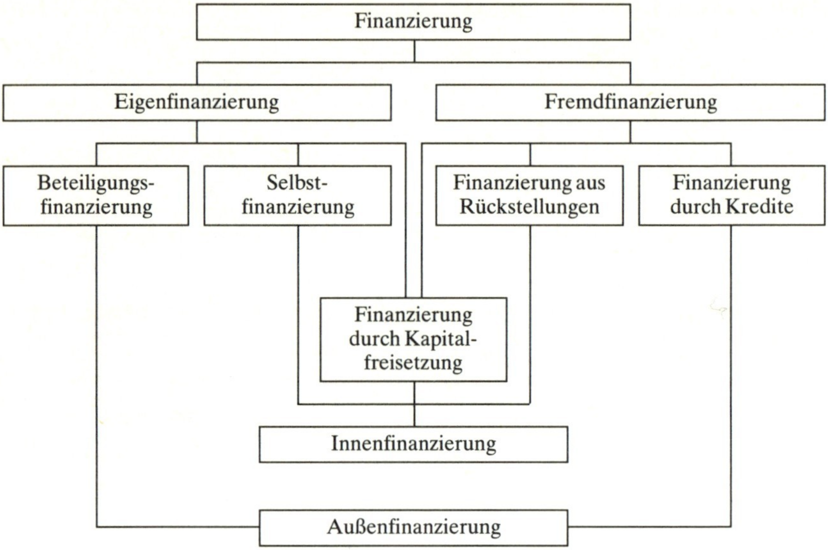

Hypotheken – und Teilzahlungsbanken, Kreditgenossenschaften, Bausparkassen, Versicherungsunternehmen, Kapitalanlagegesellschaften)

- Unternehmenssektor
- Haushaltssektor
- öffentliche Haushalte
- das Ausland

Die Finanzbeziehungen können je nach Problemstellung entweder nach Arten (Sichtguthaben, Terminguthaben, Sparguthaben, festverzinsliche Wertpapiere) oder nach Gläubigern und Schuldnern (etwa Forderungen und Verbindlichkeiten der Versicherungsunternehmen) klassifiziert werden.

Finanzintermediäre
F. sind Institutionen, die Finanzintermediation betreiben. Die Investoren finanzieren die Realkapitalbildung nicht direkt, indem sie sich beim Sparer verschulden, sondern im Umweg über monetäre und nicht-monetäre F. Umgekehrt veranlagen die Sparer ihre Ersparnisse nicht direkt beim Investor, sondern indirekt bei F.n.

Finanzinvestition
Anlage von Geld in ertragbringenden Vermögensobjekten, meist in Form von → Wertpapieren.

Finanzplanung
Programmierung öffentlicher Aktivitäten in der Zukunft, soweit sie finanzielle Auswirkungen haben. Planung der Staatsausgaben für künftige Leistungen und Investitionen steht im Mittelpunkt. Die Schätzung des Finanzbedarfs bedarf einer Prognose der Ausgabenintensität der Projekte und der vermutlichen Preisentwicklung. Die Prognose der Einnahmen besteht im wesentlichen in einer Steuerschätzung; diese setzt ihrerseits eine Prognose der gesamtwirtschaftlichen Entwicklung im Bereich der wichtigsten Steuerbemessungsgrundlage bei Kenntnis der Steueraufkommenselastizitäten voraus. Mit Hilfe einer mehrjährigen Finanzplanung kann der künftige finanzielle Hand-

lungsspielraum einer Gebietskörperschaft abgesteckt werden, innerhalb dessen dann in der Regel Dringlichkeitsreihungen (Prioritäten) gesetzt werden müssen. Die Finanzplanung zwingt insbesondere zur Berücksichtigung von Folgekosten und Folgelasten einschließlich der Annuitäten einer etwaigen Neuverschuldung.

für die Auslieferung in einem bestimmten Liefermonat übermittelt werden können.

Fiscal Drag
Bei besonders stark wirksamen eingebauten Stabilisatoren in der Aufschwungphase (z.B. hohe Aufkommenselastizität bei lohn- und gewinnabhängigen Steuern) kann es zur Wirkung des sog. „f.d." kom-

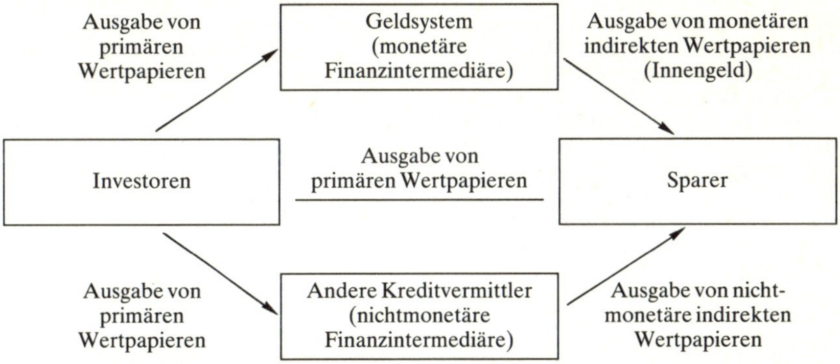

Finanztransaktionen
Transaktionen, die das Geldvermögen der Zusammensetzung nach verändern.

Firmenwert
Der F. ist der über den Sachwert am Bewertungsstichtag hinausgehende Mehrwert, welcher sich auf Grund des erwarteten Zukunftserfolges des Unternehmens ergibt.
Es ist zu unterscheiden zwischen einem subjektbedingten F. (ist vorwiegend auf die persönliche Leistung des Unternehmers zurückzuführen) und einem objektbedingten F. (beruht auf den am Markt angebotenen Leistungen und auf der Marktstellung des Unternehmens).

Firmware
Fest in einer Computerhardware eingebaute Software.

First notice day
Der erste Tag, an dem Ankündigungen

men: Die Stabilisatoren setzen in ihrer antizyklischen Wirkung zu früh ein und wirken schon im Aufschwing (vor Erreichen der Vollbeschäftigung) als „fiskalische Bremse" und verhindern oder verzögern eine weitere Expansion. Diese Wirkung des „fiscal drag" auf der Einnahmeseite kann durch ein entsprechendes Ausgabenverhalten allerdings kompensiert werden.

Fixe Kosten
Solche Kosten bzw. Kostenarten, die beschäftigungsunabhängig sind. Während die absolut fixen Kosten konstant bleiben, bleiben die sogenannten sprungfixen Kosten nur innerhalb eines bestimmten Beschäftigungsgrades gleich; bei Erweiterung der Kapazität (z.B. Einstellung einer zusätzlichen Maschine) steigen sie an und bleiben dann wieder gleich.

Fixrahmenkredit
Finanzierungsform, bei der der Kreditrahmen während der gesamten Laufzeit gleich hoch bleibt und am Laufzeitende auf einmal abzudecken ist.

Fixtratte
→ Fixrahmenkredit

Flankierende Maßnahmen
→ policy-mix

Flexible Wechselkurse
Der jeweilige Wechselkurs bildet sich ausschließlich durch Angebot von und Nachfrage nach Devisen auf den jeweiligen Devisenmärkten. Die Kursbildung wird also den Kräften des freien Marktes überlassen. Die Zentralbank ist nicht verpflichtet, auf dem Devisenmarkt zu intervenieren (also Devisen zu kaufen oder zu verkaufen), um den Wechselkurs zu halten bzw. nicht über eine vereinbarte Bandbreite hinaus schwanken zu lassen. Es steht der Zentralbank jedoch frei, in Verfolgung wirtschaftspolitischer Ziele auf dem Devisenmarkt zu intervenieren.
Da der „richtige" Wechselkurs sich letzten Endes immer aus dem freien Spiel der Marktkräfte ergibt und somit die Kaufkraftverhältnisse zwischen den verschiedenen Währungen widerspiegelt, wird er sich natürlich im Zeitablauf immer wieder ändern und soll dies auch. Das heißt jedoch nicht, daß f.W. auch dauernd stark schwankende Wechselkurse sein müssen, da die Kursausschläge ja nicht autonom erfolgen, sondern nur die Reaktion auf veränderte Daten auf den nationalen Angebots- und Nachfragemärkten, die sich in Devisentransaktionen niederschlagen, darstellen.

Floating
Freies Schwanken der Wechselkurse nach Angebot und Nachfrage. Da bei einer wirklich freien Kursgestaltung spekulative Kapitalbewegungen zu Währungsrelationen führen könnten, die von jeder Kaufkraft- oder Kostenparität stark abweichen, pflegen die Notenbanken auf den Devisenmärkten zu intervenieren („dirty floating", „schmutziges Floaten").

Floating Rate Notes
Euroanleihen mit variablem Zinssatz und mittlerer Laufzeit. Maßstab der Verzinsung ist der → LIBOR. Das periodische Festlegen der Zinsen erfolgt in der Form, daß zwei Tage vor dem Zinstermin die Höhe des Zinssatzes für die nächsten 3, 6, 9, 12 Monate fixiert wird. Nebenbei besteht auch meist ein Mindestzinssatz, unter den die Verzinsung keinesfalls sinken kann, auch wenn der LIBOR-Satz deutlich darunter liegen sollte.
Vorteil: Stabile Kurse knapp um 100%, da die Verzinsung praktisch dem aktuellen Stand des Marktzinses entspricht.

Flop
Begriff aus der Werbesprache. Der Ausdruck F. wird gebraucht, wenn eine Produkt- bzw. Werbekonzeption am Markt keinen Erfolg hat, also das Produkt nicht im Markt etabliert werden kann. In manchen Branchen ist das Verhältnis der F. zu den erfolgreichen Produkteinführungen 10:2.

Floppy Disk
Flexible Scheibe mit Magnetbeschichtung in einer Schutzhülle; Ein Schreib-Lesekopf (ähnlich wie bei einem Tonbandgerät) berührt die Beschichtung und schreibt bzw. liest codierte Informationen.

Flottant
schwimmend.
Bezeichnung für Wertpapiere, die sich noch nicht in festem Besitz von Kapitalanlegern befinden.

Flußdiagramm
Ablaufplan, graphische Übersicht über einen Arbeitsablauf.

FOB
Abk. für free on board oder franco à bord (= frei bis auf Schiff). Im Außenhandel übliche Vertragsklausel, die besagt, daß die Transport-, Versicherungs- und Ver-

ladekosten bis zur Verladung der Ware auf das Schiff im Warenpreis eingeschlossen sind.

Fonds
Ein F. ist ein durch Anordnung des Gründers nicht auf Dauer gewidmetes Vermögen mit Rechtspersönlichkeit, das der Erfüllung gemeinnütziger oder mildtätiger Zwecke dient.

Footsie
brit. Börsenjargon. Gemeint ist damit der FT-SE-Index, der Financial-Times-Stock-Exchange-Index, der die bedeutendsten 100 britischen Aktien umfaßt.

Forderungssaldo
→ Nettogläubigerposition

Foreign Debt Management
Maßnahmen, welche die Höhe und die Zusammensetzung der Auslandsschuld eines Landes nach Gesichtspunkten des ⇒ currency-mix, debt-instrument-mix und Laufzeiten-mix beeinflussen. Dabei gelangen nach H. Speiser im einzelnen folgende Zielkriterien zur Anwendung:

- Kontinuierliche und genaue Beobachtungen der Finanzmärkte und dem möglichst frühzeitigen Erkennen von Entwicklungstendenzen
- die Minimierung der Zinslast durch bestmögliche Zusammensetzung des Debt-Portfolios nach Zinssätzen und Laufzeiten (mit den dazugehörigen Portfolio-Umschichtungsprozessen
- eine möglichst enge Koordinierung mit der Notenbank (Außenbereich: Minimierung allfälliger Belastungen am Devisenmarkt bzw., Zahlungsbilanz; Innenbereich: Verhinderung der Neutralisierung der Geld- bzw. Kreditpolitik, bzw. eines prozyklischen Verhaltens
- Rücksichtnahme auf das Investoreninteresse (Konditionenausstattung, Pflege des Sekundärmarktes etc.)

Forfaitierung
Ankauf von später fällig werdenden Forderungen aus Warenlieferungen oder Dienstleistungen – meist Exportgeschäften – unter Ausschluß des Rückgriffs auf vorherige Forderungseigentümer.

Format

1. In der Fernschreibtechnik: Festgelegte Anordnung der verschiedenen Teile einer Nachricht. Wesentliche Bestandteile:
   - Nachrichtenkopf
   - Text
   - Nachrichtenende-Signal.
2. EDV: Anweisung, in welcher Form eine Information gedruckt, gelesen oder in einen Speicher abgelegt bzw. aus ihm herausgelesen werden soll.

Formatierung
Die Informationen sind in konzentrischen Spuren („tracks“) angeordnet, die in Sektoren mit einer Speicherkapazität von 256 oder 512 Byte eingeteilt sind. Beim Formatieren wird ein Inhaltsverzeichnis („directory“) angelegt und es werden Sektorenmarkierungen angebracht. Es gibt zwei Arten der F.:

- hard-formatted: Genormte F. wird schon vom Hersteller angebracht.
- soft-formatted: F. neuer Disketten erfolgt durch ein F.-Programm

Formelflexibilität
Konzept eines Regelmechanismus, bei welchem im Fall des Überschreitens bestimmter Werte bestimmter Indikatoren ein stabilitätspolitisches Instrumentarium zum Einsatz kommen soll. Der Zusammenhang zwischen Indikatorveränderung und Maßnahmen wird im vorhinein festgelegt, sodaß im Anlaßfall eine u.U. lange „interne“ Verzögerung vermieden wird. Method. Schwierigkeiten bereitet v.a. die Auswahl geeigneter Konjunktur-Indikatoren.

Formula Flexibility
→ Formelflexibilität

FORTRAN
Abk. aus FORmula TRANslation.
Programmiersprache, die Mitte der fünf-

ziger Jahre von der Firma IBM für mathematisch-naturwissenschaftliche Probleme entwickelt wurde. Sie ist heute auf fast allen gängigen Rechnern verfügbar. Großes Angebot an Software vorhanden.

FOT
Abk. für free on truck
Warenpreis einschließlich Transportkosten bis zur Abfertigung mit Lastwagen.

Frachtbriefdoppel
Urkunde der Eisenbahn, daß die im Frachtbriefdoppel angeführte Ware zur Beförderung an den genannten Empfänger übernommen wurde.

Franchising
Vertraglich festgelegtes Kooperationssystem auf dem Gebiete der Vertriebsorganisation und -finanzierung, das namentlich im Detailhandel, Gastgewerbe und in der Industrie vorkommt. Der F.-geber übernimmt gewisse Leitfunktionen, Betriebs- und Investitionskosten, während der F.-nehmer im Rahmen der eingegangenen Verpflichtungen auf eigene Rechnung arbeitet.

Franko
Frei von ..., z.B. Gebühren, Transportkosten o.ä.

Frauenrabatt
Die Lebenserwartung der Frau nimmt mit dem 40. Lebensjahr gegenüber der des Mannes zu, daher wird ab einem bestimmten Alter ein Rabatt gewährt (z.B. ab 50 Jahre 2,4‰ der Versicherungssumme).

Free-Rider-Position
→ Trittbrettfahrer-Haltung

Freier Kurs
Aus dem freien Spiel von Angebot und Nachfrage sich ergebender Wechselkurs. Gegensatz: Offizieller Kurs.

Freies Darlehen
Ein außerhalb des öffentlichen Kapitalmarktes aufgenommenes Darlehen.

Freie Schilling
Guthaben von Devisenausländern in österreichischen Schilling.

Freihändiger Rückkauf
Der Tilgungsplan vieler Anleihen sieht vor, daß der Emittent auch durch Käufe über die Börse seinen Rückzahlungsverpflichtungen nachkommen kann. Eine Verlosung erfolgt nur dann, wenn die erforderliche Tilgungsquote nicht durch Rückkäufe gedeckt werden konnte. Rücklösung über die Börse ist für die Anleiheschuldner nur bei einem für ihn günstigen Kurs interessant. Diese Transaktionen bilden einerseits eine Art Kurspflege, andererseits werden dadurch die Tilgungschancen vernichtet.

Freiverkehr
Außerbörslicher Handel in Wertpapieren. Handel in nicht kotierten (nicht zur amtlichen Notierung zugelassenen) Wertpapieren.

Fremdfinanzierung
Finanzierung der Investitionsausgaben durch Kreditaufnahme am Geldmarkt.

Fremdkapitalintensität langfristig in Prozent

$$\frac{\text{Langfristiges Fremdkapital} \times 100}{\text{Bilanzsumme}}$$

Die l.F. zeigt, zu welchem Grad das Vermögen langfristig fremdfinanziert ist. Das Anlagevermögen sollte durch Eigenmittel und langfristig zur Verfügung stehenden Fremdmittel finanziert werden.

Fremdwährungsfinanzierungen
Fremdwährungskredite zur Finanzierung von Warenimporten bzw. Vorfinanzierung von Auslandsforderungen für bereits exportiere Waren.

Fringe Benefits
Zusätzliche Leistungen des Arbeitgebers neben dem Lohn bzw. Gehalt zur Motivierung von Arbeitnehmern. Dazu gehören z.B. Dienstwohnungen (in Villen), als Geschäftsreisen getarnte Urlaube, spezielle Pensionsvereinbarungen, Dienstau-

tos, die auch privat genutzt werden können. Manchmal unterliegen F.B. der Besteuerung.

Fristentransformation
Prinzip nach dem von Banken kurzfristig hereingenommene Gelder als langfristige Darlehen vergeben werden.

Fundamentale Analyse
Versucht die Aktienkurse anhand der zeitlichen Entwicklung gesamtwirtschaftlicher Branchenkennzahlen und interner betriebsindividueller Größen zu prognostizieren. Ziel: Ermittlung eines inneren Wertes, der mit dem Börsenkurs verglichen wird. Ist der Börsenkurs kleiner als der innere Wert, sollte man kaufen, ist er größer, sollte man verkaufen.

Fungibilität
Vertretbarkeit von Waren oder Wertpapieren durch andere Stücke der gleichen Art.

Fusion
Wirtschaftlicher und rechtlicher Zusammenschluß zweier bisher selbständiger Unternehmen.

Futures/Futures Contract
→ Termingeschäft

Futures Kontrakt
F.K. ist die Verpflichtung eines Käufers oder Verkäufers, zu einem bestimmten Termin eine festgesetzte Quantität einer qualitativ definierten Ware zu kaufen bzw. zu verkaufen. So ist es z.B. bei Zinssatz-Futures-Kontrakten möglich, bei einem Finanzierungsbedarf, der erst in einigen Monaten anfällt, bereits im vornhinein den Zinssatz zu fixieren.

G
Begriff aus der Börsensprache.
Abk. für „Geld“. In diesem Fall bestand nach einem bestimmten Wertpapier zwar eine Nachfrage, es kam jedoch zu keinen Umsätzen.

Ganzsache
Poststück (oder Postformular) mit eingedrucktem Postwertzeichen. Man unterscheidet zwischen amtlichen G. und privaten G.

GATT
Abk. für General Agreement on Tariffs and Trade.
Allgemeines Zoll- und Handelsabkommen. 1947 von 23 Staaten zur Förderung des internationalen Handels unterzeichnet.

Gatter
Als G. werden Schaltungen bezeichnet, die aus der geringstmöglichen Anzahl von Transistoren bestehen, bei der sie eine logische Grundfunktion, d.h. eine logische Verknüpfung zweier digitaler Eingangsgrößen, leisten können. Die logischen Grundfunktionen (G.-funktionen) und ihre Anwendungen sind in der Booleschen Algebra beschrieben (z.B. and-G., or-G.).

GAU
Abk. für Größte Anzunehmende Unfallgefahr
Risiko, das beim Betrieb von Atomkraftwerken auftreten kann.

Gauss'sche Verteilung
Sehr gebräuchliche Wahrscheinlichkeitsverteilung.

Gebühren
Benutzungsgebühren für die Inanspruchnahme von Leistungen
Kostenprinzip: Festlegung der Gebühr nach
- der Preiselastizität der Nachfrage und
- den zu deckenden Gesamtkosten.

Verteilungspolitische Nachteile können durch sozial gestaffelte Gebühren verhindert werden (z.B. Mautgebühren, Müllabfuhr)
Verwaltungsgebühren: Gegenleistung für eine überwiegend im Interesse des Ge-

bührenpflichtigen liegenden Verwaltungshandlung (z.B. Stempelmarken)

Gebührenprinzip
→ Äquivalenzprinzip

Gefangenendilemma
Problem der Divergenz zwischen individueller und kollektiver Rationalität. Es wird das individuell rationale Verhalten von zwei Entscheidungsträgern untersucht, deren Entscheidung jeweils nicht nur isolierte Auswirkungen auf sie selbst haben (interne Effekte), sondern auch den jeweils anderen tangieren (externe Effekte).
Das G. wird herangezogen, um die Nachfrage nach öffentlichen Gütern und das Problem des „strategischen Wählens" zu verdeutlichen.
Wird der individuelle Finanzierungsbeitrag abhängig gemacht von der individuellen Bedürfnisintensität, dann besteht bei öffentlichen Gütern ein großer Anreiz, die eigentlichen „wahren" Präferenzen zu verschleiern: der rational handelnde Wähler nimmt eine → „Trittbrettfahrer"-Haltung ein, indem er seinen Kostenbeitrag durch eine Unterschätzung seiner Präferenzen bewußt geringer ansetzt.

Gegenakkreditiv
Der Akkreditivbegünstigte kann mit Zustimmung der Zahlstelle das Akkreditiv als Deckung für ein G. verwenden. Die Bedingungen für das G. müssen absolut sicherstellen, daß bei Inanspruchnahme die eingereichten Dokumente zusammen mit bereits vor Erstellung des G. erlegten Papieren zur Ausnützung des Erstakkreditiv berechtigen.

Gekreuzter Scheck (A)
Durch zwei gleichlaufende schräge Striche auf der Vorderseite gekennzeichneter Scheck, in Österreich wie ein Verrechnungsscheck behandelt.

Geld
Kann begrifflich nach seinem „Wesen" nicht eindeutig definiert werden. Häufig wird Geld nach seinen Funktionen definiert (money is what money does): Demgemäß ist Geld ein Gut, welches als allgemeines Tauschmittel, als Schuldentilgungsmittel und als Wertaufbewahrungsmittel generell anerkannt ist. Diese Funktionen werden aber nicht nur von den im Umlauf befindlichen gesetzlichen Zahlungsmitteln erfüllt, sondern auch von den Sichteinlagen (Buchgeld) der Nichtbanken im Bankensektor (sog. Geldmenge M1). Aber auch Termineinlagen oder Spareinlagen können obige Geldfunktionen erfüllen. Je nach theoretischem oder empirischem Interesse wird daher die Gelddefinition entsprechend weiter gefaßt werden. Je weiter Geld definiert wird, desto geringer wird der Liquiditätsgrad der zusätzlich einbezogenen Forderungen; unter Liquiditätsgrad ist die „Geldnähe" einer Forderung zu verstehen, d.h. dieser ist abhängig davon, wie schnell und zu welchen Kosten es gelingt, eine Forderung in Bargeld umzuwandeln.

Geldbasis
→ Zentralbankgeldmenge

Geldformen
Bargeld: Münzen und Banknoten
Buchgeld: Forderungen gegen ein Kreditinstitut (auch Schecks, Überweisungen usw.)
Valuten: Ausländische Münzen und Banknoten
Devisen: Forderungen eines Inländers gegen ein ausländisches Kreditinstitut (auch Reiseschecks, Fremdwährungsschecks, Devisenüberweisungen).

Geldkapitallücke
Kreditgewährung an inländische Nichtbanken abzüglich Primärmittelaufkommen.

Geldkurs
Kurs, zu dem Devisen, Banknoten, Münzen zum niedrigsten Kurs angekauft werden.
Gegensatz: Briefkurs

Geldmarkt
Markt der kurzfristigen Finanzierungsmittel. Neben den nationalen Geldmärkten (v.a. USA und England) hat sich im Laufe der letzten Jahre auch ein leistungsfähiger internationaler Geldmarkt (Eurogeldmarkt) entwickelt.

Geldmarktpapiere (CH)
Wertpapiere mit kurzer Laufzeit. Die klassischen G. in der Schweiz sind die inländischen Wechsel (Schweizerwechsel), die Schatzwechsel und Schatzanweisungen des Bundes sowie die Bundesreskriptionen. Besonders wichtig für kurzfristige Anlagen im Ausland sind die in der Regel 3 bis 6 Monate laufenden amerikanischen G. (Treasury Bills, Bankers' Acceptances, Commercial Papers, Finance Papers).

Geldmarktpapiere
Geldeinlagen mit einer kurzen Laufzeit (im allgemeinen bis einschließlich ein Jahr).

Geldmenge
Die Abgrenzung der einzelnen G.-aggregate ist in den einzelnen Ländern sehr unterschiedlich. Bedingt ist dies durch die unterschiedliche Struktur des Bankensystems, der Geldmärkte und der bank- und geldrelevanten Gesetze in den einzelnen Ländern.
Die G. M1 (Geldvolumen) umfaßt den Bargeldumlauf ohne die Kassenbestände des Bankensektors, die Sichteinlagen inländischer Nichtbanken bei den Geschäftsbanken sowie bestimmte Notenbankeinlagen öffentlicher und privater Stellen (in Österreich).
Die G. M2 beinhaltet die G. M1 zuzüglich der Termineinlagen (in der BRD mit einer Befristung bis unter 4 Jahren).
Die G. M3 schließlich besteht aus der G. M2 zuzüglich der Spareinlagen mit gesetzlicher Kündigungsfrist bzw. der nichtgeförderten Spareinlagen.
Die G. M4 wird von der Österreichischen Nationalbank verwendet und setzt sich zusammen aus M1 zuzüglich nichtgeförderte Spareinlagen sowie die erweitere Geldbasis, die um den Effekt von Mindestreservesatzänderungen bereinigte Zentralbankgeldmenge.

Geldmengenpolitik
Die vorrangige Orientierung der Währungspolitik an der Geldmenge, deren zu schnelle Vergrößerung nach „klassicher" und monetaristischer Auffassung ist nicht bloß eine Rahmenbedingung, sondern die Haupt- oder sogar Alleinursache des Preisauftriebes dann, wenn die Notenbank einen konkreten Prozentsatz verkündet, um den die Geldmenge steigen darf (bzw. in der Flaute steigen soll).

Geldmengenziel
Von vielen Notenbanken unter dem Einfluß des → Monetarismus öffentlich deklarierter oder stillschweigend angestrebter Prozentsatz, um den entweder der Zentralbankgeldumlauf oder irgendeine weiter definierte Geldmenge binnen eines Jahres steigen darf bzw. soll. Ermöglicht werden soll damit ein nichtinflationäres Wirtschaftswachstum. Nachteil: Es kann zu extrem starken Zinsausschlägen (Beispiel USA), aber auch (Beispiel Schweiz) zu realwirtschaftlich ungerechtfertigten Wechselkursänderungen kommen.

Geldpolitik
G. ist jener Teil der Wirtschaftspolitik, der makroökonomisch relevante Sachverhalte des güterwirtschaftlichen („realen") Sektors zu steuern versucht. G. ist Wirtschaftspolitik mit monetären Instrumenten. Seit einigen Jahren ist die G.- und Kreditpolitik der jeweiligen Zentralbank darauf ausgerichtet, ein bestimmtes Wachstum der Zentralbankgeldmenge zu realisieren. Diese Zentralbankgeldmenge ist der Indikator der geldpolitischen Strategie der jeweiligen Zentralbank, d.h. Veränderungen in der Wachstumsrate dieser Geldmenge sind das Hauptkriterium dafür, ob die G. der jeweiligen Zentralbank mehr oder weniger

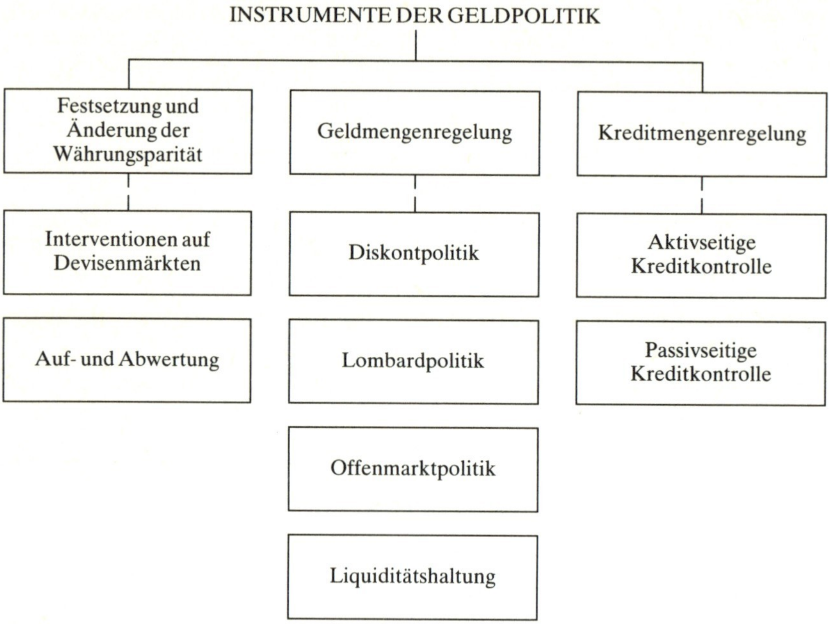

expansiv ist. Mit der Bekanntgabe ihres Geldmengenziels will die jeweilige Zentralbank also den Kurs ihrer G. deutlich machen.

Geldschöpfungsmultiplikator
Koeffizient, der im Rahmen der Kreditgewährung der Banken angibt, in welchem Ausmaß diese bei einem Einlagenzufluß ihr Kreditangebot höchstens ausweiten können. Die Höhe dieses Multiplikators hängt von den Mindestreserven ab, die seitens der Kreditunternehmen bei der Notenbank für Einlagen zu halten sind, sowie von den Zahlungsgewohnheiten der Bevölkerung. Je höher die Mindestreservesätze und/oder die Bargeldhaltung der Nichtbanken, umso kleiner ist der Multiplikator und umgekehrt.

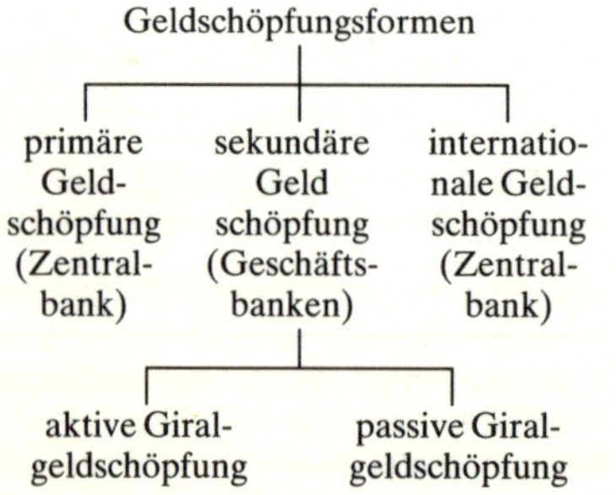

Geldvermögen
Forderungen abzüglich Verbindlichkeiten einer Wirtschaftseinheit zu einem bestimmten Zeitpunkt. Das G. einer Wirtschaftseinheit kann positiv, null oder negativ sein, je nachdem ob die Forderungen größer sind als die Verbindlichkeiten, ihnen gleich oder kleiner sind. Das G. einer geschlossenen Volkswirtschaft ebenso wie das G. der ganzen Welt ist notwendigerweise null, da sich Forderungen und Verbindlichkeiten gegenseitig aufheben.

In der Volksvermögensrechnung ist das G. identisch mit der Nettoauslandsposition.
Andere Bezeichnung für G.: Nettoposition

Geldwertstabilität
Eines der Hauptziele der Wirtschaftspolitik besteht in der Stabilisierung des internen Geldwertes. Dieses Ziel ist bei geringer Inflationsrate (zB. 2% jährlich) noch erfüllt. Die Begründung dieses Zieles ergibt sich aus den Verteilungseffekten der Inflation (Verteilung zu Lasten derjenigen Gruppen, deren Marktmacht nicht ausreicht, ihre Einkommensforderungen ständig der Inflationsrate anzupassen; überdies Verteilung zugunsten der Schuldner und zu Lasten der Gläubiger); neben den Verteilungseffekten führen die ungünstigen Allokationseffekte zur Begründung einer Antiinflationspolitik: Bei ständigen Preissteigerungen und entsprechenden Inflationserwartungen verliert der Preis seine Informationsfunktion bezüglich Knappheitsrelationen.

Geliefert Grenze
G.G. bedeutet, daß der Verkäufer seine Verpflichtungen erfüllt hat, wenn er die Ware an der Grenze – allerdings vor der „Zollgrenze" des im Kaufvertrag vereinbarten Landes – zur Verfügung stellt.

Geliefert Verzollt
Während die Klausel ⇒ Ab Werk die Mindestverpflichtung des Verkäufers enthält, bedeutet G.V., wenn der benannte Ort das Grundstück des Käufers ist, das andere Extrem – die Maximalverpflichtung des Verkäufers. Die Klausel G.V. kann unabhängig von der Transportart benutzt werden. Falls die Parteien wünschen, daß der Verkäufer die Ware für den Import abfertigen muß, aber daß einige Importkosten ausgeschlossen werden sollen – wie z.B. Mehrwertsteuer oder ähnliche Steuern – sollte dies durch einen Zusatz deutlich gemacht werden (d.h. ausschließlich Mehrwertsteuer und/oder Steuern).

Gemeinschaftliche Bundesabgaben
Steuern, die zwar bundesgesetzlich beschlossen und vom Bund eingehoben, aber nach einem bestimmten in den sogenannten Finanzausgleichsverhandlungen festgelegtem Schlüssel zwischen Bund, Ländern, und/oder Gemeinden aufgeteilt werden.

Genossenschaften
Genossenschaften sind Vereine von nicht geschlossener Mitgliederzahl. Sie dienen im wesentlichen der Förderung des Erwerbs oder der Wirtschaft ihrer Mitglieder.
Beteiligung: Die Mitglieder sind mit „Geschäfsanteilen" beteiligt. Es können laufend neue Mitglieder einen Geschäftsanteil einbringen bzw. Mitglieder kündigen und ihren Geschäftsanteil ausbezahlt erhalten.
Haftung: Nach dem Haftumfang unterscheidet man:

- Genossenschaften mit beschränkter Haftung: Die Mitglieder haften mit ihrer Einlage und darüber hinaus mit einem Betrag, der in der Satzung bestimmt wird.
- Genossenschaften mit Geschäftsanteilhaftung: Die Mitglieder haften nur mit ihrem Geschäftsanteil (nur für Konsumvereine).

Geschäftsführung: Durch den Vorstand
Organe: Generalversammlung (Versammlung der Mitglieder) wählt

- Aufsichtsrat (Kontrollorgan)
- Vorstand (Geschäftsführung)

Genußscheine
(Meist nennwertlose) Wertpapiere, die ein „Genußrecht" verbriefen. Das Genußrecht besteht in Ansprüchen auf den Reingewinn sowie auf den Liquidationserlös einer Aktiengesellschaft, gelegentlich auch auf Bezugsrechte für neue Aktien. Genußrechte kommen unter anderem bei Sanierungen vor, bei denen sie Besserungsscheine darstellen (die also im Fall einer Besserung der Vermögenslage des Schuldners gewisse Ansprüche und

Entschädigungen für frühere Verluste gewähren).

Gesamtgefüge, wirtschaftliches
Der Begriff stammt von Wolfgang Stützel. Es ist dies eine Summe von Größenbeziehungen zwischen Wirtschaftssubjekten die so beschaffen ist, daß jeweils drei Arten von Aussagen formuliert werden können:

- Partialsätze über direkte Größenbeziehungen, d.h. darüber, wie sich eine Größe y auf eine Veränderung der Größe x hin gegenüber dem Zustand verändert, der bestünde, wenn x nicht verändert worden wäre.
- Sätze über die Mechanik der effektiven Größenveränderungen (Vorsprungs- und Nachhinkeffekte).
- Globalsätze über direkte Größenbeziehungen.

Gesamtkapital-Rentabilität in Prozent
Zeigt die Verzinsung des bilanziellen Gesamtkapitals, unabhängig davon, wie hoch der Anteil der Fremdmittel in der Finanzierung ist.

$$\frac{\text{Betriebsergebnis + Zinsaufwand}}{\text{Bilanzsumme}}$$

Geschäftsfähigkeit
Ist die Fähigkeit, sich selbst durch eigenes rechtsgeschäftliches Handeln zu berechtigen oder zu verpflichten.

Geschlossene Benutzergruppe
Der Informationsabruf ist hier bei → Bildschirmtext auf einen bestimmten vom Informationsanbieter festgelegten Teilnehmerkreis beschränkt. Der Hinweis „nur für Mitglieder" auf dem Bildschirm zeigt an, daß ein Anbieter sein Programm nicht der Allgemeinheit, sondern nur bestimmten, also geschlossenen Benutzergruppen zur Verfügung stellt. Die BTX-Nutzung kann also auf eine beliebig definierbare Teilnehmergruppe beschränkt werden.

Geschützter Sektor
Jener Sektor einer Volkswirtschaft, der in keinem Wettbewerbsverhältnis zum Ausland steht. Es ist dieser insbesondere die staatliche Verwaltung.
Gegensatz: exponierter Sektor.

Gesellschaft mit beschränkter Haftung

- Leitungsbefugnis: Geschäftsführung entweder in Händen der Gesellschafter oder in Händen angestellter Personen.
- Haftung: Haftung der Gesellschafter auf ihre Kapitaleinlage beschränkt. GesmbH haftet selbst als juristische Person für die Schulden (Stammkapital wird mit herangezogen).
- Gewinn: Der ausgeschüttete Gewinn wird im allgemeinen nach Kapitalbeteiligung auf die Kapitaleigner (Gesellschafter) aufgeteilt.
- Finanzierung: Gesellschafter beteiligen sich an der Unternehmung durch ihre Stammeinlagen auf das Stammkapital (Stammeinlagen- und Stammkapitalhöhe im Gesellschaftsvertrag festgelegt. Mindesthöhe durch Gesetz geregelt). Eigenkapital kann durch Aufnahme neuer Gesellschafter oder durch Erhöhung der Stammanteile vergrößert werden. Der Fremdkapitalbeschaffung sind durch die Haftungsbeschränkungen der Gesellschafter Grenzen gesetzt.
- Steuern: Vermögenssteuer. Da auch die Kapitalanteile der Gesellschafter der Vermögensteuer unterliegen, kommt es zu einer zweifachen Besteuerung des Vermögens. Ebenso unterliegt der Gewinn einer zweifachen Besteuerung (Körperschaftsteuer und Einkommensteuer)

Gesellschaft mit beschränkter Haftung & Co. KG
Gesellschaftsform, bei der eine Personengesellschaft mit einer Kapitalgesellschaft unter gemeinsamer Firma auftritt. Es handelt sich dabei um eine Konstruktion, bei der eine Gesellschaft mit beschränkter Haftung der Komplementär einer Kommanditgesellschaft ist. Der äußere Mantel der Gesellschaft ist die Kommanditgesellschaft. Der Vorteil liegt in der beschränkten Haftung aller Gesellschafter; außer-

dem können die steuerlichen Vorteile genutzt werden, die eine Personengesellschaft gegenüber einer Kapitalgesellschaft besitzt.

Gesellschaftsdarlehen
Darlehen, das ein an einem Unternehmen Beteiligter (z.B. ein Kommanditist) diesem gewährt. Wird oft im Rahmen einer Unternehmensbeteiligung parallel zu einer atypisch stillen oder einer Kommanditeinlage gewährt.
Vorteil: Verzinsung, Rückzahlungsanspruch, Gläubigerstellung, keine Kapitalverkehrssteuer.

Gesetz
Ein wissenschaftliches Gesetz ist eine bewährte Hypothese über eine konstante Beziehung zwischen zwei oder mehr Variablen. Gesetze im sozialwissenschaftlichen Sinn unterscheiden sich von Gesetzen im naturwissenschaftlichen Sinn durch den Grad ihrer Eintrittswahrscheinlichkeit. Naturgesetze sind in der Lage, strikte „wenn-dann"-Hypothesen zu formulieren (z.B. Fallgesetz); sozialwissenschaftliche Gesetzmäßigkeiten können lediglich Zusammenhänge i.S. von „wenn A, dann B" mit einer bestimmten Wahrscheinlichkeit (stochastische Gesetze) behaupten. Die Verwendung des Begriffs „Gesetzmäßigkeit" in der Sozialwissenschaft täuscht damit ein sicheres Wissen vor, das in diesem Grad nicht gegeben ist; bestenfalls handelt es sich um vorläufig besonders gut bewährte und begründete Hypothesen und nicht um notwendig gültige Regelmäßigkeiten.

Ges.m.B.H. & Co KG
Bei dieser Kommanditgesellschaft gibt es die teilhaftenden Kommanditisten. Sie haften nur mit ihrer Einlage für die Verbindlichkeiten der Gesellschaft. Ausnahmen sind durch Gesellschaftsvertrag oder Haftungserklärung möglich. Der vollhaftende Komplementär ist bei dieser Konstruktion jedoch keine physische Person, sondern eine GesmbH. Diese haftet zwar mit ihrem gesamten Vermögen, doch besteht für die Gesellschafter der GesmbH selbst nur eine Haftung bis zur Höhe der GesmbH-Einlage, so daß im Insolvenzfall das Privatvermögen dieser Gesellschafter nicht zum Decken der Verbindlichkeiten herangezogen werden kann.

Gespaltener Körperschaftssteuersatz (A)
Das KStG (Körperschaftssteuergesetz) gewährt eine Begünstigung für ausgeschüttete Gewinnanteile, um eine Verbesserung der Rentabilität des in Kapitalgesellschaften angelegten Vermögens zu ermöglichen. Die Rentabilität der Gesellschaftseinlagen bei Kapitalgesellschaften wird insbesondere durch den hohen Körperschaftssteuersatz beeinträchtigt. Bei den Kapitalgesellschaften beträgt die Körperschaftssteuer meist rund 50%, so daß bei ihnen die Ausschüttungen mit rund 100% steuerlich belastet sind. Gemäß § 22 KStG ermäßigt sich die Körperschaftssteuer auf die Hälfte, soweit unbeschränkt steuerpflichtige Kapitalgesellschaften offene Ausschüttungen auf Grund eines den handelsrechtlichen Vorschriften entsprechenden Gewinnverteilungsbeschlusses vornehmen.

Gespannte Mitte
Kursspanne (= Abstand zwischen Geld- und Briefkurs) dividiert durch vier. Auch Viertelspanne genannt. Es handelt sich dabei um Sonderkonditionen für bestimmte Bankkunden (Briefkurs minus Viertelspanne oder Geldkurs plus Viertelspanne).

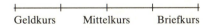

Geldkurs Mittelkurs Briefkurs

Gewinn
In der Kostenrechnung der Überschuß des erzielten Erlöses (Bruttoertrages) über sämtliche aufgewendete Kosten (einschließlich der → Abschreibungen), steuerrechtlich in der Bilanz ausgewiesene Zuwachs an Betriebsvermögen zuzüglich der Entnahmen und abzüglich etwaiger Einlagen (nur bei Kleinstbetrieben die

Differenz zwischen Betriebseinnahmen und Betriebsausgaben; daher „Einnahmen-Ausgaben-Rechner"). Damit, daß das (Einkommen-)Steuerrecht primär auf den Vermögensvergleich – Betriebsvermögen am Ende des Geschäftsjahres verglichen mit dem Betriebsvermögen am Anfang des Geschäftsjahres – abstellt, trägt es der Tatsache Rechnung, daß in der Regel der G. nicht zur Gänze entnommen, sondern zu einem guten Teil im Unternehmen belassen, also reinvestiert, wird.

Gewinn- und Verlustrechnung
Ist eine Erfolgsrechnung. Sie gibt Auskunft über Art, Höhe und Quellen der Komponenten Aufwand und Ertrag. Sie ist Teil des Jahresabschlusses.

Gewinn- und Verlustrechnung
Erfolgsrechnung durch Gegenüberstellung der Erträge und Aufwendungen.

Gewinnbeteiligung
Der Versicherer widmet bei Lebensversicherungen alljährlich mindestens 90% seines Überschusses in Form der Gewinnbeteiligung den Versicherungsnehmern. Da der zukünftige Gewinn nicht genau vorausgesehen werden kann, sondern geschätzt werden muß, sind alle Angaben über Gewinnbeteiligungen unverbindlich.

Gewinnmaximierung
Das Ziel, in jeder Wirtschaftsperiode einen höchstmöglichen Gewinn zu erzielen und zwar bei gleichbleibendem Einsatz von Eigenkapital und gleichbleibender Kapazität eines Unternehmens. G. soll durch das höchstmögliche Produkt aus Preis mal Menge am Markt erzielt werden.

Gewinnmitnahme
Sicherstellung eines Börsengewinns, entweder durch Verkauf des Wertpapiers zu einem über dem Einstandspreis liegenden Kurs oder – bei einem Leerverkauf – durch Rückkauf des Wertpapiers zu einem unter dem Verkaufspreis liegenden Kurs.

Gewinnschwelle
Jener Punkt, wo der Gewinn des Unternehmens Null ist, sich also das Unternehmen gerade beim Übergang von der Verlustzone in die Gewinnzone befindet.

Gewinnverteilung
Verteilung des Reingewinns eines Unternehmens; z.B.: Zuführungen zu den Rücklagen
Zurverfügungstellen eines anderen Teiles für Ausschüttung an die Aktionäre usw.

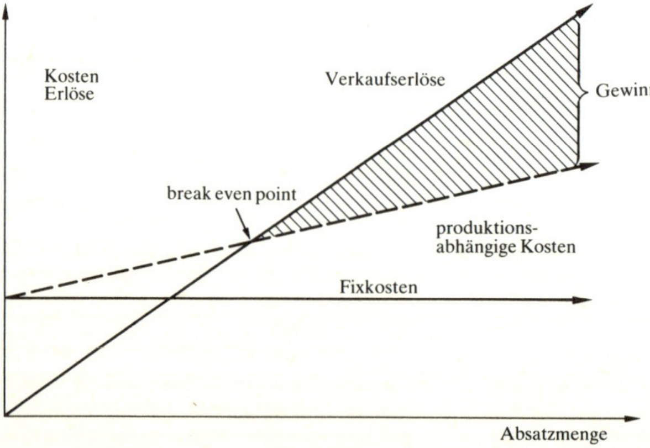

Gewinnvortrag
Teil des Bilanzgewinnes (Eigenkapital), der nicht den Rücklagen zugeführt, nicht ausgeschüttet oder anderweitig verwendet wird.

Giffen-Paradoxon
Eine Preiserhöhung für ein Konsumgut veranlaßt einen Haushalt, die nachgefragte Menge zu erhöhen; Das G.-P. bedeutet, daß der → Einkommenseffekt den Substitutionseffekt bei einem ⇒ inferioren Gut überkompensiert und daher das Nachfragegesetz nicht gilt.

Giga-Byte
= 1 Mrd. Zeichen

Gini-Koefizient
Konzentrationsmaß das – so wie die ⇒ Lorenz-Kurve – darüber Auskunft gibt, wie bestimmte Merkmale von zwei Variablen verteilt sind. Der G. wird berechnet, indem die Fläche zwischen der Lorenz-Kurve und der 45°-Achse dividiert wird durch die Fläche oberhalb der 45°-Achse.

Girokonto
Konto, das der Abwicklung des Zahlungsverkehrs dient, über das mittels Girozahlung, Überweisung, Scheck etc. verfügt werden kann.

Girozentrale und Bank der österreichischen Sparkassen Ⓐ
die G. ist eine Aktiengesellschaft. Das Grundkapital ist ausschließlich im Besitz der Sparkassen.
Das Spitzeninstitut des Sektors und gleichzeitig das zweitgrößte österreichische Geldinstitut.
Die Agenden als zentrales Geldinstitut der österreichischen Sparkassen sind:
- Verwalten und Anlegen der flüssigen Mittel der Sparkassen
- Durchführen der bankmäßigen Geschäfte der Sparkassen
- Verrechnungsstelle im Geldverkehr der Sparkassen
- Gewähren von Krediten an die Sparkassen
- Ausgeben von Sparkassenanleihen usw.

Glasfaserkabel
Im Gegensatz zur klassischen, drahtgebundenen Nachrichtenübertragung, bei der elektrische Impulse über einer Kupferleitung transportiert wurden, werden in G. elektronische Blitze aus Laser-Gebern transportiert. Der Transport dieser Blitze erfolgt mit Lichtgeschwindigkeit unter Ausnutzung von Reflexionsbedingungen.

Glattstellen
Wenn Marktteilnehmer aus beliebigem Anlaß Transaktionen abschließen, indem sie Long-Positionen verkaufen und Short-Positionen zurückkaufen bzw. gekaufte Optionen verkaufen oder geschriebene Optionen zurückkaufen.

GLAZ
Abk. für „Gleitende Arbeitszeit". G. sind alle Formen der Arbeitszeit-Organisation, in denen einer festen Mindestarbeitszeit Gleitspannen vor- und nach- bzw. dazwischengelagert sind, innerhalb derer Arbeitnehmer im Rahmen der gegebenen Gleitzeitvereinbarungen ihre Arbeitszeit selbst festlegen können.

Gleichgewicht
Der Begriff „Gleichgewicht" ist eine sehr häufige Leitvorstellung wissenschaftlicher Untersuchungen. Aber gerade diese häufige Verwendung des Begriffes, sowohl in anderen Wissenschaften als auch innerhalb der Nationalökonomie, macht ihn gleichzeitig auch zu einem vieldeutigen Begriff.
Der Begriff „Gleichgewicht" stammt aus der Physik und kann dort als Systemzustand interpretiert werden, imdem keinerlei Kräfte so wirksam sind, daß sie eine Veränderung bewirken könnten. Überträgt man diese Vorstellung auf wirtschaftliche Zusammenhänge, so könnte man unter einem Gleichgewicht jenen Systemzustand verstehen, in dem sich die Pläne mit den tatsächlichen Wirkungen

voll decken. Es ist dies aber ein relativ unwahrscheinlicher Zustand. In der Regel wird es eher so sein, daß die Wirtschaftspläne abweichen von den tatsächlichen Wirkungen und daher eine neue Planung notwendig ist.

Gleichgewichtsbegriff	Zahl der Wirtschaftssubjekte
Dispositionsgleichgewicht	ein
Marktgleichgewicht	zwei oder mehrere
Kreislauf- und/ oder Expansionsgleichgewicht	alle

Gleichgewichtspreis

Der Preis für ein Gut oder eine Leistung, der für einen Ausgleich von Angebot und Nachfrage sorgt. Bei diesem Preis haben die Anbieter und Nachfrager – soweit sich die Marktdaten nicht verändern – keine Veranlassuöng, ihr Marktverhalten zu ändern.

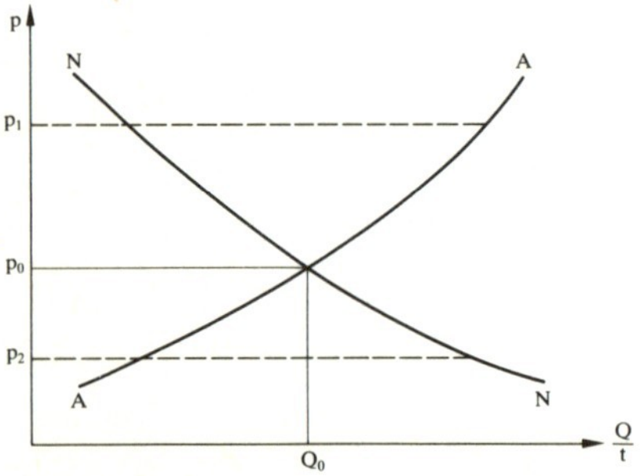

p = Preis
$\frac{Q}{t}$ = nachgefragte Menge pro Zeiteinheit
A = Angebotskurve
N = Nachfragekurve
p_0 = Gleichgewichtspreis

Gleichgewicht, statisches

Zustand eines Modells oder einer Theorie, in welchem alle Wirtschaftssubjekte ihre ökonomischen Pläne realisieren konnten; da keine Enttäuschungen, Frustrationen im Ausmaß nicht realisierter Pläne entstanden sind, bestehen auch keine Anreize zu Verhaltensrevisionen für die nächste Wirtschaftsperiode.

Globalsteuerung

Jene stabilitätspolitische Strategie, die sich – zu Recht oder zu Unrecht – auf den englischen Nationalökonomen John M. Keynes (theoretisches Hauptwerk erschien 1936) beruft; Inflation bzw. Arbeitslosigkeit werden auf gesamtwirtschaftliche Über- bzw. Unternachfrage zurückgeführt; durch eine wirtschaftspolitische Einflußnahme auf die „globalen“ Aggregate der inländischen Gesamtnachfrage (privater Konsum, private Investition, staatliche Nachfrage), primär durch Instrumente der Finanzpolitik unterstützt durch flankierende Geldpolitik, soll versucht werden, Inflation bzw. Arbeitslosigkeit zu beseitigen. Daher auch „fiscal policy“, „demand management“, „antizyklische Finanzpolitik“ oder „Keynesianismus“ bezeichnet.

Globalzession

Vereinbarung in Form eines Vorvertrages, daß der Kreditnehmer bestehende Forderungen und künftige Forderungen nach deren Existentwerden an den Kreditgeber abtritt. Die eigentliche Abtretung kommt erst durch das Angebot bestimmter Forderungen (Zessionsverzeichnis) und durch die Zessionsnahme zustande.

Zusätzlich ist zum wirksamen Übertragen von Buchforderungen neben dem Vertrag auch die Publizität der Abtretung (in Form eines Vermerkes über die erfolgte Abtretung der Forderung in der Buchhaltung des Kreditnehmers) erforderlich.

Andere Bez.: Rahmenzession

GO

Abk. für Governmental Organizations

Go-Go-Fund

Investmentfond, dessen Ziel überdurchschnittliches Wachstum durch aggressive

Anlagenpolitik, rasche Umschichtung des Portefeuilles ist.

Going Public
Wörtlich übersetzt: Der Gang an die Öffentlichkeit.
Gemeint ist jene Phase im Rahmen der Venture Capital-Finanzierung, in der ein Unternehmen sich über die Emission von Aktien an der Börse Finanzierungsmittel beschafft.

Gold (A)
G. im Sinne des Devisengesetzes gilt als Feing, legiertes G. (roh oder als Halbmaterial), ferner außer Kurs gesetzte oder nicht mehr umlauffähige G.münzen.
(Der G.-tausender hingegen ist ein Zahlungsmittel!)

Goldbonds
Neben den altbekannten an den Goldpreis gebundenen Anleihen entstandene neue Formen, wie Anleihen, deren Nennwert in Feinunzen Gold ausgedrückt wird.

Golddeckung (CH)
Deckung des Notenumlaufs eines Landes durch die offiziellen Goldreserven. Gemäß Art. 19 des Nationalbankgesetzes muß die G. in der Schweiz wenigstens 40% der im Umlauf befindlichen Banknoten betragen.

Goldene Bankregel
Grundsatz für die Liquiditätspolitik von Unternehmen und Geldinstituten, nach der die Fälligkeiten der ausgeliehenen Gelder jenen der ihr zur Verfügung gestellten Mittel entsprechen.

Goldparität
Definition des Außenwertes einer Währung aufgrund ihres gesetzlichen Feingoldgehaltes.

Goldparität
Unter Goldparität ist das sich aus dem Goldgehalt ergebende Wertverhältnis der Währungseinheiten zweier Länder zu verstehen. Bis zur Einführung flexibler Wechselkurse bestand bei den meisten Währungen nur eine fiktive, und zwar in Anlehnung an den amerikanischen Goldkaufpreis ausgerichtete Goldparität, nach der sich die Devisenkurse richteten.

Good Will
→ Firmenwert

Graphiktablett
Dient zur Eingabe präziser graphischer Daten (z.B. Punkte, Strecken etc.) oder zur Auswahl von Optionen bei Programmen mit Menüsteuerung. Oft mit Meßlupe und Fadenkreuz versehen.

Gratisaktie
Aktie, die aus einer Kapitalberichtigung entsteht. Der Begriff G. ist an sich irreführend, denn auch Rücklagen sind Teile des Eigenkapitals.

Grenzerlös
Erlösänderung bei Hinzutreten oder Wegfall einer Leistungseinheit.

Grenzertrag
→ Grenzproduktivität

Grenzkosten
die bei Vergrößern der Produktionsmenge für das Herstellen der letzten Produktionseinheit verursachten Mehrkosten.

Grenzkostenrechnung
Im Rahmen der G. werden nur variable Kosten erfaßt, wobei unterstellt wird, daß diese einen linearen Verlauf nehmen.
Vorteile der G.:

- Präzise Bestimmbarkeit der Preisuntergrenzen bei Verfall der Marktpreise bzw. bei nicht ausgenutzten Teilkapazitäten.
- Ermittlung des Beitrages, den bestimmte Leistungen oder Leistungsgruppen zur Abdeckung der zeitbezogenen Fixkosten bzw. zur Gewinnerzielung erbringen.
- Möglichkeit der Ermittlung von Opportunitätskosten.

Andere Bez.: Direct Costing

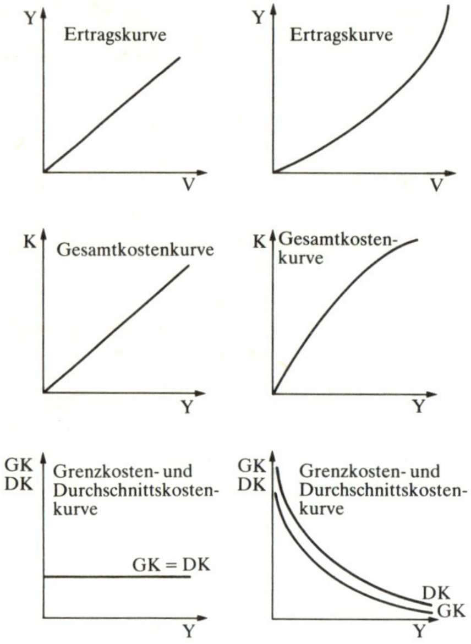

Grenzleistungsfähigkeit des Kapitals
Zusätzlicher Ertrag bei zusätzlichem Einsatz von Sachkapital im Unternehmen. Ist dieser größer als der Zinssatz am Geldmarkt, lohnt sich für den Unternehmer eine Investition liquider Mittel im eigenen Unternehmen, andernfalls unterbleibt die Investition; liquide Mittel werden zinsbringend auf dem Geld- oder Kapitalmarkt angelegt.

Grenznutzen
→ Grenzproduktivität

Grenznutzen
Nutzen des Konsums einer zusätzlichen Mengeneinheit eines Gutes.

Grenzproduktivität
Beitrag, den die jeweils letzte eingesetzte Einheit eines Produktionsfaktors (Arbeit, Kapital, Boden) zur Vergrößerung des Produkts (d.h. zur Wertschöpfung) leistet. Wenn es sinnvoll sein soll, die Produktion bis an diese Grenze zu steigern, muß der Grenzertrag zumindest so hoch sein wie die Grenzkosten (also z.B. die Lohn- und Lohnnebenkosten eines zusätzlich eingestellten Arbeiters). Andere Bezeichnung: Grenzertrag. In der Terminologie der Österreichischen Schule der Nationalökonomie: Grenznutzen)

Grenzsteuersatz
Der G. gibt das Verhältnis zwischen marginaler Veränderung der Steuerbemessungsgrundlage und dadurch ausgelöster marginaler Veränderung des Steuerbetrages an.

Grundbilanz
Teilbilanz der → Zahlungsbilanz.
Zusammenfassung der Leistungsbilanz und der Bilanz des langfristigen Kapitalverkehrs.

Grundbuch (A)
Das G. ist ein öffentliches Buch, in dem Grundstücke und Baurechte sowie die an ihnen bestehenden Rechtsverhältnisse verzeichnet sind. Es wird beim Bezirksgericht für alle jene Grundstücke geführt, die im betreffenden Gerichtssprengel liegen. Ausgenommen hiervon sind jedoch Liegenschaften, die Gegenstand des Bergbuches, des Eisenbahnbuches, der Landtafeln und der Großteil des öffentlichen Gutes (Straßengrund, öffentliche Gewässer). Das Bergbuch (für Bergeberechtigungen), das Eisenbahnbuch (für Eisenbahngrundstücke) und Landtafeln (für ehemalige adelige und kirchliche Güter) werden nur bei bestimmten Bezirksgerichten am Sitz eines Gerichtshofes erster Instanz geführt.

Grundbuchauszug
Vom zuständigen Grundbuchgericht ausgestellte Abschrift aus dem Grundbuch.

Grundgesamtheit
Menge aller möglichen Realisierungen einer ⇒ Zufallsvariablen.

Grundkapital
Nominelles Eigenkapital einer Aktiengesellschaft

Gruppenentscheidung
Entscheidung durch n Personen ($n > 2$) bei räumlicher und zeitlicher Zentralisation

Gut
Mittel zur Befriedigung menschlicher Bedürfnisse. Ökonomische Güter sind knapp; ihre Verwendung erzeugt Opportunitätskosten und zwingt zu Wahlentscheidungen.
Bei freien Gütern ist auch beim Preis von Null das Angebot größer als die Nachfrage; die Erhaltung ihrer Überflußmenge bei gleicher Qualität erfordert keine Kosten; es entsteht kein Zwang zur Wahl, da auch keine Opportunitätskosten entstehen. Freie Güter (z.B. gute Luft) können allerdings (durch zu große Umweltbelastung) zu ökonomischen Gütern werden, wenn ihre Qualitätserhaltung ökonomischer Kosten verursacht.
Substitutionsgüter – Komplementärgüter:Begriffe bezeichnen ein bestimmtes Nutzungsverhältnis, in dem Güter zueinander stehen können.
Substitutionsgüter = Nutzen des Gutes A kann durch Gut B ersetzt werden.
Komplementärgüter = Nutzen des Gutes A wird durch die gleichzeitige Nutzung des Gutes B erst erzeugt oder erhöht.

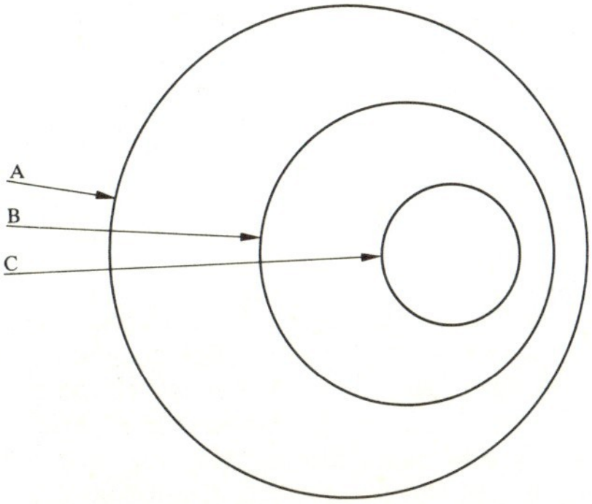

A = alle Güter
B = immaterielle Güter (Dienstleistungen und Informationsgüter)
C = Informationsgüter

Gütereffekt
Ausmaß, in dem durch die Vornahme von Investitionen Güter auf bestimmte Märkte gelangen.

GuV
→ Gewinn- und Verlustrechnung

Haavelmo-Hypothese
Werden Staatsausgaben (für Käufe von Gütern und Dienstleistungen) und Staatseinnahmen in gleichem Umfang erhöht, so können auch im Falle eines ausgeglichenen Budgets expansive Effekte auftreten, wenn der private Konsum durch die Steuererhöhung nicht im Ausmaß des Steuerzuwachses vermindert wird, sondern nur um einen der Konsumneigung entsprechend geringeren Teil, während die Staatsausgaben im Ausmaß der Steuererhöhung zunehmen. Von der Nachfrageseite her ergeben sich also expansive Nettoeffekte, da die zusätzlichen Staatsausgaben nicht zur Gänze durch verringerte Konsumausgaben kompensiert werden. Wichtige Voraussetzungen für die Gültigkeit der H. sind, daß die Ausgabenerhöhung im Laufe der Periode erfolgt, die zusätzlichen Steuereinnahmen aus dem bis zum Ende der Periode gestiegenen Volkseinkommen erhoben werden, die Ausgaben also den Einnahmen vorangehen.

Habenzinsen
Zinsvergütungen an Bankkunden für die von der Bank hereingenommenen Gelder (speziell für die im Kontokorrent dem Kunden gutgeschriebenen Zinsen). Bezeichnung bezieht sich auf die doppelte Buchhaltung, da die Fremdgelder auf der Haben-Seite verbucht sind. Gegensatz: Sollzinsen.

Habenzinsabkommen (A)
Früheres Abkommen der Geldinstitute und der österreichischen Postsparkasse über die Festsetzung von Höchstzinssätzen von hereingenommenen Geldern.

Halbduplexbetrieb
Betriebsweise, bei der Nachrichten in beiden Richtungen, jedoch nicht gleichzeitig übertragen werden.

Handelsbilanz
Teilbilanz der Zahlungsbilanz, in welcher der gesamte außenwirtschaftliche Warenverkehr einer Volkswirtschaft innerhalb einer bestimmten Periode erfaßt wird.

Handelsgesetzbuch
Rechtsvorschrift, die einen wesentlichen Teil des, vom Allgemeinen Bürgerlichen Recht abweichenden, Sonderrechts des Handels regelt.

Handelsrecht
Ein Sonderprivatrecht, das für jene Personen gilt, die in erster Linie Kaufleute sind.

Handelsregister (A)
Ein beim Handelsgericht Wien bzw. bei den Landes- oder Kreisgerichten geführtes Verzeichnis der in einem bestimmten Sprengel befindlichen Kaufleute und Handelsgesellschaften.

Handshaking-Betrieb
Um eine hohe Datenübertragungsgeschwindigkeit ausnützen zu können, haben viele externe Geräte (z.B. Drucker) einen Puffer, sodaß der Computer zwischendurch schneller senden kann als das Gerät nachkommt. Wenn der Puffer voll ist, sendet das externe Gerät ein Stopsignal an den Computer, soferne ein solcher H. vorgesehen ist. Ansonsten muß man mit einer niedrigeren ⇒ Baudrate arbeiten.

Hardcopy
Kopie (Ausdruck) des Bildschirminhaltes über Drucker.

Hard Disk
→ Festplatte

Hardware
Maschinentechnische Ausstattung eines Computers.

Harte Währung
Die Bezeichnung „harte" Währung deckt sich im allgemeinen mit dem Begriff einer frei konvertierbaren Währung. In zunehmendem Maß wird diese Bezeichnung jedoch damit in Zusammenhang gebracht, in welchem Ausmaß eine Währung über einen internationalen Trend hinausgehend inflationistischen Tendenzen unterworfen ist. H. W. sind jederzeit und überall tauschbar, Währungen der Länder des freien Wirtschaftsraumes (= Westeuropa, USA, Kanada und Japan).
Voraussetzungen:
- Liberaler Handel
- Keine oder nur geringe Devisenbewirtschaftung
- Staatserklärung
- Börsenhandel
- Anerkennung des Art VIII des Internationalen Währungsfonds.

Hartwährungspolitik
Wechselkurspolitik zur Bekämpfung der importierten Inflation

Hauptversammlung
Aktionärsversammlung.
Jährlich abzuhaltende Versammlung, in der der Vorstand einer Gesellschaft den Aktionären über die Geschäftsführung Rechenschaft ablegt und der Jahresabschluß genehmigt wird. Von der Versammlung wird außerdem die Gewinnverteilung festgestellt. Aus anderen Gründen einberufene Hauptversammlungen: außerordentliche Hauptversammlungen.

Hauptwirkungen
→ Primäreffekte

Haushalt
Die Haushaltstheorie befaßt sich mit Verbrauchsentscheidungen und der daraus entstehenden Nachfrage eines H. nach Gütern. Im Mittelpunkt steht die Beziehung zwischen Güternachfrage und Preis, d.h. die Ableitung einer individuellen Nachfragefunktion. Diese Fragestellung erfordert auch die Untersuchung des Zu-

sammenhangs von Güternachfrage und Einkommen.
Drei Arten von H.zielen sind zu unterscheiden:

- Einkommensziele
- Güterziele
- Liquiditätsziele

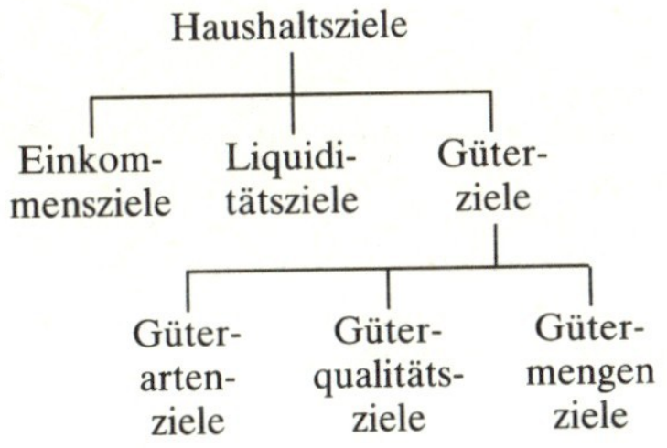

Haushaltsplan
Regelmäßig vorgenommene systematische Zusammenstellung aller für eine Haushaltsperiode (z.B. 1 Jahr) geschätzten Einnahmen und geplanten Ausgaben einer öffentlichen Körperschaft.

Hausse
(Bullen-Markt, bullen-market)
Periode stark ansteigender Kurse über einen längeren Zeitraum (entweder allgemein oder für ein bestimmtes Wertpapier oder eine bestimmte Wertpapier-Gruppe).
Gegensatz: Baisse

Haussier
(„die Bullen")
H.s spekulieren auf steigende Kurse.

Heckscher-Ohlin-Theorem
Führt Handelsströme auf die unterschiedliche Faktor-Ausstattung der verschiedenen Länder zurück. Aussage: Ein Land wird jenes Gut exportieren (importieren), bei dessen Produktion der relativ reichlich (knapp) vorhandene Faktor besonders intensiv genutzt wird. Ein kapitalintensives Land wird also kapitalintensive Güter exportieren und arbeitsintensive importieren und umgekehrt (Walter Penker).

Hedging
Maßnahmen zur Risikominimierung durch Auf- bzw. Abbau damit zusammenhängender Gegenpositionen.

HIP
Abk. für Higher Intermediate Point.
Höher tarifierter Ort zwischen Abflug und Ankunft. Z.B. Salzburg – Zürich – Kopenhagen; Zürich ist preislich höher als Salzburg, deshalb muß auf den Zürich-Preis angehoben werden.

HLL
Engl. Abk. für High level language
Höhere Computersprache

Hochkonjunktur
→ Konjunkturphasen

Hochrechnung
Statistische Schlußweise von einem Teil (z.B. Stichprobe) auf die zugehörige Gesamtheit unter Berücksichtigung der statistisch bedingten Unsicherheit.
Berechnung von Werten einer Funktion, die außerhalb der Grenzen liegen, zwischen denen Werte bekannt sind; wird bei der Vorhersage zukünftiger Werte auf der Basis von Vergangenheitsgrößen eingesetzt.

Höchstbetraghypothek
Äußerer Rahmen des möglichen Schuldstandes. Die tatsächlich aushaftende Forderung kann weiter darunter liegen oder eine Forderung im Augenblick nicht bestehen.

Höchstpfandrecht
Höchstpfandhypothek. Es wird ein Maximalbetrag, bis zu dem das Grundstück haften soll, in das Grundbuch eingetragen (Kreditkosten eingerechnet).

Höhere Protokolle
Im wesentlichen handelt es sich dabei um ein Programm, welches als „Dolmetscher" zwischen unterschiedlichen Systemelementen dient. Ein derartiges Programm muß auf einem entsprechen-

den Prozessor laufen. H.P. sind mittlerweile auch in gewissem Umfang standardisiert. Man unterscheidet mindestens verschiedene Schichten dieser Protokolle, die untereinander aufwärts-kompatibel sein müssen; während auf der untersten Ebene nur physikalische Signale übersetzt werden, können auf der höchsten Ebene auch Umwandlungen von Datenstrukturen und Prozeduren erfolgen.

Holdinggesellschaft
Mutter-, Dach- oder Beteiligungsgesellschaft.
Ein Unternehmen, das der Zusammenfassung der Kapitalinteressen an Erwerbungsunternehmen mit dem Ziele der dauernden Beherrschung und Kontrolle dient.

Home Banking
Seine Bankgeschäfte von zu Hause aus erledigen, das heißt Kontostandabfrage eventuell Kontoauszugsdruck, Überweisungen durchführen etc.
Voraussetzung:
- Verbindung mit Computer des Geldinstitutes
- eigenes Terminal (mit Drucker oder BTX-Anschluß)

Horizontaler Spread
Eine Optionsstrategie, bei der die Optionen gleiche Basispreise, aber unterschiedliche Verfalldaten haben.

Host
engl. „Wirt"
Zentraler-Computer für Time-sharing-Zugriff über dezentrale Endplatzgeräte.

Hotelling-Hypothese
Hotelling geht davon aus, daß bei einer Vielzahl von Zukunftsmärkten ein einmal eingeschlagener effizienter Pfad nicht verlassen wird, wenn sich alle Wirtschaftssubjekte unter Bedingungen vollkommener Konkurrenz profitmaximierend verhalten.

Huckepackverkehr
Transport von beladenen Lastkraftwagen auf Spezialwaggons (Tiefladern) durch die Bahn zur Entlastung der Straßen.

Hypothek
das an einem Grundstück zur Sicherung einer Forderung bestellte Pfandrecht (Belastung einer Liegenschaft).
Sonderformen ⇒ Simultanhypothek, Höchstbetragshypothek.

Hypothek (CH)
Forderung, die durch ein im Grundbuch eingetragenes Pfandrecht an einem Grundstück sichergestellt ist. Arten dieser Grundpfandrechte sind in der Schweiz: Grundpfandverschreibung, Schuldbrief und Gült.

Hypothek, erste
Grundpfandforderung, bei der das Grundstück ohne Zusatzdeckung bis zu der von den Banken weitgehend einheitlich festgelegten Grenze von zwei Dritteln des Verkehrswertes belehnt wird.

Hypothese
Ein Satz, der einen funktionellen Zusammenhang zwischen zwei oder mehreren Variablen behauptet und so formuliert ist, daß er prinzipiell an der Wirklichkeit scheitern kann (Falsifikationskriterium nach Karl Popper). Allgemeine Form: Wenn A dann B. Der Informationsgehalt einer wissenschaftlichen Hypothese ist umso größer, je weniger Elemente die A-Komponente und je mehr Elemente die B-Komponente enthält. In diesem Fall besteht eine große Wahrscheinlichkeit des Scheiterns an der Wirklichkeit. Im Sinne des kritischen Rationalismus (Popper) haben wissenschaftliche Hypothesen keinen endgültigen Wahrheitsanspruch, sondern nur einen vorläufigen: Bis zur Falsifikation einer Hypothese gilt sie als vorläufig bewährt.
Verhaltenshypothese: Funktioneller Zusammenhang zwischen bestimmten ökonomischen Variablen und menschlichen Verhaltensweisen oder Reaktionen (daher auch „Reaktionsfunktionen). Beispiel: Konsumfunktion.

Technische Funktionen: Funktioneller Zusammenhang zwischen unabhängigen und abhängigen technischen Variablen. Beispiel: Produktionsfunktion.

IAEA
Internationale Atomenergie-Organisation. 1957 gegründet.

IATA
Abk. für International Airtransport Association
Internationale Vereinigung von Luftfahrtgesellschaften, mit Sitz in Montreal. Ihr Ziel ist unter anderem die Förderung des sicheren, planmäßigen und wirtschaftlichen Lufttransports (z.B. Regelung der Flugpreise und Gebühren). Alle IATA-Mitglieder müssen sich gegenseitig anerkennen, also auch von ihnen ausgestellte Tickets annehmen oder zum gleichen Preis umtauschen.

IBRD
→ Internationale Bank für Wiederaufbau und Entwicklung

ICP
Abk. für International Comparison Projekt
Dieses Projekt wurde Ende der sechziger Jahre im Rahmen der UNO mit dem Ziel begonnen, in einem stufenweisen Aufbauprozeß einen umfassenden (weltweiten) Wirtschaftsvergleich zu erarbeiten. Die → Wechselkurse geben die relative Kaufkraft der einzelnen Währungen (das Verhältnis der gesamten Preisniveaus der einzelnen Länder in nationaler Währung) nicht richtig wieder. Dies ist umso gravierender, als diese Abweichungen je nach wirtschaftlichem Entwicklungsniveau eines Landes stark differieren: je niedriger das BIP pro Kopf, desto stärker unterschätzen die Wechselkurse die tatsächliche Kaufkraft, relativ weniger entwickelte Länder sind daher – zu international konstanten Preisen gerechnet – nicht ganz so „arm“ wie zu laufenden Wechselkursen.

IDB
→ Inter-American Development Bank

IFO
Abk. für Institut für Wirtschaftsforschung, München

ILO
Abk. für International Labour Organisation
→ Internationale Arbeitsorganisation

Imitation
Nachahmung eines wohlbewährten Verfahrens oder bereits etablierten Produktes durch weitere Produzenten; die ursprünglichen Monopolgewinne des Pionier-Unternehmens werden jetzt wegkonkurrenziert.

Immission
→ Emission

Immobilienfonds
Investmentfonds besonderer Art.
Es gibt offene und geschlossene Fonds.
- Bei geschlossenen Fonds beteiligt sich der Gesellschafter an der Fondsgesellschaft. Er hat dabei die Möglichkeit, sich als Gesellschafter der Kommanditgesellschaft direkt als Miteigentümer ins Grundbuch eintragen zu lassen oder seine Stellung als Eigentümer indirekt durch Eintragung des Treuhandkommanditisten zu sichern. Durch die direkte oder vertretungsweise Eintragung in das Grundbuch wird der Kapitalanleger unmittelbar Miteigentümer an dem Fondsobjekt.
- Beim offenen I. legt die Fondsgesellschaft bei ihr eingelegtes Geld in eigenem Namen für gemeinschaftliche Rechnung in Grundstücken sowie Erbbaurechten, gesondert von dem Eigenvermögen, an. Die darin befindlichen Gegenstände stehen im Eigentum der Gesellschaft. Über die sich hieraus ergebenden Rechte der Einleger (Anteilinhaber) stellt sie Urkunden (Anteil-

scheine) aus. Im Gegensatz zum geschlossenen Fond besteht also kein direkter Besitz des Anlegers an den Immobilienobjekten des offenen Fonds.

Immobilien-Leasing
Leasing von unbeweglichen Sachen

Importneigung
Anteil der Importe an der Nachfrage nach Konsum- oder Investitionsgütern. Im Fall einer hohen I. „versickert" ein großer Teil der beschäftigungssteigernden Wirkung von inländischen Staatsausgaben im Ausland

Importsubstitution
Verdrängung des Imports durch die Aufnahme einer Inlandsproduktion. Im großen Stil betrieben wird dies I. durch → Schwellenländer.

Imputierte Bankdienstleistungen
Bei den I.B. handelt es sich um die Differenz zwischen Ertrags- und Aufwandszinsen des Geld- und Kreditwesens und der Privatversicherungen. Sie werden ähnlich wie in der Volkseinkommensrechnung als Aktivität besonderer Art verbucht. Die Gründe hierfür liegen in der spezifischen Behandlung von Bankzinsen im ⇒ SNA. Die Zinsen sind im SNA nicht als Gut, sondern als Transferzahlungen definiert. Um aber für den Geld- und Kreditsektor einen Beitrag zum ⇒ BIP zu erhalten, werden die I.B. als charakteristischer Bruttoproduktionswert des Geld- und Kreditsektors definiert. Da in den Produktionskonten des Nichtbankensektors die Aufwandszinsen als ⇒ Intermediärverbrauch nicht vorkommen, daher deren Wertschöpfung insofern „zu hoch" ausgewiesen scheint, werden die I.b. als globale Negativpost wieder in Abzug gebracht, der Gegenwert damit neutralisiert.

Imputierte Transaktionen
Transaktionen, die – in der Terminologie der Kreislaufanalyse gesprochen – keinen „Strömungscharakter" besitzen. Beispiele: Der Mietwert einer Eigentumswohnung wird sowohl als Konsumausgabe als auch als Einkommen der Besitzer der Eigentumswohnung erfaßt. Auch der Eigenbrauch in der Landwirtschaft wird in ähnlicher Form erfaßt.
Andere Bez.: unterstellte Transaktionen, in-sich-Transaktionen
→ Bankdienstleistungen

Incentive
Anreiz für erwünschtes Verhalten. Problem der gesellschaftlichen Organisation besteht darin, solche Rahmenbedingungen für individuelles Verhalten (I.-Strukturen) herzustellen, daß eine Konvergenz zwischen indidviduellen und gesellschaftlichen Zielen entsteht.

Incoterms
Zusammenstellung internationaler Regeln für das Auslegen handelsüblicher Vertragsformen.

INCOTERMS
Abk. für: International Commercial Terms
Die I. werden regelmäßig von der Internationalen Handelskammer in Paris publiziert. Es handelt sich dabei um eine systematische Zusammenstellung von Lieferklauseln des internationalen Warenverkehrs. Das erste Sammelwerk dieser Art erschien 1936, die letzte ergänzte Fassung 1980. Die I. regeln für den Waren- und Leistungsverkehr im In- und Ausland den Übergang des Eigentums, des Risikos und der Kosten vom Verkäufer auf den Käufer und stellen somit einen wichtigen Bestandteil jedes Vertrages dar. Sie enthalten Bestimmungen über Erfüllungsort, Versicherung, Versandnachweis, Einhaltung der Liefertermine, Aufmachung und Verpackung der Waren, Eintritt höherer Gewalt usw.

Index
Kennzahl, die Veränderungen bestimmter Größen erfaßt und Vergleiche von Wert- und/oder Preisveränderungen ermöglicht.

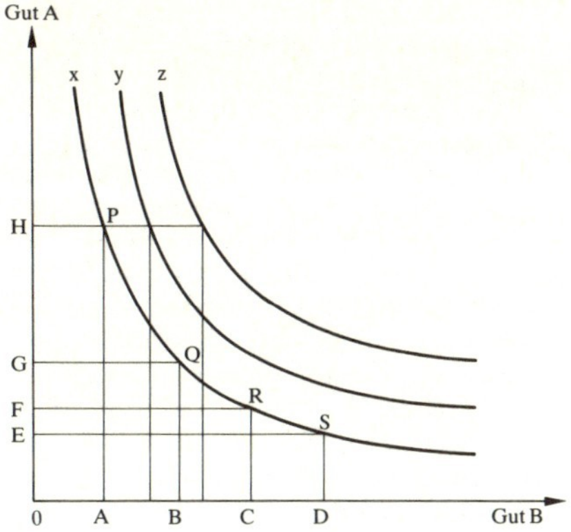

Indifferenzkurve
Kombination von 2 Gütern oder Güterbündeln, die den gleichen Nutzen stiften.

Indikator
Kenngröße, deren Werte (in Form des Zielertrages, Zielerreichungsgrades bzw. Teilnutzwertes) zur repräsentativen Erfassung der Ziele und zur Beurteilung der einzelnen Planungsvarianten dienen.

Indirekte Steuern
Alle Steuern, die kalkulatorisch in die Produktionskosten der Industrien und sonstiger Produzenten eingehen (z.B. Zölle, Verbrauchssteuern).

Individualkommunikation
Hier handelt es sich um eine Punkt-zu-Punkt-Verbindung zwischen Kommunikationspartnern, die das gesprochene Wort (Telefon), den geschriebenen Text (Telex, Teletex), Daten, Bilder und Grafiken (Telefax) austauschen oder sich gegenseitig sehen (Videokonferenz, Bildtelefon). Alle diese Telekommunikationsdienstleistungen verlangen ein vermittelndes Netz (mit „Sternstruktur"), das es erlaubt, die unmittelbar an der Kommunikation beteiligten Partner miteinander zu verbinden und alle übrigen Endpunkte des Netzes *zuverlässig* auszuschließen.

Indossament
Auf der Rückseite eines Orderpapiers angebrachte Erklärung, mit der der jeweilige Inhaber (= Indossant) das Eigentum und damit das Recht aus dem Papier auf den von ihm im Indossament genannten Indossatar überträgt:
Mit dem Indossieren gehen alle Rechte aus dem Scheck/Wechsel über. Jeder Indossant haftet für das Einlösen und hat im Falle des Nichthonorierens ein Rückgriffsrecht.
Durch die Ordnungsmäßigkeit der ununterbrochenen Indossammentkette weist sich der Inhaber als rechtmäßiger Besitzer aus (Legitimationsfunktion).
Volli: Es nennt den Nachempfänger (Indossatar, Giratar) und den Überträger (Indossant, Girant). Es lautet: „Für mich an die Order des X.Y., Ort, Datum, Unterschrift)
Blankoi: Es ist das allgemein übliche I. und besteht darin, daß der Indossant lediglich seine Unterschrift auf die Rückseite des Schecks/Wechsels setzt. Der Nachempfänger bleibt unbekannt, die Stelle bleibt frei.
Rektai: Schließt die Weitergabe durch Klausel „Nicht an die Order" aus.
Angsti: Schließt die Haftung durch den Zusatz „Ohne Obligo" aus.
Inkassoi: Wird das I. mit der Klausel „Nur zum Inkasso" versehen, so kann der Inhaber wohl alle Rechte geltend machen. Er wird aber nicht voll verpflichtet und kann den Scheck/Wechsel nur durch ein weiteres Vollmachtsi. übertragen.

Industrieclearing
Bereitstellung von → Fazilitäten zur Finanzierung von Projekten unter Nichtbanken ohne Zwischenschaltung eines → Finanzintermediärs. Obwohl man von einem I. spricht, betreibt auch der Staat bisweilen I.
Andere Bez.: „Graue Geld- und/oder Kapitalmärkte"

Inferiore Güter
Es gibt Produkte, die mit steigendem Ein-

kommen mehr nachgefragt werden (superiore Güter) und Güter, bei denen der Verbraucher mit steigendem Einkommen zurückgeht oder überhaupt eingestellt wird. Letztere nennt man i.G. Bei einem i.G. kann man zwar durch Werbung eine kurzfristige Absatzstabilisierung erreichen, jedoch ist es kaum möglich, eine Trendumkehr zu ereichen, es sei denn, das Produkt wird grundlegend verändert. So kann etwa ein i.G. durch Ansiedlung in einem anderen Marktsegment oder durch Weiterverarbeitung oder Veredlung wieder zu einem superioren Gut werden.

Inflation

Anhaltende Zunahme des Preisniveaus auf Güter- und Faktormärkten (= sinkender Geldwert), erfaßt durch verschiedene Preisindices.

Säkulare I.: Langanhaltender Prozeß der Preissteigerung ohne Selbstverstärkertendenz.

Galoppierende I.: Im Gegensatz zur „schleichenden“ I. entstehen hier starke kumulative Geldwertminderungen. Das Geld verliert seine Wertaufbewahrungsfunktion. Kann sich zur Hyperi. steigern; diese tritt typischerweise in Nachkriegszeiten (hohe Budgetdefizite, zerrüttete Produktionsstrukturen, desolate Wirtschaftsverfassung, hohe Umlaufgeschwindigkeit des Geldes) auf. Meist wird eine Neuordnung der Geldverfassung auf Grund des nicht mehr vorhandenen Vertrauens in die Währung notwendig.

Schleichende I.: Anhaltende Preissteigerungen zwischen 2 bis 5% jährlich ohne eindeutigen kumulierenden längerfristigen Trend.

Inflationsrate

Preisindex für die Lebenshaltung.

Informatik

Abk. aus Information und Automatik

Aufgabe der I. ist es, die wissenschaftlichen Grundlagen für die Informationstechnik zu liefern. In den USA spricht man von „Computer Sciences“. Die I. versucht eine theoretische und praktische Grundlage für alle Formen technischer Verarbeitung von Information zu geben.

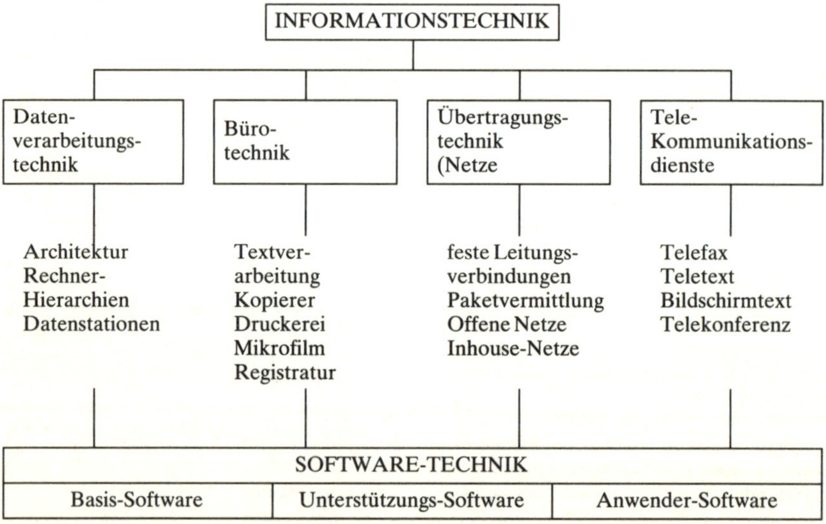

Informationstechnik
Verfahren, die es ermöglichen, einerseits Information automatisch zu speichern und zu verarbeiten und andererseits digitale Information über Nachrichtenleitungen zu übertragen.

Inhaber Ⓐ
Person, die etwas innehat, die über ein bestimmtes Recht, eine bestimmte Macht verfügt.

Inhaberscheck
Schecks, die auf den „Inhaber“ oder auf den Namen des Zahlungsempfängers mit dem Zusatz „oder Überbringer“ lauten oder überhaupt keine Angabe über den Zahlungsempfänger enthalten. Als Zahlungsempfänger dient der Scheckinhaber. Die Rechte aus dem Scheck werden formlos (ohne Indossament) durch Weitergabe übertragen.

Inhaberpapier
Wertpapier, bei dem der Berechtigte nicht namentlich genannt wird. Jeder Inhaber ist als Gläubiger legitimiert.

Inhaltsanalyse
Die I. ist eine Forschungsmethode zur wissenschaftlichen Untersuchung von Kommunikationen. Im Instrumentarium der empirischen Sozialforschung ist die I. (engl. content analysis) das Verfahren, das der Erforschung des in Symbolen manifestierten Handelns von Menschen dient. So werden mit Hilfe der I. z.B. untersucht: Bücher, Zeitungen, Zeitschriften, Flugblätter, Akten und amtliche Dokumente, Filme, Hörfunk- und Fernsehsendungen, aber auch Protokolle und Niederschriften, die als Ergebnis anderer Methoden (z.B. projektive Tests, Interviews) anfallen und weiter analysiert werden müssen.
Andere Bezeichnung: Aussagenanalyse

Inhouse System
Die in sich geschlossene Verkabelung eines öffentlichen Gebäudes (z.B. Schule, Universität, Krankenhaus, Hotel, Verwaltungsgebäude) in Form eines geschlossenen Sende- und Empfangskreises nennt man Inhouse System oder Closed Circuit System. Allgemein wird der Begriff auf Kommunikationsnetze für geschlossene Benutzergruppen angewendet, die sich nur untereinander erreichen können und keinen Zugang zu den öffentlichen Fernmeldenetzen haben. Eine Variante bilden Bildschirmtext-Inhouse-Systeme, die allmählich in öffentlichen Gebäuden zur Information der Mitarbeiter oder Mitarbeiter-Gruppen eingerichtet werden. In Verbindung mit der Breitbandkommunikation wird der Begriff auch benutzt, wenn eine Anzahl gleichartiger Gebäude durch ein Kabelsystem verbunden ist (z.B. alle Gebäude einer Universität oder alle Schulen einer Stadt).

Inlandsschuld
Finanzschuld in inländischer Währung.

Inländerkonvertibilität
Eine Währung ist voll konvertibel im Sinne der *I.* wenn
(a) jeder Inländer in der Lage ist, nach Belieben fremde Währungen zu erwerben, um damit Importe zu bezahlen oder Reisen ins Ausland zu machen (Importfreiheit).
(b) jeder Inländer ohne Bewilligung fremde Währungen erwerben kann, um damit Investitionen im Ausland durchzuführen z.B. Kauf von Aktien oder Obligationen, Direktinvestitionen (Kapitalexportfreiheit)

Innehabung Ⓐ
Tatsächliche Herrschaft über eine Sache, wobei allerdings die Verpflichtung besteht, die Sache herauszugeben, wenn dies gewünscht wird (§ 309 ABGB).

Innerer Wert
Der Gewinn, der bei sofortiger Ausübung einer Option erzielt würde. Es ist der Betrag, um den die Option im Geld liegt, d.h. die Differenz zwischen dem Basispreis und der derzeitigen Notierung der Währung, sofern es sich um eine positive

Größe handelt. Liegt die Option aus dem Geld, dann ist der innere Wert gleich Null.

Innovation

Aktivitäten und Maßnahmen, die auf die Entwicklung und Einführung neuer Produkte und Produktqualitäten, neuer Verfahren und Methoden, neuer Organisationsformen abzielen.

Innovation ist gleichbedeutend mit wirtschaftlichem Fortschritt. Die Wettbewerbsfähigkeit eines Landes auf dem internationalen Markt hängt wesentlich davon ab, ob es gelingt, neue Produkte und Verfahren zu entwickeln und zu realisieren.

Input

1. In der Produktionstheorie: Güter und Leistungen, die in einem Produktionsprozeß eingehen oder ihn beeinflussen. I. werden entweder physisch im Produktionsprozeß verbraucht (z.B. Rohstoffe) oder als Nutzungen von Bestandsfaktoren (wie Maschinen, Arbeitskräfte usw.) zur Produktion herangezogen.
2. In der Volkswirtschaftlichen Gesamtrechnung und der Input-Output-Tabelle ist Input als Wertsumme aller Produktionsaufwendungen (Vorleistungen und Primäraufwand) definiert.
3. Eingabe von Daten bei einem Compter.

Input-Output-Tabelle

Darstellung der technisch bedingten Güterströme zwischen den produzierenden Sektoren einer Volkswirtschaft in Matrixform. Eine I.-O.-T. setzt sich i.d.R. aus drei Feldern zusammen:

- Matrix der Vorleistungen (enthält alle vom Produktionssektor zu Produktionssektor gelieferten Vorleistungen).
- Matrix der Endnachfrage (enthält alle Lieferungen der Produktionssektoren an die volkswirtschaftliche Endnachfrage).
- Matrix des Primäraufwandes (enthält alle produktionsbedingten Aufwendungen der Sektoren, die nicht in der Vorleistungsmatrix erfaßt sind; und die sektoralen Gewinne).

Output an → / Input von ↓	Endogene Sektoren (Vorleistungen)	Exogene Sektoren (Endnachfrage)
Endogene Sektoren (Vorleistungen)	Vorleistungsmatrix	Nachfragematrix
Exogene Sektoren (Primärfaktoren)	Primärfaktorenmatrix	

Insider

1. Personen, die ⇒ Insidergeschäfte tätigen.
2. Personen, die ein Spezialwissen auf einem bestimmten Fachgebiet erworben haben.

Insidergeschäfte

Kauf und Verkauf öffentlich gehandelter Wertpapiere unter Ausnutzung von Informationen, die nur einem kleinen Kreis von Personen bekannt sind.

Insolvenz

Anhaltende Unfähigkeit, fällige, finanzielle Verpflichtungen zu erfüllen.

Institutionelle Anleger

Alle Anleger, die als „Institution" auftreten (z.B. Firmen, Versicherungen, Investmentfonds).

Gegensatz: Private Anleger

Instrumentvariable

Jene Instrumente eines Handlungsträgers, die dieser weitgehend nach eigenem

Ermessen zum Einsatz bringen kann, um bestimmte Ziele zu erreichen.
Andere Bezeichnung: Aktionsparameter

Integration
1. Einbeziehen diskreter Bauelemente in eine konstruktive Einheit. Sie kann u.a. durch eine gemeinsame Verkapselung (z.B. durch Vergießen) realisiert werden. Besondere Bedeutung hat in der Elektronik aber die monolithische I. erlangt, bei der Bauelemente physikalisch in einem einzigen Halbleiterkristall (Monolith) realisiert werden.
2. Abbau von Handelshemmnissen und sonstigen Schranken zwischen Regionen und Ländern.
3. Prozesse, in denen Denkstrukturen unterschiedlicher Wissenschaften zu einem Ganzen zusammengefaßt werden.

Inter-American Development Bank
Abk. IDB. Gegründet 1959 von den USA und 19 Lateinamerikanischen und karibischen Staaten. Seit 1974 sind auch europäische Länder Mitglieder. Inzwischen ist die Zahl der IDB auf 43 angestiegen, darunter 14 aus Europa. Auch Israel und Japan gehören der IDB an.
Das wichtigste Ziel der IDB, die ihren Sitz in Washington hat und Außenstellen in den lateinamerikanischen Ländern unterhält, ist die Verbesserung der wirtschaftlichen und sozialen Verhältnisse in Lateinamerika. Dies soll besonders durch Ankurbelung der der Produktion in der Land- und Forstwirtschaft, dem Fischereiwesen, dem Bergbau und der Industrie erreicht werden.
Zur Kapitalbeschaffung dienen in erster Linie Aktienkapital und Direktbeiträge der Mitglieder. Finanziert werden vor allem, Projekte im Energie-, Verkehrs-, Nachrichten-, Gesundheits- und Bildungswesen.

Interbankrate
Zinssatz für Ausleihungen zwischen Geldinstituten am Eurogeldmarkt.

Interbanksatz
Zinssatz für Kreditgeschäfte zwischen Banken. Am Eurogeldmarkt wird täglich die sogenannte „London interbank offered rate" (LIBOR) ermittelt, die als Richtsatz für zahlreiche internationale Kredite in Eurowährungen dient.

Interdependenz
Gegenseitige Abhängigkeit zweier oder mehrerer Größen bzw. Sachverhalte.

Interessengemeinschaft
In der Regel durch horizontale Verbindung von Betrieben auf vertraglicher Basis; Betriebe bleiben rechtlich selbständig; das Ausmaß der wirtschaftlichen Selbständigkeit hängt vom Vertrag ab. Keine Unterordnung der Betriebe (Hauptunterschied zum → Konzern).

Interface
→ Schnittstelle

Interimsdividende
→ Zwischendividende

Interkalarzinsen
Hochgerechneter Zinsenstand per 31.12 des laufenden Jahres; wird bei Bewegungen um die Tageszinsen korrigiert und am Jahresende dem Kapital zugerechnet.

Intermediärverbrauch
→ Vorleistungen

Internalisierung
Versuch der Vermeidung von ⇒ externen Effekten.

Internationale Bank für Wiederaufbau und Entwicklung
Kurz: Weltbank
Gegründet 1944, Beginn der Geschäftstätigkeit 1946.
Die W. ist eine rechtlich selbständige Sonderorganisation der UNO.
Sitz: Washington D.C. Ziele: Unterstützung beim Wiederaufbau u. bei d. wirtschaftl. Entwicklung der Mitgliedsländer

durch Förderung produktiver internationaler Investitionsvorhaben mit Hilfe von Garantieübernahmen und Darlehensgewährungen. Ab 1948 (nach Anlaufen des Marshall-Plans zugunsten Europas) wurde die finanzielle und technische Hilfe für Entwicklungsländer zur Hauptaufgabe der Bank.
Mittelbeschaffung: Die Finanzierung der Darlehen erfolgt aus dem von den Mitgliedsländern gezeichneten Grundkapital, den Darlehenstilgungen, den Reingewinnen und v.a. durch die Emission eigener Schuldverschreibungen. Daneben hat sich die Bank durch den Verkauf verbriefter Darlehensforderungen refinanziert.
Mittelverwendung: Die Darlehen sind für festumrissene Investitionsprojekte zweckgebunden, vorausgesetzt, privates Kapital ist zu angemessenen Bedingungen nicht zu beschaffen. Sind nicht die Regierungen der Mitgliedsländer selbst die Darlehensnehmer, so haben diese für die vertragsgerechte Rückzahlung zu garantieren. Meist deckt das Darlehen nur den für das Projekt anfallenden Bedarf an Devisen. Die Projekte werden von der Bank geprüft und sollen unter den Mitgliedsländern ausgeschrieben werden. Unabhängig von der Art des Projekts, der Bonität des Schuldners und der Laufzeit der Darlehen (20-35 Jahre) wird ein einheitlicher Zinssatz erhoben der nach den jeweiligen Refinanzierungskosten der Bank kalkuliert wird.

Internationale Fernmeldeunion
engl. ITU
Sonderorganisation der Vereinten Nationen zur Förderung, Erhaltung und Verbesserung der internationalen Zusammenarbeit in dem gesamten Bereich des Fernmeldewesens; Abstimmung aller Ziele des weltweiten Nachrichtenwesens.
Die Organe der I.F. sind
- Konferenz der Regierungsbevollmächtigen
- Verwaltungskonferenz
- Verwaltungsrat
- ständige Einrichtungen (Generalsekretariat, CCIR, CCITT und IFRB).

Internationaler Währungsfonds
kurz: IWF, gegr. 1945, Sitz: Washington (D.C.)
internationaler Fonds, der folgende Ziele anstrebt:
- Fördern der währungspolitischen Zusammenarbeit
- Sichern der Stabilität der Währungen
- Aufrechterhaltung geordneter Währungsbeziehungen zwischen den Mitgliedsstaaten
- Kreditgewährung an die Mitgliedsstaaten zum Ausgleich von Störungen in ihren Zahlungsbilanzen.

Interne Befehle
Begriff aus der EDV-Sprache
i.B. sind solche, die nur innerhalb der Zentraleinheit wirksam werden. Dazu gehören sowohl arithmetische als auch logische Befehle, Transportbefehle und Sprunganweisungen.

Interne Zinsfußrechnung
Dynamisches Investitionsrechnungsverfahren, das die effektive Rendite eines Investitionsobjektes unter Berücksichtigung von Zins- und Zinseszins (Zins, bei dem der Kapitalwert = 0 ist) zum Auswahlkriterium hat. Vorteilhaftigkeit ist gegeben, wenn der interne Zinsfuß über der gewünschten Mindestverzinsung liegt, Vorziehungswürdigkeit bei höchstem internen Zinsfuß.

Interner Zinsfuß
Der I.Z. ist die Rendite oder die effektive Verzinsung, die eine Investition erwirtschaftet. Nach diesem Entscheidungskriterium wird der I.Z. mit der erwarteten Mindestverzinsung verglichen. Der Kapitalwert einer Investition ist umso niedriger, je höher der Kalkulationszinssatz ist. Der I.Z. ist gleich jenem Kalkulationszinssatz, bei dem der Kapitalwert Null ergibt, d.h. der Barwert der Rückflüsse ist gleich dem Kapitaleinsatz.

Interpretierer-Software
→ Software

Interventionspunkt
Vereinbarte Maximalabweichung des Wechselkurses gegenüber dem Mittelkurs, Zentralbanken bestimmter Länder haben sich dazu verpflichtet, durch Kauf oder Verkauf von Währungen einer möglichen Unter- bzw. Überschreitung des Interventionspunktes bei ihrer Währung zuvorzukommen.

Intervision
Die Ostblockländer gründeten 1960 analog der westeuropäischen Zusammenarbeit auf dem Gebiet des Fernsehens eine Institution mit dem Ziel des Programmaustausches und der Kooperation (Gründungsort: Budapest). Seit 1961 steht die I. mit der Eurovision in Programmaustausch.

In the Money
Eine Option, die einen inneren Wert besitzt, ist im Geld. Eine Kaufoption liegt im Geld, wenn der Kurs der Währung über dem Basispreis der Kaufoption liegt, eine Verkaufsoption liegt im Geld, wenn die Währung unter dem Basispreis der Währung notiert.

Intrinsic Value
→ Innerer Wert

Invention
Erfindung eines neuen Verfahrens oder Produktes.

Investition
Umschichtung von liquiden zu weniger liquiden Vermögensobjekten. Zu unterscheiden ist zwischen ⇒ Sachinvestition und ⇒ Finanzinvestition.
⇒ Realisation

Investitionsfreibetrag (A)
Gemäß § 10 EStG kann von abnutzbaren Wirtschaftsgütern des Anlagevermögens im Jahr der Anschaffung oder Herstellung neben der ordentlichen Abschreibung ein Investitionsfreibetrag in Anspruch genommen werden.
Der Investitionsfreibetrag kann bis zu 20% der Anschaffungs- bzw. Herstellungskosten geltend gemacht werden, bei Kraftfahrzeugen bis zu 10%.
Der Investitionsfreibetrag bedeutet eine zusätzliche Abschreibung (über 100%). Er hat seit der Abschaffung der vorzeitigen Abschreibung für die meisten unbeweglichen Wirtschaftsgüter erheblich an Bedeutung gewonnen.

Investitionsmultiplikator
Mißt die Auswirkung einer Veränderung zusätzlicher Investitionen auf das Volkseinkommen.

Investitionsprämie (A)
Mit dem „Investitionsprämiengesetz 1982" (BGBl. 110/82) wurde eine Investitionsprämie für bewegliche Wirtschaftsgüter eingeführt.
Anspruchsberechtigt: Gewerbetreibende, Freiberufler, Gesellschaften (Bilanzierende und Einnahmen-Ausgaben-Rechner).
Zweck: Anschaffung beweglicher Wirtschaftsgüter im Anlagevermögen (Maschinen Einrichtungen). Für unbewegliche Wirtschaftsgüter, betriebliche Bau-

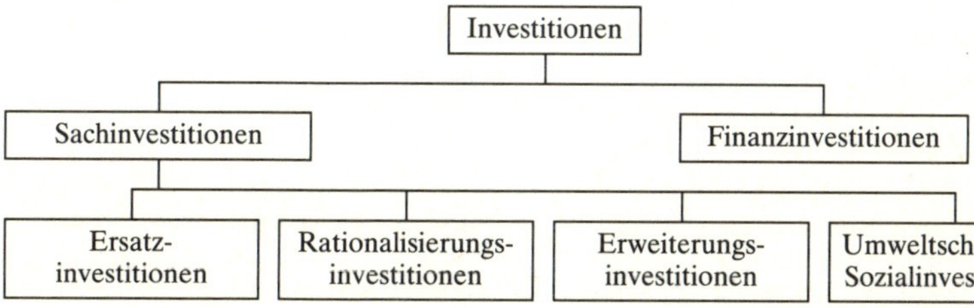

lichkeiten und Adaptierungen gibt es keine Prämie. Gaststätten und Beherbergungsbetriebe dürfen jedoch für Küchen-, Heizungs-, Sanitär- und Klimaanlagen sowie Lifts die Prämie in Anspruch nehmen.
Höhe: 8% für Investitionen ab 1.10.1982; für LKW 4% ab 1.10.1982, jeweils basierend auf den Anschaffungskosten (PkW und Kombi sind ausgeschlossen).
Ausschluß: Bei Inanspruchnahme der Investitionsprämie ist die vorzeitige Abschreibung (§§ 8, 122 EStG) bzw. der Investitionsfreibetrag ausgeschlossen.
Die Investitionsprämie ist steuerfrei (d.h. kein a.o. Ertrag) und wird dem Unternehmen auf dem Steuerkonto gutgeschrieben.

Investitionsprogrammodelle
Verfahren linearer Planungsrechnung, die zur Optimierung eines gesamten Investitionsprogramms unter Berücksichtigung ein- und gegenseitiger Abhängigkeiten und Mehrbereichswirkungen dienen.

Investitionsquote, gesamtwirtschaftliche
Anteil der Bruttoinvestition am Bruttosozialprodukt zu Marktpreisen (Bruttoinvestitionsquote). Alternativ = Anteil der Nettoinvestition am Nettosozialprodukt zu Marktpreisen (Nettoinvestitionsquote). Dimensionslos.

Investitionsrücklage
Ein Vorgriff auf vorzeitige Abschreibungen oder Bildung von Investitionsfreibeträgen in den nächsten Jahren.
Durch das Bilden von Investitionsrücklagen zu Lasten des Gewinnes ist es möglich, bereits in den vor Durchführung der Investitionen liegenden vier Jahren vorzeitig den Investitionsfreibetrag in Anspruch zu nehmen oder vorzeitige Abschreibungen machen zu können.
In der Investitionsrücklage wird das Bilden der Investitionsrücklage in höchstmöglichem Ausmaß durchgeführt.

Investitionstheorie, makroökonomische
Versucht Hypothesen über die Abhängigkeit der Investitionen von anderen volkswirtschaftlichen Variablen (z.B. Einkommen, Zins, Gewinnerwartungen, Kapazitätsauslastung etc.) abzuleiten und empirisch zu überprüfen.

Investitionstheorie, mikroökonomische
Beschäftigt sich mit den Investitionsentscheidungen eines einzelnen Unternehmens; sie will Entscheidungskriterien für optimales Investitionsverhalten ableiten, unter besonderer Berücksichtigung von Risiko und Unsicherheit.

Investivlohn
Jener Teil des Lohnes, der nicht bar an die Arbeitnehmer ausgeschüttet wird, sondern vermögenswirksam angelegt wird und durch den Bezieher direkt oder indirekt (über zwischengeschaltete Institutionen, z.B. Fonds) der Wirtschaft zur Investitionsfinanzierung zur Verfügung gestellt wird.

Investment Banks
Emissionshäuser, die in den USA das 1933 von den commerical banks abgespaltene Emissionsgeschäft besorgen.

Investmentfonds
Allgemeine Bezeichnung für Kapitalanlagegesellschaften.

Investmenttrust
Eine Kapitalanlagegesellschaft erwirbt Kapitalanteile (z.B. Aktien) von Betrieben, aber nicht um Einfluß zu nehmen, sondern um ihr Kapital (beschafft durch Ausgabe von Wertpapieren = Investmentzertifikate an das Publikum) mit möglichst großer Risikostreuung anzulegen.

Investmentzertifikate
→ Investmenttrust

Inzidenz
→ siehe Budgetinzidenz

ISDN Ⓓ
Abkürzung für „Integrated Services Digital Network". Das Bestreben der Postverwaltungen und der Industrie geht dahin, ein integriertes Netz zu schaffen, über das

möglichst viele Formen der Telekommunikation übertragen werden können. Die Voraussetzung dazu ist die Digitalisierung der verschiedenen Übertragungsformen und eine große Geschwindigkeit, damit möglichst viele Informationen gleichzeitig vermittelt werden können. Die nationalen Bemühungen konzentrierten sich zur Zeit darauf, das vorhandene Fernsprechnetz auf digitalisierte Übertragungen umzustellen. Selbst in diesem schmalbandigen Netz können 64 kbit/sec. in jeder Richtung übertragen werden. Zu den zwei Kupferadern beim Teilnehmeranschluß müßten ein Steuerkanal hinzugefügt werden und eine Schnittstelle, die den Anschluß der unterschiedlichen Endgeräte ermöglicht.
Die Deutsche Bundespost bemüht sich, etwa 1985/86 das digitale Fernsprechnetz in Betrieb zu nehmen und es bis 1987/88 zu ISDN auszubauen. Damit würden die meisten heutigen Spezialleitungen überflüssig.

IS-Kurve
Kurve bei der ein güterwirtschaftliches Gleichgewicht zwischen der Investition I und der Ersparnis S besteht.

ISO
Abk. für Internationale Organisation für Standardisierung

Isoquanten
Begriff aus der Produktionstheorie. Linien, die Punkte gleichen Ertrages miteinander verbinden.

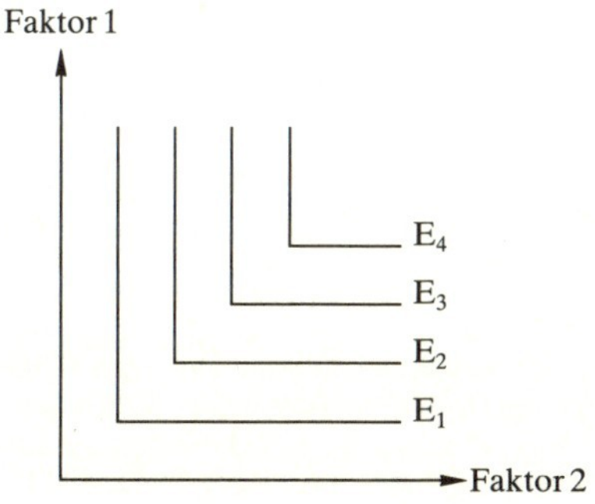

IST-Besteuerung
Besteuerung nach vereinnahmten Entgelten.

IT
Incentive Tours. Flüge, die nur in Verbindung mit einem Hotelaufenthalt gebucht werden können (für alle IATA-Gesellschaften gültig und im Preis gleich).

Iteration
1. generell: Verfahren, bei dem eine Problemlösung schrittweise („iterativ") erarbeitet wird.
2. EDV: Wiederholte Durchführung gewisser Operationen (Befehle, Statements) bis eine Bedingung erfüllt ist.

ITU
→ Internationale Fernmeldeunion

ius cogens
Zwingendes Recht. Kann von den Parteien nicht abgeändert werden. Unter relativ zwingendem Recht versteht man jenes Recht, welches nur zu Gunsten bestimmter Personengruppen (z.B. zu Gunsten eines Mieters beim Mietrecht oder zu Gunsten eines Arbeitnehmers beim Arbeitsrecht) gültig abgeändert werden kann.

ius dispositivum
Wenn jemand in einem bestimmten Bereich keine Regelung trifft, dann gelten die bestehenden gesetzlichen Bestimmungen.

IWF
→ Internationaler Währungsfonds

Jahresabschluß
gesetzlich vorgeschriebene Aufstellung der Bilanz und der Gewinn- und Verlustrechnung einer Gesellschaft sowie Erläuterungen dazu.

Job
1. vorübergehende Gelegenheitsarbeit
2. EDV: eine bestimmte Problemstellung

und ihre rechnerische Abwicklung über einen Computer

Job Enrichment
Aufwertung eines Tätigkeitsfeldes durch Übertragung von dispositiven Aufgaben.

Job-Rotation
Schulungssystem insbesondere für Führungskräfte, bei dem jeweils für eine bestimmte Dauer mehrere Funktionen oder Stellen zwecks Aneignung eines breiten, übersichtsmäßigen Wissens durchlaufen werden müssen.

Job Sharing
Zwei oder mehrere Personen teilen sich auf freiwilliger Basis einen Arbeitsplatz.

Joint Venture
(wörtlich „gemeinsames Wagnis") Gemeinschaftsgründungen, meist in industrialisierten Ländern, in die der ausländische Partner – oft eine multinationale Gesellschaft – Know-how und in der Regel auch einen Teil des Kapitals einbringt.

Joystick
„Steuerknüppel", der (wie bei Videospielen) zur Steuerung des ⇒ Cursors verwendet wird.

Junge Aktien
im Laufe eines Geschäftsjahres neu ausgegebene Aktien, die keinen Anspruch auf die volle erste Jahresdividende haben.

Juristische Personen
Alle jene Rechtssubjekte (Träger von Rechten und Pflichten), die nicht natürliche Personen sind. Dazu gehören auch Körperschaften (wie z.B. die handelsrechtlichen Gesellschaftsformen, ausgenommen OHG, KG), Personenvereinigungen (z.B. Vereine) und Vermögensmassen (z.B. Fonds).

Just in Time
→ Kanban

K
Steht für die griechische Vorsilbe „Kilo" und bedeutet „tausend". Im Zusammenhang mit Computern steht K gewöhnlich für 2^{10} (= 1.024 oder hexadezimal S400).

KAGG
Abk. für Gesetz über Kapitalanlagegesellschaften

Kaldor-Hicks-Kriterium
Dieses Kriterium erweitert das Pareto-Kriterium dahingehend, daß eine Planungsvariante B gesamtwirtschaftlich einer Planungsvariante A vorzuziehen ist, wenn die Nutznießer der Planungsvariante B deren Benachteiligten entschädigen (Kompensationszahlungen) und dennoch einen Vorteil haben.

Kameralistik
Die K. ist ein Buchführungssystem, das von öffentlich-rechtlichen Körperschaften (Bund, Länder, Gemeinden) und öffentlichen Unternehmen angewendet wird. Die K. ist in ihrer einfachsten Form eine reine Einnahmen-Ausgaben-Rechnung, wobei diese allerdings aus einer Soll-Rechnung (Voranschlag, Budget) und einer Ist-Rechnung besteht. Durch Gegenüberstellung der Einnahmen und Ausgaben ergibt sich der Überschuß bzw. der Fehlbetrag (das Defizit) der Abrechnungsperiode.

Kanban
Japanisches Wort für ein komplexes logistisches System der Materialwirtschaft in Industrien, die mit relativ vielen Zulieferern, vielen Einzelheiten und komplexen Produkten arbeiten. Während in der klassischen Fabrik große Zwischenlager gehalten werden, aus denen jeweils die Materialien ans Fließband kommen, organisiert das K.-System im Rechner die logistische Struktur der Zulieferung, wodurch vermieden wird, daß überhaupt Lager entstehen. Dadurch werden erhebliche Kapitaleinsparungen erreicht. Vergleichbare logistische Systeme entstehen heute weltweit in allen Industrien, in denen es darauf ankommt, die komplizierten Zusammenhänge zwischen Materialliefe-

rung, Materialdisposition und Materialverbrauch logistisch derart zu ordnen, daß sie mit einem Minimum an gebundenem Kapital abgewickelt werden können. ⇒ Logistik

Kapazität

Grundsätzlich versteht man unter K. das Leistungsvermögen eines Kapitalgutes oder eines Kapitalstocks. Es ist zwischen drei Arten von K.-begriffen zu unterscheiden; ökonomische, technische und gesamtwirtschaftliche K. Der ökonomische K.-begriff orientiert sich an den Produktionskosten. Volle Auslastung der K. bedeutet Produktion in der Nähe des Kostenoptimums. Der technische K.-begriff bezieht sich auf die maximale Auslastung der vorhandenen Produktionsanlagen. Es wird der in einer Periode mögliche (maximale) Output gemessen.

Der gesamtwirtschaftliche K.-begriff orientiert sich zwar am technischen, berücksichtigt aber soziale Faktoren, wie die begrenzte Bereitschaft zur Schichtarbeit und der Tendenz zur Verkürzung der Jahresarbeitszeit. Die gesamtwirtschaftliche Produktionsk. ist demnach die Produktion, die beim Einsatz aller vorhandenen Produktionsanlagen unter normalen Arbeitsbedingungen erreicht werden kann.

Kapazitätseffekt

K. bezeichnet die Wirkung einer Investition auf die Kapazität des Produktionsapparates. Die kurzfristige (keynesianische) Analyse vernachlässigt die K. der Investitionen und untersucht lediglich die (kurzfristigen) Einkommens- und Nachfrageeffekte (im Rahmen des Investitionsmultiplikators). Die Wachstumstheorie untersucht hingegen die (langfristigen) Kapazitätseffekte von Investitionen.

Kapital

Neben Boden und Arbeit einer der drei Produktionsfaktoren.

In der Praxis hat dieses Wort verschiedene Begriffsinhalte, und zwar:

1. Allgemein:
   - im weiteren Sinn: Alle Güter und Rechte, die Einnahmen erbringen
   - im engeren Sinn: Geldbesitz, Vermögen
2. Betriebswirtschaftlich:
   Aktienkapital; hierbei unterscheidet man:
   - autorisiertes Kapital: Aktienkapital, das laut Satzung einer Gesellschaft höchstens ausgegeben oder plaziert werden kann;
   - begebenes Kapital: Teil des autorisierten Kapitals, der tatsächlich ausgegeben worden ist.
3. Kapital im Sinne von Fremdkapital findet man in den Ausdrücken:
   - kurzfristiges Fremdkapital: Geldmittel, die über den Geldmarkt oder auf andere Weise der Gesellschaft für weniger als ein Jahr zur Verfügung gestellt werden;
   - langfristiges Fremdkapital: Geldmittel, die über den Kapitalmarkt zeitweise, aber für längere Dauer, der Gesellschaft u.a. in Form von (Wandel)-Anleihen, zur Verfügung gestellt werden.

Kapitalanlagegesellschaften

Eine Wirtschaftsorganisation, die von Dritten eingezahlte Beträge fachmännisch anlegt. Zweck der Kollektivanlage ist ein möglichst hohes Anlageergebnis unter Vermeidung von Risiken, u.a. durch eine ausgewogene Auswahl und Streuung.

Kapitalberichtigung

Aufstocken des Grundkapitals durch Auflösen von Rücklagen. Den bisherigen Aktionären werden, ohne daß diese eine Einzahlung leisten müssen, in einem bestimmten Verhältnis (bisheriges Grundkapital: Kapital durch Auflösen von Rücklagen) zusätzlich Aktien zugeteilt. Die auf Grund der K. den bisherigen Aktionären gewährten Rechte heißen Teilrechte, die Aktien nennt man Gratis- oder Berichtigungsaktien.

Kapitalbilanz

Teilbilanz der → Zahlungsbilanz.

In der K., die in eine Bilanz des kurzfristigen und in eine Bilanz des langfristigen Kapitalverkehrs unterteilt wird, werden alle innerhalb eines Jahres erfolgten Veränderungen der Forderungen und Verbindlichkeiten zwischen in- und ausländischen Wirtschaftssubjekten (inkl. der Geschäftsbanken) erfaßt. Forderungen und Verbindlichkeiten bis zu einer Laufzeit von einem Jahr werden als kurzfristig, solche mit einer Laufzeit darüber als langfristig angesehen. Käufe und Verkäufe von Geldmarktpapieren (rediskontfähige Wechsel, Schatzanweisungen) werden jedoch auch bei einer längeren Laufzeit zum kurzfristigen Kapitalverkehr gezählt.

Kapitalerhöhung
Ist das Aufstocken des Grundkapitals durch Ausgabe neuer (junger) Aktien, für die eine Einlage in Form einer Barzahlung oder in Form von Sacheinlagen geleistet werden muß. Die jungen Aktien müßten den bisherigen Aktionären angeboten werden, doch kann die Hauptversammlung ihnen dieses Recht entziehen.
Die auf Grund der K. gewährten Rechte zum Bezug junger Aktien heißen Bezugsrechte.

Kapitalertragssteuer
Die vom ausschüttenden Unternehmen einbehaltende Steuer auf die Dividende die später vom Aktionär mit einer eventuell von ihm zu zahlenden Einkommenssteuer verrechnet werden kann.

Kapitalertragssteuer (A)
Einkommenssteuer durch Abzug vom Kapitalertrag bei
- Dividenden, Anteilen an Ges.m.b.H.
- Beteiligung als stiller Gesellschafter
- Wandel- und Gewinnschuldverschreibungen

20% der Kapitalerträge sind vom Schuldner einzubehalten und an das Finanzamt abzuführen.

Kapitalexport
Ausfuhr von Kapital in den verschiedensten Formen z.B. durch Ausgabe oder Kauf von ausländischen Obligationen und Aktien, Gewährung von Krediten an ausländische Schuldner, Finanzierung von Filialbetrieben im Ausland usw.

Kapitalflucht
Verlagern von Kapital ins Ausland z.B. wegen politischer Unsicherheit, drohender Währungsentwertung oder aus steuerlichen Gründen.

Kapitalflußrechnung
Die K. soll die Herkunft der Finanzierungsmittel aufzeigen.

Kapitalgesellschaft
Gesellschaft, die auf kapitalmäßiger Beteiligung der Mitglieder und nicht auf persönlicher Mitarbeit der Gesellschafter beruht (Gesellschafter können aber sehr wohl Angestellte der K. sein). Gegensatz ⇒ Personengesellschaft.
K.en sind juristische Personen.
Wichtigste:
- Gesellschaft mit beschränkter Haftung
- Aktiengesellschaft
- Kommanditgesellschaft auf Aktien

Kapitalgüter
Güter (z.B. Gebäude, Maschinen), welche zur Produktion anderer K. oder Konsumgüter benutzt werden.

Kapitalherabsetzung
Werden durchgeführt, um einen Teil des Kapitals, der nicht mehr benötigt wird, an die Aktionäre zurückzuzahlen oder eine bei der Gesellschaft entstandene Unterbilanz auszugleichen. Im letzteren Fall wird die K. dann häufig mit einer Kapitalerhöhung verbunden, um zunächst den Verlust zu tilgen und der Gesellschaft darüberhinaus neue Mittel zuzuführen.

Kapitalintensität
Verhältnis zwischen Kapitalinput und Arbeitsinput.

Kapitalintensiv
Kennzeichnung, wenn der Faktor „Kapital“ im Vergleich zu den übrigen produktiven Faktoren überwiegt.

Kapitalisierung
Berechnung des Kapitalwertes (z.B. Ertragswertes) eines Unternehmens, eines Wertpapiers oder eines anderen Vermögensobjektes nach der Formel

$$\frac{\text{Ertrag} \times 100}{p}$$

wobei p = Zinsfuß, zu dem die (zukünftigen) Erträge (z.B. Dividenden) kapitalisiert werden. Sowohl die zukünftigen Erträge als auch der zukünftige Zinsfuß müssen geschätzt werden. Der durch K. ermittelte Ertragswert eines Vermögenobjektes ist wesentlicher Bewertungsmaßstab beim Kauf bzw. Verkauf des betreffenden Objekts.

Kapitalkoeffizient
Verhältnis zwischen Kapital und Output. Der K. mißt also den Kapitalaufwand pro Output-Einheit (statistisch berechnet meist als Verhältnis des Bruttoanlagevermögens im Jahresdurchschnitt zum BIP). Man unterscheidet zwischen dem durchschnittlichen K. und dem marginalen K. Der durchschnittliche K. ist das Verhältnis Kapitaleinsatz zu Produktionsergebnis. Der marginale K. ist das Verhältnis der Veränderung des Kapitalstocks zum Zuwachs des Produktionsergebnisses.
Andere Bezeichnung: Capital-output-ratio. Der reziproke Wert des K. ist die Kapitalproduktivität.

Kapitalmarkt
Markt für Angebot und Nachfrage nach langfristigem Kapital. Der Wertpapiermarkt ist ein Teil des K.
Gegensatz ⇒ Geldmarkt.

Kapitalproduktivität
→ Kapitalkoeffizient

Kapitalraten
Sie dienen nur zur Rückzahlung des Kapitals. Neben den K. sind die entstehenden Kreditkosten gesondert zu begleichen.

Kapitalstock
Bestand an realen Produktionsmitteln. Der K. besteht aus folgenden Komponenten:
- Anlagevermögen in Produktions- und Dienstleistungsbetrieben
- Lagerbestände
- Grund und Boden (soweit bearbeitet) sowie Pflanzen- und Viehbestand der Land- und Forstwirtschaft
- Bestand an Infrastruktur

Kapitalumschlag
Diese Kennzahl gibt an, wie oft das Kapital im betrieblichen Leistungsprozeß, d.h. also von der Mittelbindung bis zur Mittelfreisetzung umgesetzt wird.

$$\frac{\text{Betriebsleistung}}{\text{Gesamtkapital}}$$

Kapitalwert
Wert der Nutzen abzüglich Wert der aufgewendeten Kosten einer Planungsvariante im Bezugszeitpunkt (in der Regel der Gegenwartszeitpunkt); Summe aller mit dem Zinssatz auf den Bezugszeitpunkt bezogenen Zahlungen.

Kapitalwertmethode
Bei der K. wird die Summe der abgezinsten Rohgewinne dem Kapitaleinsatz (Nettoinvestition) gegenübergestellt, wobei für die Abzinsung der Zinsfuß (der sogenannte Kalkulationszinsfuß) vom Unternehmen selber bestimmt werden muß. Der Kapitalwert entspricht somit dem Barwert aller zukünftigen geschätzten Einzahlungen und Auszahlungen (Investitionssumme, Nutzen und Betriebskosten). Im Hinblick auf die Gewinnziele ist jene Alternative am vorteilhaftesten, die den höchsten Überschuß ergibt.

KAPOVAZ
Abk. für Kapazitätsorientierte variable Arbeitszeit

Kartell
Vertragsmäßige Zusammenschlüsse selbständiger Unternehmen der gleichen Branche und Wirtschaftsstufe, um durch einheitliche Preis-, Konditionen- oder Produktionsvereinbarungen den Markt zu beeinflussen.

Kassageschäft
An der Börse: Abschlüsse, die sofort oder kurzfristig erfüllt werden müssen.
Gegensatz: Termingeschäft

Kassatag (A)
Tag, zu dem eine Abrechnung erfolgt.
Bei Wertpapieren: Fälligkeitstag des Kauf- bzw. Verkauferlöses;
z.B. in Österreich:
1. Für innerhalb einer Woche ausgeführte Geschäfte der dieser Woche nachfolgende zweite Montag (nach Erfüllung des Auftrages)
2. Bezug von jungen Aktien auf Grund einer Kapitalerhöhung: Der letzte Bezugstag
3. Sonderkassatag:
   - bei Zeichnung laut Prospekt
   - bei Fonds der Sparinvest KAG: 2. Börsentag nach Erfüllung
   - bei außerbörslichen Geschäften: Individuell

Kaufkraft
- Diejenige Geldsumme, die einem Wirtschaftssubjekt je Zeiteinheit zur Verfügung steht (Einkommen zuzüglich aufgenommene Kredite abzüglich zu tilgende Schulden).
- „Güterpreis des Geldes", also diejenige Gütermenge, die mit einer Geldeinheit gekauft werden kann.

Kaufkraftparitäten
K. werden aus den Preisverhältnissen von Waren bzw. Warengruppen mit entsprechender Gewichtung (Ausgabestruktur) abgeleitet und stellen in aggregierter Form die durchschnittlichen realen Austauschrelation der in der Endnachfrage enthaltenen Güter und Dienstleistungen dar. K. stellen ein wichtiges Werkzeug für internationale Wirtschaftsvergleiche dar. Ein Vergleich zu Wechselkursen würde demgegenüber ein verzerrtes Bild ergeben.

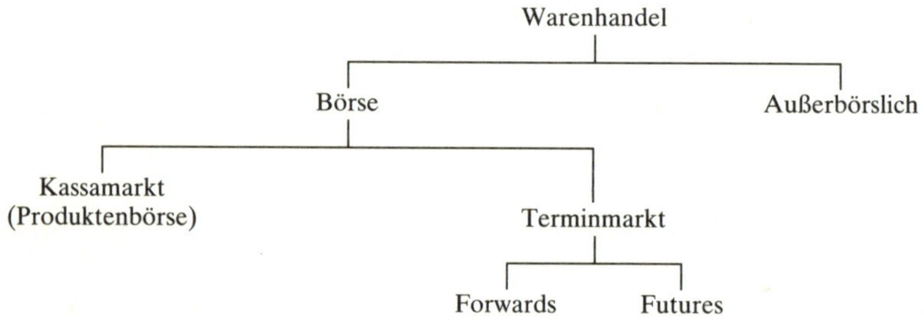

Kassenscheine der Österreichischen Nationalbank (A)
Gemäß § 55 Nationalbankgesetz ist die Österreichische Nationalbank berechtigt, verzinsliche oder unverzinsliche, auf Schilling lautende Schuldverschreibungen (Kassenscheine) zur Durchführung von Offenmarkttransaktionen zu begeben.

Kataster
Verzeichnis der Grundstücke eines Bezirkes mit Angabe über Lage, Größe und Eigentümer – bildet die Grundlage für das Grundbuch.

Kaufkraftparitätentheorie
Nach dieser Hypothese wird der Wechselkurs durch das Verhältnis der Preisniveaus in den einzelnen Ländern bestimmt. Man unterscheidet:
absolute K.: Hier wird der Wechselkurs durch das Verhältnis der allgemeinen Preisniveaus bestimmt.
relative K.: Hier wird eine Veränderung der Wechselkurse mit den Veränderungen der relativen Preisniveaus erklärt.

Kaufoption
Eine Option, die berechtigt, Wertpapiere

zu einem bestimmten Preis zu kaufen. Der Verkäufer muß liefern.
Der Käufer einer Option erkauft sich ein Recht und bezahlt dafür als Preis eine Prämie, der Verkäufer geht eine Verpflichtung ein und kassiert dafür die Prämie.
Andere Bez.: Call

Käufermarkt
Von einem K. spricht man, wenn sich der Käufer bei der Fixierung der Konditionen (Preis und sonstige Konditionen) in einer starken Position befindet.

Kautionsleasing
Hier ist die Leasingzahlung so kalkuliert, daß eine volle Ausfinanzierung der Gesamtinvestitionskosten während der Grundmietzeit herbeigeführt wird, obwohl die betriebsgewöhnliche Nutzungsdauer länger ist. Bei K. ist eine Teilung der monatlichen Leasingrate in einen Mietbestandteil und einen Kautionsbestandteil erforderlich.

Kennwort
Dient zur Identifizierung des Nutzers bzw. Anbieters gegenüber einem Rechner. Bewirkt, daß kein Unbefugter zu Lasten Dritter das System benutzt. Nur über das richtige Kennwort – manchmal auch Password genannt – kommt eine Verbindung des Nutzers mit dem Rechner zustande.
Andere Bez.: Password

Keybord
Eine Tastatur zur Eingabe von Buchstaben, Ziffern, Farben und Sonderzeichen in elektronische Datenverarbeitungsanlagen.

Keynes-Effekt
Zusammenhang zwischen Zinssatzveränderungen und Einkommensdispositionen.

Keynesianismus
Unter K. versteht man jene stabilitätspolitische Strategie, die sich – zu Recht oder Unrecht – auf den englischen Nationalökonomen John M. Keynes (theoretisches Hauptwerk erschien 1936) beruft; Inflation bzw. Arbeitslosigkeit werden auf gesamtwirtschaftliche Über- bzw. Unternachfrage zurückgeführt; durch eine wirtschaftspolitische Einflußnahme auf die „globalen“ Aggregate der inländischen Gesamtnachfrage (privater Konsum, private Investition, staatliche Nachfrage), primär durch Instrumente der Finanzpolitik (unterstützt durch flankierende Geldpolitik) soll versucht werden, Inflation bzw. Arbeitslosigkeit zu beseitigen.
Andere Bez.: „fiscal policy“, „demand management“, „antizyklische Finanzpolitik“

Knappheit
Das Grundproblem, zu dessen Lösung Ökonomen die verschiedensten Methoden entwickelt haben, ist das Problem der K. Die Notwendigkeit des Wirtschaftens resultiert aus dem Sachverhalt der K. Dies bedeutet, daß zu jedem Zeitpunkt die Bedürfnisse des Menschen größer sind als die zur Befriedigung dieser Bedürfnisse verfügbare Gütermenge bzw. daß bestimmte Güter nur unter Einsatz anderer nicht unbegrenzt verfügbarer Güter (menschliche Arbeitskraft, erschöpfbare Rohstoffe und Bodenschätze) hergestellt werden müssen.
Unter diesem Gesichtpunkt bedeutet Wirtschaften, Entscheidungen darüber zu treffen, welche Güter, wann, wo, von wem, für wen und womit hergestellt werden können.

Körperschaftssteuer
Besteuerung des Einkommens von Kapitalgesellschaften oder anderen juristischen Personen des Privatrechts und von Betrieben öffentlicher Körperschaften.

Körperschaftssteuersatz (A)
→ gespaltener Körperschaftssteuersatz

Kollaudierung
→ Benützungsbewilligung

Kollegialentscheidung
→ Gruppenentscheidung

Kommanditgesellschaft (KG)
Aus Voll- und Teilhaftern (Komplementär, Kommanditist) bestehende, zwecks Betrieb eines Handelsgewerbes unter gemeinschaftlicher Firma gegründete Personengesellschaft.
Beteiligung:
Zwei oder mehrere Personen
- mindestens ein Komplementär (Vollhafter) und
- mindestens ein Kommanditist (Teilhafter)

Haftung:
Komplementäre: Unbeschränkt – solidarisch – persönlich
Kommanditist: nur mit Einlage
Geschäftsführung:
Nur Komplementär(e) – Kommanditisten nur Kontrollrecht
Vorteile:
Für den Komplementär: Verbreitung der Eigenkapitalbasis ohne die Geschäftsleitung mit weiteren Gesellschaftern teilen zu müssen.
Für den Kommanditist: Beteiligung ohne Pflicht zur Mitarbeit, Beschränkung der Haftung.
Die KG ermöglicht somit den Zusammenschluß von
- fachlich qualifizierten Kaufleuten, die dann als Komplementäre wirken und
- finanzkräftigen Gesellschaftern, die jedoch nur eine Beteiligung mit beschränkter Haftung suchen und aus verschiedenen Gründen (z.B. mangelnde Fachkenntnis, Beteiligung an anderen Personengesellschaften) an der Geschäftsführung nicht beteiligt sein wollen bzw. nicht beteiligt sein können.

Nachteile:
- Für den Komplementär: Enge Bindung an die Gesellschaft, unbeschränkte persönliche und solidarische Haftung.
- Für den Kommanditist: Beschränkte Kontrollmöglichkeit.

Kommanditist
Gesellschafter einer Kommanditgesellschaft, haftet nur beschränkt (bis zur Höhe der Kommanditeinlage).

Kommando
Eine bestimmte Information, zur Steuerung eines Computers (oder eines Programms). Die Gesamtheit aller K.s, die dem Benutzer das Bedienen des Computers und seiner Peripherie ermöglicht, bezeichnet man als K.sprache.

Kommunalbriefe
Festverzinsliche Bankobligationen, deren Ausgabeerlös für die Finanzierung von kommunalen Vorhaben verwendet wird.

Kommunalbriefe
→ Pfandbriefe

Kommunalkredite
Meist langfristige Kredite an öffentlichrechtliche Körperschaften, wie Länder und Gemeinden und sonstige leistungsfähige Körperschaften.

Kommunalschuldverschreibungen
→ Pfandbriefe

Kommunikation
Unter K. versteht man heute das verbale und/oder nonverbale Miteinander-in-Beziehung treten von Menschen mit Menschen, Menschen mit Maschinen und Maschinen mit Menschen zum Austausch von Informationen (M.Becker-Huberti)
⇒ Datenk.
⇒ Breitbandk.
⇒ Massenk.
⇒ Individualk.
⇒ Abrufk.

Komparativ-Statisches Gleichgewicht
Vergleich zweier Gleichgewichtszustände eines Modells. Durch Veränderung bestimmter (einzelner oder aller exogener) Variablen verändern sich die Gleichgewichtswerte der endogenen Größen; diese werden in komparativ-statischen Modellen ableitbar, die notwendigen Anpassungsprozesse selbst aber nicht; für die Nachvollziehung der einzelnen Anpassungsschritte von einem Gleichgewichtszustand zu einem neuen (ausgelöst durch exogene „Schocks“) müßte ein dynamisches Modell entwickelt werden.

Kompatibilität
Allgemein bedeutet Kompatibilität Vereinbarkeit. In der Technik versteht man darunter die Übereinstimmung der Anlagen und Geräte, so daß diese ohne Schwierigkeiten miteinander verbunden werden können. Das setzt vorherige und regelmäßige Abstimmung voraus. Im nationalen .und internationalen Bereich legen zahlreiche Ausschüsse die für die Kompatibilität notwendigen Normen fest (⇒ Internationale Fernmeldeunion).

Kompensationsgeschäfte
Wechselseitige Tilgung zweier sich gegenüberstehender gleichartiger Forderungen durch gegenseitiges Aufrechnen (meist im Ostgeschäft).

Komplementär
Gesellschafter einer Kommanditgesellschaft; haftet unbeschränkt, solidarisch und persönlich.

Konjunkturtheorie
Theorie, die das regelmäßige Auftreten von periodischen Schwankungen im Auslastungsgrad des Produktionspotentials erklären soll.

Konjunkturzyklus
Unter dem Begriff K. verstand man früher Schwankungen einer ökonomischen Variablen (meist des BSP). Heute benützt man demgegenüber meist die Auslastung des ⇒ Produktionspotentials als Indikator für Konjunkturschwankungen.

Konkurrenz
→ Wettbewerb

Konkurrenzparadoxon
Dadurch, daß bestimmte Wirtschaftssubjekte oder Länder in einer Wettbewerbssituation das gleiche Ziel anstreben, treten mit zeitlicher Verzögerung unerwünschte Wirkungen auf, die zu Ertragseinbußen und unter Umständen zu einer Verschwendung von Ressourcen führen.
Beispiel: Wenn Stahlunternehmen in einzelnen Ländern zusätzliche Investitionen vornehmen, um ihre Kapazitäten auszuweiten, so kann es sich dabei durchaus um ein national begründetes Ziel handeln; weiten jedoch alle Stahlunternehmen auf der Welt ihre Kapazität aus, ohne daß die Nachfrage nach Stahl wächst, so kommt es weltweit zu Überkapazitäten.
⇒ Gefangenendilemma

Konkurrenzsystem
Beim K. handelt es sich um ein System der Einnahmeverteilung innerhalb des ⇒ Finanzausgleichs, bei dem jede Gebietskörperschaft sowohl die Art der Steuer als auch deren Höhe autonom bestimmen kann. Dem Vorteil einer Autonomie der Gebietskörperschaften steht der Nachteil einer möglichen Mehrfachbelastung der gleichen Steuerquellen gegenüber.
Andere Bez.: ungebundenes Trennsystem, freies Trennsystem

Konkurs
Besonderes gerichtliches Vollstreckungsverfahren, das dem Verwerten des gesamten, dem Schuldner zum Zeitpunkt der Konkurseröffnung gehörenden pfändbaren Vermögens zum Zwecke der gleichmäßigen Befriedigung aller an dem Verfahren teilnehmenden persönlichen Gläubiger dient.

Konkursmasse
Summe der Vermögenswerte des Gemeinschuldners ohne jede Vermögenswerte, an denen Absonderungsansprüche bzw. Aussonderungsansprüche bestehen.
→ Absonderung und → Aussonderung.

Konnektivität
Begriff aus der Systemanalyse. Anzahl und Art der Beziehungen zwischen den Elementen eines Systems.

Konnossement
Schiffsfrachtdokument; wird vom Schiffseigner (Reeder) oder dessen Agenten oder dem Kapitän für Seetransporte (bzw. Transporte auf manchen Flüssen) ausgestellt. Es verkörpert das Eigentumsrecht an der Ware. Wenn das K. einen Or-

der-Vermerk trägt, ist es durch Indossament (wie Wechsel) übertragbar.
engl.: Bill of Lading

Konsolidierung
Zusammenfassung einzelner Teilrechnungen zu einer Gesamtrechnung

Konsortialgeschäft
Gemeinschaftliche Transaktion (Kredite, Emission einer Anleihe usw.) mehrerer Geldinstitute, die sich zu diesem Zweck zusammenschließen.

Konsortialkredit
Kredit, der von zwei oder mehreren Kreditinstituten infolge seiner Höhe gemeinsam gewährt wird.
Andere Bez. (insbesondere bei sehr großen internationalen Krediten): „Jumbokredite"

Konsortium
Eine Gesellschaft des bürgerlichen Rechts, gebildet von Geldinstituten (Konsorten) zum gemeinsamen Durchführen eines bestimmten Geschäftes (Konsortialgeschäft).

Konsumentenrente
Differenz zwischen dem höheren Wert eines Gutes für den Konsumenten und dem niedrigeren Beschaffungspreis. Dem entspricht saldenmechanisch beim Verkäufer eine Verkäuferrente.

Konsumfunktion
Wichtiges Werkzeug der makroökonomischen Konsumtheorie.
Das zentrale Problem ist: Welche Änderungen welcher Variablen bewirken welche Änderungen der makroökonomischen Konsumnachfrage. Die wichtigsten Hypothesen:

- Keynessche Hypothese („absolute Einkommenshypothese")
  $C = a + bY$

Der aggregierte Konsum wird als lineare Funktion des laufenden Einkommens dargestellt.

- Friedmann-Brownsche-Hypothese (Dauereinkommenshypothese)
  $C = a + bY + cC_{-1}$

Hier wird davon ausgegangen, daß sich Konsumenten nicht nur am laufenden, sondern am permanenten Einkommen orientieren.

- Duesenberry-Modigliani-Hypothese (Relative Einkommenshypothese)
  $C = a + bY + cY_{-1}$

Geht davon aus, daß der private Konsum neben dem laufenden Einkommen auch vom vergangenen Höchsteinkommen abhängt. Damit kann erklärt werden, warum der private Konsum trotz kurzfristig sinkendem Einkommen nicht sinkt.

Konsum, öffentlicher
Dieser umfaßt die der Allgemeinheit ohne spezielles Entgelt zur Verfügung gestellten Verwaltungsleistungen der Gebietskörperschaften und der Sozialversicherung. Er ergibt sich nach Abzug der Verkäufe sowie der selbsterstellten Anlagen vom Produktionswert des Staates, der an Hand der laufenden Aufwendungen der Institutionen des Staatssektors gemessen wird. Zu den laufenden Aufwendungen für Verteidigungszwecke wird auch der Erwerb von militärischen Bauten und dauerhaften militärischen Ausrüstungen gerechnet. Sachleistungen der Sozialversicherung, der Sozialhilfe usw. an private Haushalte zählen zum ö.K. und nicht zum privaten Konsum.

Konsum, privater
Dieser umfaßt die Waren- und Dienstleistungskäufe der inländischen privaten Haushalte für Konsumzwecke und den Eigenverbrauch der privaten Organisationen ohne Erwerbszweck. Neben den tatsächlichen Käufen sind auch bestimmte unterstellte Käufe inbegriffen, wie z.B. der Eigenverbrauch der Unternehmer, der Wert der Nutzung von Eigentümerwohnungen sowie Deputate der Arbeitnehmer. Der Verbrauch auf Geschäftskosten wird nicht zum p.K. gezählt, sondern zu den Vorleistungen der Unternehmen. Nicht enthalten sind ferner die Käufe von

Grundstücken und Gebäuden, die zu den Anlageinvestitonen zählen.

Kontrakteinkommen
Einkommen, deren Höhe individuell oder kollektiv durch einen Vertrag festgelegt wird, also Löhne, Zinsen, Miet- und Pachtentgelte.

Konversion
Umtausch einer Anleihe in eine andere mit anderen Bedingungen. In erster Linie, um den Zinssatz den veränderten Marktbedingungen anzupassen. Jedoch kann mitunter eine K. auch wegen Änderung der Laufzeit der Anleihe und Herabsetzung des Nennbetrages der Stücke erfolgen.
Andere Bezeichnung: Konvertierung

Konvertibilität
Freie Umtauschbarkeit von Währungen untereinander. Es ist zu unterscheiden zwischen einer → Inländerk. und einer → Ausländerk.

Konvertierung
→ Konversion

Konvertierungsrecht
Das Recht zum Umtausch einer Schuldverschreibung in eine andere Schuldverschreibung.

Konzern
Zusammenschluß mehrerer rechtlich selbständig bleibender Unternehmen unter einheitlicher Leitung zu wirtschaftlichen Zwecken.

Konzernbilanz
Konsolidierte Bilanz einer Unternehmensgruppe, wobei die Abschlüsse der dem Konzern angehörenden Unternehmungen unter Ausschaltung aller konzerninternen gegenseitigen Beteiligungen, Forderungen und Schulden, Lieferungen und Leistungen (d.h. Käufe und Verkäufe) und ähnlicher Posten zusammengefaßt sind. Analog wird auch eine konzernmäßige Erfolgsrechnung aufgestellt.

Koppelproduktion
→ Kuppelproduktion

Korrelation
Zusammenhang zwischen quantitativen Merkmalen. Von einer postitiven K. spricht man, wenn eine entsprechende Veränderung bei dem einen Merkmal zu einer entsprechenden Veränderung bei dem anderen Merkmal führt.

Korrelationsanalyse
Analyse des Zusammenhanges zwischen zwei quantitativen Merkmalen. Im Vordergrund steht die Frage, *ob* ein bestimmter Zusammenhang zwischen den beiden Merkmalen besteht und *wie stark* der Zusammenhang ist. Die Regressionsanalyse beschäftigt sich demgegenüber mit dem Problem, *in welcher Form* der Zusammenhang dargestellt („abgebildet") werden kann.

Kosten
1. Güter- und Diensteverzehr einer Planungsvariante.
2. Ausdruck für die Gesamtheit oder einen Teil der von einem Individuum oder einem Kollektiv negativ bewerteten Wirkungen einer Planungsvariante.

Kostenfunktion
Funktionaler Zusammenhang zwischen Kosten und Ausbringungsmenge. Geht man von konstanten Faktorpreisen aus, dann kann man die K. direkt aus der Produktionsfunktion ableiten.
Entspricht der Verlauf der zugrundeliegenden Produktionsfunktion (mit zwei Inputs X_1 und X_2) einer substitutionalen Produktionsfunktion, dann ergibt sich die Kurve der variablen Kosten (als Produkt der Einsatzmenge des variablen Faktors X_1 mit dem Faktorpreis P_1) durch Spiegelung der Ertragskurve.
Fünf Hauptkosteneinflußgrößen sind zu unterscheiden:
Faktorqualitäten: Eine Änderung der Produktionsfaktoren hinsichtlich ihrer Qualität kann zu einem höheren oder niedrige-

ren Mengeneinsatz führen und damit die Kosten beeinflussen.

Faktorpreise: Eine Veränderung der Faktorpreise beeinflußt die Kosten, da Kosten das Produkt aus Mengen mal Preisen sind, z.B. Überstundenlöhne, Löhne (Nachtarbeit).

Beschäftigung: Die Änderung der Beschäftigung beeinflußt die Kosten, da der Betrieb im Rahmen seines Potentials an Produktionsfaktoren (seine Kapazität) sein Produktionsvolumen anpaßt (wichtigste Einflußgröße).

Betriebsgröße: Sie ist dann eine Kosteneinflußgröße, wenn sich bei einer Erweiterung der Anlagen die Betriebsanlagen ändern, also z.B. neue Verfahren eingeführt werden.

Fertigungsprogramm: Wird ein Fertigungsprogramm geändert, so ergeben sich auch Änderungen in den Betriebsanlagen, in der Ausnutzung und der Kombination der Produktionsfaktoren, wodurch auch Kostenänderungen entstehen.

Kosten-Nutzen-Analyse

Verfahren zur Bewertung öffentlicher Projekte bzw. Projektalternativen; durch monetäre Bewertung aller direkten und indirekten Kosten und Nutzen sollen Alternativen vergleichbar gemacht werden; methodisches Hauptproblem stellt dabei die monetäre Nutzenbewertung dar. Beispiele: Bewertung des Nutzens der Ausbildung, Gesundheitsvorsorge, Landschaftsbild, Umweltschonung. Ungelöst ist auch das Problem der zeitlichen Präferenzen (Diskontierung auf die Gegenwart zu welchem Diskontierungsfaktor?)

Kosten-Nutzen-Analysen

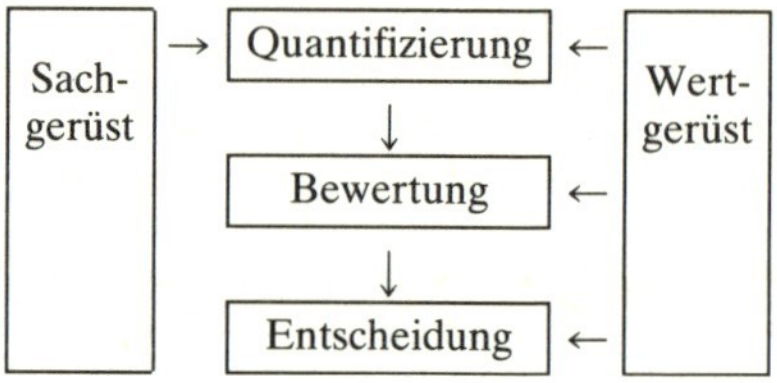

Kosten-Nutzen-Analyse i.e.S.

Ist immer dann anzuwenden, wenn

- eine komplexe Entscheidungssituation vorliegt, die ausschließlich einer monetären Beurteilung unterzogen werden soll und
- die für die Entscheidung maßgebenden Beurteilungsaspekte monetär bewertbar sind.

Beispiel: Vergleich von unterschiedlichen Regelquerschnitten für eine Straße, die hinsichtlich der Leistungsfähigkeit gleichwertig sind.

Kosten-Nutzen-Untersuchungen

Sammelbegriff für eine Reihe von Verfahren, die bei der Evaluierung von komplexen Projekten zur Anwendung gelangen.

Kostenrechnungssysteme

Zeitbezug der verrechneten Kosten / Sachumfang der verrechneten Kosten	Istkosten rechnung	Normalkosten-rechnung	Plankosten-rechnung
Vollkostenrechnung	Istkostenrechnung auf Vollkostenbasis	Normalkosten-rechnung auf Vollkostenbasis	Plankostenrechnung auf Vollkostenbasis
Teilkostenrechnung	Istkostenrechnung auf Teilkosten-basis	Normalkosten-rechnung auf Teilkostenbasis	Plankostenrechnung auf Teilkostenbasis

Es sind insbesondere:
→ Kosten-Nutzen-Analysen i.e.S.
→ Kosten-Wirksamkeitsanalyse
→ Nutzwertanalyse
KNU erstrecken sich dabei jeweils über 5 Phasen:
- Ermittlung des Sachgerüstes
- Ermittlung des Wertgerüstes
- Quantifizierungsphase
- Evaluierungs- oder Bewertungsphase
- Entscheidungsphase

Kostenrechnung
Ist die Erfassung, Verteilung und Zurechnung der Kosten, die bei der betrieblichen Leistungserstellung und -verwertung entstehen, wobei einerseits eine entscheidungsorientierte Zukunftsrechnung und andererseits eine kontrollierende Vergangenheitsrechnung durchgeführt werden kann.

Kosten-Wirksamkeitsanalyse
Ist immer dann anzuwenden, wenn
- eine komplexe Entscheidungssituation vorliegt und die Monetarisierung der Nutzenkomponenten nicht möglich oder nicht wünschenswert ist, an der Monetarisierung der Kostenkomponenten jedoch festgehalten werden soll.
- die Notwendigkeit besteht, eine Maßnahme unter diesen Voraussetzungen nach ihrer Effizienz zu beurteilen.

Beispiel: Behandlung der Effizienz beim Variantenvergleich einer städtischen Hochleistungsstraße in umweltempfindlicher Lage.

Kostgeschäfte
Geschäfte, durch die der Kostgeber Vermögensgegenstände gegen Entgelt mit der Verpflichtung zur Rücknahme auf den Kostnehmer überträgt. Hauptsächlich sind davon Kredite und Wertpapiere betroffen.
Mindestlaufzeit: Von der jeweiligen Liquiditätslage abhängig
Zielgruppe: Institutionen, Kommerz, vor allem Neukundenakquisition
Bei Kostgeschäften kommt es zu keiner Belastung der Mindest- und Liquiditätsreserven, das Entgelt kann zur Gänze dem Aktivgeschäft zur Verfügung gestellt werden.

Kotierung
Offizielle Einführung eines Wertpapiers an der Börse.

Kreditkarte
Ein internationales Zahlungsinstrument zum bargeld- und schecklosen Begleichen von Rechnungen in Vertragsunternehmen. Auf die aus Plastik bestehende Kreditkarte sind u.a. der Name, die Kartennummer und der Gültigkeitszeitraum eingeprägt.
Auch T&L-Card (travel and entertainment-Card) genannt.

Kreditplafondierung
Hier legt die jeweilige Zentralbank unmittelbar eine Obergrenze für das Kreditvolumen der Geschäftsbanken gegenüber Nichtbanken fest bzw. sie läßt nur einen bestimmten Prozentsatz der Kreditausweisung im Verhältnis zum aushaftenden Kreditvolumen zu.

Kreditrestriktion
Währungspolitische Maßnahme von der Notenbank zum Einschränken des Kreditvolumens.

Kreditrestriktion
Verengung der Liquidität der Geschäftsbanken, um deren Fähigkeit zur Einräumung von Krediten zu beschneiden. Die Notenbank betreibt K. durch Erhöhung von Mindestreserven und Herabsetzung von Kontingenten für Rediskont- und Lombardkredite der Geschäftsbanken, die von ihr gewährt werden.

Kreditschöpfung
Erhöhen der Geldmenge durch Kreditgewährung der Geldinstitute. Bewirkt eine „Bilanzverlängerung“ bei der einzelnen Bank und vor allem beim Kreditapparat insgesamt als Folge des Umstandes, daß jede Kreditausweitung, soweit nicht der Bargeldbedarf steigt, eine ebenso große

Einlagensteigerung beim selben oder bei einem anderen Kreditinstitut bewirkt: Verwendet der Kreditnehmer den ihm eingeräumten Kredit für die Überweisung von Geldbeträgen an Lieferanten, entstehen auf deren Konten entsprechende Guthaben und steigen die Einlagen der betreffenden Kreditinstitute, die nun ihrerseits mehr Kredite gewähren können. Die K. (die zugleich eine Giralgeldschöpfung ist, weil über die durch im Zuge der K. entstandenen Sichteinlagen wie über Bargeld verfügt werden kann) findet ihre natürliche Grenze nur im Zentralbankgeldbedarf für Barabhebungen. Mit ihrer → Mindestreservenpolitik kann aber die Notenbank die K. eindämmen.
Andere Bez.: Giralgeldschöpfung

Kreditschöpfungsmultiplikator
Koeffizient, der den Spielraum bestimmt, in dessen Rahmen Geschäftsbanken Geldschöpfung betreiben können. Der K. ist umso höher, je geringer die Mindestreserveverpflichtung und je geringer die Barabhebungsquote der Einleger ist. Der K. gibt nicht das tatsächliche Kreditangebot an; das tatsächliche Kreditvolumen hängt von der Kreditnachfrage innerhalb des Höchstbetrages ab.

Kreislaufanalyse
Die komplexen Wirkungen von ökonomischen Handlungen in einer arbeitsteiligen Wirtschaft lassen sich in Form eines Kreislaufes darstellen. Hierzu ist es jedoch notwendig, mikroökonomische Größen zu makroökonomischen Größen zusammenzufassen. Dadurch bleibt die Übersichtlichkeit der Kreislaufbewegungen gewahrt.
Transaktionen zwischen den Wirtschaftssubjekten, gemessen in Mengen oder Geldeinheiten, werden als Ströme bezeichnet. Wirtschaftssubjekte, die zu Gruppen zusammengefaßt werden, bezeichnet man als Pole. Die Transaktionen innerhalb eines Poles heben sich durch die Aggregation auf.

Darstellungsmöglichkeiten von Kreislaufsystemen:
- Graphische Darstellung: einfachste und übersichtlichste Darstellung solange nicht zu viele Pole zu berücksichtigen sind
- Darstellung in Kontenform: alle Pole werden als Konto (einmal) erfaßt, Transaktionen werden zweifach erfaßt (Prinzip der doppelten Buchhaltung)
- in Form eines Gleichungssystems: Pole und Transaktionen nur einmal erfaßt
- in Form einer Tabelle (Matrix): Pole werden zweimal erfaßt, Transaktionen nur einmal.

Elementare Kreisläufe

a) Kreislauf zwischen Haushalten und Unternehmen ohne Sparen und Investieren

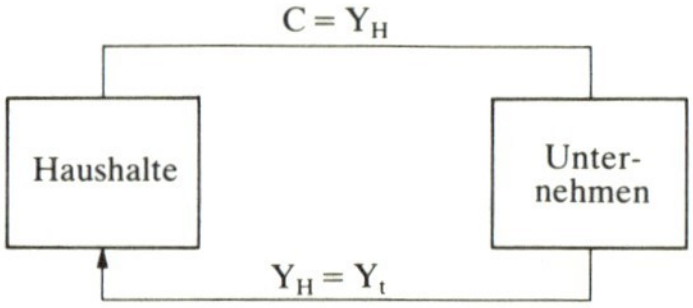

b) Kreislauf zwischen Haushalten und Unternehmen mit Sparen und Investieren

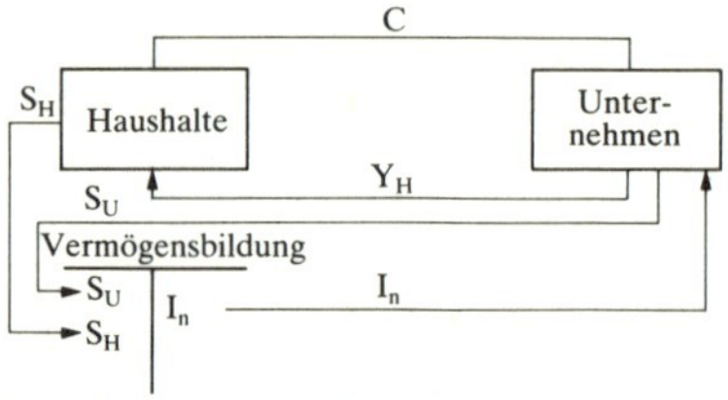

Y_U = Einkommen der Unternehmen (einbehaltene Gewinne)
Y_H = Haushaltseinkommen
Y_t = Produktionswert
C = Konsumgüterkäufe der Haushalte
S_H = Sparen der Haushalte
S_U = Sparen der Unternehmen
I_n = Nettoinvestition

Kreislaufaxiom
Die Summe der hineinfliessenden Ströme ist bei jedem Pol gleich der Summe der herausfliessenden Ströme.

Das K. ist in zwei Fällen erfüllt:
Fall 1: bei jedem Pol sind die zu- und abfliessenden Ströme zufällig gleich groß
Fall 2: durch die Einführung eines „Saldenpols" in Form eines Vermögensänderungskontos. Auf diesem Konto wird dann sichtbar, wessen Geldvermögen zu – bzw. abgenommen hat.

Kreislaufregeln

Regel 1: Alle Ströme werden durch große lateinische Buchstaben symbolisiert.

Regel 2: Tiefgestellte große lateinische Buchstaben geben den Sektor an, von dem der Strom herkommt oder zu dem er fließt. Die Bezeichnung der Sektoren sind:
H = Private Haushalte
U = Unternehmen
St = Öffentliche Haushalte („Staat")

Regel 3: Hochgestellte kleine lateinische Buchstaben dienen zur weiteren Unterscheidung der Ströme. Es bedeuten:
b = brutto, n = netto (bei Nationalprodukt, Investition)
dir = direkt, ind = indirekt (bei Steuern)
v = verfügbar, nach Steuerabzug (bei Einkommen).

Regel 4: Das Symbol Y wird außerdem durch tiefgestellte kleine lateinische Buchstaben näher gekennzeichnet. Dabei bedeuten:
m = zu Marktpreisen
f = zu Faktorkosten

Kreislaufsymbole

A_{St} = Ausgaben des Staates für Sachgüter, Dienst- und Faktorleistungen
C = Konsum, wobei C_H = privater Konsum, C_{St} = staatlicher Konsum
D = Abschreibungen („depreciation")
G = Einkommen aus Unternehmertätigkeit und Vermögen („Gewinne"); wobei G_U = unverteilte Gewinne der Unternehmen, G_H = ab die privaten Haushalte verteilte, G_{St} = an den Staat verteilte Einkommen aus Unternehmertätigkeit und Vermögen
I = Investition, wobei I^b = Bruttoinvestition, I^n = Nettoinvestition, I_U = Investition der Unternehmen, I_{St} = Investition des Staates
M = Import von Sachgütern, Dienst- und Faktorleistungen
S = Ersparnis, wobei S_H = Ersparnis der privaten Haushalte, S_U = Ersparnis der Unternehmen, S_{St} = Ersparnis des Staates
T = Steuern („taxes"), wobei T_H = (direkte) Steuern der privaten Haushalte, T^{ind} = indirekte Steuern (der Unternehmen), T_U^{dir} = direkte Steuern der Unternehmen, T^{dir} = gesamte direkte Steuern
X = Export von Sachgütern, Dienst- und Faktorleistungen
Y = Sozialprodukt (Volks-)Einkommen, wobei Y_m = Sozialprodukt zu Marktpreisen, Y_f = Sozialprodukt zu Faktorkosten, Y_H = Verfügbares Einkommen der privaten Haushalte
Z = Übertragungen („Zuschüsse", Transfers), wobei Z_U = Subventionen (an Unternehmen), Z_H = Transfers der öffentlichen an private Haushalte.

Kriterium

Begriff aus der Entscheidungstheorie. Merkmal (Gesichtspunkt) zur Beschreibung und Bewertung von ⇒ Alternativen.

Kritischer Weg

Begriff aus dem Bereich der ⇒ Netzplantechnik und des ⇒ Projektmanagements.

Kulisse

Berufsmäßiger Wertpapierhandel auf eigene Rechnung der Makler bzw. Kreditinstitute.

Kumulation

Verstärkung der Medienwirkung durch mehrere (ganz oder teilweise) übereinstimmende Informationen.

Kumulationsprinzip

→ Bewilligungskonkurrenz

Kumulative Vorzugsaktie
Vorzugsaktie, mit der das Recht verknüpft ist, in einem oder mehreren Jahren eventuell ausgefallene Dividendenzahlungen nachträglich zu erhalten.

Kundmachung der Österreichischen Nationalbank (A)
Durchführungsbestimmung der Österreichischen Nationalbank zum Devisengesetz (mit Verordnungscharakter).

Kupons
→ Coupons

Kuppelproduktion
Technisch verbundene Produktionsverfahren für zwei oder mehrere Güter, so daß bei Erzeugung eines Gutes ein oder mehrere andere Güter mitanfallen, für die z.T. keine Verwendung besteht oder die sogar unerwünscht sein können. Hierbei ist zu unterscheiden zwischen fester Koppelung, wobei die Produkte in einem technisch begründeten unveränderlichen Mengenverhältnis stehen, und loser Koppelung mit der Möglichkeit der Beeinflussung des Mengenverhältnisses der Produkte.

Kurs
Preis, der für Wertpapiere, Devisen, Valuten, Edelmetalle u.ä. festgesetzt wird. Beachtet wird der volkswirtschaftliche Grundsatz von Angebot und Nachfrage bzw. manchmal auch festgesetzt von dazu berufenen Organen unter Berücksichtigung des „inneren Wertes" des Objektes.
Geldkurs: Kurs, zu dem Geldinstitute von ihren Kunden Devisen oder Noten kaufen.
Brief-(Waren)kurs: Kurs, zu dem Geldinstitute ihren Kunden Devisen oder Noten verkaufen.

Kurs-Gewinn-Verhältnis
Amerikanischer Begriff „Price Earnings Ratio". Eine für die Anlageanalyse wichtige Kennziffer, die das Verhältnis zwischen Börsenwert und Nettogewinn pro Aktie angibt. Mit anderen Worten: Der Kurs einer Aktie dividiert durch den Gewinn pro Aktie. Ein niedriges K.-G.-V. deutet auf eine „billige" Aktie hin und umgekehrt, wobei jedoch die voraussichtliche Gewinnentwicklung eine wichtige Rolle spielt.

Kursabschlag
Zum Unterschied von festverzinslichen Wertpapieren (anfallende Stückzinsen werden bis zum Kassatag gesondert verrechnet) ist die zu erwartende Dividende bei Aktien bereits im Kurs enthalten. Bei Fälligkeiten der Dividende (Extag) wird der Kurs um die Dividende berichtigt (Abschlag). Auch Bezugs- und Teilrechte werden vom Kurs abgeschlagen.

Kurslimit
Grenze, bis zur der eine Währung, Wertpapiere etc. gekauft oder verkauft werden darf (dürfen).

Kurspflege
Verhinderung von extremen Kursschwankungen durch Abgaben bei steigenden Kursen und Käufen bei fallenden Kursen.

Kurssicherung
(englisch: hedging).
Um das Risiko von Kursänderungen zu begrenzen, werden sogenannte Termingeschäfte abgeschlossen, d.h. es wird bereits am Abschlußtag ein fixer Kurs vereinbart, zu dem dann am Fälligkeitstag das Geschäft getätigt wird. Dadurch können Unsicherheiten in der Kalkulation von Auslandsgeschäften beseitigt werden. Z.B. kann ein Importeur, der zu einem späteren Zeitpunkt Zahlungen in Auslandswährung für gelieferte Ware zu leisten hat, die hierzu benötigten Devisen vorerst per Termin kaufen. Ebenso kann ein Exporteur später erwartete Deviseneingänge per Termin verkaufen.
Spekulative Devisen-Termingeschäfte sind untersagt. Jedem Geschäft muß nachweisbar ein abgeschlossenes Warengeschäft zugrunde liegen (daher ist z.B. eine Kurssicherung von Aktienbeständen nicht möglich).

Kursspanne
Differenz zwischen Brief- und Geldkurs. Auch bei US-$ und Can$ zwischen Brief- und Geldkurs, nicht zwischen Brief- und Scheckkurs!

Kurswert
Börsenwert, d.h. der Wert, zu dem Wertpapiere an der Börse gehandelt wird.

KWG
Abk. für Kreditwesengesetz

Kybernetik
Die Wissenschaft von den informationellen Strukturen im technischen und außertechnischen Bereich.

Länderrisiko
Risiko, daß ein Land infolge einer ungünstigen wirtschaftlichen Entwicklung nicht mehr in der Lage ist, seinen eingegangenen Zahlungsverpflichtungen nachzukommen, da ein Mangel an ⇒ Devisen besteht.

Lafferkurve
Mit wachsendem ⇒ Grenzsteuersatz steigt zunächst auch das Steueraufkommen und erreicht dann einen Maximalwert. Jede weitere Erhöhung des Grenzsteuersatzes bringt von diesem Punkt an nur sinkende Steuererträge.

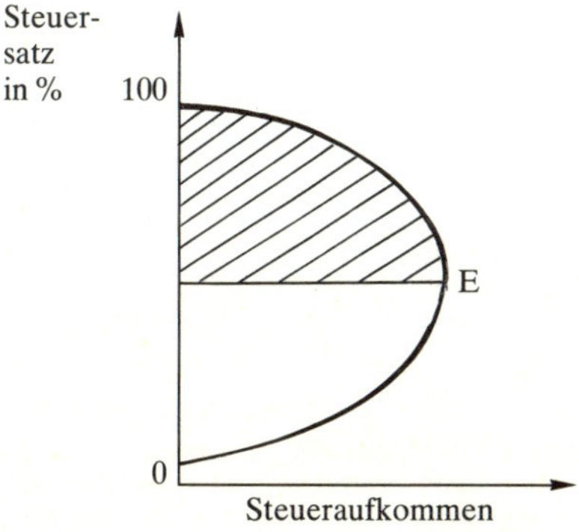

Lag
→ Verzögerung

Lagerinvestition
→ Sachinvestition

Lagstrukturen
Summe aller zeitlichen Anpassungsverzögerungen in einem bestimmten Bereich und deren Verhältnis zueinander.

LAN
Engl. Abk. für local area networks
lokale Netzwerke

LASER
Kunstwort: Light Amplification by Stimulated Emission of Radiation (Lichtverstärkung durch induzierte Strahlenemission).

Lead
Zeitlicher Vorsprung einer Größe vor einer anderen Größe.

Leasing
Unter Leasing versteht man die Vermietung von beweglichen und unbeweglichen Anlagegütern sowie von Konsumgütern. Nicht das Eigentum an Gütern ist entscheidend, sondern die Möglichkeit einer produktiven Nutzung dieser Güter. Zwei Arten von Leasing werden meist unterschieden:
⇒ Finance Leasing und
⇒ Operate Leasing

Leerverkauf (A)
Windhandel
- Börsentransaktion, ohne daß der Verkäufer über die entsprechenden Titel verfügt (In Österreich nicht möglich)
- Verkäufe auf Zeit von Waren, die der Verkäufer noch nicht besitzt, die er jedoch bis zum Liefertermin günstiger einzukaufen hofft, um einen Spekulationsgewinn zu erzielen.

Leistungsbilanz
Teilbilanz der Zahlungsbilanz, welche die Leistungstransaktionen einer Volkswirtschaft mit dem gesamten Ausland zeigt und die im wesentlichen durch Zusam-

menfassung der Handelsbilanz, der Dienstleistungsbilanz und der nicht in Waren oder Dienste unverteilbaren Leistungen entsteht. Der Saldo der Leistungsbilanz gibt die Veränderung der Auslandsnettoposition wieder, d.h. die Zu- oder Abnahme der Vermögensposition einer Volkswirtschaft gegenüber dem Ausland.

In Österreich kommt noch eine vierte Position dazu, nämlich Niwodul (Abk. für „Nicht in Waren oder Dienste unterteilbare Leistungen"). Diese Position spiegelt die Schwierigkeiten der Trennung von Ware und Dienstleistung im Fall moderner Produktions- und Handelsstrukturen wider. Sie enthält u.a. sowohl von der Außenhandelsstatistik nicht registrierte, abgabenfreie Importe als auch mit dem Warenverkehr verbundene Dienstleistungen, wie Know-how, Engineering, Montagekosten. Weiters sind Handelskredite darin enthalten, die jedoch gesondert erhoben und in der revidierten Fassung der Zahlungsbilanz (Jahresdaten) umgebucht werden.

Andere Bezeichnung: Bilanz der laufenden Posten.

Leistungstransaktionen
Transaktionen von Gütern und Dienstleistungen, durch die das Geldvermögen der Höhe nach verändert wird.

Leitungsspanne
Die Anzahl der Linien- und/oder Stabseinheiten, die von einer unmittelbar übergeordneten Instanz (=Leitungsstelle) direkt geleitet werden.

Leitwährung
Währung eines Landes, zu der andere mit ihm wirtschaftlich stark verflochtene Länder ihre eigene Währung in einem festen Austauschverhältnis halten.

Leontief-Produktionsfunktion
Bezeichnung nach Wassily Leontief, Produktionsfunktion mit ⇒ limitationalen Produktionsfaktoren. Wird mitunter auch als Produktionsfunktion vom Typ B in Anlehnung an Erich Gutenberg bezeichnet.

Letter of Credit
Kreditbrief, mit dem eine Bank eine andere anweist, einem Begünstigten einen bestimmten Geldbetrag auszuzahlen.

Leverage-Effekt
Angloamerikanischer Fachausdruck für die bei kreditmäßig finanzierten Investitionen entstehende Hebelwirkung (leverage = Hebelkraft) auf die Ertragskraft des Eigenkapitals.

Bezeichnet die Abhängigkeit der Rentabilität des Eigenkapitals und ihrer Unsicherheit vom Umfang der Fremdfinanzierung. Bei gegebener Rentabilität des Gesamtkapitals einer Unternehmung steigt die Rentabilität des Eigenkapitals mit steigender Fremdfinanzierung, wenn die Rentabilität des Gesamtkapitals größer als der Fremdkapitalzinssatz ist.

Liberalisierung
Vollständiges oder teilweises Befreien des internationalen Handels-, Zahlungs- und Kapitalverkehrs von mengen- und wertmäßigen Beschränkungen.

LIBOR
Abk. für „London-Inter-Bank-Offered-Rate".

Zinssatz, zu dem die Banken die hereingenommenen Gelder wieder plazieren. An der Höhe des Zinsaufschlages zu L. kommt die Einschätzung des Kreditnehmers durch den Kreditgeber zum Ausdruck. Der L. ist ein Angebots – oder Briefzins.

Lichtgriffel
Dient entweder zur Abtastung eines Balkencodes (z.B. bei Waren an der Registrierkassa) oder zur Angabe von Stellen am Bildschirm.

Life-cycle-Hypothese
Hypothese betreffend die Entwicklungsphasen eines Produktes

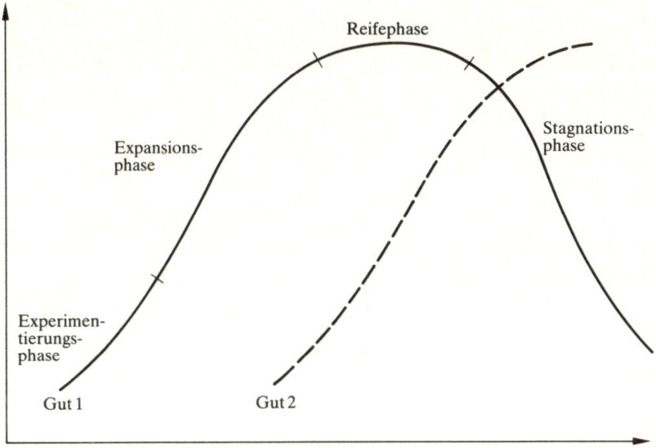

LIFFE
Abk. für London International Financial Futures Exchange

LIFO
engl.: Last In First Out
die zuletzt in den Speicher übernommene Information wird zuerst wieder ausgegeben; Entnahmeprinzip des Stapelspeichers, im Gegensatz zu ⇒ FIFO.

Limean
Arithmetisches Mittel zwischen LIBOR und BID-rate

LIMES Ⓐ
lat. = Grenze
Von der Österreichischen Nationalbank eingeführte Beschränkung der Geldinstitute bei der Kreditvergabe. Instrument zur Geldmengensteuerung durch die Österreichische Nationalbank. Beim LIMES II darf das Wachstum des bei einem Geldinstitut aushaftenden Kreditvolumens pro Monat höchstens einen gewissen Prozentsatz der Summe der zu diesem Zeitpunkt aushaftenden Kredite betragen.

LIMIT Ⓐ
Vom Auftraggeber dem Geldinstitut vorgeschriebener äußerster Kauf- bzw. Verkaufskurs.
Bei Gewährung von Anrechten und bei Zahlung von Dividenden wird der Kurs an der Wiener Börse um einen dem Anrecht bzw. der Dividende entsprechenden Wert vermindert (Abschlag). Erfolgt ein Abschlag während der Laufzeit eines limitierten Auftrages – L. wird ebenfalls automatisch um den Abschlag vermindert.

Limitationalität
Begriff aus der Produktionstheorie. Liegt dann vor, wenn die Grenzen der Substituierbarkeit von Produktionsfaktoren erreicht sind. Von diesem Punkt an bedeutet der vermehrte Einsatz eines Faktors automatisch einen gleich hohen Einsatz des anderen Faktors. Beide Faktoren sind also von diesem Punkt an Komplementärfaktoren.

Limited Order
Auftrag eines Kunden an den Broker, der im Zusammenhang mit seiner Ausführung Beschränkungen unterworfen ist, z.B. nur über oder unter einem bestimmten Preis oder innerhalb eines bestimmten Zeitraums ausgeführt werden darf.

Liniensystem
Das auf den Franzosen Henry Fayol zurückgehende Liniensystem unterstellt von der obersten bis zur untersten Instanz einheitliche Befehls- und Informationswege. Die Vorteile liegen im straffen Organisationsaufbau und in de klaren Festlegung von Anordnungen und Verantwortung.

Liquidation
Alle Maßnahmen zur rechtlichen und tatsächlichen Auflösung einer Gesellschaft oder eines Vereins.

Liquidierung
Glattstellung einer Position an der Termin- oder Optionsbörse, üblicherweise aber nur für die Glattstellung einer Kauf-Position verwendet.

Liquidität (A)
- Zahlungsbereitschaft ergibt sich aus Verhältnis
  flüssige Mittel: fällige Verbindlichkeiten
- gesetzlich vorgeschriebene Relation zwischen leicht verwertbaren Aktiven einerseits und kurzfristigen Verbindlichkeiten andererseits
- Vermögenswerte, die rasch in Geld umgewandelt werden können.

Regelungen lt. KWG (Li 1, Li 2)
Um ihre Zahlungsbereitschaft zu sichern, haben die Kreditinstitute flüssige Mittel 1. und 2. Grades zu halten.
Li 1: 10% der Verpflichtungen in ÖS müssen in liquiden Mitteln 1. Grades, das sind
- Kassa
- Österreichische Nationalbank-Guthaben
- Postsparkassen-Guthaben
- täglich fällige und bis 30 Tage gebundene Gelder beim jeweiligen Zentralinstitut (so vorhanden)

veranlagt werden.
Li 2: 25% des Verpflichtungen in ÖS müssen in liquiden Mitteln 2. Grades, das sind
- reeskontfähige Wechsel
- lombardfähige Wertpapiere
- Zwischenbankveranlagungen bis 30 Tage gebunden
- Veranlagungen beim jeweiligen Zentralinstitut auch über 30 Tage verlangt werden.

Liquidität, internationale
Unter i.L. versteht man die Fähigkeit der jeweiligen nationalen Währungsbehörden, auftretenden Finanzierungsdefizite gegenüber dem Ausland mit bestimmten Zahlungsmitteln zu finanzieren. Als Zahlungsmittel kommen in Frage:
(a) Goldbestände
(b) Bestände an konvertiblen Devisen,
(c) Einlagen beim IWF und die damit verbundenen Ziehungsrechte
(d) Sonderziehungsrechte

Liquiditätsfalle
Von einer L. spricht man, wenn die Zinselastitzität der gesamtwirtschaftlichen Liquiditätspräferenzfunktion einen Wert von Null bis unendlich aufweist. Dies bedeutet, daß die Wirtschaftssubjekte einer Volkswirtschaft bei einer infinitesimal kleinen Zinssenkung unendlich viel zusätzliche Kasse zu halten bereit sind.

Liquiditätsgrad
Der L. eines Vermögensobjektes ist umso größer, je geringer der Zeitverlust und eine mögliche Werteinbuße bei seiner Umwandlung in Geld ist. Er hängt demnach ab von der Größe und dem Organisationsgrad des Marktes, auf dem dieses Vermögensobjekt gehandelt wird. Das liquideste Vermögensobjekt ist Geld. Der L. eines Vermögensobjektes ist streng zu scheiden von der Liquidität eines Wirtschaftssubjektes.

Liquiditätsreserve (A)
Mittel (vor allem eines Geldinstitutes), die zum Aufrechterhalten der normalen Zahlungsbereitschaft und einer ausreichenden Liquidität – auch bei stärkeren Anforderungen – gehalten werden müssen. So müssen etwa Sparkassen 10% der Spareinlagen und 20% der sonstigen Einlagen (Giroeinlagen, Depositen und Einlagen von Kreditunternehmungen) höch-

stens jedoch *14$* der gesamten Schillingeinlagen bei der Girozentrale unterhalten.
(Berechnungsstichtag: Quartalsultimo)

Liquiditätssaldo
Stellt darauf ab, wieviel ⇒ Zentralbankgeld die Geschäftsbanken bereits besitzen (aktuelles Zentralbankgeld) und wieviel sie sich noch beschaffen können (potentielles Zentralbankgeld). Vom Verwendungszweck her besteht der L. aus der gebundenen Liquiditätsreserve (Mindestreserve) und der freien Liquiditätsreserve (Überschußreserve + Bestand an inländischen Geldmarktpapieren + nicht ausgenützte Rediskontkontingente + nicht ausgenutzter Lombardspielraum). Unausgenutzte Rediskontkontingente ermöglichen die Weitergabe zusätzlicher Handelswechsel an die Zentralbank.

Lires
→ Liquiditätsreserve und Geldpolitik

LISP
Abk. für List Processing Language
Programmiersprache der vierten Generation, die auf ⇒ ALGOL aufbaut. Eignet sich besonders für ⇒ Expertensysteme.

Lizenz
Erlaubnis ein Patent oder Verfahren auszunützen (meist gegen Entschädigung).

LM-Kurve
Kurve, bei der ein monetäres Gleichgewicht zwischen der Geldnachfrage L und dem Geldangebot M besteht.

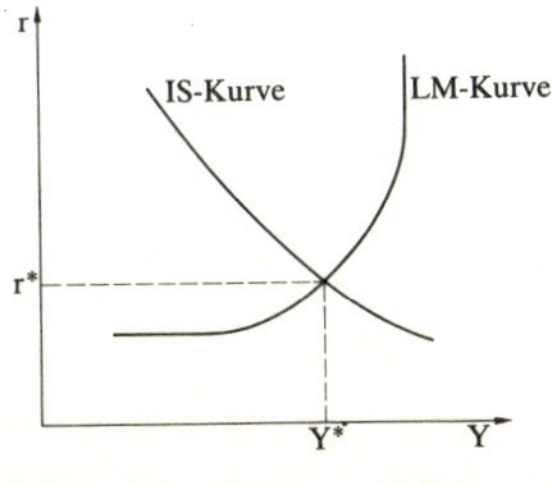

Loanable-Funds-Hypothese
Zusammenhang zwischen Zinshöhe bzw. Zinsänderungserwartung und der Bereitschaft Zahlungsmittelbestände („loanable funds") in Wertpapieren anzulegen.

Lobby
Gruppe von Personen mit gemeinsamer Zielsetzung, die versucht, auf politische Entscheidungen Einfluß zu nehmen.

Löschung
Eine L. im Grundbuch erfolgt, wenn die dinglichen Rechte an einem Grundstück zu bestehen aufhören – Austragung im Grundbuch.
⇒ Grundbuch.

Löschungserklärung
Erklärung des Gläubigers, daß das der Hypothek zugrundeliegende Kredit- bzw. Darlehensverhältnis aufgelöst wurde.

Logistik
Der Begriff stammt aus der Militärsprache, in welcher darunter alle Maßnahmen verstanden werden, die notwendig sind, um die Truppen zur rechten Zeit und am richtigen Ort mit den erforderlichen Mitteln zu versorgen.
L. hat im Unternehmen dafür Sorge zu tragen, daß
- eine problemlose Roh-, Hilfs-, Betriebs- und Energieeinsatzstoffversorgung sichergestellt wird,
- die im Unternehmen erforderlichen Warenmanipulationen zeit-, raum- und kostengerecht erfolgen,
- Kunden in einer Weise beliefert werden, welche bestehende Kundenbeziehungen erhält und es ermöglicht, neue zu gewinnen.

Man unterscheidet
- Beschaffungs-L.
- Produktions-L.
- Vertriebs-L.

Lohmann-Ruchti-Effekt
Die durch freigesetzte Abschreibungen beschafften Anlagen setzen über die Abschreibungsverrechnungen in den Preisen selbst wieder Abschreibungen frei. Durch die Freisetzung der Abschreibungen und

deren Verwendung im Anlagenbereich tritt ein Erweiterungseffekt auf, der als L.-R.-E. bezeichnet wird.
Im makroökonomischen Bereich bezeichnet man auch den L.-R.-E. als Domar-Effekt.
Durch den L.-R.-E. kann allerdings nur die Periodenkapazität und nicht die Totalkapazität erweitert werden. Eine echte Erweiterung des Anlagenbestandes würde nur dann eintreten, wenn der Abschreibungsverlauf dem Nutzungsverlauf vorauseilt, d.h. wenn jährlich mehr abgeschrieben wird als dies der technischen Nutzung entspricht.

Lohnquote
Prozentualer Anteil der Einkommen aus unselbständiger Tätigkeit am Volkseinkommen. Die „bereinigte" L. berücksichtigt den Umstand, daß der Anteil der unselbständig Beschäftigten an der Erwerbsbevölkerung ständig zunimmt. Neben den method. Problemen der Erfassung der bereinigten L. reduziert das Phänomen der Querverteilung die Aussagefähigkeit dieses Indikators. Unter Querverteilung versteht man, daß ein Wirtschaftssubjekt Faktoreinkommen nicht nur aus einer Faktorquelle bezieht, sondern aus mehreren. Dennoch wird die L. häufig in der verteilungspolitischen Debatte verwendet.

Lohn- und Preisspirale
Prozeß, bei dem Lohnerhöhungen automatisch zu Preiserhöhungen führen und umgekehrt. Verursacht oder beschleunigt die Inflation.

Lombard
Belehnen z.B. von hinterlegten Wertpapieren oder Waren, meist bei einem Geldinstitut.

Lombardkredit
Zentralbankkredit an Geschäftsbanken gegen Hergabe von Pfändern.

Lombardpolitik
Instrument der jeweiligen Zentralbank zur Steuerung der Geldmenge. Lombard ist das Verpfänden von Wertpapieren oder Waren. Für den durch Lombard gesicherten Kredit sind ebenfalls Zinsen zu zahlen. Dieser Zinssatz ist wie die Bankrate (die immer niedriger ist) ein Mittel zum Versteuern oder Verbilligen von Krediten – und damit ein Instrument zum Steuern des Geldumlaufes.

Lombardsatz
jener Zinssatz, zu dem die jeweilige Zentralbank lombardfähige Wertpapiere belehnt.

Lombard Street
Straße in der Londoner City. Im übertragenen Sinn gleichbedeutend mit Geldmarkt.

Long
Eine Kursentwicklung positiv einschätzen.
Gegenteil: Short

Lorenz-Kurve
Konzentrationsmaß das angibt, wie bestimmte Merkmale von zwei Variablen einander zugeordnet sind. Beziehen z.B. in einem Entwicklungsland 20% der Bevölkerung 70% des Volkseinkommens, so liegt eine hohe Konzentration vor. Je weiter die L. von der 45°-Achse entfernt ist, desto ungleicher ist die Verteilung bzw. desto größer ist der Konzentrationsgrad. Umkehrt würde eine Gleichverteilung

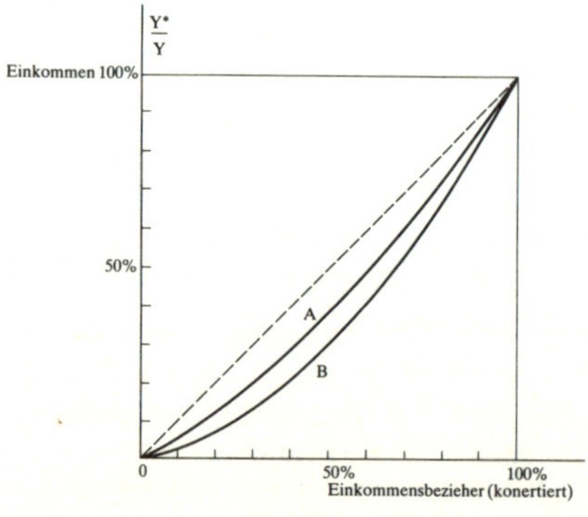

(oder ein Konzentrationsmaß von Null) vorliegen, wenn die L. mit der 45°-Achse zusammenfällt. ⇒ Gini-Koeffizient.

Lorokonto
Konto einer anderen Kreditunternehmung bei einer Bank; Beispiel aus dem Auslandszahlungsverkehr: Schillingkonto einer ausländischen Bank bei einem österreichischen Kreditinstitut.

Losungswort
Klausel zum Sichern vor unbefugter Verfügung.

Lücken
Da Wirtschaftssubjekte oft nur einen Teil ihrer Pläne verwirklichen können, treten häufig L. auf. Grundsätzlich liegt eine Lücke (bzw. aus anderer Perspektive ein Überschuß) vor, wenn das Angebot größer ist als die Nachfrage oder die Nachfrage größer als das Angebot ist. Je nachdem, ob es sich um Faktormärkte, Konsumgütermärkte oder Geldmärkte handelt, unterscheidet man zwischen
- Faktorl.
- Güterl.
- Geldl.

Ob und in welchem Ausmaß es zu L. kommt, hängt ab von der Größe der Märkte, der Art und Menge der angebotenen bzw. nachgefragten Produkte, der Anpassungsfähigkeit der einzelnen Gruppen an neue Situationen, den verfügbaren Ressourcen sowie den Spar- und Konsumgewohnheiten der Haushalte.

Luftfrachtbrief
Urkunde, daß die Luftfrachtgesellschaft die Ware zur Beförderung und Auslieferung an einen bestimmten Empfänger übernommen hat.

Lundberg-Lag
Zeitabstand zwischen einer Änderung der Nachfrage und einer Änderung des Outputs.

M
Symbol für Geldmenge. Durch Hinzufügung von Zahlen (M_1, M_2...) werden verschiedene Geldmengenbegriffe definiert.

Magisches Vieleck
Von einem M.V. spricht man, wenn ein Bündel von gesamtwirtschaftlichen Zielen angestrebt werden soll, sich einige dieser Ziele jedoch gegenseitig beeinträchtigen, d.h. die Erreichung eines Zieles nur auf Kosten eines anderen Zieles möglich ist. Folgende Ziele sind in der Regel im „magischen Zielbündel" enthalten:
- Stabilität des Preisniveaus
- hoher Beschäftigtenstand
- außenwirtschaftliches Gleichgewicht
- angemessenes Wachstum
- angemessene Verteilung von Einkommen und Vermögen.

Magnetbandkassetten
Billiger Speicher für große Datenmengen, der aber nur einen verhältnismäßig langsamen, sequentiellen Zugriff erlaubt. Wird bei größeren Anlagen v.a. zur Datensicherung eingesetzt.

Magnetblasenspeicher
engl.: Bubble-Memory.
Elektronischer Speicher mit schnellen Zugriffszeiten zwischen Hard-Disk und

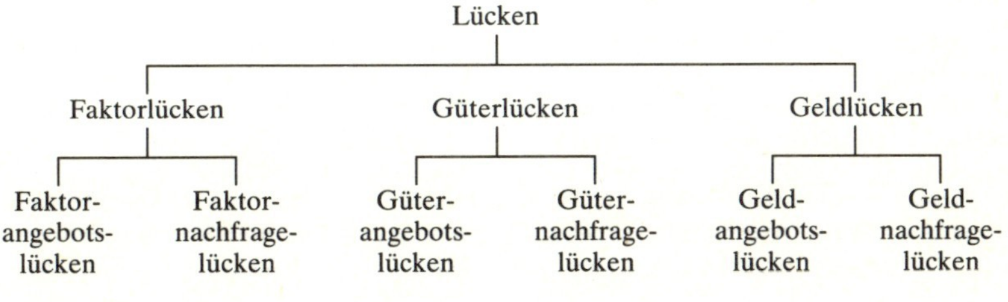

den Halbleiterspeichern im RAM (Arbeitsspeicher).

Magnetstreifenkarte

- Vollplastikkarte zum Bedienen von Geldausgabeautomaten-indoor (Bargeldbeheben und Kontostandabfrage) bzw. Bankomat-outdoor (Bargeldbeheben)
- Daten des Kunden (Name, Kontonummer) auf Karte geprägt bzw. auf Magnetstreifen der Kartenrückseite gespeichert.
- Sichern vor unbefugter Verwendung durch einen vierstelligen Code.

Makematrix

Begriff aus der Input-Output-Analyse

Die M. zeigt die inländische Produktion (den „Output") nach Wirtschaftsbereichen und Gütergruppen. Zeilenweise gelesen zeigt die M. daher die gütermäßige Zusammensetzung der Produktion je Wirtschaftsbereich, spaltenweise gelesen das Aufkommen eines Gutes bzw. einer Gütergruppe aus inländischer Produktion und aus Importen. Die Summenspalte enthält daher die Bruttoproduktionswerte der Wirtschaftsbereiche und die gesamten Importe, die Summenzeile das Gesamtaufkommen je Gütergruppe. Die Outputs in der M. sind zu Produzentenpreisen ohne Mehrwertsteuer bewertet, die Importe ⇒ cif-Grenze.

Makler

gewerbemäßiger Vermittler von Geschäften: Handels-, Grundstücks-, Hypotheken-, Versicherungs-, Wertpapier-M. Darf auch für eigene Rechnung kaufen. Vgl. ⇒ Sensal

Makrobefehl

Kurz: „Makro"

Zusammenfassung von mehreren gleichartigen, regelmäßig wiederkehrenden Aufgaben. Durch M.e wird vermieden, daß Befehle für eine Routinearbeit (z.B. Ein- und Ausgabe von Informationen) immer wieder neu geschrieben werden müssen. Die Summe aller M.e werden in einer sog. „Makrobibliothek" geführt.

Management

Gesamtheit der mit überwiegend dispositiven Aufgaben beschäftigten Personen, wobei man unterscheidet zwischen

- Top-Management (Führungsebene: Mitarbeitender Eigentümer, Geschäftsführer, Vorstand)
- Middle-Management (Leitungsebene: Leiter der einzelnen Funktionsbereiche des Unternehmens, wie z.B. des Einkauf der Produktion, der Verwaltung etc.)
- Lower-Management (Ausführungsebene: Abteilungsleiter, Meister)

Management by Exception

Diese Managementmethode dient zur Entlastung der Unternehmensspitze von täglichen Routineentscheidungen und führt gleichzeitig durch Delegation von Entscheidungen auf die mittleren und unteren Managementebenen zu verstärkter Motivation und größerem Leistungswillen.

Mantel

Teil eines Wertpapiers

Aktie: der tatsächliche Nachweis eines Anteilsrechts an eine Gesellschaft

Anleihe: der tatsächliche Nachweis einer Forderung.

Marge

Spanne zwischen Soll- und Habenzinsen des Geldinstitutes.

Marginalanalyse

Eine Methode, die mit Grenzwerten arbeitet. Der Grund für die Anwendung der M. liegt vielfach darin, daß bei vielen ökonomischen Problemen weniger der Durchschnitt als vielmehr neue Sachverhalte und deren Auswirkungen wesentlich sind. Dazu kommt noch, daß der Volkswirt keine ausreichenden Informationen über Durchschnittsgrößen bzw. Bestandsgrößen hat und daher vielfach gezwungen

ist, mit marginalen Größen bzw. Strömungsgrößen einer Periode zu arbeiten.
⇒ Grenzkosten
⇒ Grenzproduktivität

Marginale Sparquote
Grenzneigung zum Sparen.
Verhältnis Sparzuwachs zu Einkommenszuwachs.

Marketing-Infrastruktur
Gesamtheit der vor allem unternehmensintern wirkender Marketinginstrumente und Potentialfaktoren, deren Einsatz gewährleisten soll, daß der ⇒ Marketingmix zielgerecht verwirklicht werden kann.

Marketing-Mix
Die von einem Unternehmen zu einem bestimmten Zeitpunkt eingesetzte (nicht notwendigerweise optimale) Kombination ihrer absatzpolitischen Instrumente (Topritzhofer).
Der M.M. umfaßt in der Regel vier Gruppen von Instrumenten:
- Produkt/Sortiment
- Preissystem/Preispolitik
- Absatzförderung/Werbung
- Distribution

Market Order
Ein Auftrag zur sofortigen Ausführung zum besten verfügbaren Preis.

Markoffprozeß
Ursprünglich jeder Prozeß, der eine stochastische Reihe erzeugt, deren benachbarte Terme durch Übergangswahrscheinlichkeiten gegeben sind. Heute auch für stochastische Reihen gebraucht, deren statistischer Einfluß sich über beliebige endliche Folgen erstreckt.

Markt
Summe sämtlicher Tauschbeziehungen zwischen Anbietern und Nachfragern eines Gutes innerhalb eines bestimmten Raumes zu einem bestimmten Zeitpunkt, wobei die Tauschbeziehungen zu einem bestimmten Preis abgewickelt werden.

Marktforschung
Analyse von Beschaffungs- und Absatzmärkten mit dem Ziel, alle wesentlichen

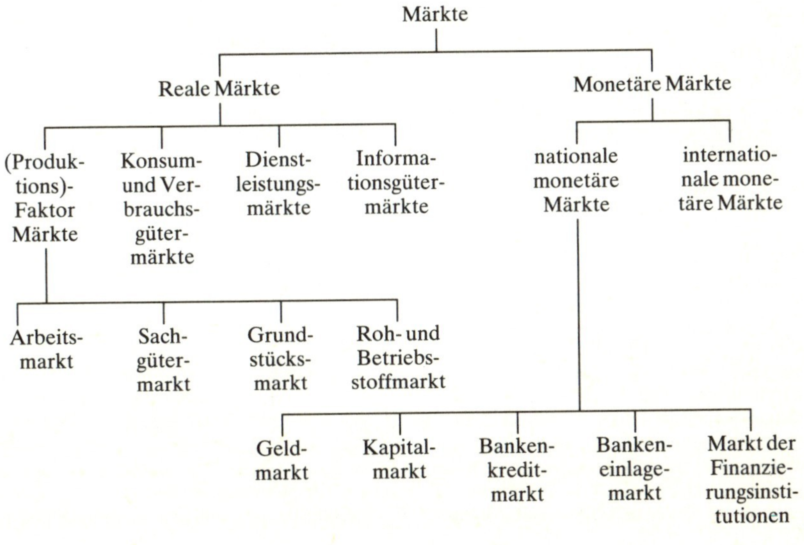

Bestimmungsfaktoren dieser Märkte zu erforschen. Die Ergebnisse der M. bilden dann die Grundlage für Managemententscheidungen. Die benötigten Entscheidungsgrundlagen können intern (von Mitarbeitern des Unternehmens) oder extern (von externen Unternehmensberatern) erarbeitet werden. Zu unterscheiden ist die → Primärm. von der → Sekundärm.

Marktmacht
Fähigkeit, andere Teilnehmer des Wirtschaftsverkehrs einschließlich rahmensetzender Instanzen zu einem Verhalten im Sinne der eigenen Ziele veranlassen zu können.

Marktorganisation
Gesamtheit der Einrichtungen, die der Kommunikation zwischen Kauf- und Verkaufswilligen eines Gutes dienen.

Marktportfolio
→ Portfolio

Marktpreis
Preis, der auf Grund von bestimmten Angebots- und Nachfragekonstellationen ohne staatliche Einflußnahme zustande kommt.

Marktsperre
Sperre bei Pfandbriefen aufgrund Weitergabe eines Teils der Bonifikation. Verkauf nur gegen Rückerstattung der Bonifikation möglich.

Marshall-Plan
→ ERP-Fonds

Maschinensprache
Unterste Ebene aller Programmiersprachen, in der ein Prozessor direkt programmierbar ist. Es handelt sich dabei um Anweisungen, die unmittelbar umgesetzt werden in den eigentlichen Fluß elektronischer Impulse im Prozessor. Die M. besteht aus Befehlen im 0-1-Format. Da eine Programmierung auf dieser Ebene außerordentlich mühsam ist, gibt es auch für M ⇒ Übersetzer, sodaß die Programmierung in M. auch in einer symbolischen Form stattfindet. In der Maschinensprache wird stets angegeben, an welcher Adresse im Arbeitsspeicher sich der betreffende Befehl aufhalten soll, was er bewirkt und wo die durch seine Abarbeitung ausgeführte Informationsänderung abgespeichert werden soll.

Massage Switching
Nachrichtenübermittlung über eine EDV-Anlage (zwischen einzelnen Endplatzgeräten).

Massenkommunikation
Hier werden von einer Quelle ausgehend möglichst viele Teilnehmer mit demselben Kommunikationsinhalt versorgt. Allerdings fließen die Inhalte nur in einer Richtung. Insoferne kann nur eingeschränkt von Kommunikation gesprochen werden, denn es fehlt der Dialog, es sei denn über den sogenannten Rückkanal.
Mit diesem kann der Teilnehmer an der Bestimmung der Inhalte mitwirken, Fragen stellen und seine Meinung zu einer bestimmten Frage äußern.

Master-Tape
„Mutterband", hochqualitatives Videoband als Ausgangsmaterial für Massenkopien. Vom Master wird auch die Sendekopie gezogen.

Matrix
Tabellarisches, strukturiertes Zahlenschema.

Matrixorganisation
Organisationsform des Leitungssystems, die zwei Gliederungsgesichtspunkte durch gleichzeitige Anwendung und gleichrangige Geltung miteinander kombiniert.

Maus
In einem kleinen, über die Arbeitsplatte bewegten Kästchen werden die Bewegungen einer rollenden Kugel als Impulse an den Computer gesandt und zur Steuerung des → Cursors verwendet. Soferne der Cursor nur grob in ein Feld zur Angabe der nächsten gewünschten Option plaziert

werden soll, ist dies eine sehr einfache Eingabemethode, die allerdings zur Eingabe graphischer Daten (Punkte, Strecken) zu ungenau ist (dafür verwendet man besser ein spezielles Graphiktablett).

MAZ
Abk. für: Magnetische Aufzeichnung (von Bild und Ton).
Sammelbegriff für alle professionellen Video-Aufzeichnungsanlagen.

Mega-Byte
= 1 Mio Zeichen

Mehrheitswahl
Bei sogenannter M. wird mit einfacher Mehrheit abgestimmt, wobei über jeweils zwei Wahlalternativen abgestimmt wird; die jeweils siegende Alternative stellt sich im nächsten Wahlgang der nächsten Alternative, über die noch nicht abgestimmt wurde etc. Unabhängig von der Reihenfolge, in der über die Wahlalternativen abgestimmt wird bzw. unabhängig von der Durchführung einer „Kontrollwahl" (= die obsiegende Alternative stellt sich in einem letzten Kontroll-Wahlgang der als erste unterlegenen Alternative) sollte aus dem genannten Wahlvorgang eine eindeutige, widerspruchsfreie (= transitive) kollektive Präferenzordnung resultieren.

Mehrplatzsystem
englisch: Multiuser System.
Ein Computersystem, an dem mehrere Benützer gleichzeitig arbeiten können.

Mehrplatzsystem
EDV-Systeme, bei denen ein Mehrplatzbetrieb möglich ist.

Mehrstimmrechtsaktie
Aktie, mit der bestimmte Rechte, zumeist bei der Ernennung des Vorstands, verbunden sind.
⇒ Vorzugsaktie

Mehrthemenumfragen
→ Omnibusumfragen

Mehrwertsteuer
Die M. ist eine indirekte Steuer, die in zwischenindustriellen Verhältnissen nur Durchlaufcharakter hat und daher von der Volkswirtschaftlichen Gesamtrechnung dort nicht berücksichtigt wird; da sie in den heimischen Endverwendungspreisen aber enthalten ist, muß sie aus Abstimmungsgründen zum Bruttoinlandsprodukt zugezählt werden. Ähnliches gilt auch für die Importabgaben, die als Bestandteil importierter Vorleistungen behandelt werden und daher in der Wertschöpfung nicht enthalten sind.

Meistbegünstigungsklausel
In internationalen Handelsabkommen soll kein anderes Land besser als der Vertragspartner gestellt werden. Dank dieser Maßnahme erhalten die vertragsschließenden Staaten die gleiche Stellung wie das meistbegünstigte Land. Werden einem dritten Staat Begünstigungen eingeräumt, so gelten diese automatisch für den Vertragspartner (unbedingte Meistbegünstigung). Wird dem Vertragspartner dieses Recht jedoch erst eingeräumt, wenn er sich mit gleichartigen Begünstigungen revanchiert, so spricht man von bedingter Meistbegünstigung.

Mengengerüst
Gesamtheit der Indikatoren einschließlich ihrer Zielerträge für ein vorgegebenes Zielsystem und definierte Planungsvarianten.

Mengennotierung
Gibt an, wie viele Mengeneinheiten der ausländischen Währung man für eine Einheit der inländischen Währung erhält.

Menütechnik
Eine verbreitete, bequeme Benutzerführung, bei der die jeweils gerade mögliche Option zur Auswahl angeboten wird.

Meritorische Güter
Güter, bei denen das technische Ausschlußprinzip anwendbar wäre, aber auf die Finanzierung über das ökonomische

Äquivalenzprinzip verzichtet wird. An Gründen für die Meritorisierung werden genannt:

- Verteilungspolitische Wirkungen von „Realtransfers“
- Kollektivgutcharakter scheinbarer Individualgüter
- Korrektur der durch kommerzielle Werbung verzerrten Konsumentenpräferenzen

Merkmale
Eigenschaften statistischer Elemente
Andere Bez.: Merkmalsträger, Beobachtungseinheiten, Untersuchungseinheiten

Messung
Zuordnung von Werten zu Variablen nach Vornahme einer ⇒ Skalierung.

Metasprache
Die Sprache, die ein Beobachter zur Beschreibung einer → Objektsprache verwendet. Sprache zur Formulierung der Regeln, Gesetze und Beziehungen der Objektsprache.

Methoden
Unter M. versteht man – in des Wortes ursprünglicher Bedeutung – „einen-Weg-Entlanggehen“. Heute versteht man unter M. die Art und Weise, wie man in einer Wissenschaft vorgeht, um bestimmte Ergebnisse zu erreichen. Methodologie ist also die Theorie der M. In der Terminologie der Systemanalyse könnte man eine M. definieren als „die Beschreibung einer Folge von Schritten, die einen gegebenen Anfangszustand in einen gewünschten Endzustand transformieren“ (Kirsch).
Man unterscheidet exakte und inexakte M. Die Beschreibung exakter M. ist prinzipiell auf eine eindeutige und endliche Folge elementarer Operationen zurückführbar und kann daher als Computerprogramm formuliert werden (Programmierbarkeit). Kommt zur Programmierbarkeit als weiteres Kennzeichen noch Lösungsgarantie hinzu (d.h. man kann mit Sicherheit angeben, welche Aufgaben eine M. eindeutig lösen kann, sofern überhaupt eine Lösung existiert), so nennt man eine exakte M. einen *Algorithmus*. Nichtalgorithmische M. können exakt genannt werden, soweit sie als eindeutige Folge von Operationen formulierbar sind, jedoch nicht zwangsläufig nach einer endlichen Zahl ausgeführter Operationen eine optimale Lösungsannäherung produzieren. Nichtalgorithmische M., seien sie exakt oder inexakt beschreibbar, nennt man heuristische M.

Mikrofiche
Mikroplanfilm, der eine größere Anzahl von Mikrobildern und meist einen ohne Vergrößerung lesbaren Titel enthält. Ein einzelnes Mikrofiche kann bis zu einigen hundert Mikrobilder enthalten. Das „Mutter-Fiche“ kann als Ganzes vervielfältigt werden. M. können manuell (ohne Vergrößerung) oder automatisch (mit Maschinen-lesbarer Codierung) ausgewählt werden.

Mikroprozessor
Zentrale Verarbeitungseinheit eines Computers. Er enthält Register als Zwischenspeicher für Daten, die unmittelbar zu verarbeiten sind und als Zwischenspeicher für den Code der gerade durchzuführenden Operation. Auf einem M. sind Schaltungen mit mehreren Tausend Transistoren integriert. Arten von M.en:

- 8 Bit M.: Üblicher direkt adressierbarer Speicher = 64 KB (mit bank-switching)
- 16 Bit M: Bis zu 1 MB direkt adressierbarer Speicher
- 32 Bit M: Bis zu 16 MB direkt adressierbarer Speicher

Mischtypen:

- „unechte 16 Bit-Prozessoren“: Interne 16 Bit-Verarbeitung, 8 Bit-Datenbus aber meistens direkte Adressierung bis zu 1 MB.
- „unechte 32 Bit-Prozessoren“: Interne 32 Bit-Verarbeitung, 16 Bit-Datenbus.

Mikrozensus
Stichprobenerhebung bei einem reprä-

sentativen Querschnitt (etwa der Haushalte) zur Aktualisierung von Daten, die ansonsten nur in großen Zeitabständen mit Hilfe einer Totalerhebung („Zensus") ermittelt werden.

Mindestreserven
Als M. sind die Bestände an Zentralbankgeld, die nach Vorschrift der jeweiligen Zentralbank von den Kreditinstituten mindestens gehalten werden müssen. Sie sollen die Zahlungsfähigkeit der Kreditinstitute sichern. Die Ausgestaltung im einzelnen und insbesondere die Variation der Höhe der Mindestreservesätze dient dagegen der Steuerung des Kreditangebots des Banksektors. Die Mindestreservesätze können auf Positionen der Aktivseite der Bankbilanzen oder der Passivseite bezogen sein. Letzteres ist sowohl in der BRD wie auch in Österreich der Fall, d.h. die Mindestreservepflicht der Kreditinstitute bemißt sich nach ihren Verbindlichkeiten gegenüber Nichtbanken aus Sicht-, Termin- und Spareinlagen.

Mindestreservesatz
Prozentsatz, mit dem das Einlagevolumen bzw. Kreditvolumen einer Bank multipliziert wird, um die Höhe der zu haltenden Reserveliquidität zu bestimmen. Mit der Verpflichtung zur Mindestreservehaltung soll die Zahlungsfähigkeit der Banken gesichert werden; die Variation der Mindestreservesätze durch die geldpolitischen Instanzen dient der Steuerung des Bankkreditangebots.

Mindestwartezeit
Bei Bauspar-Darlehen:
Zeitraum von der ersten Einzahlung bis zur Zuteilung.

Minimalkostenkombination
Kombination von ⇒ Produktionsfaktoren zur Herstellung einer Produktmenge, die bei gegebenen Faktorpreisen die geringsten ⇒ Kosten verursacht.

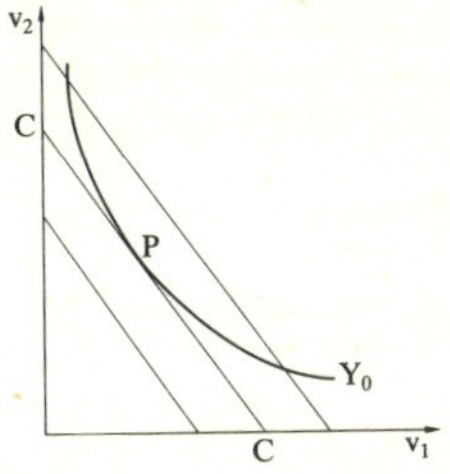

Mitläufer-Effekt
Die Nachfrage nach einem Gut nimmt zu, weil auch andere Konsumenten das Gut nachfragen. Dabei ist individuelle Nachfrage und Gesamtnachfrage positiv korrelliert, auch wenn der Preis des Gutes unverändert bleibt.

Mittelkurs
Durchschnitt der An- und Verkaufspreise von Wertpapieren und Währungen. Kommt bei Währungen als Einheitswert, bei Abschlüssen im Zwischenbankenverkehr in Anwendung.

Mittlere Laufzeit
arithmetisches Mittel zwischen dem frühesten Rückzahlungstermin und dem spätmöglichen Rückzahlungsdatum einer Anleihe.
Formel:

$$\frac{\text{Gesamtleistungszeit} + \text{tilgungsfreie Jahre} + 1}{2}$$

Mobilien-Leasing
Leasing von beweglichen Sachen

Mobilisierungspapiere
Die Bundesbank kann vom Bund verlangen, daß er ihr für die Ausgleichsforderungen von ca. 8 Mrd. DM kurzfristige Titel (Schatzwechsel, U-Schätze) zur Verfügung stellt, damit sie mit diesen „mobilisierten" Forderungen Offenmarktpolitik betreiben kann.

Mobilität
Häufigkeit und Intensität von außerhäuslichen Ortsveränderungen je Person und Zeiteinheit (z.B. Tag); für die Mobilität

gibt es verschiedene Indikatoren, wie z.B. Wegehäufigkeit, Tagesweglänge, Tageswegdauer je Person usw.

Modal Split
Im M.S. schlägt sich die Entscheidung für ein bestimmtes Verkehrsmittel nieder. Es ist der Anteil der Beförderungsleistung einzelner Verkehrsmittel an einem bestimmten Verkehrsaufkommen insgesamt (Volker Rothschädl).

Modell
Vereinfachtes Abbild von Sachverhalten mit dessen Hilfe Vorgänge, Verhaltensweisen usw. vor ihrer Realisierung durchgespielt werden können. Meist in algebraischer Form abgegrenztes System von Verhaltens-, Definitions- und technischen Gleichungen. Mit Hilfe von ökonomischen M. können Simulationen durchgeführt werden durch Variation exogener Variablen unter Anwendung der ceteris-paribus-Klausel. Unterscheidung nach dem M.-Zweck:
- Diagnosem.
- Prognosem.
- Entscheidungsm.

Modem
Abk. für Modulator – Demodulator.
Geräte zum Umwandeln von Impulsen in Frequenzen und umgekehrt. Darunter versteht man einen Signalumsetzer zur Übertragung von Gleichstromsignalen auf Übertragungswege, die nur für Wechselstromsignale geeignet sind. Solche M. werden hauptsächlich zur Datenübertragung über das nur wechselstromdurchlässige Fernsprechnetz benutzt. Zwei Arten von M. sind zu unterscheiden:
- Akustische M.: Haben eine Ablage für Telefonhörer und verwandeln die zu übertragenden Daten in Töne und wieder zurück. Direkte Anwählbarkeit von anderen Computern möglich.
- M. mit Direktanschluß: Direkter Anschluß an das Telefonnetz möglich über eine sogenannte Standleitung.

Modigliani-Miller-Hypothese
Bei Vorliegen vollkommener Kapitalmärkte sind Finanzierungsentscheidungen von Unternehmen deshalb ohne Einfluß auf die optimalen Positionen der Kapitalgeber, weil diese durch eigene Aktionen (Portefeuillebildung, private Verschuldung und ähnliches mehr) grundsätzlich das gleiche Ergebnis erreichen können wie Unternehmen durch Variation der Kapitalstruktur. Das betrifft sowohl die Entscheidungen über den Verschuldungsgrad wie auch jene über die Zusammensetzung von Eigenkapital und Fremdkapital.

Modulprinzip
Präzisiert ⇒ Systemprinzip dahingehend, daß es Aussagen darüber macht, wie groß bestimmte Bausteine in einem Gesamtsystem sein sollen. Die Bausteine (oder „Module") eines Systems sollen dabei grundsätzlich so beschaffen sein, daß zwischen ihnen ⇒ Kompatibilität besteht. Das M. läuft hinaus auf eine „Schnittstellen-Organisation", wie sie beispielsweise auch im Bereich der ⇒ Logistik zur Anwendung kommt.
Das M. bringt eine Reihe von Vorteilen mit sich:
- Ermöglicht interdisziplinäres Arbeiten und damit ganzheitliche Betrachtungsweise mit höherem Wirkungsgrad.
- Größeres Kreativitätspotential durch „Verknüpfungsstrategie".
- Schrittweise ausbaufähig.
- Integration von Theorie und Handeln.
- Schont Zeit und Ressourcen.

Modus
Eine Bedingung oder mehrere Bedingungen, unter denen bestimmte Regeln angewandt werden.

Monetarismus
Theoretische Position, die den privaten (Markt-)Sektor im Prinzip für stabil hält; die Anpassungskräfte des Marktes werden für ausreichend gehalten, bei Störungen des Vollbeschäftigungs-Gleichge-

wichtes (Inflation oder Arbeitslosigkeit) dieses ohne staatliche Interventionen wieder zu erreichen. Dem öffentlichen Sektor fällt lediglich die Rolle zu, diese Anpassungsprozesse nicht zu stören; empfohlen wird daher eine Verstetigung (und Minimierung) der Finanzpolitik bzw. der Geldpolitik durch eine Verstetigung des Geldmengenzuwachses im Ausmaß der durchschnittlichen Steigerung des realen Güter- und Dienstleistungsangebotes (Friedmans Geldmengenregel). Theoretischer Kern der monetaristischen Argumentation bildet die Analyse des sog. Transmissionsmechanismus des Geldes. Ein Geldmengenwachstum über das reale Wachstum der Volkswirtschaft hinaus führt nach monetaristischer Ansicht nur sehr kurzfristig zu realen Effekten, mittel- und langfristig aber nur zu monetären Effekten, d.h. zu Inflation. Der Globalsteuerung, insbes. in Form des „deficit spending" wird keine stabilitätspolitische Wirksamkeit zur Erhöhung der Beschäftigung im Fall von Arbeitslosigkeit zugebilligt; deficit spending sei *ohne* flankierende Geldpolitik unwirksam (sog. Crowding-Out-Hypothese), *mit* flankierender Geldpolitik überflüssig.

Money Order
Zahlungsanweisung international bekannter US- und kanadischer Banken, in denen diese sich verpflichten, eine bestimmte Summe an den in der Orderspalte genannten Begünstigten zu zahlen. M. O. werden in den USA und Kanada von den Banken an jeden Interessenten gegen Zahlung des Nennwertes verkauft und sind meist auf einen bestimmten Betrag begrenzt (Postal M. O. – werden von US-Postämtern ausgegeben).

Monitor
→ Bildschirm

Monopol
Auf einem Markt tritt nur ein Anbieter für das Marktobjekt auf. Der Anbieter ist Monopolist und entweder Preis- oder Mengenabsetzer.

Monopol, bilaterales
Marktform, bei der einem Verkäufer ein Käufer gegenübersteht. Ein Beispiel für ein b.M. wäre etwa der Arbeitsmarkt, auf dem Arbeitnehmerverbände und Arbeitgeberverbände einander gegenüberstehen.

Monopolistischer Spielraum
Ausdruck für die Marktform der unvollkommenen Konkurrenz: Zwar treten viele Marktteilnehmer auf, jedoch hat jeder auf seinem (etwa durch Qualitätsdifferenzierung geschaffenen Teilmarkt einen – begrenzten, sog. monopolistischen – Spielraum in seiner Preispolitik.

Monopson
Marktform, bei der mehrere Anbieter einem Nachfrager gegenüberstehen. Liegt dann vor, wenn etwa nur der Staat als Nachfrager (etwa für Schuleinrichtungen) auftritt.

Monte-Carlo-Technik
Statistisches Verfahren, bei dem man eine künstlich erzeugte Stichprobe (z.B. mit einem Zufallszahlengenerator) verwendet, um ein komplexes Problem zu simulieren. Beispiele: Simulation von Warteschlangen bei Bankschaltern oder bei Telefonleitungen.

MS-DOS
Abk. für Microsoft-Disk Operating System. Ist ein Standardbetriebssystem insbesondere für 16-bit-Mikrocomputer. Ein weitverbreitetes anderes System für 16-bit-Rechner wäre UNIX. Bei 8-bit-Rechnern ist CP/M häufig vertreten.

Mündelsicher
Vermögenswerte, in denen Mündelgelder angelegt werden dürfen (größtmögliche Sicherheit für Geldanlagen).

Münzfuß
Verhältnis des Münzgewichtes zu der Anzahl der aus dieser Einheit geprägten Münzen.

Münzhohheit
Recht des Staates, das Münzwesen zu regeln.

Multikollinearität
Korrelation zwischen exogenen Variablen (den Regressoren) in einem ökonometrischen Modell.

Multilateral
Vereinbarungen, an denen mehrere Länder oder Interessengruppen beteiligt sind.

Multilateraler Mitgliedstaat
Länder, die Mitglieder des Internationalen Währungsfonds oder der OECD sind.

Multinationale Unternehmen
Unternehmen, die mindestens in zwei Ländern Betriebsstätten bzw. Zweigniederlassungen unterhalten und deren Planung international orientiert ist.
Andere Bez.: Transnationale Unternehmen

Multiple Korrelationsanalyse
Analyse der Abhängigkeit eines Merkmals von mehreren anderen Merkmalen.

Multiple Wechselkurse
Wechselkurse, die sachlich, zeitlich oder regional differenziert sind. M.W. sind ein Instrument protektionistischer Wirtschaftspolitik und bedürfen der Genehmigung durch den ⇒ IMF

Multiplexkanal
Übertragungskanal, bei dem entweder ein Sender mit mehreren Empfängern oder ein Empfänger mit mehreren Sendern verbunden wird. Wird häufig verwendet, um einzelne Endplatzgeräte an die Zentraleinheit eines Computers anzuschließen.

Multiplikatoreffekt
Vervielfachende Wirkung einer ursprünglichen, autonomen Ausgabe bei Berücksichtigung der gesamten Kreislaufwirkungen. Diese autonome Ausgabe stellt zugleich Einkommen bei einem anderen Wirtschaftssubjekt dar (in der Folge „Zweitrunden-Effekt"); wird auch dieses Wirtschaftssubjekt zumindest einen Teil des zusätzlichen Einkommens für Güter-Nachfrage verausgaben, so entsteht ein multiplikativer Einkommens- und Nachfrageeffekt in einer 3., 4. etc. „Runde". Der Gesamteffekt bewirkt damit eine vielfache Erhöhung des Einkommens bzw. der Gesamtnachfrage, verglichen mit der ursprünglichen Nachfragesteigerung.

Multiplikatoren
1. Als formales Prinzip versteht man unter M. Koeffizienten, die die kumulative Veränderung einer Gesamtgröße nach einer anfänglichen Veränderung eines Teiles dieser Gesamtgröße messen. Je nachdem ob man bei den exogenen oder den endogenen Größen ansetzt, unterscheidet man zwischen Budget-M., Export-M., Beschäftigungs-M., Investitions-M., Geldschöpfungs-M. bzw. Einkommens-M.
2. M. sind in anderer Bedeutung einflußreiche Personen („opinion leaders"), die via Massenmedien einen wesentlichen Einfluß auf andere Wirtschaftssubjekte („Mitläufer") haben können.

Multi-Tasking
EDV-Betriebssysteme, die das gleichzeitige Ablaufen mehrerer Programme ermöglichen.

Multiuser System
→ Mehrplatzsystem

Multivariate Analyse
Beschäftigt sich mit der Entwicklung mathematischer Modelle zur Analyse einer nicht näher spezifizierten Anzahl abhängiger Variabler. Es werden die Zusammenhänge zwischen den Variablen ermittelt und Parameter geschätzt.

Mupid
Abk. für Mehrzweck universell programmierbarer intelligenter Decoder. Gerät mit alphanumerischer Tastatur und Anschlußmöglichkeit für Drucker, Cassettenrecorder usw., mit dem über ein TV-

Gerät der Anschluß an das BTX-System erfolgen kann.

Nachkalkulation
Sie ist eine ex post durchgeführte Kalkulation mit dem Ziel, die Kosten der erstellten Leistung zu ermitteln.

Namensaktie
Auf den Namen des Aktionärs ausgestellte Aktie.
Gegensatz: Inhaberaktie

Namensschuldverschreibungen
Auf den Namen des Kunden („Gläubiger") lautende Schuldverschreibungen.

Nationalbankgesetz Ⓐ
Gemäß dem Nationalbankgesetz 1955 hat die OeNB u.a. folgende Aufgaben:

- Regelung des Geldumlaufes im Inland
- Regelung des Zahlungsverkehrs mit dem Ausland
- Erhaltung der Kaufkraft des Schillings im Inland
- Durchführung des Zahlungsausgleiches mit dem Ausland
- Währungsstabilität gegenüber den wertbeständigen Währungen

Zur Erreichung dieser Ziele kann die OeNB sich an internationalen Einrichtungen, die die Zusammenarbeit der Notenbanken zum Ziele haben, beteiligen, oder sonstige internationale Zusammenarbeit auf kredit- oder währungspolitischem Gebiet betreiben.
Die OeNB hat bei ihrer Währungs- und Kreditpolitik auf die Wirtschaftspolitik der Bundesregierung bedacht zu nehmen. Außerdem muß sie auf die internationalen Verpflichtungen der Bundesregierung (z.B. Mitgliedschaft Österreichs an der OECD, IWF, GATT ...) Rücksicht nehmen.

Natürliche Personen
Jeder Mensch von der Geburt bis zum Tode.

NC-Maschinen
Abk. für „Numeric Control".
Numerisch gesteuerte Maschinen

Nebenwirkungen
→ Sekundäreffekte

Negativklausel
Verpflichtung eines Anleiheemittenten, während der gesamten Laufzeit keine Sicherheiten (z.B. Pfandrecht auf Vermögenswerte) zu bestellen (gewähren), ohne die Anleihegläubiger zur gleichen Zeit und im gleichen Rang an solchen oder gleichen Sicherheiten teilnehmen zu lassen.

Nennwert
Auf einem Wertpapier vermerkter Forderungsbetrag, der nicht dem Marktwert des Titels entsprechen muß. Die Verzinsung eines festverzinslichen Wertpapieres bezieht sich auf den N.

Nettogläubigerposition
Positives Geldvermögen; Forderungen sind größer als die Verbindlichkeiten.
Andere Bezeichnung: Forderungssaldo

Nettoinvestition
→ Investition

Nettokurs
Kursangabe, bei der der Provisionszuschlag bereits berücksichtigt ist (bei den amtlich notierten Valutenkursen).

Nettoposition
→ Geldvermögen

Nettoproduktionswert
Wertschöpfung, Beitrag zum Bruttoinlandsprodukt: Bruttoproduktionswert minus Vorleistungen. Die Summe der N. ergibt nach Berücksichtigung gewisser Bereinigungsposten das Bruttoinlandsprodukt.

Nettoschuldnerposition
Negatives Geldvermögen; die Verbindlichkeiten sind größer als die Forderungen.
Andere Bezeichnung: Schuldsaldo

Netzplantechnik
Die N. ist eine Methode, die der übersichtlichen Darstellung komplexer ⇒ Projekte auf der Grundlage einer detaillierten Projektanalyse sowie der zeitlichen Abwicklung und Überwachung des Vorhabens dient.

Netzwerk
System von Übertragungswegen, mit denen mehrere Computer miteinander verbunden werden können.

Neue politische Ökonomie
Neuere Richtung innerhalb der Wirtschaftswissenschaft, die das Verhalten der staatlichen Entscheidungsträger (Politiker, Bürokraten, Verbandsfunktionäre) mit Hilfe ökonomischer Analysemethoden erklären will. Im Gegensatz zur Wohlfahrtsökonomik und zur traditionellen Theorie der Wirtschaftspolitik wird von den Entscheidungsträgern nicht ein bestimmtes Verhalten gefordert (z.B. Maximierung einer Wohlfahrtsfunktion, Maximierung des Gemeinwohls oder Orientierung an einem bestimmten Zielkatalog), sondern es wird – analog zur Marktanalyse – nach den Systembedingungen im öffentlichen Sektor gefragt und daraus bestimmte Verhaltensmuster abgeleitet. Durch die Endogenisierung des Verhaltens von Entscheidungsträgern im öffentlichen Sektor werden die Grenzen der Lösbarkeit gesellschaftlicher Probleme durch den Staat (Ansatz einer Theorie des Staatsversagens) sichtbar.

NGO
Abk. für Non-Governmental Organizations.

NIC
Englische Abk.: „newly industrializing countries“
NIC Länder sind: Griechenland, Portugal, Spanien, Jugoslawien, Brasilien, Mexiko, Hongkong, Singapur, Südkorea und Taiwan.

Nicht in Waren oder Dienste unterteilbare Leistungen
Teilbilanz der Zahlungsbilanz; es handelt sich hierbei um die Diskrepanz zwischen den für Zahlungsbilanzzwecke adjustierten Werten des Statistischen Zentralamtes und den von der Notenbank registrierten Zahlungsströmen im Außenhandel. Wie die Bezeichnung der Position bereits andeutet, umfassen diese Transaktionen sowohl Waren als auch Dienstleistungen (Know-how, Engineering, Montagekosten). Die Position enthält auch Handelskredite, jedoch nur in der einmal jährlich erscheinenden revidierten Jahresbilanz.

Nicht titrierte Finanzschuld
Verschuldung in Form von Direktkrediten und Darlehen.

Niederstwertprinzip
Bewertungsprinzip, bei dem der Anschaffungswert und der Tageswert (Börsen- oder Marktwert) gegenübergestellt werden und der niedrigste der beiden Werte in die Jahresbilanz eingesetzt wird. Hier kann es zu buchmäßigen Verlusten kommen. Das N. entspringt dem Grundsatz der kaufmännischen Vorsicht und dient vor allem der Kapitalerhaltung.

Niveaupolitik
Summe aller wirtschaftspolitischen Maßnahmen durch die bestimmte Niveaugrößen (Preisniveau, Beschäftigungsniveau, Produktionsniveau etc) beeinflußt werden sollen.
Gegensatz: Strukturpolitik

Niwodul (A)
→ Leistungsbilanz

Nominalverzinsung
Die auf den Nennwert (Nominale) bezogene Verzinsung.
Gegensatz: Realverzinsung.

Nominalwert
→ Nennwert

Nonsens-Korrelation
Scheinbarer Zusammenhang zwischen

zwei Zeitreihen, obwohl zwischen diesen kein sachlogischer Zusammenhang besteht.

Non Valeurs
Wertpapier ohne Börsenwert.

Norm
Aussage, die einen Sachverhalt unter einen Tatbestand stellt, der mit einem Rechtsproblem verknüpft ist.

Normalkostenrechnung
Normalkosten (= sich als Durchschnitt der Istkosten vergangener Perioden ergebende Kosten) werden verrechnet.

Normalleistungszeit
Tägliche Normalarbeitszeit (laut Arbeitsstundentabelle).

Normstrategie
Heuristische Verfahren, mit dessen Hilfe Produktportfolios umgeschichtet werden. Grundproblem: Umschichtung von jenen Produkten bzw. strategischen Geschäftseinheiten eines Unternehmens, die eine geringe Wertschöpfung erzielen zu jenen Produkten mit hoher Wertschöpfung. Als Kriterien für die Positionierung von Produkten im Rahmen einer Portfoliomatrix kommen u.a. in Frage: relativer Marktanteil, cash flow, Marktwachstumsrate.

Kennzeichnung des Produktes:	Norm-strategie:
cows („Melkkühe“)	Abschöpfen
dogs („arme Hunde“)	Rückzug
question marks („Fragezeichen“)	Rückzug oder Offensive
stars („Sterne“)	Forcierung

Normwandlung
Die weltweit verwendeten Fernsehsysteme (→ PAL, → NTSC → SECAM) sind untereinander nicht kompatibel. Um eine in Amerika in der Fernsehnorm NTSC aufgezeichnete Sendung in PAL wiedergeben zu können, muß sie in einem digitalen Verfahren „normgewandelt“ werden.

Nostro-Geschäfte
Von der Bank an der Börse für eigene Rechnung getätigte Transaktionen.

Nostro-Guthaben
Guthaben, die ein Geldinstitut bei einem anderen Geldinstitut unterhält.

Nostrokonto
Konto eines Kreditinstitutes bei einem anderen Kreditinstitut; Beispiel aus dem Auslandszahlungsverkehr: Fremdwährungskonto einer österreichischen Bank bei einem ausländischen Geldinstitut.

Notenbank
→ Zentralnotenbank

Notenbankausweis
regelmäßig – meist wöchentlich von der Notenbank veröffentlichte Übersicht ihrer Aktiva und Passiva zum Beurteilen der Währungs- und Kapitalmarktlage.

Notenbankgeldmenge (CH)
Unter der bereinigten N. versteht man in der Schweiz den Notenumlauf minus Ultimokredite.

Notendeckung
Gesetzlich vorgeschriebene Reserven der Notenbank an Gold, Devisen, usw. Zahlungsmittelreserve im internationalen Verkehr.

Notenumlauf
Gesamtheit der innerhalb eines Landes in Umlauf befindlichen Banknoten.

Notierte Währungen
An der Börse gehandelte Währungen.

Notierung
→ Kursangabe

No-Shows
Passagiere, die zum Flug nicht erscheinen, den Flug aber auch nicht absagen. Da Fluggesellschaften sich bei der Buchung auf gewisse Erfahrungswerte verlassen, kommt es gelegentlich zu Überbuchungen.

Notifikation
Formelle Benachrichtigung (vor allem beim Wechselprotest).

NTSC
Abk. für: National Television System Committee.
Amerikanische Farbfernsehnorm mit 525 Zeilen. Nicht kompatibel mit dem PAL-System. Daher ist eine → Normwandlung erforderlich.

Null-Basis-Budgetierung
Sammelbegriff für eine Reihe von Verfahren (Programmbudget, Bracket-budgeting, Overhead value analysis etc) mit deren Hilfe bestehende Budgetansätze sowohl im privaten als auch im öffentlichen Bereich auf Notwendigkeit und ⇒ Effizienz überprüft werden können. N. entspricht einem steigenden Bedürfnis in Wirtschaft und Verwaltung. Jene Abteilungen bzw. Stellen, die Budgetmittel beanspruchen, tragen auch die Beweislast für die Notwendigkeit der beantragten Mittel. Dadurch, daß Budgetansätze grundsätzlich in Frage gestellt und so überprüft werden, wird vermieden, daß Budgetansätze einfach von Jahr zu Jahr – meist mit der Inflationsrate – fortgeschrieben werden.

Null-Coupon-Anleihen
→ Zerobonds

Nullhypothese
Jene Hypothese, bei der man annimmt, daß zwei ⇒ Grundgesamtheiten hinsichtlich eines ⇒ Parameters übereinstimmen. Es wird also angenommen, daß die wirkliche Differenz Null ist. Da bei statistischen Tests in der Regel jedoch Unterschiede und keine Übereinstimmung zwischen den verglichenen Grundgesamtheiten festgestellt werden können, wird die N. in der Regel verworfen durch die sogenannte ⇒ Alternativhypothese.

Nulltarif
Bei der Abgabe öffentlicher Leistungen spricht man von einem N., wenn der Preis für diese Leistungen „null" ist. Die entstehenden Herstell- und Bereitstellungskosten müssen dann aus Steuern oder Schuldaufnahme aufgebracht werden.

Nutzen
1. Ausdruck für die Gesamtheit oder einen Teil der von einem Individium oder einem Kollektiv positiv bewerteten Wirkungen einer Planungsvariante.
2. Subjektiver Gebrauchswert, der den Grad der Bedürfnisbefriedigung ausdrückt.

Nutzenfunktion
Vorschrift, die Zielerträgen Zielerreichungsgrade zuordnet.

Nutzungsberechtigter
Berechtigter zur Nutzung einer Sache oder eines Rechtes (inklusive Vorteile, die der Gebrauch der Sache oder des Rechtes bringt).

Nutzungsdauer
Zeitraum der mittleren Lebenserwartung einer Anlage bzw. von Teilen einer Anlage.

Nutzwert
Das Ergebnis der ⇒ Nutzwertanalyse, der Bewertung im nicht-monetären Bereich; der Gesamtnutzwert ist die Summe aller einzelnen Nutzwertbeiträge einer Alternative.

Nutzwertanalyse
Methode zur Auswahl von Alternativen und zur Entscheidungsvorbereitung im nicht-monetären Bereich
Die N. ist dann anzuwenden, wenn
- eine komplexe Entscheidungssituation vorliegt und die Monetarisierung der Nutzen- und Kostenkomponenten nicht möglich oder nicht wünschenswert ist,
- die Notwendigkeit besteht, eine Maßnahme unter diesen Voraussetzungen vornehmlich nach dem Bedarf (Nutzenbild) zu beurteilen.

Beispiel: Beurteilung alternativer Maßnahmen im Straßennetz eines entwicklungsbedürftigen Gebietes, die sich in ihrer Kostensumme unwesentlich unterscheiden.

Nutzwertbeitrag
Der Nutzwertbeitrag ist das Produkt aus Gewichtsfaktor und Erfüllungsgrad und gibt an, wie gut eine Alternative ein Teilziel erfüllt.

Nutzwert-Kosten-Analyse
Methode zur Gegenüberstellung der monetär bewerteten Aufwände und des nicht-monetär bewerteten Nutzens.

NYFE
Abk. für New York Future Exchange.
Börse, an der seit Mai 1982 ⇒ Futures in Aktienindizes gehandelt werden.

NYMEX
Abk. für New York Mercantile Exchange
Eine der insgesamt 11 Warenterminbörsen in den USA.

Objektsprache
Eine Sprache, die Beobachtungs- und Untersuchungsobjekt ist. Die Sprache der Kommunikationsereignisse.

Obligationen
Schuldverschreibungen eines Unternehmens.

Obligo
Verpflichtung, Verbindlichkeit z.B. Wechselobligo.

OCR
Abk. für Optical Character Recognition.
Automatische Erkennung von Schriftzeichen.

ODD-Lot
Auftrag über Aktien zum Handel an der New Yorker Börse, die sich nicht durch 100 teilen lassen.

ODD Parity
→ Parity-Check

OE
→ Organisationsentwicklung

OECD
Organisation for Economic Co-Operation and Development.
Gegründet 1960.
Ziele:
- Höchstmaß an wirtschaftlicher Entwicklung
- Vollbeschäftigung
- Steigender Lebensstandard
- Ausweitung des Welthandels

24 Mitgliedstaaten.

OeNB (A)
Abk. für „Österreichische Nationalbank"
⇒ Nationalbankgesetz

Öffentliches Gut
Im normativen Sinn versteht man darunter ein Gut, welches der Staat bereitstellen soll, zum Unterschied von „Individualgütern" oder „marktfähigen Gütern", welche über den Markt bereitgestellt werden können.
Im positiven Sinn kann man unter „öffentlichen Gütern" alle jene Leistungen verstehen, die der Staat tatsächlich anbietet.

Ökologie
Ö. im weitestens Sinne befaßt sich mit Kausal- und Funktionszusammenhängen auf den drei Ebenen der Organismen, der Populationen und der Biozönosen, wobei den Beziehungen zu Umweltfaktoren meist eine bedeutende Rolle zufällt. Umwelt und Organismen einer Lebensgemeinschaft bilden zusammen eine Struktureinheit, die man Ökosystem nennt.

ÖPNV
Abk. für Öffentlicher Personennahverkehr. Verkehr mit öffentlichen Verkehrsmitteln im Nahverkehr (ca. Tagespendlerentfernung von max. 80 km); hierzu zählen Bus, O-Bus, Lokalbahn, Regionalzüge usw.

Österreichische Auslandstitel (A)
Wertpapiere, die von einem Inländer emittiert sind, aber auf ausländische Währung lauten und im Ausland zahlbar sind.

Österreichische Kontrollbank Ⓐ
Eine Aktiengesellschaft, deren Kapital von verschiedenen österreichischen Geldinstituten gehalten wird. Als Bindeglied zwischen dem Kreditapparat und der Republik Österreich fungiert sie u.a.
- als Bevollmächtigte der Republik Österreich in der Verwaltung und Durchführung der Staatshaftungen (Bundesgarantien) zur Exportförderung und
- als zentrale Refinanzierungsstelle zum Finanzieren von Ausfuhrgeschäften.

Österreichischer Exportfonds Ⓐ
Eine Gesellschaft mit beschränkter Haftung, deren Gesellschaftskapital ausschließlich durch die Republik Österreich gehalten wird. Der österreichische Exportfonds fungiert als Refinanzierungsstelle zur kurz- und mittelfristigen Finanzierung von Ausfuhrgeschäften für Klein- und Mittelbetriebe.

Offene Handelsgesellschaft (OHG)
- Leitungsbefugnis: Steht grundsätzlich allen Gesellschaftern zu (genaue Regelung im jeweiligen Gesellschaftsvertrag)
- Haftung: Jeder Gesellschafter haftet unmittelbar, unbeschränkt und solidarisch.
- Gewinn: Gewinnverteilung im allgemeinen im Gesellschaftsvertrag geregelt – andernfalls sind die Bestimmungen des Handelsgesetzbuches zutreffend.
- Finanzierung: Kapital durch Einlagen der Gesellschafter bereitgestellt. Beschaffung von Fremdkapital nur bei entsprechenden Sicherheiten (vorhandene Vermögenswerte).
- Steuern: Gewinne unterliegen der Einkommensteuer bei den Gesellschaftern.

Offene Rücklagen
Teile des Eigenkapitals, die auf gesonderten Konten ausgewiesen werden. Sie entstehen meist durch Nichtentnahme oder Nichtausschüttung von Gewinnen.

Offene Zession
- Zession mit Drittschuldnerverständigung.
- Durch die Verständigung des Drittschuldners wird dieser verpflichtet, Zahlungen mit schuldbefreiender Wirkung lediglich an das kreditgebende Institut zu leisten.

Offenes Interesse
→ Open Interest

Offen-Markt-Geschäfte
→ Offenmarktpolitik

Offenmarkt-Politik
Kauf und Verkauf von Wertpapieren durch die Zentralbank auf eigene Rechnung gegen Zentralbankgeld; Offenmarkt-Operationen können mit Banken und Nichtbanken betrieben werden und stellen ein geldpolitisches Instrument zur Veränderung der Höhe der Geldmenge dar.

Off-Line
Keine direkte bzw. unterbrochene Verbindung zum EDV-Zentralsystem.

Off Shore Bank
Bank in einem exterritorialen Finanzmarkt
⇒ Off Shore Finanzplätze

Off Shore-Finanzplätze
Ursprünglich nur auf die neu entstandenen Finanzplätze in der Karibik bezogener angloamerikanischer Fachausdruck. Heute allgemein gebräuchliche Bezeichnung für international ausgerichtete Finanzpläne, die für Fonds usw. wegen der liberalen Wirtschafts- und Steuergesetzgebung besondere Vorteile bieten, wie z.B. Bahamainseln, Kaimaninseln, Barbados, Bermuda, Niederländische Antillen, Panama, Hongkong, Singapur, Neue Hebriden, Libanon und Liberia.

Off Shore-Funds
Angloamerikanischer Fachausdruck für Anlagefonds, deren Domizil sich in einem der ⇒ Offshore-Finanzplätze befindet

und die für ausländische Kapitalanleger steuerliche Vorteile bieten.

Okun Hypothese
Zusammenhang zwischen der Veränderung des Outputs und der Veränderung des Beschäftigungsniveaus.

Oligopol
Marktform, bei der wenige Anbieter einer großen Zahl von kleinen Nachfragern gegenüberstehen.
⇒ Spieltheorie

Nachfrage / Angebot	einer	wenige	viele
einer	zweiseitiges Monopol	beschränktes Angebotsmonopol	Angebotsmonopol
wenige	beschränktes Nachfragemonopol	zweiseitiges Oligopol	Angebotsoligopol
viele	Nachfragemonopol	Nachfrageoligopol	vollständige Konkurrenz

Omnibusumfragen
Andere Bezeichnung für Mehrthemenumfrage. Mehrere Auftraggeber beteiligen sich an einer von einem Marktforschungsinstitut organisierten Umfrage mit einer bestimmten Anzahl von Fragen. O. sind kostengünstig, doch besteht die Gefahr, daß Störeffekte durch die Fragen der anderen Teilnehmer an der O. auftreten

On-Line
Direkte, intakte Verbindung zum EDV-Zentralsystem.

OPEC
Abk. für Organization of Petroleum Exporting Countries.
Organisation erdölexportierender Länder. 1960 gegründet mit dem Ziel, die Erdölpolitik der Förderländer zu koordinieren, die staatliche Beteiligung gegenüber den Ölkonzernen durchzusetzen und die Weltmarktpreise zu bestimmen.

Open-End Funds (CH)
Angloamerikanische Bezeichnung für Anlagefonds, die einerseits laufend neue Anteile ausgeben können, andererseits aber die Verpflichtung haben, ausgegebene Anteilscheine auf Verlangen des Anteilscheininhabers zum inneren Wert zurückzunehmen. Nach schweizerischem Recht ist nur dieser Fondstyp zugelassen. Gegensatz: Closed-end fund.

Open Interest
Die Zahl der offenen Kontrakte

Operate Leasing
Hier trägt der Leasinggeber das Risiko der technischen Veralterung. Im allgemeinen ist Operate Leasing stärker verbreitet als Finance Leasing. Für die empirische Wirtschaftsordnung bestehen bei beiden Arten des Leasing statistische Erhebungsschwierigkeiten, da die Eigentümer der Leasingobjekte nicht mit den tatsächlichen Besitzern identisch sind.

Operationalisierung
Im Bereich der Wirtschaftstheorie: Eine so konkrete Formulierung einer Hypothese oder Theorie, daß diese an der Realität scheitern kann.
Im Bereich der Wirtschaftspolitik: Eine so konkrete Zielformulierung, daß diese als unmittelbare Handlungsanweisung ex ante dienen bzw. der Zielerreichungsgrad daran ex post gemessen werden kann.

Operations-Research
Unternehmensforschung.
Mathematische Verfahren liefern dem Unternehmer Entscheidungsgrundlagen, z.B. für Produktions-, Investitions-, Absatzplanung.

Opportunitätskosten
Der Einsatz von Produktionsfaktoren in einem Produktionsprozeß entzieht diese einer anderen Einsatzmöglichkeit, wo sie einen bestimmten Nutzen erbracht hätten. Man bewertet nun die eingesetzten Produktionsfaktoren mit ihrem entgangenen Nutzen und zwar mit dem entgangenen Nutzen aus der besten alternativen Verwendungsmöglichkeit.

Optimierung, lineare
Die Theorie der l.O. behandelt Problemstellungen, in denen eine lineare Zielfunktion in n Variablen maximiert bzw. minimiert werden soll, wobei gleichzeitig ein System von Restriktionen oder Nebenbedingungen erfüllt werden muß. In wirtschaftlichen Anwendungen wird zumeist auch die Nichtnegativität der Variablen vorausgesetzt. Als Nebenbedingungen werden immer Ungleichungen angenommen, da Gleichungen sich immer durch zwei gegengerichtete Ungleichungen darstellen lassen.

Option
Im Gegensatz zu einem Termingeschäft, das eine bindende Verpflichtung darstellt, hat der Käufer einer Option die Freiheit, sie innerhalb der Laufzeit zu dem festgesetzten Preis auszuüben oder sie verfallen zu lassen.

Option
Eine O. ist das Recht, ein bestimmtes Objekt (z.B. ein Wertpapier, Devisen) zu einem bestimmten Preis zu kaufen („call option") oder zu verkaufen („put option"). Wenn dieses Recht jederzeit ausgeübt werden kann, spricht man von einer amerikanischen O., ist es auf einen bestimmten Zeitpunkt beschränkt, von einer europäischen O.

Optionsanleihe
Die Optionsanleihe besteht – grob gesehen – aus zwei Teilen:
- „Normale" Anleihe und
- Optionsschein

Dieser Optionsschein, der von der Anleihe abgetrennt und frei gehandelt werden kann, verkörpert das Recht, ein oder mehrere Wertpapiere (zumeist Aktien oder Investmentzertifikate) während einer bestimmten Zeit zu einem bestimmten vorher fixierten Preis zu erwerben.

Optionspreis
Der Preis, den der Erwerber der Option bezahlt und der Stillhalter für die Ausstellung bzw. für den Verkauf erhält. Der Optionspreis muß mit Abschluß der Option „à fonds perdu" gezahlt und kann nicht zurückgefordert werden.
Andere Bezeichnung: Prämie.

Order
Börsenauftrag

Orderscheck
Schecks, die nur auf den Namen des Zahlungsempfängers mit Zusatz der Orderklausel „oder an dessen Order" lauten. Als Zahlungsempfänger gilt, wer sich durch eine lückenlose Indossamentenreihe ausweisen kann. Die Rechte aus dem Scheck werden durch Indossament übertragen.

Organigramm
Eine graphische Darstellung der Aufgabenverteilung von Stellen und deren leitungsmäßiger Verknüpfung. Somit werden in der Hierarchie-Pyramide die Leitungsbeziehungen durch Über-, Gleich- und Nachordnung verdeutlicht. Jede Stelle wird symbolisch z.B. durch Rechtecke gekennzeichnet. Daraus kann man die statischen Beziehungszusammenhänge zwischen Stellen und der Aufgabenverteilung erkennen.
Zweck:
- Die hierarchische Ordnung und das Eingliedern der einzelnen Organisationseinheiten;
- Die Verteilung der Aufgaben, soweit diese aus den Kurzbezeichnungen der Organisationseinheiten erkennbar sind;
- Die personelle Besetzung der einzelnen Organisationseinheiten.

Organisationseinheit
Aufbauorganisatorisch (ziel- und aufgabenbezogene) und ablauforganisatorisch (verrichtungs-, raum- und zeitbezogene), hierarchisch strukturiertes Gebilde. Organisationseinheiten entstehen durch ziel- und aufgabenbezogenes Untergliedern eines Unternehmens in Teile (Abteilungen) bzw. durch Zusammenfassen von Stellen.

Organisationsentwicklung
Interdisziplinärer Zweig der Sozialwissenschaften. O. ist ein Sammelbegriff für den koordinierten Einsatz sozialwissenschaftlicher Methoden mit dem Ziel, innerhalb einer Organisation notwendig gewordene Struktur- und Verhaltensänderungen zu erkennen und auf der Grundlage eines gemeinsamen Lernprozesses – also durch Evolution – zu verwirklichen.

Organschaft
Eine O. liegt vor, wenn eine unbeschränkt steuerpflichtige Kapitalgesellschaft finanziell, wirtschaftlich und organisatorisch derart unselbständig geworden ist, daß sie keinen eigenen Willen besitzt. In der Regel sind mindestens 75% Beteiligung notwendig.

Orgware
Organisationsschema zur Erstellung zu Software und deren Dokumentation.

Out of Money
Beschreibt eine Option, die keinen inneren Wert besitzt. Eine Kaufoption ist aus dem Geld, wenn die Währung unter dem Basispreis der Kaufoption notiert, während eine Verkaufsoption aus dem Geld ist, wenn die Währung über dem Basispreis der Option notiert.

Output
1. Stromgröße, die das Produktionsergebnis bezeichnet. O. entsteht durch Kombination und Transformation von Vorleistungen und Primäraufwand („Input"). Die technische Abhängigkeitsbeziehung zwischen Input und O. im Produktionsprozeß wird von Produktionsfunktionen beschrieben.
   O. i.e.S.: Darunter versteht man nur das „gewünschte" Produktionsergebnis. Seine Messung erfolgt entweder in Mengeneinheiten (z.B. Stück, Tonne) oder Geldeinheiten, wobei die Bewertung in der Regel zu Marktpreisen erfolgt.
   O. i.w.S.: In einer nicht nur marktmäßigen Betrachtungsweise werden unter diesem Begriff auch die „unerwünschten" Ergebnisse des Produktionsprozesses einbezogen (z.B. Abfall, Abgase, Abwasser). Da für diese unerwünschten Produkte keine Marktpreise existieren, können sie grundsätzlich nur in Mengeneinheiten gemessen werden.
2. EDV-Output

Outright-Geschäft
auch Solo- oder Sec-Geschäft.
Devisentermingeschäft, das – im Gegensatz zum Swap-Geschäft – nicht mit einem gleichzeitigen Kassageschäft verbunden ist.

Overlay
engl. Überlagerung. Handling von Programmteilen. Es erfolgt ein Überschreiben von nicht mehr benötigten Programmteilen. Dadurch können Programme, deren Größe die des Hauptspeichers übersteigen, ausgeführt werden.

Over-the-Counter-Markt
Amerikanische Bezeichnung für den außerbörslichen Handel mit Wertpapieren (= über den Ladentisch bzw. Bankschalter). Der O.-t.-c.-markt umfaßt auch den über den Telefonverkehr laufenden Handel mit Wertpapieren (O.-t.-c.Titel).

PAL
Abkürzung für „Phase Alternation Line" (zeilenweiser Phasenwechsel). Bezeichnung für das deutsche Farbfernsehsystem (-verfahren), das auch in vielen anderen Ländern verwendet wird. Fortentwicklung des amerikanischen NTSC-Verfah-

rens. Vermeidet dessen Empfindlichkeit gegen differentielle Phasenfehler durch zeilenweises Umpolen eines der beiden Farbdifferenzsignale. Zur Kennung wird auch das Farbsynchronsignal umgeschaltet. Im Empfänger stehen mit Hilfe eines Laufzeitspeichers ständig zwei in Gegenphase übertragene Signale an. Durch Mittelwertbildung läßt sich der Einfluß des differentiellen Phasenfehlers beseitigen.

Panelumfragen
Sind dadurch charakterisiert, daß bestimmte Gruppen im Zeitablauf mehrmals, meist in regelmäßigen Abständen, befragt werden, um quantitative Daten über die Marktentwicklung (Marktvolumen und Marktanteile) zu erhalten.
P. werden auf allen Absatzstufen aufgebaut. Man unterscheidet zwischen Herstellerp., Großhandelsp. Einzelhandelsp. und Konsumentenp. Gegenüber einmaligen Erhebungen besteht bei P. die Möglichkeit der besseren Vergleichbarkeit der über einen längeren Zeitraum erhobenen Ergebnisse, doch sollte der sog. Paneleffekt nicht übersehen werden: die Panelteilnehmer gewöhnen sich allmählich an ihre Testsituation und reagieren in ihrem Einkaufsverhalten anders. Spontankäufe unterbleiben und das Kaufverhalten wird insgesamt rationaler.

Paradigma
Hilfsmittel der Forschung, die die Erklärung und Beeinflussung bestimmter Sachverhalte erleichtern soll. Paradigmen sind z.B. die Begriffe System, Feld, Modul, Gleichgewicht

Parafisken
Bei P. handelt es sich um Körperschaften zwischen dem privaten und öffentlichen Bereich. Zur Abgrenzung von privaten Institutionen kann die Wahrnehmung öffentlicher Aufgaben und die Verfügung über eigene Finanzquellen mit Zwangscharakter herangezogen werden. Häufig sind eine beamtenähnliche Stellung ihrer Beschäftigten und eine selbständige Rechnungslegung zusätzliche Merkmale dieser Körperschaften.

Parahotellerie
Sammelbezeichnung für Zweitwohnungen, Campingplätze und sonstige Unterkünfte, die zur Hotellerie in einem Konkurrenzverhältnis stehen.

Parallelproduktion
Erzeugung mehrerer Güter in technisch unabhängigen Produktionsverfahren ohne Konkurrenz der Produkte um die Faktoren, weil diese nur zur Herstellung eines bestimmten Gutes verwendet werden können.

Parallelwirtschaft
Andere Bez. für → Schattenwirtschaft

Parameter
1. Zahlenwerte, mit denen ein empirischer Sachverhalt beschrieben werden soll. Im Rahmen der deskriptiven Statistik beziehen sich P. auf beobachtete Größen, in der Wahrscheinlichkeitsrechnung hingegen auf ⇒ Zufallsvariable. Man unterscheidet: Streuungsp., Lagep., Konzentrationsp.;
2. Das Wort P. wird ferner verwendet in der Bedeutung Aktionsp. und bedeutet dann ein Instrument, das ein Wirtschaftssubjekt tatsächlich einsetzen kann, im Gegensatz zu den Erwartungsp., bei dem es sich um Größen handelt, die außerhalb des Einflußbereiches des betreffenden Wirtschaftssubjektes liegen.
   Beispiel: So sind Steuersätze für den Fiskus Aktionsp., das tatsächliche Steueraufkommen ist hingegen ein Erwartungsp., da die betroffenen Steuerzahler unter Umständen der Besteuerung ausweichen können.

Paratransit
Neuartige Verkehrsmittel, welche die Vorteile des individuellen (zeit- und zielflexibel, geringe Zu- und Abgangsentfernung) und öffentlichen Verkehrs (umweltfreundlich, platz-, energie- und ko-

stensparsam) vereinigen: bedarfsgesteuerter Bus, Fahrgemeinschaft, Park-and-Ride usw.

Pareto-Kriterium
Wirtschaftliche Situation, in der es nicht möglich ist, daß durch eine Veränderung der Tausch- und Produktionsverhältnisse wenigstens eine Person ein höheres Versorgungsniveau erreicht, ohne daß dadurch das Versorgungsniveau einer anderen Person verringert wird. Das P. ist also erreicht, wenn gleichzeitig ⇒ Tauscheffizienz und ⇒ Produktionseffizienz gegeben ist. Weitere Voraussetzungen für die Gültigkeit:

- Vernachlässigung von Einkommensverteilungswirkungen
- Ableitung von Kollektivbedürfnissen aus Individualbedürfnissen
- die individuelle Wohlfahrt wird als unabhängig von der Wohlfahrt anderer Individuen betrachtet.

Parität
Wertverhältnis zwischen Währungen bzw. einer Währung zum Gold.

Parity-Check
Werden von den 8 Bits pro Wort nicht alle zur Kodierung der Zeichen verwendet (üblicherweise braucht man 6 oder 7), so kann man ein Bit dazu verwenden, in jedem Wort stets eine gerade Anzahl von 1 (d.h. even parity) oder stets eine ungerade Anzahl von 1 (d.h. odd parity) zu erzeugen. Falls der Sender so eingestellt ist, kann der Empfänger auf Wunsch (wenn also ein P.-C. erfolgen soll) überprüfen, ob auch stets eine gerade bzw. ungerade Anzahl von Bits ankommt. Dadurch können Übertragungsfehler erkannt werden. Allerdings verlangsamt die Überprüfung eines jeden Wortes die Übertragung.

Park-and-Bike
Kombination des KFZ-Verkehrs mit dem Fahrrad; Auffanggaragen und -parkplätze sind mit Leihfahrrädern ausgestattet, um die Wegdauer zwischen Abstellplatz und Ziel zu verkürzen.

Park-and-Ride
Kombination des öffentlichen Verkehrsmittels mit dem KFZ- bzw. Radverkehr als Zubringerverkehrsmittel zum Bahnhof oder zur Haltestelle. Damit sollen die langen Zu- und Abgangszeiten des ÖPNV verkürzt werden.

Partizipation
Beteiligung an einem Unternehmen oder Fonds. Inhaber von Partizipationsscheinen sind nicht Aktionäre und können auf den Hauptversammlungen kein Stimmrecht ausüben. Sie können nur ein Recht auf einen Teil der erzielten Gewinne geltend machen.

Pascal
Programmiersprache. Sie hat sich zunächst im wesentlichen im akademischen Bereich ausgebreitet. Heute wird ein großer Teil der Studenten in der Informatik mit P. als Grundsprache qualifiziert. P. erlaubt sehr geschlossene Programme zu schreiben, die gut lesbar und stark strukturiert sind. P. dient häufig zur Realisierung von Programmen, die den eigentlichen Betrieb von Rechner-Architekturen organisieren (Betriebs-System).

Passiva
Eigenkapital und Schulden eines Unternehmens. Auf der rechten Seite der Bilanz ausgewiesen.

Passivgeschäfte
Geschäfte, bei denen die Bank Gelder entgegennimmt und damit Verbindlichkeiten eingeht, z.B. Spareinlagen, Ausgabe von Kassenobligationen, Kreditoren auf Sicht und Zeit. Gegensatz: Aktivgeschäfte.

Passivtausch
Umschichtung innerhalb der Passiven bei unveränderter Bilanzsumme, d.h. ein passives Bestandskonto wird belastet, ein anderes passives Bestandskonto wird erkannt.

Password
→ Kennwort

Pay-As-You-Earn-Prinzip
Entrichtung der Steuer sobald Einkünfte erzielt werden.
Andere Bezeichnung: Quellenbesteuerung.

Pay-per-View-Television
Beim p.p.v.T. Wird jede einzelne empfangene Sendung in Rechnung gestellt, im Gegensatz zum ⇒ Pay-Television, bei dem in der Regel eine monatliche Gebühr entrichtet wird.

Pay-TV
Im Gegensatz zum üblichen Fernsehprogramm, das durch eine pauschale Gebühr, durch Werbeeinnahmen (wie in den USA) oder durch sonst. Einnahmen (wie in der Bundesrepublik) finanziert wird, muß beim Pay-TV eine bestimmte Gebühr für eine einzelne Sendung (dann auch „pay-per-view genannt) oder die monatliche Nutzung eines Kanals gezahlt werden.

Peacemeal Engineering
→ Reform der kleinen Schritte

Performance Bond
Die garantierende Bank haftet mit einem bestimmten, häufig in einem Prozentsatz der Vertragssumme ausgedrückten Betrag gegenüber einem Dritten dafür, daß ihr Kunde als Vertragspartner dieses Dritten die vertraglich vereinbarten Lieferungen tätigt bzw. Leistungen erbringt.
Andere Bez.: Performance-Garantie, Liefergarantie oder Erfüllungsgarantie

Performanz
Das faktische Sprachverhalten, die aktuelle Sprachverwendung, der Gebrauch der Sprache in konkreten Situationen, der jedoch nicht als direkte Widerspiegelung der Kompetenz aufgefaßt werden darf, da die natürliche Rede Abweichungen von Regeln, falsche Ansätze, Änderungen der Strategie während des Sprechens u.a. zeigt und von den außersprachlichen Überzeugungen über den Hörer und die Situation sowie von Prinzipien der kognitiven Struktur abhängig ist.

Periode
Abgegrenzter Zeitraum.

Peripherie
Mit dem Computer verbundene Geräte, die nicht Teil des Computers sind. Die meisten peripheren Geräte sind Ein-/Ausgabegeräte.

Personengesellschaften
Zusammenschluß von mindestens zwei Personen zur Verwirklichung bestimmter Unternehmensziele. Als Rechtsformen kommen in Frage:
- Offene Handelsgesellschaft (OHG)
- Kommanditgesellschaft (KG)
- Gesellschaft bürgerlichen Rechts (Sonderstellung)
- Stille Gesellschaft

PEX
Abk. für Prebooked Excursion Fare.
Hier handelt es sich um einen verbilligten Sondertarif mit Konditionen wie der → APEX-Tarif, jedoch ohne Vorausbuchungsfrist, d.h. Buchung, Bezahlung und Ticketausstellung muß gleichzeitig, kann jedoch bis zum Abflug erfolgen.

Pfandbrief
Festverzinsliches Wertpapier, das von dazu eigens ermächtigten Pfandbriefinstituten (Hypothekenbanken) zum Aufbringen von Geldern zur Vergabe von Hypothekendarlehen ausgegeben wird. Durch Grund und Boden sichergestellt.

Pfandbriefe Ⓓ
Daueremissionen, die nach dem Gesetz über die Pfandbriefe und verwandten Schuldverschreibungen öffentlich-rechtlicher Kreditanstalten vom 21.12.1927, DRGBl. S. 492 und nach dem Hypothekenbankgesetz vom 13.7.1899, DRGBl. S. 375 begeben werden.

Pfandrecht
→ Hypothek

Pflichtenheft
Enthält die Leistungsbeschreibung eines Investitionsprojektes.

Phillipskurve
Ursprünglich der Zusammenhang zwischen der Lohnänderungsrate und Arbeitslosenquote. Die modifizierte P. beschreibt den Zusammenhang zwischen den gesamtwirtschaftlichen Zielen „Preisniveaustabilität" und „Arbeitslosigkeit".

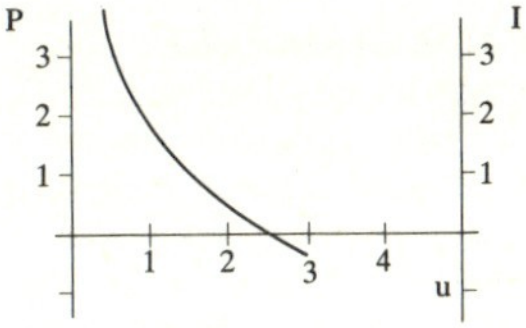

Pigoueffekt
Hypothese, derzufolge ein im Zuge von Unterbeschäftigung sinkendes Preisniveau den Realwert der Kassenbestände verändert und damit die Ursache ist für eine erhöhte Nachfrage nach Konsumgütern.

Pin-Code
Persönliche Identifikationsnummer
Nur dem Inhaber bekannte Nummer zur Sicherung von automatisierten Geldtransaktionen (z.B. Geldbehebungen bei Bankomaten).

PIO
1. EDV: engl. Abk. für Parallel Input/Output Baustein zur Parallelein- und -ausgabe
2. Input-Output-Analyse
   Abk. für provisorische Input-Output-Tabelle

Planeinsichtsermächtigung
Ermächtigung, in die bei der Baubehörde 1. Instanz aufliegenden Baupläne Einsicht zu nehmen.

Plankostenrechnung
geplante Kosten werden verrechnet. Daneben ist eine Istkostenrechnung erforderlich, und das SOLL (= das Geplante) mit dem IST (= dem Eingetretenen) vergleichen und entsprechende Analysen der SOLL-IST-Abweichungen durchführen zu können.

Planung
P. ist eine gedankliche Vorbereitung zielgerichteter, zukünftiger Handlungen. Planung geht immer von der Gegenwart aus und bezieht sich auf die Zukunft. Mit ihrer Hilfe versucht man festzustellen, was, wann, wo und wie etwas geschehen soll und zwar im Hinblick auf ein Ziel. Aufgabe der Planung ist es, das Risiko weitgehend auszuschalten. Dieses Risiko wird in dem Maße geringer, in dem alle wichtigen Informationen für den P.s-prozeß verwendet und richtig verwertet werden.

Planungseffizienz
Ausmaß, in dem ein Ziel bzw. ein Zielsystem durch Planungsoperationen erreicht werden kann, wobei auch positive und negative Sekundärwirkungen berücksichtigt werden. P. ist gleich 1, wenn
(1) die Primäreffekte mit den Primärzielen übereinstimmen und
(2) die Summe aller positiven und negativen internen und externen Effekte gleich 0 ist.

$$\text{Planungseffizienz} = \frac{\Sigma E_1 \ldots E_n}{\Sigma Z_1 \ldots Z_n} = 1$$

Ist die P. von 1 verschieden, so kann dies im wesentlichen folgende Ursachen haben:
(1) die Primärziele können nicht zur Gänze erreicht werden,
(2) die Primäreffekte können zwar zur Gänze erreicht werden, doch treten auch negative Sekundäreffekte auf,
(3) die Primäreffekte sind größer als erwartet, es treten keine negativen externen Effekte auf bzw. die negativen Effekte werden durch positive externe Effekte ganz oder teilweise kompensiert. In diesem Fall wäre die P. größer als 1.

Planungsgebiet
Räumliche Abgrenzung eines Gebietes, für welches Planungsmaßnahmen konzipiert werden.

Planungshorizont
Wirkungen, die in einem bestimmten Zeitraum fallen, gehen in die Berechnung der Entscheidungskriterien ein.

Plattenspeicher
Magnetplatteneinheit eines Computers zum Speichern von Daten mit direktem Zugriff.

Plotter
Plotter sind spezielle Geräte zur Ausgabe von Information aus dem Rechner auf Papier. Zunächst war der Plotter im wesentlichen ein Gerät zur Erstellung von Zeichnungen. Hierzu war es notwendig, einen Stift über Papier zu führen, und zwar durch eine x/y-Steuerung. Mittlerweile übernehmen Plotter Ausgaben aller Art aus dem Rechner, d.h. sie sind insbesondere auch in der Lage, alphanumerische Zeichenketten unmittelbar auszugeben. Die Unterscheidung zwischen Plotter auf der einen Seite und Druckwert auf der anderen Seite wird zunehmend hinfällig, seitdem es Verfahren (z.B. Tintenstrahl oder Laser) gibt, die das Ausgeben von Punkten und kontinuierlichen Linien auf Papier erlauben, wodurch der Unterschied zwischen Graphik und alphanumerischen Zeichenketten schwindet.

Pluralitätswahl
In diesem Verfahren wird in einem Wahlgang gleichzeitig über alle Alternativen abgestimmt, wobei alle Alternativen gereiht werden. Die Anforderungen an die Wähler sind jetzt größer als bei Mehrheitswahl. Den Alternativen werden je nach Rang in der Präferenzordnung Rangziffern zugeordnet; die Alternative mit der geringsten Rangziffer gewinnt.

Point of Sale
Unbare und schecklose Zahlung in einem Handels- und Dienstleistungsbetrieb. Noch im Pilotversuch: ec-Karte steckt man in ein kombiniertes Kartenlese-PIN-Tastatur-Modul, welches automatisch die spezifischen Bankdaten für den Zahlungsverkehr erfaßt.

Point to point Tarife
Sondertarife. Strecke darf nur auf einer Flugnummer abgeflogen werden.

Policy-Mix
Kombinierter Einsatz von wirtschaftspolitischen Instrumenten zur gleichzeitigen Erreichung von mehreren Zielen.

Politik des knappen Geldes
Politik der Zentralnotenbank, die darauf abzielt, das Geld zu verknappen, um Konsum und/oder Investition einzuengen.

Politik des leichten Geldes
Politik der Zentralnotenbank, die darauf abzielt, die Geldmenge zu erweitern, um Konsum und/oder Investition anzuregen.

Polypol
Anbieterkonstellation auf einem Markt, gekennzeichnet durch zahlreiche Anbieter, von denen jeder nur einen kleinen Marktanteil hat.

Pool
Interessengemeinschaft

Popper-Kriterium
Kriterium für die Abgrenzung wissenschaftlicher von nicht-wissenschaftlicher Aussage. Demgemäß ist eine Theorie nur dann wissenschaftlich, wenn sie so formuliert ist, daß sie an der Realität scheitern kann. Eine bisher nicht falsifizierte Theorie erlangt vorläufige Tauglichkeit, solange sie nicht falsifiziert oder durch eine überlegene Theorie abgelöst wurde.

Portabilität
Übertragbarkeit von Software

Portefeuilleanalyse
Analyse eines Wertschriftendepots nach Kurswert. Ertrag und branchen-, länder- und währungsmäßiger Risikoverteilung der Anlagen, Die P. ist Teil der Anlageberatung und Wertschriftenverwaltung. Andere Bezeichnung für Depotanalyse.

Portfolio
Bestand an Forderungen, Verbindlichkeiten, Wertgegenständen, Produkten oder

Abteilungen, deren Vorteilhaftigkeit im Zeitablauf gewissen Veränderungen unterliegt. Es ergibt sich daher häufig die Notwendigkeit, ein P. zu überprüfen und – wenn nötig – umzuschichten.
Beispiele für P.s:

- Wertpapierp.: Bestand an Wertpapieren
- Schuldenp.: Bestand an Verbindlichkeiten gegenüber in- und/oder ausländischen Gläubigern
- Marktp.: die Produkte bzw. strategischen Geschäftseinheiten eines Unternehmens
- Technologiep.: die grundsätzlich in Frage kommenden technischen Verfahren zur Herstellung von Gütern
- Länderp., Branchenp.: relative Position bestimmter Länder und/oder Branchen unter Berücksichtigung bestimmter Kriterien (z.B. Entwicklungsstand, Rohölpreisniveau etc.)

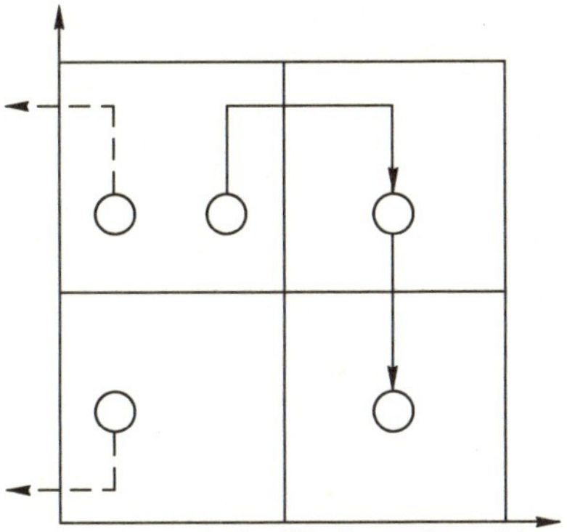

Portfoliotheorie
Summe aller Hypothesen betreffend die optimale Zusammensetzung eines Vermögensbestandes.

POS
→ Point of sale

Positives Recht
Das jeweils geltende Recht.

Potential eines Verkehrsmittels
Summe oder Anteil von Verkehrsteilnehmern, die für ein definiertes Verkehrsmittel objektiv und subjektiv wahlfrei sind.

PPBS
→ Programmbudget

PR
→ Public Relations

Präklusion
Zur Präklusion aufgerufene Banknoten sind solche, die ihre Eigenschaften als gesetzliches Zahlungsmittel schon verloren haben, aber von der Österreichischen Nationalbank noch umgewechselt oder in Zahlung genommen werden. Mit dem Präklusivtermin läuft die Frist ab, innerhalb der zur Einziehung aufgerufene Banknoten an den Nationalbankkassen noch gegen gesetzliche Zahlungsmittel umgewechselt werden können.

Prämie
→ Premium.

Pragmatik
Ein Zweig der Semiotik (oder der Linguistik), der sich vor allem mit den Benutzern von Zeichen befaßt.

Praxeologie
P. ist die Lehre von den Werkzeugen. Geht zurück auf die Lemberg-Warschauer-Schule der Logik und Logistik. Hier geht es darum, die dem jeweiligen Problem adäquaten Denkmethoden zu finden (Kotarbinski, Praxiology – An Introduction to the Science of Efficient Action, Oxford u.a. 1965).

Preiselastizität der Nachfrage
Gibt an, um wieviel Prozent sich die nachgefragte Menge X eines Gutes verändert, wenn sich der Preis p um ein Prozent verändert.

Preisindex
Meßgröße für die Veränderung des allge-

meinen Preisniveaus einer Volkswirtschaft vom Basiszeitpunkt bis zum Berichtszeitpunkt. Durch die Unmöglichkeit, sämtliche Preise und Umsätze einer Volkswirtschaft zu bestimmen und die Schwierigkeit der Aggregation unterschiedlicher Mengeneinheiten werden Preisniveauvariationen für ausgewählte Wirtschaftsbereiche und/oder Personengruppen für spezifische Güter berechnet.
Beispiel: Preisindex für das BIP zu Marktpreisen: Verhältnis des BIP zu laufenden Preisen zum BIP zu Preisen eines Basisjahres. Das reale BIP ergibt sich aus der Deflationierung des nominellen BIP mit Hilfe von Preisindices, die speziell für die einzelnen Verwendungsbereiche entwikkelt werden.
Preisindex für die Lebenshaltung: Durchschnittliche Preisentwicklung im Konsumbereich, berechnet für bestimmte „Indexpositionen" (= Warengruppen) und verschiedene Haushaltstypen. Method. Hauptproblem liegt in der fehlenden intertemporären Konstanz des repräsentativen Warenkorbs.

Preisnotierung
Gibt an, wie viele Mengeneinheiten der inländischen Währung für eine Einheit einer ausländischen Währung zu bezahlen sind. Kurz: Was kostet eine Einheit einer ausländischen Währung?

Preispolitik
Die P. umschreibt die Fragen, inwieweit die absetzbare Menge eines Produktes durch den Preis beeinflußt wird, bzw. bei welchem Preis ein maximaler Umsatz bzw. ein maximaler Gewinn realisiert werden kann. Diese Fragen sind in Abhängigkeit von der Stellung zu sehen, die die Unternehmung auf dem Markt einnimmt.
Das Ausmaß der Autonomie der Unternehmung hinsichtlich der Durchsetzung der Preise hängt – abgesehen von event. gesetzlichen Bestimmungen – von der Zahl der Konkurrenten und deren Marktverhalten sowie von der Dringlichkeit der Nachfrage nach den angebotenen Gütern ab. Für den Monopolisten gelten andere preispolitische Voraussetzungen als für eine Unternehmung, die mit einer Vielzahl von Unternehmungen in Konkurrenz um die Gunst der Nachfrager steht. Im ersten Fall ist die Unternehmung in ihrer Preispolitik weitgehend autonom, im zweiten Fall kann sie unter Umständen keinen Einfluß auf den Preis ausüben, sondern muß den Preis, der sich auf dem Markt bildet, hinnehmen und sich mit ihren Produkt-(Waren-)Mengen so anpassen, daß unter den gegebenen Bedingungen möglichst hohe Gewinne gemacht werden können.

Premium
An der Optionsbörse: Der Gesamtpreis einer Option, der sich aus dem Zeitwert und dem inneren Wert zusammensetzt.
An der Terminbörse: Der Betrag, um den ein gegebener Terminkontrakt über dem Niveau eines anderen Termins gehandelt wird.

Price-Earnings Ratio
→ Kurs-Gewinn-Verhältnis

Primäreffekte
Effekte, die von einem Handlungsträger bewußt angestrebt werden.
andere Bezeichnung: Zielwirkungen, Hauptwirkungen.

Primäre Produktionsfaktoren
Menschliche Arbeitsleistungen, Nutzungen (also Leistungsabgaben) des Sachkapitals und importierte Vorleistungen einer bestimmten Periode; primär deshalb, weil diese Faktoren in der betreffenden Periode des Faktoreinsatzes erst hergestellt werden. Sämtliche Kosten, die mit dem Einsatz der Produktionsfaktoren verbunden sind, bezeichnet man als Faktorkosten.

Primärmarkt
Markt auf dem neue Wertpapiere emittiert werden. Richtet sich nach den Möglichkeiten am Kapitalmarkt.
Gegensatz: Sekundärmarkt

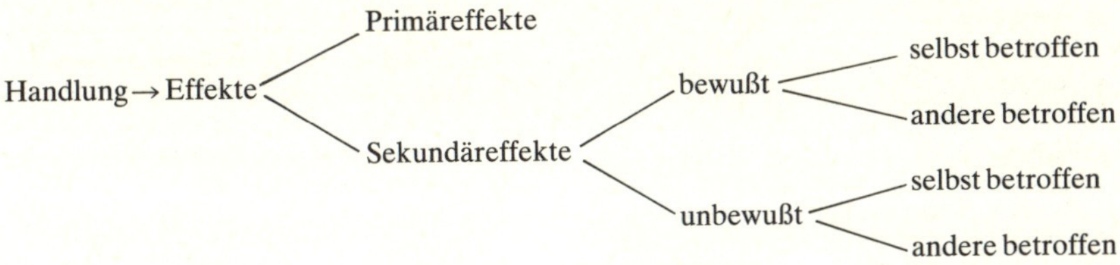

Primärmarktforschung
Gesamtheit der speziell zur Erfüllung eines bestimmten Marktforschungsziels durchgeführten Datenerhebungen in Form von primär diesem Zweck gewidmeten Befragungen, Beobachtungen und Tests.

Primärverteilung
Verteilung der Faktoreinkommen, so wie sie sich durch die marktmäßigen und außermarktmäßigen Entscheidungen ex post ergibt.

Prime Rate
Ursprünglich Zinssatz der amerikanischen Geldinstitute für den Diskont erstklassiger Geldmarktpapiere. P.R. bezeichnet heute den Zinssatz für Geldinstitutskredite an erstklassige Kunden (erste Adressen). Nach der P.R. richten sich die Zinssätze für die anderen (weniger erstklassigen) Kreditkunden.

Prioritätenreihung
Methode, nach der Dringlichkeiten von Maßnahmen ermittelt werden.

Prisoners Dilemma
→ Gefangenendilemma

Produktion
Systematische Herstellung von Gütern mit Hilfe anderer Güter. Die meisten Güter können sowohl P.s-faktor als auch P.s-ergebnis sein. Dabei sollte der Begriff „P." nicht zu eng gefaßt werden. Er umfaßt nicht nur die Be- und Verarbeitung von materiellen Gütern, sondern auch die Erzeugung von Dienstleistungen und Informationsgütern, wobei gleichgültig ist, ob diese Güter von privater oder staatlicher Seite erzeugt und angeboten werden. Nicht als Produktion im ökonomischen Sinn gelten jene Tätigkeiten, durch die zwar ebenfalls Güter- überwiegend Verbrauchsgüter – geschaffen werden, die jedoch innerhalb von privaten Haushalten stattfinden.

Proportionaler Tarif
Für jede Höhe der Bemessungsgrundlage wird derselbe durchschnittliche Steuersatz T/X angewendet. Durchschnittlicher und marginaler Steuersatz sind gleich.

Produktionseffizienz
P. ist erreicht, wenn es nicht mehr gelingt, durch eine Veränderung des Einsatzortes oder der Verwendung von Produktionsfaktoren bei gegebener Bedürfnisstruktur von irgendeinem Produkt mehr herzustellen ohne die Produktion eines anderen Produktes einschränken zu müssen (Pareto-Optimum auf der Angebotsseite).

Produktionselastizität
Verhältnis zwischen relativer Änderung des Outputs und der sie auslösenden relativen Änderung der Einsatzmenge eines Inputs bei Konstanz der übrigen Inputs.

Produktionsfaktoren
Im Rahmen der Theorie der P. wird zwischen einer Zeitpunktanalyse und einer Zeitraumanalyse unterschieden. Erstere geht von der Frage aus, über welche Bestände ein Betrieb zu einem bestimmten Zeitpunkt verfügt, letztere hingegen behandelt nur die Nutzung der Produktionsfaktorbestände, d.h. also den tatsächlichen Einsatz. Teilt man in Anlehnung an Weizsäcker die P.nach den beiden Kriterien „menschlich-sachlich" und „gewachsen-produziert" ein, so lassen sich vier P.

unterscheiden:
- Wissen
- Arbeit
- Sachkapital
- Boden

	menschlich	sachlich
produziert	Wissen	Sachkapital
gewachsen	Arbeit	Boden

Produktionsfunktion
Funktionaler Zusammenhang zwischen Produktionsfaktoreinsatz (Input) und Produktionsergebnis (Output).
$Y = f(X_1 \ldots., X_i \ldots., X_n)$
Die Produktionsfunktion untersucht allein die technisch effizienten Faktorkombinationen. Eine Unterteilung von Produktionsfunktionen nach dem Kriterium der Substituierbarkeit der Inputs ergibt zwei Gruppen:

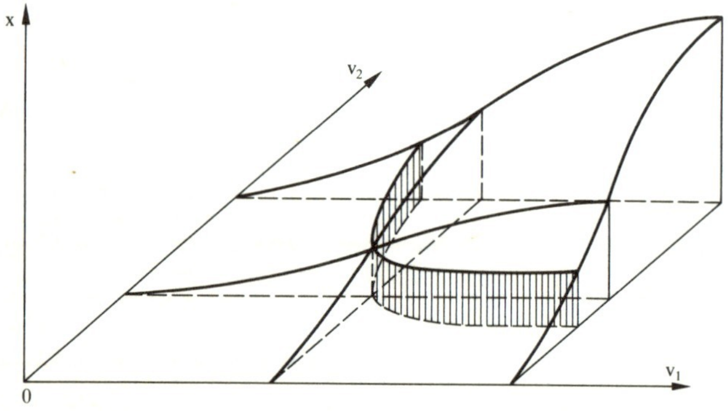

v_1 = Produktionsfaktor 1
v_2 = Produktionsfaktor 2
x = Output (Ertrag)

1. Produktionsfunktionen, bei denen die Inputs stetig teilbar und gegeneinander substituierbar sind.
   - Funktionen, die sowohl Bereiche mit zunehmenden als auch Bereiche mit abnehmenden Ertragszuwächsen aufweisen (z.B. „Ertagsgesetz").
   - Produktionsfunktionen, für die ständig abnehmende (aber positive) Ertragszuwächse gelten (z.B. neoklassische „Cobb-Douglas-Funktion").
2. Produktionsfunktionen, bei denen die Produktionsfaktoren nicht gegenseitig austauschbar („substituierbar") oder nicht stetig teilbar sind.
   - Produktionsfunktionen mit Limitationalität der Inputkombination (z.B. „Leontief"-Produktionsfunktion).
   - Produktionsfunktionen, die nur teilweise substituierbar sind und/oder nicht stetig teilbar sind.

Produktionsgüter
Güter, die der Herstellung anderer Güter dienen.

Produktionskoeffizient
Verhältnis der effizienten Menge eines Inputgutes zum Gesamtoutput eines Produktionsprozesses. Bei linear limitationalen Produktionsfunktionen sind die Inputkoeffizienten technisch festgelegte Konstante. Im Fall linear-homogener, substitutionaler Produktionsfunktionen sind sie ökonomische Konstante, sofern nur ein knapper Faktor vorhanden ist, alle anderen Faktoren dagegen reproduzierbar sind. Für alle anderen Produktionsfunktionen sind die Inputkoeffizienten Varia-

ble, die vom Gesamtoutput und von den Faktorpreisen abhängen. Inputkoeffizienten setzen entweder Mengen zueinander in Beziehung oder die Koeffizienten werden aus Wertgrößen errechnet.
Man spricht von Vorleistungskoeffizienten, wenn die betrachteten Inputs Vorleistungen sind.

Produktionspotential
Setzt sich additiv zusammen aus der potentiellen Bruttowertschöpfung des Sektors Unternehmen (ohne Wohnungsvermietung), den Beiträgen des Staates, der Wohnungsvermietung und der privaten Haushalte und Organisationen ohne Erwerbszweck zur realen Bruttowertschöpfung sowie der nicht abzugsfähigen Umsatzsteuer und den Einfuhrabgaben. Beim Staat und den übrigen Bereichen außerhalb des Sektors Unternehmen (ohne Wohnungsvermietung) wird dabei angenommen, daß deren P. stets voll ausgelastet und daher mit den jeweiligen Beiträgen zur Bruttowertschöpfung identisch ist.

Produktionstheorie
Zentrale Fragestellung der P. besteht darin, zu untersuchen, von welchen Einflußfaktoren Investitions- und Produktionsprozesse abhängen und welche Wechselwirkungen zwischen diesen bestehen. Zwei Perspektiven der Analyse sind denkbar:

- Erstens von einem bestimmten Produktionsergebnis (auch als „Output" bezeichnet) auszugehen und danach zu fragen, von welchen Faktoren die Erstellung dieses Produktionsergebnisses abhängt oder
- zweitens zu untersuchen, in welcher Weise die Veränderung des Produktionsfaktoreinsatzes (auch „Input" genannt) das Produktionsergebnis beeinflußt.

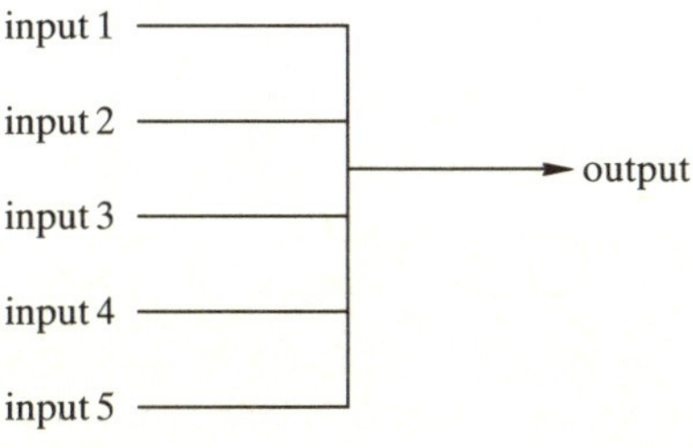

In Matrizenform:

4	0	12	20	22	24
3	0	21	16	18	19
2	0	10	12	13	14
1	0	6	7	8	8
0	0	0	0	0	0
v_1 / v_2	0	1	2	3	4

Produktivität
Leistungen, die mit einer Einheit eines bestimmten Produktionsfaktors erreicht werden kann. Verhältnis von Output zu Input.

- Faktorbezogene P.: Hier werden einzelne Inputfaktoren (Arbeit oder Kapital oder Material oder Energie) zum Output in Beziehung gesetzt. Setzt man etwa den Faktor Arbeit zum Output in Beziehung, so erhält man die statistische Arbeitsp.

$$\frac{\text{Output}}{\text{Input an Arbeit}} = \frac{q}{a}$$

Die Vorliebe für arbeitsbezogene P.-koeffizienten erklärt sich größtenteils daraus, daß der Einsatz an Arbeitskraft statistisch leichter erfaßt werden kann als der Einsatz an Kapital. In kapitalintensiven Sektoren und gesamtwirtschaftlichen Zusammenhängen, etwa wenn das Produktionspotential einer Volkswirtschaft ermittelt werden soll, tritt die Kapitalp. in den Vordergrund:

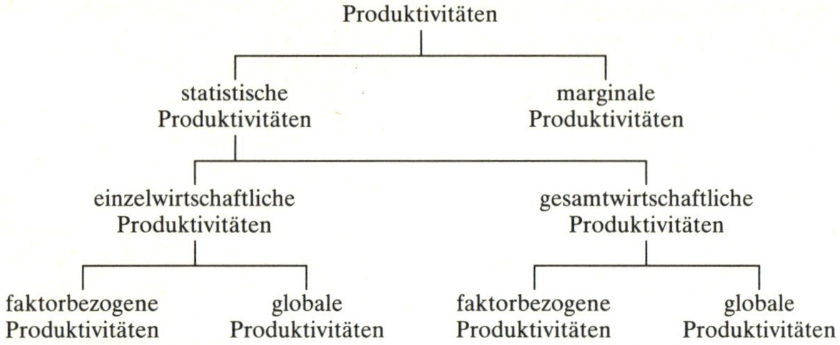

$$\frac{\text{Output}}{\text{Input an Kapital}} = \frac{q}{k}$$

- Gesamtwirtschaftliche P.: Wird meist definiert als reales Bruttoinlandsprodukt je Erwerbstätigen.

Produktlebenszyklus

Der „Lebenslauf" eines Produktes beginnt mit einer risikoreichen, aber auch gewinnbringenden Pionierphase, in der sich das neue Produkt erst nach und nach gegen die auf dem Markt bereits vorhandenen Produkte durchsetzt. Etwa in Form einer logistischen (S-förmigen) Kurve folgt darauf die Phase der Markteroberung, aber auch des gewinnschmälernden Nachahmungswettbewerbs, bis sich das Produkt der Phase der Marktsättigung nähert und von einem neuen Produkt verdrängt wird.

Profit Center

Erfolgsbereich in einem Unternehmen. Bei einer P.-C.-Organisation wird für bestimmte Stellen im Haus eine eigene Ermittlung des Periodenerfolges angefertigt, um die Bereichsleiter zu verantwortlichem Handeln zu veranlassen.

Programmbudget

1961 wurde in den USA im Pentagon das PPBS („Planning-Programming-Budgeting-System") für die Planung der nationalen Verteidigung entwickelt und 1965 auf weitere Teile der US Verwaltung ausgedehnt. P.techniken sind

- outputorientiert
- planungsorientiert
- ressortübergreifend
- zeithorizonterweiternd
- zielpräzisierend
- effizienzsteigernd

Programm-ebene	Politische Planung (Empirische Erhebungen, Fragebogen- und Interviewtechniken etc.)
Planungs-ebene	Sachplanung (Kosten-Nutzen-Analysen, Wirtschaftlichkeitsanalysen, Nutzwertanalysen, Befragung von Experten, LP-Verfahren, Sensitivitätsanalysen)
Budget-ebene	Finanzplanung (mittelfristige Finanzplanung, Berechnung von Folgekosten und Folgelasten, Ermittlung der Finanzierungsspielräume)
Zielebene	Ausführungsplanung (Netzplantechnik)

Ebenen eines Programmbudets

Programmiersprachen

P. sind künstliche Sprachen mit einer begrenzten Syntax und Grammatik, die es erlauben, informationsverarbeitende Probleme derart zu beschreiben, daß sie auf einem Rechner bearbeitet werden können.

Progressiver Tarif
Durchschnittssteuersatz steigt mit steigender Besteuerungsmenge. Diese Steigerung kann in Form einer verzögerten, linearen oder beschleunigten Progression erfolgen. Der marginale Steuersatz ist höher als der durchschnittliche.

Projekt
Vorhaben, das aus komplexen, fachübergreifenden Vorgängen besteht. Ein P. ist befristet, wird durch ein bestimmtes Ereignis abgeschlossen und wiederholt sich in der gleichen Form nicht wieder.
⇒ Projektmanagement.

Projektbudget
Enthält alle Ausgaben und Einnahmen sowie Kosten- und Leistungsgrößen als Vorgabe für einen bestimmten Zeitraum.

Projektcontrolling
Hier werden die im Laufe der Strukturanalyse als wesentlich erkannten Parameter (Zeit, Raum, Ressourcen, Kapazität) zum Gegenstand der Kontrolle gemacht.
Das P. ist ein permanenter Vergleich zwischen Soll- und Istwerten. Grundsätzlich lassen sich folgende Arten der Kontrolle unterscheiden:

- Planfortschrittskontrolle (innerhalb einer Periode)
- Prämissenkontrolle (innerhalb und am Ende einer Periode)
- Ergebniskontrolle (am Ende einer Periode)

Ein wirksames P. ist nur möglich wenn die Projektrealisierung phasenweise gegliedert ist.
Ein wirksames P. wird sich im wesentlichen auf drei Ziele konzentrieren:

1. Erbringen einer bestimmten wirtschaftlichen oder technischen Leistung
2. Vermeidung von Kostenüberschreitungen
3. Nichtüberschreituen des Projekttermins

Ein wichtiges Hilfsmittel für das P. ist dabei das Konzept der Planungseffizienz.

Projektdokumentation
Alle Aufzeichnungen im Zusammenhang mit der → Projektrealisierung.

Projektmanagement
Vorbereitung, Planung und Durchführung komplexer Projekte.
P. ist im Grunde ein interdisziplinärer Forschungszweig, ein Sammelbegriff für eine ganze Reihe von Analysen- und Planungstechniken.
P. ermöglicht:

- einen Überblick über das gesamte Planungsprojekt
- Darstellung der logischen Abläufe uönd der gegenseitigen Abhängigkeiten der verschiedenen Teilvorgänge
- genaue Zeitschätzung bzw. Terminfestlegung für alle interessierenden Teilvorgänge
- Kenntnis des kritischen Weges, d.h. des am meisten Zeit beanspruchenden Teilablaufes
- rechtzeitige Kenntnis der möglichen Störfaktoren, die den geplanten Ablauf und damit die rechtzeitige Fertigstellung beeintächtigen können
- objektiver Vergleich verschiedener Planungsvarianten mit angemessenem Aufwand
- Entlastung von Routinearbeiten bei größeren → Projekten durch Einsatz von standardisierten Entscheidungsrastern.

Projektplanung
Gedankliches Experimentieren mit den Faktoren Zeit, Raum, Ressourcen, um Auswirkungen von Entscheidungen und Maßnahmen „vorauszudenken" („Möglichkeitsanalysen").

Projektrealisierung
Umsetzung der „vorausgedachten" Entscheidungen und Maßnahmen in die Wirklichkeit und deren Überwachung.

Projektstrukturplan
Ergebnis einer umfassenden Strukturanalyse eines ⇒ Projektes und seines Umfeldes.

Projektteam
Alle Personen, die permanent an der Strukturierung und Realisierung eines ⇒ Projektes mitwirken.

Projektvariable
Alle exogenen und endogenen qualitativen und quantitativen Größen, die einen Einfluß auf das Gesamtprojekt haben.

PROM
englisch: Programmable Read-Only Memory.
Ein PROM ist ein Festwertspeicher (ROM), dessen Inhalte elektrisch geändert werden können. Die Informationen in einem PROM verschwinden nicht, wenn der Strom abgeschaltet wird. Einige PROMs (sogenannte EPROMs) können mit UV-Licht gelöscht werden und sind dann wieder neu programmierbar.

Property Rights
Recht, über Eigentum zu verfügen. Die Theorie der P.R. untersucht das Verhalten wirtschaftlicher Akteure unter verschiedenen Eigentumsordnungen, wobei auf die faktischen Eigentumsordnungen abgestellt wird.

Prospekt
Öffentliches Angebot zum Kauf von Wertpapieren mit von den Börsen vorgeschriebenen Informationen.

Prozentnotiz
Kursangabe erfolgt in Prozent vom Nennwert (grundsätzlich bei allen festverzinslichen Werten wie Anleihen, Pfandbriefe etc. und auch bei österreichischen Aktien üblich).

Prozessoren, EDV
Eigenständige, meist vom Hersteller der Hardware oder von großen Software-Häusern erstellte Software, die z.B. aus einem „geschriebenem" Programm ausführbare „computerverständliche" Befehlsfolgen erzeugt.

PTA
Abk. für Prepaid Ticket Advice., andere Bezeichnung: TOD (Ticket on Departure). Bedeutet Benachrichtigung des den Flugschein austellenden Büros mittels Fernschreiben, daß der Passagebetrag vom Käufer eingezogen wurde.

Public Relations
kurz: PR
Pflege und Förderung der Beziehungen eines Unternehmens, einer Organisation oder Institution zur Öffentlichkeit. PR erfolgt durch Sachinformation mit dem Ziel, in der Öffentlichkeit Aufmerksamkeit und Vertrauen zu gewinnen, sowie Transparenz zu schaffen. Darüberhinaus geht es darum, einen Interessenausgleich zwischen gegensätzlichen Zielen und Mitteln zu erreichen und damit zur Konfliktvermeidung beizutragen. Man könnte PR auch interpretieren als Umsetzung der Unternehmensstrategie für eine breitere Öffentlichkeit.

Puffer
Ein Gerät oder ein Speicherbereich, um etwas zeitweilig zu speichern. Der „Bild-P." enthält grafische Informationen, die auf dem Bildschirm angezeigt werden. Der „Eingabe-P." enthält eine schon teilweise geformte Eingabezeile.

Punkt (Point)
Die kleinste Einheit, in der die Kursveränderungen in einem Terminkontrakt ausgedrückt werden können.

Punktmarkt
Alle Anbieter und Nachfrager eines Marktobjekts befinden oder treffen sich an einem Ort. Es können dann keine räumlichen Präferenzen auftreten. Möglicherweise vorhandene unterschiedliche Aufwendungen der Marktteilnehmer für den Transport ihrer Waren, Beauftragten, Nachrichten oder ihrer eigenen Person vom gewöhnlichen Standort zum P.

werden nicht berücksichtigt oder in den Preis am P. einkalkuliert.

Punktwahl
Hier erhält jeder Wähler eine Gesamtpunktezahl, die er auf die einzelnen Alternativen je nach Intensität aufteilen kann. Z.B. jeder Wähler erhält 100 Punkte, die auf die gereihten Alternativen aber unter zusätzlicher Berücksichtigung unterschiedlicher Präferenzintensität aufgeteilt werden können. Anforderungen an die Rationalität des Wahlverhaltens sind noch größer als bei Pluralitätswahl, ebenfalls sind die Möglichkeiten zu taktischem Verhalten größer.

PUT
→ Verkaufsoption

Quellensteuer
Steuer, die das Steuerobjekt unmittelbar beim Entstehen (an der Quelle) erfaßt. In der Schweiz z.B. Verrechnungssteuer (auf Zinsen, Dividenden usw.). In Österreich die Zinsertragssteuer.

Querschnittszählung
Zählung von Verkehrsteilnehmern oder Fahrzeugen, die einen bestimmten Querschnitt in einem festgelegten Zeitintervall (z.B. innerhalb 16 Stunden) passieren.

Querverteilung
→ Lohnquote

Queue
Begriff aus der EDV-Sprache.
Warteschlange für Druckanforderungen oder Batchjobs.

Quotenaktie
Aktie, die nicht auf einen Nennwert, sondern einen Anteil lautet.

Quotenlizenz
Die Lizenzgebühren werden proportional zur tatsächlichen Nutzung des Lizenzobjektes festgelegt. Beliebteste Form ist die Stücklizenz, bei der die Gebühr je Nutzungs- und Ausbringungseinheit bezahlt wird.

Quotensystem
Beim Q. teilen sich mehrere Gebietskörperschaften das Aufkommen einer Steuer nach vorher vereinbarten Quoten. Es ist dabei zu unterscheiden, ob sich die Quote auf die Gesamtheit der gemeinschaftlichen Steuern bezieht oder ob sie für jede Steuer im einzelnen festgelegt wird.
Andere Bez.: Verbundsystem

Rally
Kräftige Kurserholung an der Börse

RAM
Abk. für Random Access Memory.
Ein veränderbarer Halbleiterspeicher mit schnellem Zugriff.

Rang
Begriff des Grundbuchrechts. Ins Grundbuch eingetrangene Schulden werden nach der Rangordnung gedeckt; die erstrangige Hypothek wird zuerst voll befriedigt, bevor die zweitrangige und dann die drittrangige Hypothek zum Zug kommen.

Rat für gegenseitige Wirtschaftshilfe
engl. „Council for Mutual Economic Assistance" (COMECON). Der „Rat für gegenseitige Wirtschaftshilfe" (RGW) wurde 1949 von den osteuropäischen Staaten gegründet, um einen Gegenpol zum Marshallplan zu installieren. Seit dem Jahr 1980 arbeitet der C. an der Vereinheitlichung und Koordinierung der Bemühungen seiner Mitgliedsstaaten, die nationale Wirtschaft, den materiellen Fortschritt, die Industrialisierung, sowie die Arbeitsproduktivität weiter zu entwickeln und zu beschleunigen. Im gegenseitigen Handelsverkehr gilt das Prinzip der Priorität der wechselseitigen Lieferverpflichtungen. Ihnen wird Vorrang vor den eigenen Wirtschaftsplänen des einzelnen Staates eingeräumt. Die Organisation wirtschaftlicher und technischer Zusammenarbeit basiert auf der Arbeitsteilung zwischen den einzelnen Mitgliedsstaaten. Dem Rat gehören zur Zeit die Sowjet-

union, Bulgarien, Polen, Ungarn, Rumänien, die Tschechoslowakei, Kuba, Vietnam, die Deutsche Demokratische Republik und die Mongolische Volksrepublik als Vollmitglieder sowie Finnland als Kooperationsmitglied an. Jugoslawien ist teilassoziiert.

Rating

Entscheidungshilfe zur Beurteilung der Bonität eines Schuldners. Das R. macht Aussagen über die Wahrscheinlichkeit der Rückzahlung einer Schuld. Dabei wird die Qualität eines Titels nicht in Worten, sondern in Kombination von Buchstaben und/oder Ziffern ausgedrückt.

Die bekanntesten R. agencies sind Moody's and Standard & Poor's in New York. Standard & Poor's definiert die Ratings wie folgt:

Commercial Papers (kurzfristige Geldmarktpapiere):

A-1	Der Grad der Sicherheit termingerechter Rückzahlung ist sehr stark
A-2	Die Fähigkeit termingerechter Rückzahlung ist stark, jedoch nicht so überzeugend wie bei A-1
A-3	Die Fähigkeit termingerechter Rückzahlung ist zufriedenstellend
B	Nur durchschnittliche Fähigkeit zur termingerechten Rückzahlung
C	Termingerechte Rückzahlung erscheint zweifelhaft
D	Verzug bei der Rückzahlung ist zu erwarten oder ist schon eingetreten

Bonds (längerfristige Obligationen):

AAA	Äußerst starke Fähigkeit zur Zahlung von Zinsen und zur Tilgung
AA	Sehr starke Fähigkeit zur Zahlung von Zinsen und zur Tilgung
A	Starke Fähigkeit zur Zahlung von Zinsen und zur Tilgung
BBB	Angemessene Fähigkeit zur Zahlung von Zinsen und zur Tilgung. Ungünstige wirtschaftliche Bedingungen oder sich ändernde Verhältnisse könnten zu einer schwächeren Fähigkeit zur Zinsenzahlung und Tilgung führen.
BB-CC	Spekulativer Grad mit Abstufungen betreffend Risiko
C	Keine Zinszahlungen mehr
D	Zahlungsverzug

Ratio Spread

Dieser Spread wird entweder mit Verkaufs- oder mit Kaufoptionen errichtet. Die Strategie besteht darin, eine bestimmte Anzahl von Optionen zu kaufen und dann eine größere Anzahl von Optionen, die „aus dem Geld“ sind, zu verkaufen. Beim Ratio Writing werden auf einen erworbenen Terminkontrakt mehrere Kaufoptionen geschrieben.

Ratio Writing

→ Ratio Spread

Rationalisierung

Technische oder organisatorische Erneuerung (Innovationen), die eine Erhöhung der Produktivität der Produktionstätigkeit zum Ziel haben. Bei erfolgreicher R. kann ein konstanter Output bei geringeren Mengen an eingesetzten Produktionsfaktoren oder ein größerer Output erzeugt werden bei konstanten Faktormengen. Ist ein größeres Outputvolumen zu herrschenden Preisen nicht mehr absetzbar, führt die technisch mögliche und von der Konkurrenzlage erzwungene R. zur Reduktion des Faktoreinsatzes und damit zur Freisetzung von Arbeitskräften.

RCA

engl. Abk. für revealed comparative advantage

Strukturindikator, der die Position einer Warengruppe im Gesamthandel eines Landes darstellt.

Reagonomics

→ Angebotspolitik

Reaktion, technische
Nach kräftigem Preisanstieg oder -rückgang vorübergehender Kursausschlag in die andere Richtung

Realinvestition
→ Sachinvestition

Realisation
Umschichtung von weniger liquiden zu liquiden Vermögensobjekten.
1. Durch den Verkauf von Wertpapieren, Währungen usw., die zu einem niedrigeren Kurs gekauft wurden, wird der Kursgewinn, der bisher nur auf dem Papier bestanden hat, realisiert.
2. Verkauf von Sachgütern
3. Freisetzung von Abschreibungen ⇒ LOHMANN-RUCHTI-EFFEKT
Andere Bez. für R. Realisierung

Realisierung
→ Realisation

Reallohn
Der im Hinblick auf die mit der Geldsumme erhältlichen Güter und Dienstleistungen wirklich Lohn.
Gegensatz: Nominallohn

Real Time
→ Echtzeitbetrieb

Realvertrag
Vertrag, der durch Übergabe einer Sachleistung zustandekommt.

Realverzinsung
Differenz zwischen der Effektiv-Verzinsung einer Anlage und der Preissteigerungsrate.

Rechtsgeschäft
Besteht aus Willenserklärungen, die auf die Herbeiführung von Rechtsfolgen gerichtet sind.

Rechtsobjekt
Als R. werden Gegenstände bezeichnet, auf die sich subjektive Rechte beziehen können und die der Berechtigte in seiner Rechtsmacht hat.

Rechtssubjekt
R. ist, wer rechtsfähig ist, d.h. Träger von Rechten und Pflichten sein kann.

Recycling
1. Rückführen von Geld (Petrodollars), das infolge der starken Steigerung der Ölpreise den ölproduzierenden Ländern zugeflossen ist, in die Volkswirtschaften der westlichen Welt.
2. Wiederverwenden von Abfällen im Wirtschaftskreislauf.

Rediskontkontingente
Von der jeweiligen Zentralbank festgesetzte Obergrenze für den Wechselverkauf der Banken an die Zentralbank im Rahmen des Diskontkredits.

Redundanz
Das mehrmalige Vorhandensein derselben Information in einem Datenbestand.

Refinanzierung
Beschaffung fremder Mittel, um damit selbst Kredite gewähren zu können.

Refinanzierungsplafond (A)
Obergrenze, bis zu der ein Kreditinstitut Wechseldiskont und/oder Wertpapierlombard bei der Österreichischen Nationalbank in Anspruch nehmen kann.

Refinanzierungspolitik
Im Rahmen der R. legt nun die jeweilige Zentralbank die Bedingungen fest, zu denen sie bereit ist, den Kreditinstituten Kredite zu gewähren, und zwar in Form des Ankaufs von Wechseln (Diskont) oder gegen Verpfändung von Wertpapieren (Lombard).

Refresh
Begriff aus der EDV-Sprache. Neuzeichnung eines Bildes auf einem Graphikbildschirm. ⇒ Bildschirm ⇒ CAD

Regelabweichung
Differenz zwischen Führungsgröße W und Regelgröße X; wirkt auf den Regler, der daraus die Stellgröße Y erzeugt.

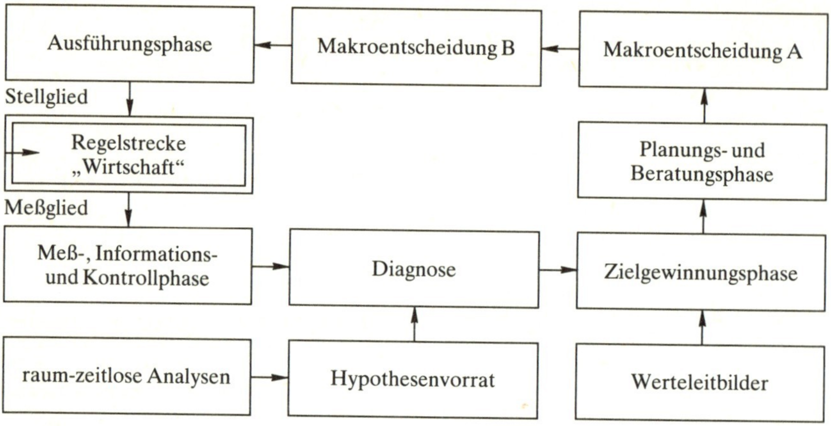

Regelkreis
Strukturschema der Regelung, das den dynamischen selbstregulierenden Systemen in den verschiedenen Bereichen der Wirklichkeit zugrunde liegt. Der R. stellt ein geschlossenes Rückkopplungssystem dar. Er besteht aus dem zu regelnden Objekt (der Regelstrecke) und der regelnden Einrichtung (dem Regler).

Regelmechanismen
Dabei handelt es sich um „eingebaute“ wirtschaftspolitische Maßnahmen (z.B. built-in-stabilizers), die mehr oder minder automatisch wirtschaftliche Prozesse in ihrem Ablauf beeinflussen.
Gegenteil: Diskretionäre Maßnahmen

Regler
Funktionseinheit (heute meist elektronisch); hat die Aufgabe, eine bestimmte physikalische Größe (Regelgröße X) auf einem gegebenen Sollwert (Führungsgröße W) zu halten und dem Einfluß von Störungen entgegenzuwirken.

Regress
Rückgriff (bei Scheck und/oder Wechsel).

Regressionanalyse
Methode der Bestimmung der ⇒ Parameter einer Funktion.

Regressiver Tarif
Durchschnittssteuersatz fällt mit steigender Besteuerungsmenge. Marginaler Steuersatz ist niedriger als der durchschnittliche.

Regulierung
Staatliche Einflußnahme auf den privaten Sektor der Wirtschaft, die in der Regel in einer Kombination folgender Instrumente besteht:
- Marktzutrittsbeschränkungen
- Preiskontrolle
- Qualitäts- und Konditionenfestsetzung
- Kontrahierungszwang

Reisekreditbrief
Anweisung eines Geldinstitutes an ihre Korrespondenten, an den im Kreditbrief genannten Begünstigten Beträge bis zu einer bestimmten Gesamthöhe auszuzahlen. Sie verpflichtet sich gleichzeitig, der Zahlstelle alle Auszahlungen, die innerhalb der Gültigkeitsdauer des Reisekreditbriefes vorgenommen wurden, zurückzuerstatten.

Rektaklausel
Klausel, durch die bei einem Scheck oder Wechsel durch den Aussteller oder Indossanten die Weitergabe des Papiers mittels Indossament ausgeschlossen wird.

Rektascheck
Scheck, der auf den Namen des Zahlungsempfängers mit Zusatz der Rektaklausel „nicht an dessen Order" lauten. Als Zahlungsempfänger gilt, wer am Scheck namentlich als Begünstigter angeführt ist. Die Rechte aus dem Scheck können nur durch eine schriftliche Abtretungserklärung (Zession) des Begünstigten übertragen werden.
⇒ Rektaklausel

Rendite des Eigenkapitals in Prozent
Die Kennzahl gibt die erzielte Verzinsung des bilanziellen Eigenkapitals pro Periode wieder.

$$\frac{\text{Betriebsergebnis} \times 100}{\text{Eigenkapital}}$$

Rentabilität
Darunter versteht man den Quotienten aus Ertrag minus Kosten zum eingesetzten Kapital (Vermögen). Der Zähler ist eine Strömungsgröße (periodenbezogen), der Nenner eine Bestandsgröße (stichtagbezogen). Der wirtschaftliche Erfolg wird als Differenz zwischen Ertrag und Aufwand bzw. Erlös und Kosten definiert. Im angloamerikanischen Bereich spricht man hier meist von ⇒ „return on investment".

$$\text{Gesamtkapitalsrentabilität} = \frac{\text{Gewinn} + \text{Fremdkapitalzinsen}}{\text{Gesamtkapital}} \times 100$$

$$\text{Eigenkapitalrentabilität} = \frac{\text{Gewinn}}{\text{Eigenkapital}} \times 100$$

$$\text{Umsatzrentabilität} = \frac{\text{Gewinn}}{\text{Umsatz}} \times 100$$

Renten
Zu regelmäßigen Zeitpunkten wiederkehrende zu zahlende bzw. zu erhaltende Geldbeträge

Rentenfonds
Investmentfonds, der ausschließlich in festverzinslichen Wertpapieren veranlagt.

Rentenmarkt
Teilbereich der Börse, an dem festverzinsliche Wertpapiere gehandelt werden.

Rentenwerte
In Deutschland üblicher Ausdruck: Obligationenanleihen (Rentenmarkt). Unter Rentenanleihen im engeren Sinn versteht man Staatsanleihen, bei denen kein Tilgungszwang besteht und der Zins (= Rente) während der ganzen Laufzeit zahlbar ist. Daher auch Ewige Renten genannt.

Repartieren
Begriff aus der Börsensprache. Gleichbedeutend etwa mit „rationieren". So wird im Falle einer zu starken Nachfrage nach einer bestimmten Emission jeweils nur ein Teil der Nachfrage befriedigt.

repartiert Ware
Börsensprache. Nur ein Teil der Verkaufsaufträge kann ausgeführt werden.

Repartierung
Zuteilung der Wertpapiere bei einer überzeichneten Emission. Die bei den Banken eingegangenen Zeichnungen müssen bei einer allfälligen Überzeichnung durch Kürzung auf die Zahl der zur Verfügung stehenden Titel abgestimmt werden.

Reserven (Bilanz)
a) Offene Reserven: Unter den Passiven der Bilanz gesondert angeführte Eigenmittel (ohne Aktienkapital)
b) Stille Reserven: In der Bilanz nicht sichtbare Reserven. Entstehen aus der Differenz zwischen dem niedrigeren Buchwert und dem höheren Verkehrs- oder Marktwert von Aktiven.

Reserveschöpfung und Bewertungsänderungen
Teilbilanz der Zahlungsbilanz, worunter man Veränderungen der offiziellen Währungsreserven aufgrund von Neubewertungen der Goldbestände, Wechselkursänderungen, der Neuzuteilung von Sonderziehungsrechten bzw. der Monetisierung (Ankauf von Gold des privaten Sek-

tors durch die Notenbank) bzw. Demonetisierung von Gold.

Ressourcen

- Im weiteren Sinn: Alle Bestände an Produktionsfaktoren (Arbeit, Boden, Kapital, Wissen), die bei der Produktion eingesetzt werden können.
- Im engeren Sinn: Rohstoffe und Energieträger. Zu unterscheiden ist hier zwischen „erschöpfbaren" (nicht regenerierbaren) Ressourcen (z.B. fossile Energieträger, Mineralien) und regenerierbaren (z.B. durch Selbstreinigungskraft der Gewässer) R. Im Bereich der erschöpfbaren R. liegt absolute Knappheit vor.

Restart

Wiederherstellen der zum Zeitpunkt einer Unterbrechung aktuellen Daten und des aufnahmebreiten Zustandes einer EDV-Anlage.

Restlaufzeit

Bezeichnet die bis zum Rückzahlungstag einer Anleihe noch verbleibende Zeit.

Restriktive Maßnahmen

Maßnahmen der Zentralnotenbank zum Beschränken des Kreditvolumens der Banken und damit zum Regulieren des Konsums und/oder der Investitionen. Zugleich Maßnahmen zum Einschränken des Zuflusses ausländischen Geldes.

Restwertleasing

Bei Berechnung der Mietraten wird ein Restwert, nämlich der steuerlich kalkulierte Buchwert per Ablauf der Grundmietzeit unterstellt. Die Rate enthält die Verzinsung des Restwertes und die Tilgung und Verzinsung des den Restwert übersteigenden Betrages.

Return on Investment

Der R. ist eine Meßgröße für die Ertragskraft und gibt an, welchen Betriebsgewinn das investierte Gesamtkapital erbracht hat. Durch die Zerlegung des R. in seine Komponenten wird deutlich, ob eine Veränderung des R. auf der Änderung der Umsatzrentabilität oder auf einer Änderung des Kapitalumschlages beruht.

Revealed Preference

Begriff aus der Evaluierungsforschung. Diese Methode geht von der Annahme aus, daß der individuelle Nutzen mindestens so groß ist wie die individuellen Kosten, die zur Nutzung eines öffentlichen Gutes aufgewendet werden.

Revolvierend ausnützbarer Kredit

Wiederholt ausnützbarer Kredit.
Soferne der Sollstand niedriger als der Kreditrahmen ist, sind während der Kreditlaufzeit jederzeit Verfügungen über den nicht ausgenützten Betrag möglich.

Revolving Underwriting Facilities

Eine Gruppe von Banken („underwriters") verpflichtet sich gegenüber dem Schuldner, für eine Gesamtlaufzeit von 5 bis 10 Jahren eine ⇒ Standby-Linie bis zu einem bestimmten Gesamtbetrag zur Verfügung zu stellen.
Innerhalb dieser Gesamtlaufzeit kann der Schuldner die gewünschten Beträge durch die Plazierung von nicht-börsennotierten Euronotes mobilisieren; diese Papiere werden dann dem jeweiligen Finanzierungsbedarf des Schuldners entsprechend erneuert, bis die Gesamtlaufzeit der Transaktion erreicht ist.

Rezession

In einem Konjunkturzyklus: Leichter Rückgang der wirtschaftlichen Tätigkeit.

Risiko

Gefahr des Verlustes von Vermögensbestandteilen.

Rivalisierender Konsum

Von r.K. spricht man, wenn die Nutzung eines Gutes durch ein Individuum dessen Nutzung durch ein anderes Individuum ausschließt. Im strengen Sinne des Begriffs dürfen also keine ⇒ externen Effekte bzw. Interdependenzen in den Konsumfunktionen auftreten.

Robertson Lag
Zeitabstand zwischen dem Erhalt des Einkommens und der Verwendung desselben für konsumtive Zwecke.

Robinsonliste
Auflistung der Kunden, die kein Werbematerial erhalten wollen (bzw. die Datenschutzklausel gestrichen haben).

Roboter
Der Begriff des R. ist in der Literatur recht unterschiedlich definiert. Es gibt einen gleitenden Übergang vom „eigentlichen" R., der bewegliche „Arme" mit Werkzeugen besitzt, bis hin zum eigentlichen Vollautomaten, bei dem sehr unterschiedliche mechanische Teile technische Prozesse abwickeln. Die Grundidee des R. ist die, einen beliebigen Bewegungsablauf durch einen Rechner zu organisieren, der die „Extremitäten" steuert, mit denen die entsprechenden mechanischen Bewegungen ausgeführt werden. Spitzentechnologien in diesem Bereich sind einerseits optische Muster verarbeitende R., andererseits werden tastempfindliche Systeme entwickelt, die es erlauben, sehr feinfühlige Bewegungen auszuführen.

ROI
→ return on investment

Roll-Over-Kredit
Mittel- bis langfristiger Kredit am Euromarkt mit variablem Zinssatz, wobei der Zinssatz in der Regel alle 3, 6 oder 12 Monate neu festgelegt wird. Die Basis der periodischen Zinsanpassungen bildet die London Interbank Offered Rate (⇒ LIBOR) für kurzfristige Geldaufnahmen am Euromarkt.

ROM
Abk. für Read Only Memory
Zugriffsart auf Speichereinheit eines Computers. Der Chip wird bereits bei der Herstellung fest programmiert; daher auch die Bezeichnung „Festwertspeicher". Die enthaltenen Daten können nicht mehr verändert werden. Bei ausgeschaltetem Gerät verliert R. nicht die gespeicherten Informationen.

Round Lot
Bezeichnung für eine an der New Yorker Börse handelbare Schlußeinheit (trading unit), die in der Regel 100 Aktien umfaßt. Bruchteile eines r.l. werden ⇒ odd lots (Fraktionen) genannt.

Routings
Von der IATA vorgeschriebene, weltweite Leitwege zwischen Abflug- und Zielort, die von allen Mitgliedern anerkannt werden müssen. Bevor ein Flugpreis berechnet wird, werden erst die R. überprüft, danach wird „ausgemeilt".

Royalty
1. Gebühr, die der Lizenznehmer für die Nutzung eines Patents bezahlt (Lizenzgebühr)
2. Für die Überlassung eines für die Ausbeutung von Rohstoffvorkommen (Kohle, Erdöl usw.) nutzbaren Grundstücks vom Konzessionär dem Grundeigentümer entrichtetes Entgelt.

Rückkanal
Kanal zur Informationsübertragung entgegen der Verteilrichtung in Breitbandverteilnetzen.

Rückkaufswert
Wert einer Lebensversicherung zu einem bestimmten Stichtag (entspricht dem bei einer Erlebensversicherung durch die Versicherungsanstalt vorzeitig ausbezahlten Betrag).

Rückkoppelung
Rückführung des Ausgangs eines Systems (z.B. Verstärker) zu dessen Eingang;
- Gegenkoppelung: ein Teil des Ausgangssignals wird vom Eingangssignal subtrahiert
- Mitkoppelung: ein Teil des Ausgangssignals wird zum Eingangssignal addiert.

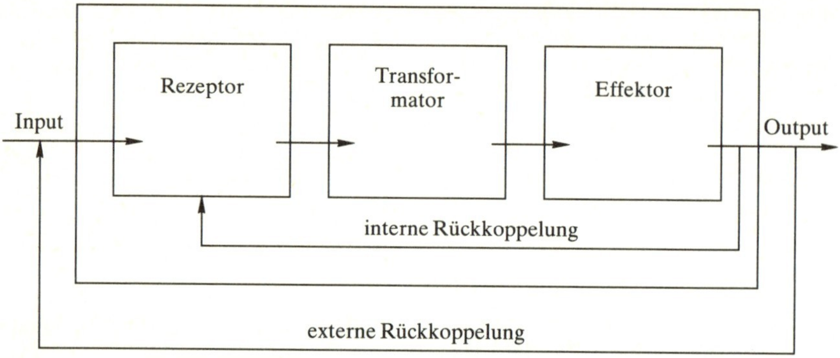

Rücklagen

Getrennt verbuchte Teile des Eigenkapitals. Man unterscheidet:

- Offene (gesetzliche, statutarische, freiwillige) Rücklagen: Werden in der Bilanz ausgewiesen und
- Stille Rücklagen (= stille Reserven): Erscheinen nicht offen in der Bilanz; kommen durch zu niedrige Bewertung auf Aktivseite und/oder zu hohe Bewertung auf Passivseite zustande.

Rücklagen für nicht entnommenen Gewinn (§ 11 EStG) Ⓐ

Bis zur Höhe von 50% des nicht entnommenen Gewinnes, maximal jedoch 15% des Gewinnes, können Rücklagen gebildet werden. Sind in einem der folgenden fünf Jahre die Entnahmen höher als der Gewinn des unmittelbar vorangegangenen Jahres, ist für diesen Betrag eine Nachversteuerung vorzunehmen. Nur für Bilanzierende, die nicht vorzeitige AfA, Investitionsfreibetrag, Investitionsrücklage in Anspruch nehmen.

Rückstellungen

Wenn in einer Bilanz Höhe, Fälligkeit oder Eintritt eines Aufwandes zum Zeitpunkt der Bilanzerstellung noch ungewiß sind, kann zu Lasten der Gewinn- und Verlust-Rechnung eine Rückstellung gebildet werden. Wenn der Aufwand in der nächsten Periode tatsächlich eintritt, wird die Rückstellung aufgelöst.

Ruhensbestimmungen

Begriff aus der Sozialversicherung.
Regelungen betreffend Kürzungen von Barleistung (auch Pensionen) wegen anderer gleichzeitiger Bezüge.

Sache

Alles, was von der Person des Menschen verschieden ist und dem Gebrauch des Menschen dient.

Sachinvestition

Von einer S. spricht man, wenn entweder Produktionsmittel gekauft oder Lagerbestände aufgebaut werden. In letzterem Fall spricht man von Lagerinvestitionen.
Andere Bez. für S.: Realinvestition

Sachverständigenrat Ⓓ

Mit Gesetz vom 14.8.1963 wurde der S. zur Begutachtung der gesamtwirtschaftlichen Entwicklung geschaffen. Der S. besteht aus fünf Mitgliedern (den sog. „Fünf Weisen"), die über besondere wirtschaftswissenschaftliche Kenntnisse und volkswirtschaftliche Erfahrungen verfügen müssen. Ziel ist die periodische Begutachtung der gesamtwirtschaftlichen Entwicklung in der BRD, wobei die Urteilsbildung bei allen wirtschaftspolitisch verantwortlichen Instanzen sowie in der Öffentlichkeit erleichtert werden soll. Der S. erstattet jährlich bis zum 15. November ein Gutachten, das der Bundesregierung vorgelegt wird.

Sachwert eines Unternehmens
Der Wert der einzelnen Vermögensgegenstände abzüglich der Verpflichtungen des Unternehmens.

Saldendrehung
1. Übergang des Kontostandes vom Soll auf Haben und umgekehrt.
2. Veränderung des Saldos einer Teilbilanz der Zahlungsbilanz.

Saldenmechanik
Der Begriff S. stammt von Wolfgang Stützel und charakterisiert innerhalb der Geldtheorie den trivial-arithmetischen Sachverhalt, daß jede Transaktion, die für den einen Transaktionspartner eine Einnahme (= Forderung) für den anderen eine Ausgabe (Verbindlichkeit) darstellt. Die Geldvermögensveränderung ist daher in einer geschlossenen Volkswirtschaft (ohne Leistungstransaktionen zwischen In- und Ausland) stets gleich Null. Aus der Sicht der Spieltheorie liegt ein Nullsummenspiel vor: die Gewinne des einen sind die Verluste des anderen.

Sale-And-Lease-Back
Finanzierungsform, bei der in Gebäuden gebundene Kapitalien monetarisiert werden. Der Eigentümer einer Liegenschaft verkauft diese an eine Leasingfirma, die diese Liegenschaft hierauf an den früheren Eigentümer verleast.

Sammelverwahrung (A)
- Globale Sammelverwahrung: Kein Zuteilen von Serien
- Serienweise Sammelverwahrung: Zuteilen von Serien

Voraussetzungen:
Kennzeichnung der Kategorie im amtlichen Kursblatt der Wiener Börse mit dem Vermerk „S". Alle derart gekennzeichneten Wertpapiere sind vertretbar, d.h. jedes Stück einer bestimmten Kategorie muß dieselben Rechte verbriefen. Die betreffenden Wertpapiere dürfen nicht z.B. der Verlosung unterliegen.

Satzung
Eine Urkunde, laut der eine Gesellschaft, Stiftung usw. gegründet wird. In der S. sind z.B. der Name, der Sitz, das autorisierte Kapital, die Willensbildung und dergleichen geregelt.
Andere Bezeichnung: Statuten

Schachtelbegünstigung (A)
Um eine Doppelversteuerung bei Kapitalgesellschaften zu vermeiden, wird in § 10 KStG (Körperschaftssteuergesetz) die Schachtelbegünstigung geregelt. Die Schachtelbegünstigung ermöglicht es, daß unter gewissen Voraussetzungen die auf eine Beteiligung entfallenden Gewinnanteile beim Ermitteln des Gewinnes außer Ansatz bleiben. Erträge sind steuerfrei, wenn
- eine unmittelbare Beteiligung mit mindestens 25% an einer unbeschränkt steuerpflichtigen Kapitalgesellschaft (Aktiengesellschaft und Gesellschaft m.b.H.) vorliegt und
- diese Beteiligung am Bilanzstichtag nachweislich seit mindestens 12 Monaten besteht.

Schachtelprivileg
Der Eigentümer von z.B. mehr als einem Viertel des Stammkapitals eines Unternehmens kann in der Regel gemäß Satzung oder Gesellschaftsvertrag Einfluß auf die Geschäftsführung ausüben, da für zahlreiche wichtige Maßnahmen seine Zustimmung oder jedenfalls die Nicht-Einlegung von Widerspruch notwendig ist (Kapitalerhöhung, Errichtung von Niederlassungen etc.).
Steuerlich: Bei verschachtelten Gesellschaften (Konzernen) unterbleibt bei Vorliegen der gesetzlichen Voraussetzungen die Mehrfachbesteuerung von Gewinnen, indem bei der Obergesellschaft die versteuerten Gewinne der Untergesellschaft nicht als zu versteuernder Gewinn gelten (gilt auch für Vermögen- und Gewerbesteuer).
Andere Bez.: Schachtelbegünstigung

Schaltplan
Ein Diagramm, das die elektrischen Verbindungen und die Schaltung eines elektronischen Gerätes darstellt.

Schatteneffekt Ⓐ
Zu einem sog. Sch. kommt es bei der Berechnung der steueroptimalen Ausschüttung auf Grund der Bestimmungen der Körperschaftssteuer. Diese erfolgt nach der Formel:

$$X = \frac{G \cdot X(100 - p)}{100 - \frac{p}{2}}$$

G ...Gewinn vor Körperschaftssteuer
p ...normaler Köst-Satz
X ...optimale Ausschüttung
Bei Vollausschüttung des Gewinnes ergibt sich ein Sch. der darin besteht, daß die von der Ausschüttung zu entrichtende Köst, wenn sie selbst aus dem steuerpflichtigen Gewinn entrichtet wird, dem vollen Steuersatz unterliegt. Z.B. beträgt die Körpschaftssteuerbelastung bei Vollausschüttung in den einzelnen Tarifzonen nicht 15% sondern 17,65%, nicht 20% sondern 33%, nicht 27%, sondern 37,93%. Die Schachtelbegünstigung kann so genutzt werden, daß der Sch. vermieden wird.

Schattenpreis
„Quasi-Marktpreis". Preis, der infolge des Fehlens von Marktpreisen bzw. der Nichtaussagefähigkeit von Marktpreisen im Rahmen von ⇒ Kosten-Nutzen-Untersuchungen herangezogen wird. Je nach dem Umfang der ⇒ externen Effekte weichen S. mehr oder weniger stark von den Marktpreisen ab.
Möglichkeiten der Ermittlung von S.:
- Alternativkostenmethode
- Vermeidungskostenmethode
- Methode der „revealed preference"
- „Willingness-to-pay-"-Methode

Schattenwirtschaft
Alle Wertschöpfungen, die nach den Konventionen über die Volkswirtschaftliche Gesamtrechnung ausgewiesen werden sollten, aber aus erhebungstechnischen Gründen oder wegen Verheimlichung nicht erfaßt werden (Tuchtfeld).
Diese Definition gestattet, das Ausmaß der S. in absoluten Größen und im Verhältnis zum statistisch ausgewiesenen Bruttosozialprodukt zu ermitteln. Die S. erstreckt sich auf folgende Bereiche:
- Selbstversorgung
- Nachbarschaftshilfe
- Alternativökonomie
- Schwarzarbeit
- Kriminelle Aktivitäten

Andere Bez.: Parallelwirtschaft, hidden economy, Untergrundwirtschaft.

Scheckkartengarantierter Scheck
Scheck, dessen Einlösung durch die

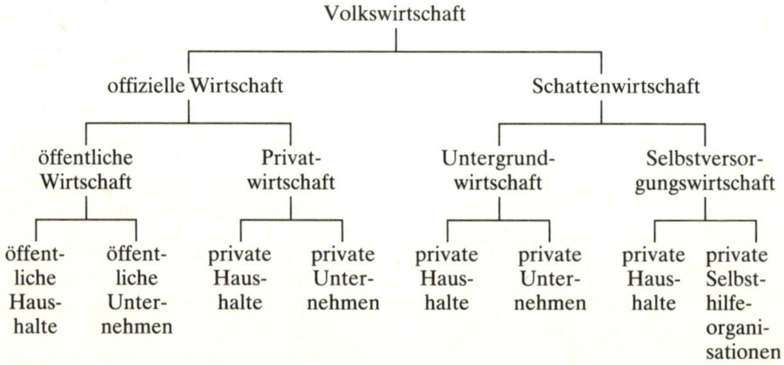

Scheckkarte bis zu einem bestimmten Betrag garantiert ist.
Einlösebestimmungen:
a) Scheckbetrag darf Garantiebetrag nicht übersteigen, sonst Gefahr einer Teilhonorierung
b) Scheckkarte muß gültig sein
c) Scheckformular muß die Verwendung zusammen mit einer Scheckkarte vorgesehen sein (z.B. Euroscheck und Euroscheckkarte)
d) Ausstellerkontonummern auf Scheck und Scheckkarte müssen übereinstimmen
e) Unterschrift des Ausstellers muß übereinstimmen.

Scheidemünzen
Nicht vollwertig ausgeprägte, auf niedrige Nennbeträge lautende Münzen, die nur bis zu einem bestimmten Höchstbetrag als gesetzliches Zahlungsmittel entgegengenommen werden müssen. Laut Scheidemünzengesetz dürfen Münzen aus unedlen Metallen höchstens bis zum Betrag von S 500,– pro Kopf der Bevölkerung in den Verkehr gesetzt werden.

Schlange im Tunnel
Mit diesem Ausdruck wurde ein zwischen einer Anzahl europäischer Länder (hauptsächlich der Europäischen Gemeinschaft) geschlossenes Abkommen zur gegenseitigen Stützung ihrer Währungen bezeichnet. Dabei wurden feste Paritäten (Mittelkurse) mit einer begrenzten gegenseitigen Bandbreite vereinbart, innerhalb der diese Währungskurse untereinander schwanken durften. Die Entwicklung dieser Währungen gleicht bildlich gesehen einer Schlange.

Schlußdividende
Die von der Hauptversammlung festzustellende Dividende für ein bestimmtes Geschäftsjahr, eventuell verringert um für das betreffende Jahr bereits ausgeschüttete Zwischendividenden.

Schlußeinheit
Für die Kursnotierung an der Börse maßgebende Nennwert bzw. Stückzahl.
- im Ausland üblich
- in Wien notierte ausländische Aktien (ausgenommen Nestle/Unilac) werden nur in Schlüssen à 10 Stück oder einem Vielfachen davon gehandelt.
  Andere Bez.: „round-lot“

Schnittstelle
Darunter versteht man generell den Übergangsbereich von einem (geschlossenen) System zu einem anderen. Im Bereich der Informationstechnik gibt es S. z.B. zwischen verschiedenen Geräten (Hardware) oder zwischen dem menschlichen Benutzer und einem Gerät. Eine S. („Interface“) ist meist eine Steckkarte, welche die Elektronik zur Steuerung der Ein- und Ausgabe für ein externes Gerät enthält, z.B. zur Ansteuerung von (zusätzlichen) Diskettendrives, eines Druckkers, eines Modems, eines Plotters oder von Geräten, die durch den Computer gesteuert werden sollen (z.B. Werkzeugmaschinen, Heizungsanlagen etc.). Zu unterscheiden sind:
- parallele S.: Die Bits für ein Wort werden gleichzeitig über parallel verlaufende Leitungen gesendet. Meistens schneller als serielle S.
- serielle S.: Die Bits für ein Wort werden nacheinander gesendet.

Schuldendienstkoeffizient, relativer
Quotient aus den Zuwachsraten der Zinszahlung und der Steuereinnahmen. Erreicht dieser den Wert 1, so müssen alle zusätzlichen Steuereinnahmen für den Zinsendienst verwendet werden. Je höher dieser Koeffizient wird, umso mehr ist der finanzielle Handlungsspielraum eingeengt.

Schuldenmasse
Gesamtheit der im schwebenden Verfahren als Konkursforderungen zu berücksichtigenden Verbindlichkeiten.

Schuldenparadoxon
Zu einem Sch. kommt es, wenn die Verschuldung des Staates in einer Rezessionsphase zu Einkommens- und Beschäftigungswirkungen führt, die dem Staat Mehreinnahmen und/oder Ausgabenersparnisse bringen, wodurch die Höhe der aufgenommenen Mittel kompensiert oder überkompensiert wird.

Schuldenportfolio
→ Portfolio

Schuldsaldo
→ Nettoschuldnerposition

Schuldschein
Urkunde, in der der Schuldner eine bestimmte Leistung (meist Zahlung einer Geldsumme) verspricht, meist zu Beweiszwecken.

- kein Wertpapier
- Besitz des Schuldscheines ist zur Geltendmachung des Rechtes nicht erforderlich

Schwabsches Gesetz
Der Anteil der Wohnungsmiete nimmt mit steigendem Einkommen ab; oder: Die Einkommenselastizität der Nachfrage nach Nutzung von Mietwohnungen ist kleiner als eins. Die graphische Darstellung des S.G. erfolgt in Form von Engelkurven.

Schwellenländer
Entwicklungsländer, die an der Schwelle zum Industriestaat stehen (z.B. Brasilien); dank einem bereits modernen Maschinenpark, aber noch immer niedrigeren Löhnen können sie industrielle Standardartikel besonders billig anbieten.

Schwellenwerte
Zulässige Grenzwerte bei Indikatoren bzw. bestimmte Werte, die überschritten werden müssen, um bestimmte Handlungen auszulösen.

Scitowsky-Kriterium
Dieses Kriterium versucht Mehrdeutigkeiten des Kaldor-Hicks-Kriteriums zu vermeiden. Es können nämlich nicht nur Kompensationszahlungen von Nutznießern (Begünstigten) an Benachteiligte geleistet werden, sondern es ist beim obengenannten Beispiel auch umgekehrt möglich, daß Benachtiligte den Begünstigten „Kompensationszahlungen" (besser: „Bestechungen") anbieten, um die Realisierung der Planungsvariante B und somit ihre eigene Benachteiligung zu verhindern.

SDR
→ Sonderziehungsrechte

SEC
Abk. für Securities and Exchange Commission. Börsenaufsichtsbehörde in den USA.

SECAM
Abk. für: Sequentiel Couleur à Memoire. In Frankreich entwickeltes Farbfernsehsystem mit 625 Zeilen. Nicht kompatibel mit PAL oder NTSC. Angewandt in Frankreich und in osteuropäischen Ländern.

Securities and Exchange Comission
Amerikanische Börsenaufsichtsbehörde.

Seite
engl. page

1. Ein einfach adressierter Speicherbereich
2. Ein Bildschirm voll Informationen

Sekundärbürgschaft
Wechselbürgschaft durch den Bund, die im Zusammenhang mit einer Bundesgarantie gewährt wird.

Sekundäreffekte
Da die meisten Entscheidungen sowohl ex post als auch ex ante unter Unsicherheit getroffen werden müssen, führen Handlungen oft zu Wirkungen, die nicht ursprüngliches Ziel der betreffenden Handlungen waren. Jene Effekte, die nicht als Handlungsziel formuliert wurden, bezeichnet man als S. (Nebenwirkungen). S. können gleichzeitig mit den Primäreffek-

ten oder zeitlich gestreut auftreten, sie können erwünscht oder unerwünscht, vermeidbar oder unvermeidbar, meßbar oder nicht meßbar sein. Es ist schwierig, Handlungen zu finden, mit denen keine S. verbunden sind. Daß das Problem der S. in der Wirtschaftspoltik erst so spät behandelt wurde, hat vor allem drei Gründe:

- Der Zweckbegriff wurde lange Zeit von der Einzelhandlung her konzipiert,
- Bei vielen Nebenwirkungen muß eine gewisse „Schwelle der Fühlbarkeit" überschritten werden, damit sie in ihrer Tragweite erkannt und berücksichtigt werden
- Bei vielen Nebenwirkungen ist eine sachliche und zeitliche Lokalisierung schwierig.

Sekundärverteilung
Jene Einkommensverteilung, die sich ergibt unter Berücksichtigung von staatlichen Umverteilungsmaßnahmen.

Selbstbehalt
Eine teilweise Anwendung des Äquivalenzprinzips stellt die Einführung des Selbstbehaltes, wie sie v.a. für die Nutzung von Gesundheitsdienstleistungen diskutiert wird, dar. Ein bestimmter Prozentsatz der Kosten eines Arztbesuches bzw. eines Krankenhausaufenthaltes etc. müßte vom Patienten direkt entrichtet werden.

Selbstfinanzierung
Finanzierung von Investitionen einer Gesellschaft aus einbehaltenen Gewinnen und Abschreibungen.

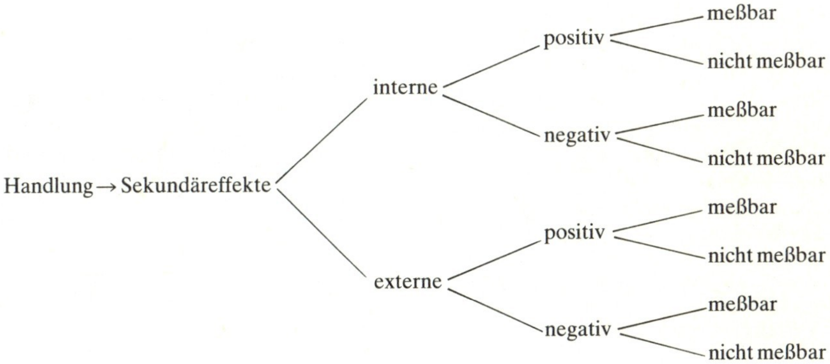

Sekundärmarkt
Sämtliche Wertpapiere, die nicht bei der Neuemission gekauft bzw. verkauft werden.
Gegensatz: Primärmarkt.

Sekundärmarktforschung
Besteht in der Neuauswertung von Daten (z.B. von Statistiken, Berichten usw.), die ursprünglich für andere Zwecke als das von uns verfolgte Marktforschungsziel erhoben wurden.

Selbstfinanzierung des Kapitalmarktes: Wieviel des neu emittierten Nennwertes durch Zinsen- und Tilgungsrücklagen finanziert werden können.

Semantik
Beschäftigt sich mit den Zusammenhängen zwischen Bedeutung und Zeichen.

Semiotik
Zeichentheorie (z.B. Zeichen der Linguistik, Logik, Mathematik, Rethorik usw.). Unterteilt in Syntaktik, Semantik, Pragmatik.

Sensal
Amtlich beeideter Makler, der jedoch im Unterschied zu diesen keine Geschäfte für eigene Rechnung durchführen darf, sondern ausschließlich für die Kursfestsetzung unter Beachtung des größtmöglichen Umsatzes verantwortlich ist.

Sensitivitätssanalyse
Mehrfache Durchrechnung eines Entscheidungsmodells mit systematisch veränderten Eingangsdaten. Dabei geht es darum, zu prüfen, ob sich durch die veränderten Eingangsdaten an der Reihung der Planungsvarianten etwas ändert. Ein stabiles Ergebnis liegt dann vor, wenn sich die Reihung nicht oder nur geringfügig ändert.
⇒ SIMULATION

Serien
Unterteilung einer Anleiheemission in mehrere gleich große Teile zum Zweck einer jährlichen teilweisen Tilgung.

Short
An der Terminbörse: Börsenteilnehmer, der à la baisse engagiert ist.

Short Position
Fachausdruck für Baissier-Engagement im Wertschriften- oder Devisenhandel. Ein Anleger befindet sich in einer s.p., wenn er sich im Anschluß an einen Leerverkauf (short sale) zur Einhaltung seiner Verkaufsverpflichtungen noch eindecken muß ⇒ long position.

Short Selling
Leerverkauf

Sichteinlagen
Einlagen ohne Kündigungsfrist, die auf Anforderung sofort ausbezahlt werden müssen.

Sicherungsabtretung
Abtretung von Forderungen ausschließlich zum Zwecke der Kreditbesicherung.

Sicherungsübereignung
Zur Sicherung von Forderungen aus Kreditverträgen können sowohl körperliche Sachen als auch Rechte, insbesondere Forderungen, in das Eigentum der Bank übertragen (abgetreten, zediert) werden. Aus steuerlichen Gründen werden Ansprüche aus Lebensversicherungen in der Regel nicht abgetreten (zediert), sondern verpfändet.
Die häufigsten Abtretungen sind:
- Buchforderungen des Kreditnehmers (Zessionskredit)
- Ärztehonorare aus Krankenkassenabrechnungen

Andere Bez: Sicherungseigentum

Sichtwechsel
bei Sicht fälliger Wechsel.

Simulationsmodell
Nachbildung und Überprüfung realer Prozesse in Modellen. Durch die Veränderung bestimmter exogener Variablen kann deren Einfluß auf bestimmte endogene Variable festgestellt werden.

Simultanhypothek
Gleichzeitige Belastung zweier oder mehrerer Liegenschaften mit dem Pfandrecht für diesselbe Forderung (kenntlich durch die Aufschrift „Haupteinlage“ bzw. „Nebeneinlage“ und das Nennen der anderen belasteten Liegenschaften). Im Falle der zwangsweisen Verwertung kann der Pfandgläubiger alle oder nur eine einzelne dieser Liegenschaften heranziehen.

SITC
Abk. für Standardized International Transaction Code

Skalenelastizität
Quotient aus der realtiven Änderung der Produktmenge in einem Produktionsprozeß und der relativen Änderung des Einsatzes der Produktionsfaktoren. Vorausgesetzt wird, daß die Mengenverhältnisse der Produktionsfaktoren zueinander konstant bleiben.

Skalenerträge
Einsparungseffekte durch Betriebsgrößenerweiterung. Bei ihrem Auftreten steigen die Gesamtkosten der Produktion

langsamer als die Ausbringungsmenge. Bei konstanten Güterpreisen führt damit die Erhöhung der Ausbringungsmenge zu einer Gewinnsteigerung (Monopolisierungstendenz). Ursachen für economies of scale können in der Technologie liegen (z.B. Vorteile der Massenproduktion, verbesserte Ausnutzung großer unteilbarer Anlagen) oder in der Beschaffung von Produktionsfaktoren (z.B. verbilligter Rohstoffeinkauf etc.). Im öffentlichen Sektor werden ebenfalls economies of scale in vielen Versorgungsbereichen unterstellt und führen so zu zentralisierter Großversorgung (z.B. Großkrankenhäuser, Gesamtschulen etc.). Vielfach werden dabei aber nur die technischen Einsparungseffekte der Größe berücksichtigt, nicht hingegen die u.U. höheren Koordinations-, Informations-, Transport- und Kontrollkosten. Überdies bleiben sozialpsychologische Aspekte meist unberücksichtigt.

Skalierung
Vorgang der Festlegung der Menge der Ausprägungen einer Variablen und der genauen Festlegung des Aussagegehalts dieser Ausprägungen.
Man unterscheidet folgende Arten von Skalen:
- nominale Skalen (ermöglicht Klassifikation von Werten)
- ordinale Skalen (ermöglicht Bildung einer Reihung)
- kardinale Skalen (ermöglicht Messungen)

Skonto
Ein für die prompte Zahlung eines Rechnungsbetrages zugesagter oder in Anspruch genommener Preisnachlaß.

SNA
Abk. für A System of National Accounts.

Snob-Effekt
Die Nachfrage nach einem Konsumgut nimmt ab, weil es von vielen anderen Konsumenten nachgefragt wird.

Social Engineering
Anwendung von naturwissenschaftlichen Prinzipien im sozialen Bereich ⇒ Engineering

Sockelarbeitslosigkeit
Arbeitslose, die länger als 6 Monate als arbeitslos gemeldet sind.

Software
Die Gesamtheit aller logischen Anweisungen, die in Form eines Programms in die Hardware eines Computers eingelesen werden können. Es handelt sich um Anweisungen an den Rechner. Es gibt drei Arten von S.:
- Betriebs-System-S., die den internen Nachrichtenfluß innerhalb der Hardware organisiert. Regelt den Umgang mit ⇒ Files.
- Übersetzungs-(Interpretierer)-S., die es erlauben, die jeweiligen Programme in einer Programmiersprache derart zu übersetzen, daß das Betriebssystem und der Prozessor das Programm abarbeiten können. Bei diesem Typ S. handelt es sich um sehr aufwendige Programmpakete, die von Spezialisten erstellt und optimiert werden. Heute funktioniert diese S. auch weitgehend prozessorunabhängig, sie kann von einem Computer auf andere Computer übertragen werden.
- Anwender-S. ist die Gesamtheit aller der Programme, die ein spezieller Anwender eines Computersystems betreibt. Es handelt sich also um spezifische Problemlösungen.

Solidarhaftung
Die Haftung mehrerer Personen als Gesamtschuldner. Jeder haftet dem Gläubiger gegenüber für die gesamte Schuld. Im Innenverhältnis besteht die Möglichkeit von Ausgleichsansprüchen.

Soll-Besteuerung
Besteuerung nach vereinbarten Entgelten.

Soll-Ist-Kostenrechnung
Verfahren zur Kostenkontrolle.
Vergleich der vorgegebenen Soll-Kosten mit den tatsächlich angefallenen Ist-Kosten.

Soll-Zinsen
Jene Zinsen, die der Kunde eines Geldinstitutes für das Gewähren einer Ausleihung zu zahlen hat.
Andere Bez.: Aktivzinsen

Sonderausgaben
Bezeichnung im Steuerrecht für Kosten der privaten Lebensführung, die bis zu bestimmten Höchstbeträgen vom steuerpflichtigen Einkommen abgezogen werden können.
Aufwendungen, die die steuerliche Leistungsfähigkeit verringern, ohne (wie Betriebsausgaben bzw. Werbungskosten) in direktem Zusammenhang mit einer Bestimmten Einkunftstart zu stehen. Als Sonderausgaben steuerlich anerkannt werden in vielen Ländern Aufwendungen zur Zukunftssicherung (Lebensversicherungsprämien), zur Vorsorge gegen Wechselfälle des Lebens (Krankenversicherungsprämien) und häufig Aufwendungen für die Wohnraumbeschaffung.

Sonderziehungsrechte
kurz: SZR
(englisch: Special Drawing Rights =SDR)
Sind eine zwischen den Staaten vereinbarte gegenseitige Kreditfazilität, die die internationale Liquidität sichern soll. Von Internationalen Währungsfonds seit dem 1.1.1970 an seine Mitglieder zugeteiltes Reservemittel.
Die S. stellen Guthaben der Mitgliedsländer dar, die sie berechtigen, den IWF für einen bestimmten, im Verhältnis zu ihrer Anteilquote festgelegten Betrag in Anspruch zu nehmen.
Ursprünglich mit einer Goldparität versehen, die dem Goldgehalt des US-Dollars entsprach, werden die S. seit Juli 1974 nach einem gewichteten „Korb“ von 16 Währungen bewertet. Die S. dienen dem Internationalen Währungsfonds als Rechnungseinheit.

Sorten
Deutsche Sammelbezeichnung für ausländische Zahlungsmittel (Banknoten und Münzen, jedoch nicht Reiseschecks). Das Valuten-oder Sortengeschäft ist das eigentliche Geldwechselgeschäft.
In der Kurstabelle der Wiener Börse erscheinen die Kurse für Sorten unter „Noten“. In Österreich ist der Ausdruck Valuten gebräuchlicher.

Sozialbilanz
Bilanzartige Darstellung der Leistungen eines (meist großen) Unternehmens für die Mitarbeiter (Löhne, Gehälter, gesetzliche und freiwillige Sozialleistungen, Pensionszuschüsse und dergleichen) für Staat und Gemeinde (Steuern, Gebühren und dergleichen) und für die Bevölkerung der Betriebsstandorte (Umweltschutzaufwendungen, Spenden und dergleichen).

Soziale Kosten
Es handelt sich dabei um transferbedingte Zusatzkosten in Form von Beeinträchtigungen, Schäden oder finanziellen Aufwendungen, die zu Lasten der Allgemeinheit oder von Wirtschaftssubjekten gehen, welche sie nicht verursacht haben. Da sich der Verursacher an den bei ihm anfallenden privaten Kosten orientiert, liegt eine Fehlkallokation von Ressourcen vor. Mikroökonomische und makroökonomische Kosten weichen voneinander ab. ⇒ externe Effekte.

Sozialindikatoren
Gesellschaftliche Zustände und Entwicklung der gesellschaftlichen Wohlfahrt sind mit Hilfe des rein monetären Indikators „reales Wachstum des BIP zu Marktpreisen“ ungenügend und teilweise irreführend erfaßt. Aus der Kritik am Sozialprodukt als Maßstab für die Entwicklung der gesellschaftlichen Wohlfahrt ist die Forderung nach einer ergänzenden Erfassung von Kennzahlen abgeleitet worden, die

Informationen über die insgesamte soziale Situation der Bevölkerung liefern sollten.
Für wichtige Lebensbereiche werden sogenannte S. entwickelt, die Aussagen über gesellschaftliche Zustände, ihre Entwicklung im Zeitablauf und im internationalen Vergleich gestatten. S. sind also Hilfsgrößen, die einen nicht unmittelbar meßbaren gesellschaftlichen Zustand quantifizieren sollen. Man unterscheidet folgende Arten von S.:

(a) Objektive S.:
- Output-S.: Messen indirekt einen bestimmten gesellschaftlichen Zustand, z.B. Säuglingssterblichkeit, Zahl der Arbeits- und Verkehrsunfälle, Bildungsniveau.
- Input-S.: Messen indirekt bestimmte Aufwendungen und Anstrengungen, um gesellschaftliche Zustände zu verändern, z.B. Einwohner-Ärzte-Zahlen (Ärztedichte), Länge des Straßennetzes, Schüler-Lehrer-Zahlen, Schüler-Klassen-Zahlen etc.

(b) Subjektive S.:
Erfassen über Befragungen die Zufriedenheit der Betroffenen mit bestimmten Versorgungseinrichtungen; auf Grund dieser Befragungen können für einzelne Einrichtungen „Zufriedenheitsprofile" erstellt werden, mit deren Hilfe die Tauscheffizienz öffentlicher Ausgaben empirisch erfaßt werden kann.

Sparda Ⓐ
Spar- und Darlehenskasse der österreichischen Eisenbahner.

Sparkassengesetz Ⓐ
Gesetz vom 24.1.1979 mit Wirksamkeitsbeginn 1.3.1979, das die Verwaltung der Sparkassen regelt (reines Organisationsgesetz).

Sparkassenrat Ⓐ
Kontrollorgan der Sparkasse, das die Tätigkeit des Vorstandes überwacht.

Sparquote
Verhältnis Private Ersparnis: Verfügbares Gesamteinkommen der Haushalte.

Spediteursbescheinigung
Bestätigung des Spediteurs, daß die Ware zwecks unwiderruflicher Weiterleitung an einen bestimmten Empfänger übernommen wurde.

Speicherbereich
→ Adressierbereich

Speicherstelle
Die kleinste Unterteilung des gesamten Speicherbereichs, auf die der Computer zugreifen kann. Jede Speicherstelle wird mit einer anderen Adresse und einem bestimmten Wert verknüpft.

Spekulation
Handel in Waren oder Wertpapieren – vorwiegend an der Börse – mit dem Ziel, kurzfristige Preisschwankungen zum Erzielen von Gewinnen auszunützen. Es kann auf ein Steigen (Hausse-S.) oder auf ein Fallen (Baisse-S.) der Kurse spekuliert werden. S. ist dann negativ zu bewerten, wenn die eingegangenen Verpflichtungen wesentlich höher als die eigenen Mittel sind.

Spekulationskasse
Geldbestände gehalten für Zwecke vorteilhafter Geldanlage nach Geld aus spekulativen Gründen.
Transaktionskasse

Sperrklinken-Effekt
Jene Wirkung, die dadurch zustande kommt, daß Wirtschaftssubjekte entweder später oder überhaupt nicht auf bestimmte Faktoren reagieren. Beispiel: Eine neue Erfindung, die sich in besseren Produkten niederschlägt wird sich erst nach einiger Zeit in einer verstärkten Nachfrage äußern, weil die Wirtschaftssubjekte sich eben erst mit einem ähnlichen Gut eingedeckt haben.

Spezielle Entgeltlichkeit
Abgeltung des unmittelbaren Nutzens, der jemandem durch die Inanspruchnah-

me einer öffentlichen Leistung erwächst, in Form einer Gebühr.

Spieltheorie
Unter einem „Spiel" versteht man ein objektiviertes Entscheidungsverfahren zwischen mehreren Spielern, wobei die Spielregeln den Rahmen des Entscheidungsverfahrens bilden. Die wissenschaftliche, theoretische Erkenntnis, d.h. die auf Hypothesen, Hypothesenhierarchien und Theorien relativierte Erkenntnis, kann als das Ergebnis eines Spieles des Menschen gegen die Natur, gegen soziologische, psychologische Gegebenheiten etc. aufgefaßt werden; die Strategien fallen mit wissenschaftlichen Methoden zusammen. Zweck des Spieles ist es nicht, das Spiel „absolut" zu gewinnen, sondern Verhaltensweisen, Strategien herauszufinden, die es gestatten, zu optimalen Lösungen zu kommen.
Die spieltheoretische Analogie ist besser als naturwissenschaftlichen Analogien geeignet, wesentliche Aspekte privater und öffentlicher Entscheidungen zu beschreiben und zu erklären, erfüllt also Bedingungen, die an brauchbare Strukturen zur Repräsentation von Sachverhalten gestellt werden. Durch den spieltheoretischen Ansatz wird sowohl der lange Zeit übliche Determinismus (Mechanismen der verschiedensten Art, z.B. immer A immer B) überwunden als auch ein analytisches Vorverständnis geschaffen, das eine Konzentration auf wesentliche Sachverhalte ermöglicht.
Die S. wurde von v.Neumann/Morgenstern 1944 so entwickelt, daß – ähnlich dem noch zu behandelnden systemanalytischen Ansatz – Entscheidungen unter Ungewißheit in vielen sozialwissenschaftlichen Disziplinen mit den damit verbundenen Auswirkungen besser getroffen werden können.
Nach der Zahl der Teilnehmer kann man unterscheiden: Zweipersonen (Nullsummen)spiele, Mehrpersonenspiele (bis zu n-Personen) und als Sonderfall – wie bereits oben erwähnt – Spiele gegen die Natur, wo ein Spieler einer unbekannten Umweltsituation gegenübersteht. Folgende Punkte sind bei jedem „strategischen Spiel" wesentlich:

- Jeder Spieler will so viel wie möglich gewinnen
- er hat oft nur beschränkte Informationen
- seine Karten sind vom Zufall abhängig
- er muß damit rechnen, daß die anderen Spieler auf seine Züge antworten werden, daß sie seine Züge zu durchschauen versuchen, wie auch er herausfinden möchte, was die anderen planen
- das Ergebnis hängt von keinem Spieler allein, sondern von allen ab, und jeder kontrolliert nur einen Teil der Variablen, die zusammen alles bestimmen.

Spillover Effekte
→ externe Effekte

Spinngewebe-Theorem
Im wesentlichen: Zeitabstand zwischen einer Preisänderung und einer Output (bzw. Angebots-)änderung sowie einer Outputänderung und einer Preisänderung. Das S. besagt, daß es in einem Zeitpunkt t_1 infolge einer Angebotslücke bei einem bestimmten Gut zu Preissteigerungen kommt, die einen Anreiz zu zusätzlichen Investitionen bzw. einer zusätzlichen Produktion darstellen, wodurch es im Zeitpunkt t_2 zu einem Angebotsüberschuß und damit zu einer Preissenkung kommt, was wieder zu einer Reduzierung der Investitionstätigkeit führt und zur Folge hat, daß im Zeitpunkt t_3 das Angebot geringer als die Nachfrage ist, es entsteht also wieder eine Angebotslücke mit der Tendenz steigender Preise.
S.-T. heißt diese Hypothese deshalb, weil die Reaktionslinien wie ein Spinngewebe aussehen.
Andere Bezeichnung: Cobweb-Theorem

Splitting
1. Im Wertpapiergeschäft Teilung des Nennwertes einer Aktie – meist dann,

wenn der Kurswert sehr stark gestiegen ist.

2. In der Steuerlehre Form der Haushaltsbesteuerung, bei der die Einkommen der Ehegatten zusammengezählt und sodann halbiert werden, wobei jeder Partner die Hälfte zu versteuern hat.

SPOC
Abk. für Standard & Poor's Over the Counter Index

Spotgeschäfte
Geschäfte an internationalen Warenbörsen gegen sofortige Kasse und Lieferung.

Sprache
Unter Sprache im weitesten Sinn versteht man jedes Regelwerk, nach dem ein Zeichenvorrat festgelegt ist und nach dem die Konfigurierung von Zeichen dieses Vorrats zur Darstellung von Informationen erfolgt. Dabei sind die Zeichenkonfigurationen in Ober- und Untermengen gegliedert (z.B. Einzelzeichen, Worte, Sätze, Texte), und den einzelnen Mengen sind Bedeutungen zugeordnet. Grob vereinfacht ist das Regelwerk der Zeichenkonfigurierung die Grammatik einer Sprache mit Zeichendefinition, Wortlehre (Morphologie) und Satzlehre (Syntax). Das Regelwerk für die Bedeutungsentsprechungen ist die Semantik.
Im allgemeinen bezeichnet man als Sprache nur unsere Umgangssprache (historisch bedingt). Sie sind Interpretationssprachen mit vielen Freiheitsgraden der Bedeutungsinterpretation. Deshalb sind diese Sprachen im Gebrauch auch sehr anfällig für Mißdeutungen und Mißverständnisse.
Standardisierte und damit eindeutiger gemachte Sprachen sind die formalen Sprachen. Zu Ihnen zählen als älteste die Formelsprache der Mathematik und in jüngster Zeit auch die Programmiersprachen, in denen der Mensch die Computerprogramme formuliert (z.B. Basic)

Spread
Kauf einer Option bzw. eines Terminmonats gegen Verkauf einer anderen Option bzw. eines anderen Terminmonats der gleichen Währung, oder gegen Verkauf des gleichen Terminmonats an einer anderen Börse. Auch Kauf einer Währung gegen Verkauf einer anderen Währung, deren Preisentwicklung korreliert ist.

Staatsquote
Prozentanteil der Gesamtnachfrage (= verfügbare Güter- und Leistungsvolumen, also inklusive Importüberschuß), der von der öffentlichen Hand ausgeübt oder – durch Transferzahlungen – ermöglicht wird. Im Ausmaß des Deficit Spending übersteigt die Staatsquote die (allerdings auf das ⇒ BIP bezogene) ⇒ Steuerquote.

Staatsverschuldung
Finanzschuld: Finanzielle Ansprüche des privaten an den öffentlichen Sektor, die im Zusammenhang mit einem Kreditgeschäft entstanden sind.
Verwaltungsschuld: Finanzielle Ansprüche des privaten an den öffentlichen Sektor, die ohne Kreditgeschäft durch Waren- oder Leistungsgeschäfte entstanden sind (z.B. offene Rechnungen).
Bruttoneuverschuldung: Gesamte Neuverschuldung in einem Zeitraum.
Nettoneuverschuldung: Gesamte Neuverschuldung abzüglich Tilgung alter Schulden
Annuitäten: Jährliche Aufwendungen zur Tilgung alter Schulden einschließlich Zinsendienst.

Stab-Linien-System
Modifikation des → Liniensystems, bei der für bestimmte Teilaufgaben ⇒ Stabsstellen eingerichtet und diese irgendeiner Linieninstanz beigeordnet werden.

Stabstelle
Stellen ohne Leitungsaufgaben. Sie dienen einer übergeordneten Instanz zur quantitativen, qualitativen und personellen Entlastung. Stabstellen führen Ent-

scheidungsvorbereitungs-, Verwaltungs-, Koordinations- und Kontrollaufgaben durch. Die Leiter von Stabstellen haben Weisungsbefugnis nur innerhalb der von ihnen geleiteten Stelle.

Stagflation
Konjunkturphase, die durch Wachstumsstillstand (Stagnation) und zugleich durch relativ starken Preisanstieg (Inflation) gekennzeichnet ist.

Stagnation
Entwicklungsphase einer Volkswirtschaft, die kein oder nur geringes Wachstum des Sozialprodukts oder des Pro-Kopf-Einkommens aufweist. Eine langfristige S. wurde in der klassischen Theorie auf sinkende Grenzproduktivität des Bodens (D. Ricardo) in „reifen" Volkswirtschaften zurückgeführt; bei R. Th. Maltus ist die ungleiche Einkommensverteilung Ursache für Nachfrageschwäche und S.; ähnlich führt bei Marx steigende Kapitalakkumulation und Verelendung der Massen zu sinkender gesamtwirtschaftlicher Nachfrage (Gesetz vom tendenziellen Fall der Profitrate).

Stammkarte
Gewöhnliche Form der Aktie, die dem Inhaber die normalen Mitgliedschaftsrechte, jedoch keine Sonderrechte gewährt.

Standby
Besonders günstiger Flugtarif. Warten auf einen freien Platz, der aber nur von bestimmten Fluggesellschaften auf einigen Strecken angeboten wird.

Stand-By-Kredit
(Verbindliche) Kreditzusage, Kreditrahmen, „Kreditlinie" für einen möglichen künftigen Finanzierungsbedarf. Stand-by-Kredite räumt beispielsweise der Internationale Währungsfond Ländern ein, die in Zahlungsbilanzschwierigkeiten zu geraten drohen.

Standleitung
Technische Übertragungsstrecke, die fest zwischen zwei, räumlich auseinanderliegenden Einheiten einer oder mehrerer Datenverarbeitungsanlagen installiert wurde.

Stapelverarbeitung
→ Batch-Verarbeitung

Startbit
Die vor einem Wort gesendeten Startbits dienen im Fall eines asynchronen Interface zur Synchronisation des Empfängers, während die Stopbits zur Abschaltung dienen; die Anzahl dieser Bits muß bei Sender und Empfänger gleich eingestellt sein.

Stationäre Prozesse
Die ökonomischen Variablen weisen hier keinen eindeutig aufwärts oder abwärts gerichteten Trend auf. Die Reinvestitionen decken gerade die verbrauchsbedingten Abschreibungen; die Nettoinvestitio-

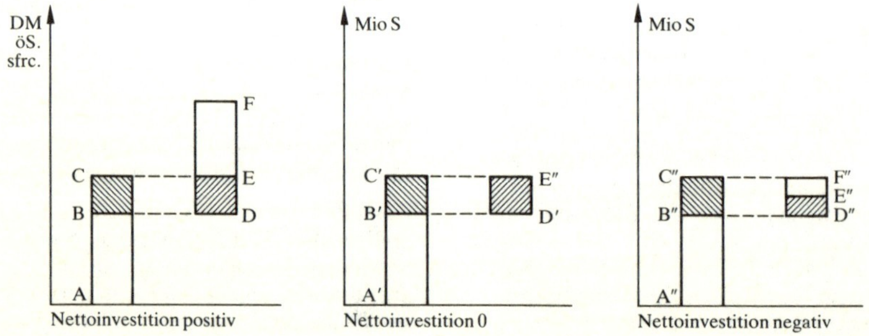

nen und damit auch der Kapazitätseffekt, ist in diesem Fall Null.

Stationäres Modell
Ökonomisches Modell, in dem die Konstanz des Produktionspotentials zur ständigen Reproduktion derselben Gütermenge unterstellt wird, d.h. ein Modell, in welchem Konsumgüter und nur Ersatzinvestitionen produziert werden, bei einer Nettoinvestition von Null.
Gegenteil: Evolutionäres Modell, durch welches also eine wachsende Wirtschaft mit positiven Nettoinvestitionen abgebildet wird.

Statisches Modell
Modell ohne Zeitdimension; Anpassung endogener Variablen auf Änderungen exogener Variablen erfolgen unter der Fiktion unendlich schneller Anpassung. Zeitliche Verzögerungen und Anpassungsprozesse werden im statischen Modell nicht berücksichtigt. Gegenteil ist das dynamische Modell: Zeitliche Dimension wird eingeführt, damit werden zeitliche Anpassungsverzögerungen berücksichtigt und der Anpassungsprozeß selbst darstellbar.

Statistische Differenz
Begriff aus der Zahlungsbilanztheorie. Die s. D. ist die Summe aller Fehler, Inkonsistenzen von Statistiken und Auslassungen bei der Erstellung der ⇒ Zahlungsbilanz.

Statuten
→ Satzung

Stellvertretung
Das Wesen der St. besteht darin, daß die geschäftliche Erklärung des Handelnden unmittelbare Wirkungen in der Person des Vertretenen erzeugt.

Steueraufkommenselastizität
Verhältnis zwischen der Veränderung des Steueraufkommens und der Veränderung des Volkseinkommens. Bei einer S. von größer als 1 (=progressives Steueraufkommen) wächst der Steuerertrag prozentuell stärker als das Volkseinkommen; in diesem Fall wirkt das Steuersystem in seiner Gesamtheit als eingebauter Stabilisator.

Steuerbemessungsgrundlage
Mengen- oder wertmäßige Größe des Steuerobjekts, auf die der Steuersatz anzuwenden ist, z.B. Steuerobjekt: Halten eines Kraftfahrzeugs, Bemessungsgrundlage z.B.: Hubraum des Motors, PS-Zahl, Gewicht etc.

Steuerbetrag
Absolute Höhe der Steuerschuld. Ergibt sich durch Anwendung des Steuertarifs auf die Besteuerungsmenge.

Steuerdestinatar
Die Personengruppe, die nach dem Willen des Gesetzgebers durch die Steuer belastet werden soll.

Steuergegenstand
Die Sache, Person oder Handlung, auf die die Steuer abzielt, z.B. das Einkommen bei der Einkommensteuer, das Halten eines Kfz bei der Kfz-Steuer, die Flasche Sekt bei der Sektsteuer
Andere Bez.: Steuerobjekt, Steuertatbestand.

Steuergläubiger
Der Staat bzw. die Körperschaft, die kraft staatlicher Delegation zur Steuererhebung berechtigt ist. Bei der Sektsteuer ist das z.B. der Bund, bei der Grundsteuer die Gemeinde.

Steuerinzidenz
Gibt an, wer letztlich die ökonomische Belastung durch eine Steuer trägt. Im Ausmaß der Steuerüberwälzungsprozesse sind Steuerschuldner und ökonomischer Steuerträger nicht identisch. Die empirische Inzidenzforschung kann bisher aber keine befriedigenden quantitativen Befune über tatsächliche Überwälzungsvorgänge anbieten.

Steuerobjekt
Sache, Handlung oder Geldsumme, auf

deren physische, rechtliche oder ökonomische Erscheinungsformen sich der Steuerzugriff richtet.

Steuerpauschalierung
Kleinbetriebe können vom Finanzamt eine Pauschalierung von Einkommen, Gewerbeertrag und Umsatz bewilligt erhalten, wodurch die Notwendigkeit buchhaltungsmäßiger Aufzeichnungen größtenteils wegfällt.

Steuerquote
Anteil des Steueraufkommens, gemessen am Bruttoinlandsprodukt.

Steuerschuldner
Derjenige, an den sich der Staat zwecks Zahlung der Steuer rechtsverbindlich wendet.

Steuertarif
System von Steuersätzen, die auf unterschiedliche Größen der Besteuerungsmenge angewendet werden.

Steuerträger
Die Personengruppe, die durch die Steuer effektiv belastet wird. Das kann der Steuerdestinatar sein, muß es aber nicht.

Steuerüberwälzung
Weiter- oder Rückwälzung einer Steuer auf Abnehmer, Lieferanten usw. Beabsichtigt ist die Überwälzung bei indirekten Steuern (z.B. der Mehrwertsteuer), bei denen der Steuerdestinatar der Käufer des mit indirekten Steuern belasteten Produkts ist, auch wenn zum Steuerschuldner der Verkäufer erklärt wird.
Heute steht die Lehre von der (Steuer-) Inzidenz auf dem Standpunkt, daß eine Überwälzung auch bei direkten Steuern (mit alleiniger Ausnahme von Erbschaftssteuern) möglich ist.

Steuerung
ist die Umsetzung der „vorausgedachten" Entscheidungen und Maßnahmen in die Wirklichkeit und deren Überwachung; Steuern heißt daher Anwendung der Planung durch eine Organisation.

Steuerwiderstand
Das (bisweilen organisierte) Bemühen der Besteuerten, auf legale (Steuerausweichung) oder illegale Weise (Steuerhinterziehung) der Besteuerung ganz oder teilweise zu entgehen bzw. durch Proteste, Demonstrationen oder Steuerstreiks den Staat zur Zurücknahme von Belastungen zu zwingen.

Steuerzahler
Die natürliche oder juristische Person, die die Steuer an den Fiskus abführt.

Stichprobe
n-fache Realisierung einer → Zufallsvariablen.

Stiftung
Ist ein durch eine Anordnung des Stifters dauernd gewidmetes Vermögen mit Rechtspersönlichkeit, dessen Erträgnisse der Erfüllung gemeinnütziger oder mildtätiger Zwecke dienen. Eine St. ist demnach keine Personenvereinigung und hat keine Mitglieder, sondern nur Nutznießer (Destinatäre).

Stille Gesellschaft
Ein stiller Gesellschafter ist Gläubiger einer Firma. Es erfolgt daher auch keine Eintragung ins Handelsregister und im Insolvenzfall kann auch keine Haftung anderen Gläubigern gegenüber entstehen. Wenn der stille Gesellschafter über seine Einlage hinaus am Vermögen der Gesellschaft beteiligt ist (z.B. auch am Firmenwert und an den stillen Reserven) wird ein solches Verhältnis steuerrechtlich als Personengesellschaft behandelt. Er erhält daher seine Gewinn- und Verlustzuweisungen (atypisch stiller Gesellschafter).

Stille Rücklagen
Entstehen durch Unterbewertung von Vermögen (z.B. überhöhte Abschreibungen) oder durch Überbewerten von Passivposten (z.B. erhöhte Rückstellungen). Sie führen dazu, daß geringere als die tatsächlich erzielten Erfolge ausgewiesen und ausgeschüttet werden.

Stille Zession
Zession ohne Drittschuldnerverständigung.
Der Drittschuldner wird von der erfolgten Abtretung der Forderung weder vom Zedent noch vom Zessionar verständigt. Das kreditgebende Institut behält sich jedoch vertraglich das Recht vor, wenn nötig, den Drittschuldner zu verständigen.

Stochastischer Prozeß
Jeder durch Wahrscheinlichkeiten beschreibende Prozeß.

Stock Exchange
Name der Londoner Wertpapierbörse.

Stockdividende
Ausschüttung einer Dividende in Form von neuen Aktien (Bonusaktien). Anrecht auf den Bezug der Stockdividende heißt Teilrecht.

Stockwerkseigentum
Eigentum an einem Stockwerk eines Gebäudes oder an einer Wohnung. Das S. ist eine Form des Miteigentums, bei dem jedem Miteigentümer nicht eine Quote (also ein Bruchteil) sondern ein ganz bestimmter Teil der Sache gehört. In der Schweiz ist das S. bundesgesetzlich geregelt. Analog wie für ein ganzes Gebäude können auch für Objekte des S. Hypotheken gewährt werden. In Österreich besteht zwar in einigen Bundesländern die Form des S. weiter, S. kann allerdings nicht mehr neu geschaffen werden.

Stop-And-Go-Politik
Abrupter Wechsel zwischen wirtschaftspolitischem Expansionskurs und wirtschaftspolitischem Restriktionskurs.

Stopbit
→ Startbit

Stop Order
kurz: Stop.
Auftrag, der dann aktiviert wird, wenn das Preisniveau am Markt die in der Order angegebene Grenze erreicht. Diese Order wird dann zur Marktorder. Zweck der Stop-Order ist meist, den möglichen Verlust zu begrenzen („Stop Loss Order“), sie kann aber auch zum Eingehen einer Position benutzt werden.

Storno
1. Berichtigung einer Buchung
2. Widerruf eines Auftrages.

Straddle
Fachausdruck für kombiniertes Optionsgeschäft, bei dem der Käufer gegen eine Prämie das Recht erwirbt, innerhalb einer bestimmten Frist Aktien zu einem bestimmten Preis zu kaufen (Call-Geschäft) und/oder zu verkaufen (Put-Geschäft) oder ganz auf eine Transaktion zu verzichten. Eine Form des Prämiengeschäfts analog dem ⇒ Stellagegeschäft.

Straight Bonds
Anleihen mit festem Zinssatz.
Dieser klassische Anleihetyp wird je nach Marktlage unterschiedlich ausgestattet, u.a. mit
- Garantie der Muttergesellschaft für Anleihen von Tochterunternehmen
- Staatsgarantie für öffentliche Anleihen oder Anleihen halbstaatlicher Gesellschaften
- Negativklauseln, Prolongation, Tausch etc.

Strangle
→ Straddle.

Straßenfrachtbrief
Frachtbrief, den der Straßenfrächter für Transporte per LKW ausstellt. Der Frachtbrief ist ein Wertpapier.

Strategie, ökonomische
Wirtschaftsplan, in dem mehrere Möglichkeiten für das Handeln anderer Wirtschaftssubjekte oder Zustände der Natur während der Planperiode zusammen mit den jeweiligen eigenen Reaktionen darauf vorgesehen sind. Bei einer autonomen ökonomischen Strategie werden bei der Planung von Transaktionen keine Reaktionen anderer Wirtschaftssubjekte ein-

bezogen, andernfalls liegt eine nichtautonome ökonomische Strategie vor.

Strategische Freiheitsgrade

Eine Analyse der S.n F. überprüft den Handlungsspielraum, den ein Unternehmen in einer bestimmten Wettbewerbssituation hat, um seine Marktposition zu verbessern. Auf sog. Entscheidungsachsen werden die grundsätzlich möglichen Maßnahmen aufgelistet und untersucht. Auf diese Weise ist es möglich, einen wirksamen → Marketing-mix zu erarbeiten.

In der Regel ist die Zahl der möglichen S.n F. größer als die Zahl der tatsächlich genutzten Freiheitsgrade.

Streifbandverwahrung

Die Papiere werden unter einem Streifband getrennt für jeden Kunden aufbewahrt. Der Kunde erhält bei Stückelieferung ein Nummernverzeichnis. Der Kunde erwirbt Eigentum an den auf dem Verzeichnis angeführten Papieren. Im Falle des Konkurses des Verwahrens genießt der Kunde ein Aussonderungsrecht.

Streik

Kollektive Arbeitsniederlegung zur Durchsetzung lohnpolitischer, arbeitsrechtlicher, sozialer oder politischer Forderungen.

Strömungsgröße

Ökonomische Größe oder Menge, die auf einen Zeitraum (z.B. Kalenderjahr) bezogen ist. Beispiel: Investition, Einkommen, Bevölkerungsveränderung, Neuverschuldung.

Struktur

Allgemein versteht man unter einer S. die Anzahl der Beziehungen zwischen den Elementen in einem System.

Dieser allgemeine Strukturbegriff wird dann – je nachdem um welche Wissenschaft es sich handelt – konkretisiert; so spricht man von

- statistischen Strukturen
- ökonometrischen Strukturen
- mikroökonomischen Strukturen
- makroökonomischen Strukturen
- chemischen Strukturen
- mathematischen Strukturen

Unter einer ökonomischen Struktur versteht man ein mehr oder minder komplexes Gefüge von Beziehungen zwischen Variablen, wobei diese Beziehungen oft die Form von (stochastischen oder nichtstochastischen) Gleichungen haben.

Die Strukturforschung richtet also ihr Augenmerk auf die Beziehungen, die zwischen bestimmten Variablen bestehen, wobei der Stukturbegriff des Ökonometrikers zu trennen ist von dem des Statistikers.

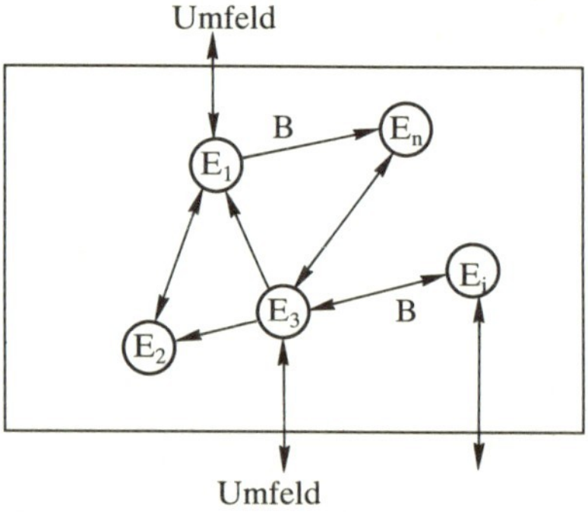

E_i = Elemente (i = 1, 2, ... n)
B = Beziehungen

Der Ökonometriker versteht unter der Struktur eines Modells das System der Parameter, die die Beziehungen der Variablen untereinander zum Ausdruck bringen. Es können dies die technischen Koeffizienten eines Leontief-Systems sein, Verhaltensparameter wie Ausgaben und Investitionsneigung oder aber auch die durch steuerrechtliche Bestimmungen gegebenen institutionellen Parameter. Dabei ist wesentlich, daß der Ökonometriker nach einem System relativ konstanter Parameter sucht, d.h. nach Größen, die sich im Zeitablauf zwar ändern, aber nicht sprunghaft. Diese invarianten Strukturen

bräuchte man etwa für die Erstellung von Prognosen.
Demgegenüber geht es dem Statistiker um die Änderung der Zusammensetzung einer Variablen. Struktur steht hier im Gegensatz zum Niveau: Die relativen Preise (die „Preisstruktur") im Gegensatz zum allgemeinen Preisniveau, die Einkommensverteilung („Einkommensstruktur") im Gegensatz zur Höhe des Volkseinkommens.
Ganz allgemein können Mengenstrukturen und Preisstrukturen unterschieden werden.

Strukturforschung
In Anwendung des ⇒ Strukturprinzips wird nach den wesentlichen Determinanten eines bestimmten Bereiches geforscht. S. ist die Voraussetzung für die Beeinflussung der untersuchten Strukturen.

Strukturpolitik
Im Gegensatz zur Niveaupolitik, die den (quantitativen) Stand von Produktion, Beschäftigung usw. zu beeinflussen trachtet, jede Wirtschaftspolitik, die die (qualitative) Zusammensetzung oder die räumliche Verteilung von Produktion und Beschäftigung – Branchen-, Betriebsgrößen-, Regionalstruktur usw. – bewußt zu verändern trachtet. Ihre Beschäftigungsstrategie besteht im Versuch, notwendig gewordene Strukturanpassungsprozesse einzuleiten oder zu fördern. Während die sogenannte Angebotspolitik diese Anpassungen durch möglichste Zurückhaltung des öffentlichen Sektors erleichtern will, besteht die Intervention der sogenannten Strukturpolitik in finanzpolitischen Eingriffen nicht nur im Bereich der Nachfrageaggregate, sondern der sektoralen bzw. regionalen Wirtschaftsstrukturen.

Strukturprinzip
Prinzip, das davon ausgeht, daß in einem bestimmten Bereich zwischen qualitativen und/oder quantitativen Variablen Zusammenhänge, d.h. eine bestimmte „Struktur" besteht.

Stücknotiz
Kursangabe erfolgt in Währungseinheit pro Stück Aktie.
Beispiel:
Kurs Philips 20,4 =
1 Philips Aktie kosten hfl 20,4
2 Philips Aktien kosten demnach hfl 40,8
usw.
Daß der Einzelnennwert pro Aktie hfl 10,– beträgt, ist für Handel und Aktionäre bedeutungslos.

Stützungskauf
An der Börse: Kauf zur Stützung des Kurses eines bestimmten Wertpapiers.

Subsidiaritätsprinzip
Ordnungsprinzip der gesellschaftlichen Organisation, wonach einzelne Mitglieder oder Gruppen der Gesellschaft jene Aufgaben in Selbstverantwortung übernehmen sollen, zu deren Erfüllung sie in der Lage sind. Eigenintiative und Selbsthilfe dürfen dabei nicht behindert werden. Öffentliche Einrichtungen sollten erst subsidiär anders nicht befriedigend lösbare Problemlagen übernehmen. Analog dazu sollten übergeordnete Gebietskörperschaften nicht oder nicht optimal gelöst werden können. Aus dem S. kann daher sehr wohl die Forderung nach verstärkter Selbsthilfe und Selbstverantwortung als auch nach Ausbau des Föderalismus abgeleitet werden.

Subskription
Zeichnung von Neuemissionen.

Substitutionseffekt
Reaktion eines Wirtschaftssubjekts auf die Preisänderung für ein Wirtschaftssubjekt. Bei einer Preiserhöhung wird ceteris paribus weniger, bei einer Preissenkung mehr gekauft.

Subsumierung
Juristischer Vorgang, bei dem ein tatsächliches Geschehen mit einer Norm des ⇒ positiven Rechts zur Deckung gebracht wird.

Subvention
Staatlicher (Kapital- oder Zinsen-)Zuschuß, um gefährdete Betriebe und deren Arbeitsplätze zu erhalten (Erhaltungssubvention) oder, besser, um ihnen eine erfolgreiche Anpassung an veränderte Marktverhältnisse oder Produktionstechnologien zu ermöglichen (Anpassungssubvention). Subventionscharakter haben aber auch verschiedene Formen der direkten Investitionsförderung und in manchen Ländern der Exportförderung (⇒ Dumping). Weil Subventionen die Wettbewerbsverhältnisse gegenüber nicht subventionierten Unternehmen verfälschen, widersprechen sie den Grundsätzen der Sozialen Marktwirtschaft.

Subventionsbegünstigter
Die Personengruppe, deren wirtschaftliche Situation tatsächlich verbessert wird.

Subventionsbemessungsgrundlage
Die Größe, an der der Subventionsbetrag unmittelbar ausgerichtet wird.

Subventionsberechtigter
Wer kraft seiner Beziehung zum Subventionsgegenstand zum Empfang der Subvention berechtigt ist.

Subventionsdestinatar
Die Personengruppe, deren wirtschaftliche Situation nach dem Willen des Gesetzgebers durch die Subvention verbessert werden soll.

Subventionsempfänger
Die natürliche oder juristische Person, die Subventionen erhält.

Subventionsgegenstand
Die Sache, Person oder Handlung, an die die Subvention anknüpft.

Subventionstarif
Die systematische Darstellung des Zusammenhangs zwischen Subventionsbemessungsgrundlage und Subventionshöhe.

Subventionszahler
Die öffentliche Körperschaft, die die Subventionsfunktion fixiert sowie durch die Bereitstellung eigener oder durch die Mitwirkung bei der Festlegung anderer Mittel die Finanzierung der Subvention sichert.

Suchbaum
Der S. ist das Verzweigungssystem, in dem das breitgefächerte Informationsangebot von Bildschirmtext gegliedert ist. Jeder Anbieter baut darüberhinaus sein Angebot ebenfalls nachdem S-Prinzip auf: Eine hierarchische Gliederung von der Leitseite an. BTX-Informationen können also über das S.-Prinzip gefunden werden. Die BTX-Teilnehmer benutzen allerdings viel häufiger das Schlagwörterverzeichnis, weil das sachlogische Suchen als zu umständlich empfunden wird.

Sunday Rule
Bedingung bei einigen Sondertarifen. Der Rückflug darf nicht vor Sonntag 00.01 Uhr angetreten werden.

Superedifikat
Nicht für die Dauer bestimmte Bauwerke, die ihre selbständige sachenrechtliche Qualität beibehalten. Dies hat u.a. steuerrechtliche Konsequenzen (Zeitraum der Abschreibung).

Superiore Güter
Produkte, die bei steigendem Einkommen mehr nachgefragt werden.

Supply Side Economics
→ Angebotspolitik

Swap
Abtausch einer Fälligkeit mit einer anderen Fälligkeit (im Normalfall die Verbindung eines Kassageschäftes mit einer gegenteiligen Termintransaktion).

Swap-Geschäft
Kombination von Kassa- und Termingeschäft. Ein Devisenbetrag wird gegen Kasse gekauft und gleichzeitig auf Termin verkauft oder umgekehrt. Die so gewonnene Kursdifferenz ist der erzielende Ertrag.

Swapsatz
Differenz zwischen Kassa- und Terminkurs, ausgedrückt in Prozenten des Terminkurses.

Swift
Abk. für: Society for worldwide interbank financial telecommunication.
Internationales Datenfernübertragungssystem zum Abwickeln des internationalen Zahlungsverkehrs. Teilnehmer sind ca. 450 Geldinstitute in 13 europäischen Ländern sowie USA und Kanada.

Swing
Bezeichnung für die höchste Kreditgrenze im Außenhandel, die zwei Länder einander gegenseitig nach einem vertraglichen Abkommen einräumen. Bei Überschreitung der Grenze ist durch Bezahlung von Devisen oder Verringerung der Importe aus dem Partnerland der Ausgleich herzustellen.

Switch-Geschäft
Außenhandelsgeschäft, bei dem zwecks Ausnutzung devisenrechtlicher Bestimmungen ein drittes Land zwischengeschaltet wird.

Syndikat
Konsortium, das von mehreren Geldinstituten gebildet wird, um eine gemeinsame Finanztransaktion durchzuführen, etwa die Emission einer Anleihe.

Syndikatsführung
→ federführende Bank.

Syntax
Die Befehlsstruktur in einer bestimmten Sprache. Falls man bei der Eingabe eines Befehls die Syntax verletzt, nennt der Computer dies manchmal eines „S.error" (Syntax-Fehler).

Synthetic Call
→ Synthetische Kaufoption

Synthetische Kaufoption
Strategie, die den Kauf eines Terminkontraktes mit dem Kauf eines Put kombiniert. Entspricht in der Gewinn/Verlustrechnung einer Kaufoption. Umgekehrt kann durch den Verkauf eines Terminkontraktes und den Kauf einer Kaufoption ein "Synthetic Put" geschaffen werden.

System
Unter einem S. versteht man jene Menge von Elementen, zwischen denen Beziehungen bestehen. Diese Beziehungen können z.B. logischer, philosophischer, ästhetischer, physikalischer Art sein. Sind die Beziehungen derart, daß die Elemente aufeinander einwirken, so spricht man von einem Wirkungsgefüge oder einem kybernetischen System.
Es werden offene und geschlossene Systeme unterschieden. In einem geschlossenen System bestehen lediglich Beziehungen der Elemente untereinander. Hingegen ist ein offenes System dadurch gekennzeichnet, daß die Umgebung auf einige oder alle Systemelemente Einfluß nimmt oder von ihnen beeinflußt wird.

Systemmodelle
S. auch Beschreibungs- oder Erklärungsmodelle genannt, dienen der systematischen Informationsgewinnung durch eine Untersuchung der funktionalen Zusammenhänge der Komponenten des zu untersuchenden Systems. Es soll damit ermittelt werden, wie die abhängigen Variablen reagieren, wenn sich eine oder mehrere unabhängige Variable in genau festgelegter Weise verändern. Diese analytische Beschreibung der Eingabe – Ausgabe – Beziehungen kann sich auf die bestehenden Verhältnisse und auf die Prognose von Systemveränderungen erstrecken.

Systemprinzip
Forschungsstrategie, die gewährleisten soll, daß komplexe Sachverhalte nach und nach erklärt und beeinflußt werden können. Die Komplexität der betreffenden Sachverhalte soll schrittweise („iterativ") bewältigt werden.

Systemtheorie
Disziplin der Kybernetik, die sich mit dem

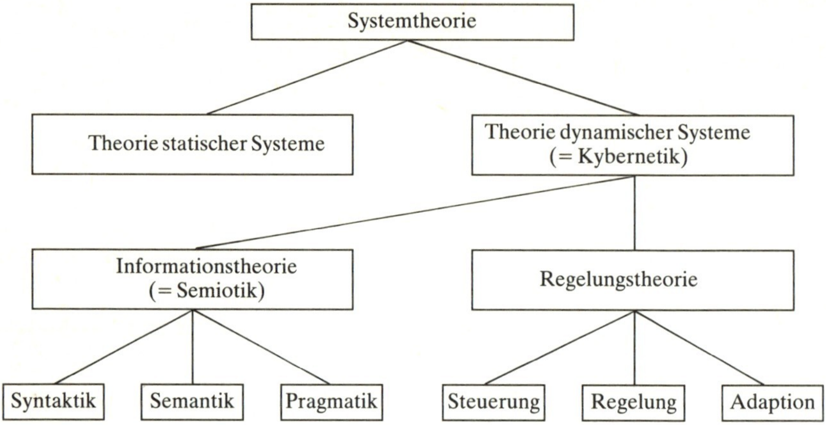

Verhalten und der Funktion von Wirkungsgefügen beschäftigt.

Szenario
Wichtiges heuristisches Problemlösungsverfahren. Es ist die Beschreibung einer künftigen Entwicklung auf der Basis wahrscheinlicher, in sich konsistenter Annahmen. Szenarii sind also mögliche, in der Zukunft liegende Zustände, bei denen man von der gegenwärtigen Ausgangslage ausgeht und versucht, Schritt für Schritt zu erfassen, wie sich zukünftige Zustände in plausibler Weise aus den gegenwärtigen Zuständen entwickeln könnten. z.B. Ölpreisszenario.
Der Begriff (engl. scenario-writing) stammt aus der Theatersprache und bezeichnet dort die Skizze des Inhaltes eines Bühnenstücks in genauer Szenenfolge. Auch das Verzeichnis aller Requisiten eines Bühnenstückes wird so genannt.

SZR
→ Sonderziehungsrechte

Tageswertprinzip
Bewerten zum Wiederbeschaffungswert per Bilanzstichtag. Hier kann es zu buchmäßigen Verlusten bzw. Gewinnen kommen.

Taggeld
Mit täglicher Kündigung ausgeliehenes bzw. veranlagtes Geld.
⇒ Deposititon.

Talon
Teil eines Wertpapiers.
Gegen Einreichung des Talons können, wenn die alten Dividendenscheine, Kupons oder Ausschüttungsscheine aufgebraucht sind, neue bezogen werden.

Tantieme
Anteil am Jahresgewinn eines Unternehmens.

Tarife
Preise im öffentlichen Sektor werden häufig auch „Tarife“ bezeichnet; die Festlegung ihrer Höhe ist nicht unabhängig von Marktbedingungen (insbesondere sind die Preise von Substitutionsgütern zu berücksichtigen); andererseits nähern sie sich im Ausmaß, in dem keine Kostendekkung über Tariffinanzierung angestrebt wird, dem Charakter einer Benützungsgebühr; Tarife sind daher individuell Äquivalente, denen eine Zwischenposition zwischen Marktpreisen und Benützungsgebühren zukommt. Beispiel: Tarife der Eisenbahnbenützung, Tarife in öffentlichen Verkehrsmitteln.

Tauscheffizienz
T. ist erreicht, wenn es nicht mehr möglich ist, durch Tauschakte von Gütern irgendjemanden in seinem subjektiven Nutzenniveau zu verbessern ohne einen anderen zu verschlechtern (= Nachfrageseite des Pareto-Optimums; Zusammensetzung der Güterversorgung entspricht der Bedürfnisstruktur der Gesellschaft).

Tautologien
Sätze, die ein und denselben Sachverhalt auf unterschiedliche Weise darstellen und nur Denknotwendigkeiten aufzeigen können. T. können nie falsch sein (z.B. Bilanzidentitäten)
Andere Bez.: Truismen, Identitäten.

Technische Analyse
Im Gegensatz zur ⇒ fundamentalen Analyse geht die T.A. davon aus, daß sich alle kursrelevanten Fakten in den Börsenkursen niederschlagen.

Technische Reaktion
Darunter versteht man das Marktverhalten nach einer vorangegangenen Phase gleichgerichteter Entwicklung, das eigentlich nur der Überlegung entspringt, jetzt müsse doch endlich einmal etwas anderes als bisher geschehen. Eine t.R. bereinigt den Markt, weil bislang noch nicht untergebrachte Wertpapierpositionen endgültig Käufer finden.

Technischer Fortschritt
Äußert sich in der technischen Möglichkeit, neue Produkte oder bekannte Produkte mit neuen Verfahren herzustellen; bei Verfahrensneuheiten kann eine konstante Produktmenge zu geringeren Kosten bzw. eine größere Produktmenge zu konstanten Kosten hergestellt werden. Phasen: Invention (Erfindung), Innovation (erstmalige Anwendung im Produktionsprozeß; Prozeß- oder Produktinnovation); Imitation (Anwendung in weiteren Produktionsprozessen).

Technologie
Summe aller auf Grund von Invention und Erfahrung angewandten Methoden der Produktion und Distribution von Waren und Dienstleistungen.

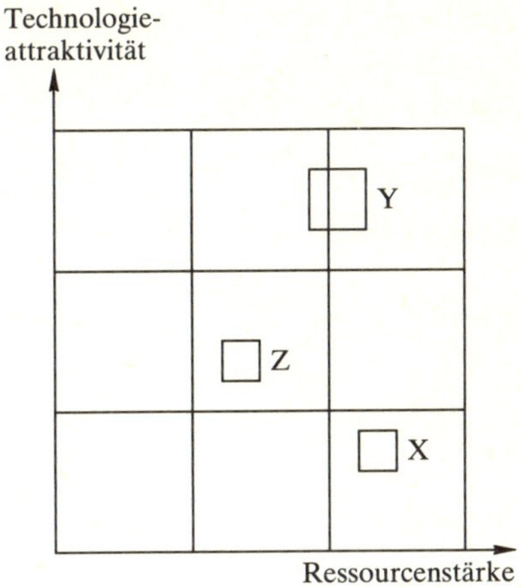

Technologieportfolio
→ Portfolio

Teilkosten
Preisuntergrenze, in die aus absatzpolitischen Gründen kurzfristig nur ein Teil der auf die Leistungseinheit entfallenen Gesamtkosten einbezogen wird in der Erwartung, daß sich durch entsprechend niedrige Preisstellung eine höhere Auslastung der betrieblichen Kapazität und damit bessere Kostengestaltung erreichen läßt.

Teilkostenrechnung
Nur bestimmte Teile der angefallenen Kosten werden auf die Kostenträger verrechnet, der restliche Teil auf anderem Wege in das Betriebsergebnis übernommen.

Teilschuldverschreibung
Über einen Teilbetrag einer größeren Geldschuld ausgestelltes Wertpapier.

Telebox
Kommunikationsdienst der Deutschen Bundespost. Nationale Variante des vom

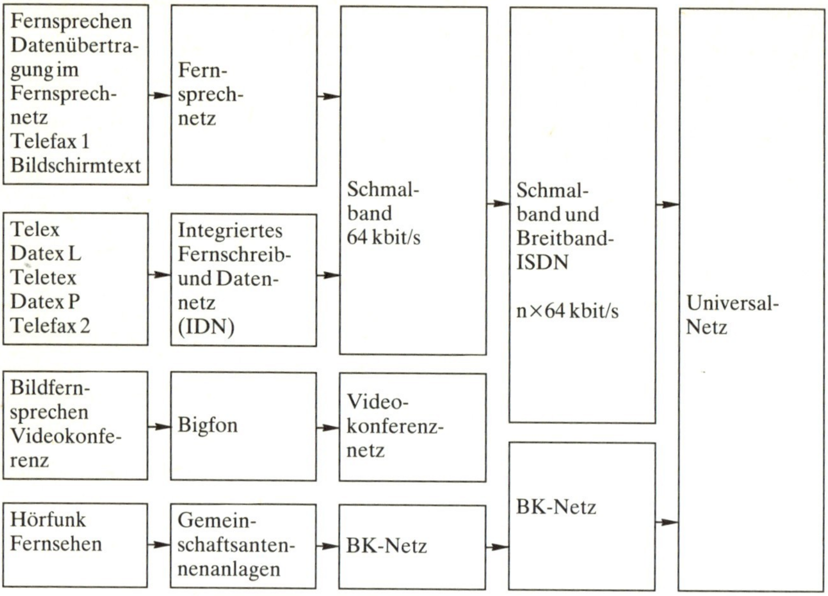

⇒ CCITT standardisierten Message Handling Systems. Die T. bietet die Möglichkeit, Datenspeicherung und Kommunikation miteinander zu verbinden. Dadurch sind die Teilnehmer ständig erreichbar, ohne daß ihre Anwesenheit erforderlich ist. Kernstück des T.systems ist der ⇒ elektronische Briefkasten.

Telekommunikation

Kommunikation zwischen Menschen, Maschinen und anderen Systemen mit Hilfe nachrichtentechnischer Übermittlungsverfahren.

⇒ Abrufkommunikation

⇒ Individualkommunikation

⇒ Massenkommunikation

Der Übergang von der Analog- zur Digitaltechnik und vom Kupfer zum ⇒ Glasfaserkabel sind wesentliche Stufen auf dem Weg zur T. der Zukunft. Für Sprache, Texte, einen Großteil der Datenübertragung und für die nicht bewegte Bildübermittlung reicht die Nutzbitrate von 64 Kilobit/Sekunde aus. Doch schon die Sprachübermittlung mit Runfunkqualität oder die höher auflösende Standbildübertragung erfordert eine höhere Nutzbitrate. Besonders aber die schnelle Datenübertragung im Megabit/Sekunden-Bereich, die Bewegtbildübermittlung (Bildfernsprechen) und hochauflösendes Fernsehen erfordern Kupferkabel.

Erst der Übergang auf Glasfasertechnik bietet die Möglichkeit der integrierten Versorgung mit sämtlichen schmalbandigen und breitbandigen Dialog- und Verteildiensten auf einer einzigen Anschlußleitung.

Termineinlagen

Einlagen, die für einen bestimmten Zeitraum fest hereingenommen werden (Festgelder) bzw. über die nach Ablauf einer bestimmten Kündigungsfrist verfügt werden kann (Kündigungsgelder).

Termingeschäft
Kaufvertrag, bei dem Art, Menge, Preis und Liefertermin des gehandelten Gutes in der Gegenwart festgelegt werden, die Erfüllung des Geschäfts jedoch erst zu einem künftigen Zeitpunkt erfolgt.
Termintransaktionen werden im allgemeinen im Rahmen standardisierter Kontrakte auf organisierten Märkten durchgeführt. Diese existieren für eine Vielzahl von Rohstoffen (z.B. Getreide, Kaffee, Zucker, Baumwolle, Wolle, Metalle) und bestimmte Finanzaktiva (Devisen, Wertpapiere).
Marktteilnehmer sind:

- Produzenten, die sich durch Termintransaktionen gegen Preisschwankungen von Inputs und Outputs bzw. Forderungen und Verbindlichkeiten absichern wollen;
- Spekulanten, die intertemporale Preisschwankungen auszunutzen suchen (Spekulationsgeschäft).

Zwischen dem Preis auf dem Loro- bzw. Kassamarkt für ein Gut (Abschluß und Erfüllung des Geschäftes zum gleichen Zeitpunkt) und dem Terminpreis besteht ein enger Zusammenhang, der durch Arbitragegeschäfte hergestellt wird.

Terminmärkte
T. sind Gegenwartsmärkte für Zukunftsgüter:
Sie erlauben einerseits Geschäfte zwischen Risikovermeidern, andererseits den Handel mit Risiken zwischen Risikovermeidern und Spekulanten.
Kurssicherung von Zahlungsforderungen und Zahlungsverpflichtungen in fremder Währung, die zu einem späteren Zeitpunkt fällig werden. Es besteht damit die Möglichkeit, sich gegen Kursschwankungen, Ab- und Aufwertungen abzusichern.

Terms of Trade
Unter T.o.T. versteht man das Verhältnis der Exportpreisentwicklung zur Importpreisentwicklung, d.h. die T.o.T. eines Landes verschlechtern sich, wenn die Exportpreise langsamer steigen als die Importpreise; im umgekehrten Fall tritt eine Verbesserung ein. Die T.o.T. beeinflussen daher in ihren Auswirkungen die Leistungsbilanz. Es wird der Index der Exportpreise durch den Index der Importpreise dividiert (in gleichen Währungseinheiten);

$$\frac{P_x^{DM}}{P_m^{DM}} \quad \text{oder} \quad \frac{P_x^{\$}}{P_m^{\$}} \quad \text{oder} \quad \frac{P_x^{S}}{P_m^{S}}$$

Diese Relation gibt an, welche Importgütermengen die Volkswirtschaft durch Hergabe einer Einheit des Exportgutes zu kaufen vermag. Eine Verbesserung der terms of trade – die Exportpreise steigen (fallen) stärker (um weniger) als die Importpreise – würde also bedeuten, daß man mit dem Erlös für eine exportierte Einheit eine größere Menge an Importgütern erhält als bisher und umgekehrt.
Entscheidend ist die Preiselastizität der Nachfrage: Ist die Nachfrage im Importland relativ preisunelastisch, kann das Exportland Kostensteigerungen (oder auch Wechselkursänderungen) überwälzen.

Testament
Schriftliche oder mündliche letztwillige Willenserklärung für den Todesfall.

Textverarbeitung
Einsatz der Mikroprozessorentechnik und von Bildschirmgeräten für das Bewältigen von Schreibaufgaben im Büro. Vorteile der Textverarbeitung sind die Sofortkorrektur von Tippfehlern, das Durchführen von Überarbeitungen und der Abruf wiederkehrender Texte. In der programmierten Textverarbeitung werden vor allem Disketten eingesetzt.

Theorie
System von einzelnen Hypothesen und/oder tautologischen Zusammenhängen im Rahmen komplexer Erklärungszusammenhänge. Beispiel: Konjunkturtheorie, Beschäftigungstheorie.

TIGRS
Abk. für: treasury investment growth receipts

US-Inhaberpapiere, welche durch Namensobligationen des US-Schatzamtes gedeckt sind.

Tilgung
Regelmäßige Rückzahlung einer mittel- bis langfristigen Schuld.

Tilgungsfonds
englisch: sinking fund
Bei manchen Auslandsanleihen wird, wenn die Tilgungsbestimmungen einen freihändigen Rückkauf vorsehen, vom Emittenten beim Anleihetreuhänder ein Fonds errichtet, zu dessen Lasten im Markt Rückkäufe getätigt werden können.

Tilgungsplan
Zahlenmäßiges Darstellen des Rückzahlungsvorganges einer Schuld, die in Teilbeträgen zurückgezahlt wird.
⇒ Annuitäten

TIM
Travel Information Manual
Broschüre von verschiedenen Fluggesellschaften erstellt über aktuelle Bestimmungen (Visum, Impfung, Währung etc.)

Time Lag
→ Verzögerung

Timesharing
Betriebsweise eines Datenverarbeitungssystems, mit der Fähigkeit, gleichzeitig einer Vielzahl von Teilnehmern die Nutzung des Systems zu ermöglichen. Die Teilnehmer sind dabei nicht gezwungen, im Rechenzentrum selbst zu arbeiten, sondern arbeiten an Endplätzen (engl. terminals), die durch Übertragungsleitungen mit dem System verbunden sind.

Timing
Wahl des richtigen Zeitpunktes zum Einsatz von betriebs- und/oder volkswirtschaftlichen Maßnahmen. Voraussetzung für richtiges T. ist Kenntnis der grundsätzlich möglichen Wirkungen, die von den betreffenden Maßnahmen ausgehen können, sowie Kenntnis der ⇒ Lagstrukturen.

Tippees
Personen, die von dritter Seite gezielte Informationen über die Vorteilhaftigkeit von Wertpapierkäufen oder -verkäufen erhalten. Sie sind gewissermaßen „Strohmänner“ von ⇒ Insidern.

Titrierte Finanzschuld
Verschuldung, die vom Inhaber formlos übertragen werden kann (z.B. Bundesanleihen, Bundesobligationen, Bundesschatzscheine und Schuldverschreibungen).

Topkredit Ⓐ
Neue Wortprägung zur Bezeichnung von (verbilligten) Krediten für Investitionsvorhaben, die einer Reihe von strengen Selektionskriterien genügen. Das 1981 für Topkredite entwickelte Auswahlverfahren soll gewährleisten, daß auch auf Mittel der direkten Investitionsförderung eine Art Rechtsanspruch (des jeweils Bestqualifizierten) besteht.

Touch Screen
Die Auswahl einer Option bei einem menügesteuerten Programm erfolgt durch Antippen der betreffenden Stelle am Bildschirm.

Touristenquote Ⓐ
Höchstgrenze für die Abgabe von ausländischen Reisezahlungsmitteln (Noten, Münzen, Reiseschecks) durch Geldinsitute an Devisenländer für Reisen aller Art ins Ausland. Solche Zahlungsmittel dürfen derzeit pro Person und Reise bis zu einem Gegenwert von S 26.000,– abgegeben werden.

Trade off
→ Zielkonflikte

Trading-up
Alle Maßnahmen, die ein Handelsunternehmen trifft, um den betrieblichen Leistungsstand zu verbessern.

Tranche
Teil einer Anleihensemission, die aus markttechnischen Gründen in mehreren

Teilen zur Zeichnung aufgelegt wird. Die einzelnen T.n können zeitlich oder geographisch aufgeteilt werden.

Transferbilanz
Teilbilanz der Zahlungsbilanz, die die Leistungen ohne Gegenleistungen wie etwa Schwankungen, Entwicklungshilfe oder Überweisungen von Gastarbeitern umfaßt.

Transferbilanz
→ Übertragungsbilanz

Transferpoolrate
Verrechnungszinssatz, der bei der Dekkungsbeitragsrechnung als Basis für die Ermittlung der Zinsspanne (= Differenz zwischen Zinssatz und Verrechnungspreis) bewertet sind. ⇒ Deckungsbeitragsrechnung

Transferrisiko
Unter T. versteht man, wenn ein ausländischer Schuldner seinen Zahlungsverpflichtungen zwar nachkommen möchte, die jeweilige Zentralbank bzw. Regierung die hierfür notwendigen Devisen nicht zur Verfügung stellen will oder kann.

Transfers
Darunter werden unentgeltliche (einseitige) Zahlungsströme aller Art verstanden. Es werden laufende (wiederkehrende) und Kapitaltransfers (einmalige) unterschieden. Die Transfervorgänge sind weitaus am wichtigsten beim Transaktor Staat: Laufende Transfereinnahmen sind hier direkte und indirekte Steuern, Transferausgaben der Sozialtransfer (an private Haushalte), die Subventionen (an Industrien) u.a.

Transferzahlung
Monetäre Leistung ohne Gegenleistung in der Gegenwart.
Sozialtransfers sind T. an private Haushalte (z.B. Renten, Pensionen, Familienbeihilfe, Sozialhilfe). Subventionen sind T. an Unternehmen (z.B. Agrarsubventionen, Zinsstützungen im Rahmen des TOP-Investitionsprogramms etc.).

Transformationskurve
Geometrischer Ort der Kombination zweier Gütermengen, die mit einer gegebenen Ausstattung an Produktionsfaktoren maximal hergestellt werden können.

Transitgeschäft
Außenhandelsgeschäft, bei dem ein Transithändler Waren im Ausland kauft, um sie wieder ins Ausland weiterzuverkaufen.

Transitverkehr
Durchfuhr von Gütern durch ein Land (Transithandel).

Transmissionsmechanismus des Geldes
Mechanismus, durch welchen Veränderungen monetärer Variablen (insbes. der sog. Geldmenge) schrittweise zu einer Veränderung realer Variablen (v.a. der realen Güternachfrage) führen. Im Vergleich zur klassischen Quantitätstheorie des Geldes zeichnet sich die Neoquantitätstheorie des Geldes (Monetarismus) durch komplexe Theorien in Bezug auf die Identifikation derartiger „Kanäle“ zur Übertragung von Impulsen des monetären Sektors auf den realen Sektor aus (v.a. in den Analysen von Karl Brunner).

Trefferanleihe
Sonderform bei festverzinslichen Wertpapieren:
In bestimmten Abständen werden Nummern oder Serien ausgelost. Die Eigentümer dieser ausgelosten Stücke erhalten zusätzlich zur normalen Verzinsung eine Barauszahlung = Treffer. Vermerk durch entsprechenden Stempel am Wertpapiermantel.

Trennsystem
Das T. sieht vor, daß im Rahmen des ⇒ Finanzausgleichs der volle Ertrag aus einer Steuer einer Körperschaft zusteht. Im Gegensatz zum ungebundenen (freien) T. ist im gebundenen T. entweder die Art der Steuer von der übergeordneten Körperschaft festgelegt, und es besteht nur die Hoheit über die Steuersätze, oder Art

und Sätze der Steuer werden durch die übergeordnete Körperschaft festgelegt, so daß nur die Ertragshoheit verbleibt.
Andere Bez.: Konkurrenzsystem

Treuhand
Ist gegeben, wenn jemand (der Treuhänder) Rechte übertragen erhält, die er im eigenen Namen, aber auf Grund einer besonderen obligatorischen Bindung zu einer anderen Person (dem Treugeber) nur in einer bestimmten Weise ausüben soll (Zweckbindung).

Trittbrettfahrer-Haltung
Verhalten, bei dem Leistungen der Gemeinschaft ohne entsprechende Gegenleistung in Anspruch genommen werden. Wie bei negativen externen Effekten ist auch bei positiven externen Effekten eine Divergenz zwischen individuellem rationalen Verhalten und kollektiver, gesellschaftlicher Rationalität der Handlungsfolgen festzustellen.

Troubleshooting
Betriebswirtschaftliche Schwachstellenanalyse. Suche nach Managementfehlern und Durchführung von → Zero-Base-Budgedinganalysen.

Trust Companies
Treuhandgesellschaften in den USA. Verwalten Pensionsfonds und andere Vermögenswerte, Wertpapierdepots. Sie dienen auch als Zahlstellen für Zinskupons. Einige T.C. dürfen auch – in beschränktem Umfang – Einlagen entgegennehmen und das kommerzielle Bankgeschäft betreiben.

Typenraddrucker
Drucker (ca. 60 Zeichen/sek) mit auswechselbaren Schriftsätzen

Übergewinn
Begriff aus der Theorie der Bewertung von Unternehmen. Der über die Verzinsung des ⇒ Sachwertes hinausgehende Gewinn.

Überschuldung
Liegt betriebswirtschaftlich dann vor, wenn der Wert der Passiva den Wert der Aktiva übersteigt (Eigenkapital auf der Aktivseite).

Überschußreserve
Die über die Mindestreserven hinausgehenden Bestände der Geschäftsbanken an Zentralbankgeld. Je höher die Ü., desto höher ist ceteris paribus der Kreditschöpfungsspielraum des Bankensystems.

Übersetzungs-Software
→ Software

Übertragungsbilanz
Teilbilanz der Zahlungsbilanz.
Alle unentgeltlichen Transaktionen von und an ausländische Wirtschaftssubjekte. z.B. Reparationen, Geldüberweisungen ausländischer Arbeitskräfte an ihre Familien, Ausgaben für Entwicklungshilfe.

Überzeichnung
Zeichnungen, die den im vorhinein festgelegten Betrag bei einer Emission übersteigen.

Überziehung
Inanspruchnahme eines Kredites über den grundsätzlich zustehenden Rahmen bzw. Termin hinaus.

UIC
Abk. für User Identification Code
Dabei handelt es sich um ein Ziffernpaar, das das System zur Identifizierung des Benutzers verwendet und damit gleichzeitig den Zugriff auf die ⇒ files steuert.

Ultimo
Monats- oder Jahresabschluß; wegen möglicher abrechnungstechnischer Einflüsse bedeutsam.

Ultimogeld
Leihgeld, das am Geldmarkt der Börse zur festen Rückzahlung am Ultimo ohne vorherige Kündigung ausgeliehen wird.
⇒ Deposition.

Umbrella-System
Bildschirmtext-Agenturen oder Anbieter stellen anderen System-Nutzern eigene Seiten „unter ihrem Schirm" (engl. umbrella) zur Verfügung. Da die Postverwaltung den Anbietern nur eine begrenzte Anzahl von ⇒ Leitseiten zur Verfügung stellen kann, ist die Bildung von Interessengemeinschaften ein Weg zu einer breiteren Nutzung des Mediums Bildschirmtext. U.S. haben darüberhinaus den Vorteil, daß sich der Inhaber der Leitseite gewöhnlich auch um Aufbau, Gestaltung und Aktualisierung der BTX-Seiten seiner Umbrella-Kunden kümmert. Andere Bezeichnung für U.S.: Poolsystem, Unteranbieter.

Umlaufgeschwindigkeit des Geldes
Gibt an, wie intensiv die jeweilige Geldmenge in einer Volkswirtschaft genutzt wird. Sie wird in der Regel definiert als

$$V = \frac{P \cdot T}{M}$$

(M = Geldmenge, P = Durchschnittspreis, T = Transaktionsvolumen).

Umlaufvermögen
Sammelbezeichnung für die Vermögenswerte, die einem Unternehmen im allgemeinen nur auf kurze Zeit gehören und zum Umsatz bestimmt sind.
Gegensatz: Anlagevermögen.
Zum Umlaufvermögen zählen u.a.:
- Roh-, Hilfs- und Betriebsstoffe
- halbfertige und fertige Erzeugnisse
- Forderungen
- Besitzwechsel
- Schecks
- Bankguthaben
- Kassenbestände usw.

Umsatz
Als *Umsatz* bezeichnet man im *betriebswirtschaftlichen Sinne* entweder
- die letzte Stufe des betrieblichen Leistungsstromes (den Absatz, oder
- den gesamten betrieblichen Leistungsstrom, bestehend aus Einsatz, Durchsatz und Absatz.

Im *Rechnungswesen* spricht man vom *Umsatzerlös* und versteht darunter den Geldwert der abgesetzten Leistungen.

Umsatzrentabilität
Darunter versteht man das Verhältnis des Erfolges einer Rechnungsperiode zur Betriebsleistung. Es handelt sich um eine Kennzahl zur Beurteilung der Ertragskraft. Der Betriebserfolg wird am Geschäftsumfang (= Umsatztätigkeit) gemessen, denn hiervon hängt die Höhe des Gewinns wesentlich ab. Beim innerbetrieblichen Zeitvergleich und beim Branchenvergleich ist diese Größe besonders aussagekräftig. Bei der Interpretation der U. sollte auch gleich die Kapitalumschlagshäufigkeit beachtet werden.

$$\frac{\text{Betriebsgewinn} \times 100}{\text{Betriebsleistung}}$$

Umschlaghäufigkeit des Gesamtkapitals

$$\frac{\text{Betriebsleistung}}{\text{Bilanzsumme}}$$

Diese Zahl zeigt, wie oft das eingesetzte Kapital pro Jahr durch den Umsatz umgewälzt wurde. Je höher der Wert ist, desto besser ist der mit den eingesetzten Mitteln erzielte Leistungsumfang zu beurteilen.

Umverteilung
Wird das Resultat der funktionellen, personellen, sektoralen oder regionalen Einkommensverteilung, wie es sich aus dem Marktprozeß ergibt, von den staatlichen Entscheidungsträgern als sozial nicht akzeptabel angesehen, wird diese sog. „Primärverteilung" durch v.a. finanzpolitische Maßnahmen korrigiert; die so entstehende sog. Sekundärverteilung sollte nun eher den politisch-gesellschaftlichen Gleichheits- bzw. Gerechtigkeitsvorstellungen entsprechen. Die Umverteilung bezieht sich also auf die Korrektur einer bereits zustande gekommenen Einkommensverteilung und nicht auf die Korrektur der Bedingungen für das Zustande-

kommen der Primärverteilung selbst, wenngleich in der öffentlichen Diskussion auch für diese Verteilungsdebatte häufig fälschlich von „Umverteilung“ die Rede ist.

Umwegsrentabilität
Aus volkswirtschaftlicher Sicht sind öffentliche Ausgaben dann als rentabel anzusehen, wenn diesen Ausgaben Erträge gegenüberstehen,die insgesamt größer sind als die ursprünglichen Ausgaben. Der Begriff U. dient vielfach zur Rechtfertigung von Ausgaben öffentlicher Stellen, denen nicht nur Einnahmen in direkter Form beim Investor gegenüberstehen, sondern die infolge von ⇒ Multiplikatorwirkungen einen zusätzlichen regionalen oder volkswirtschaftlichen Ertrag bewirken.
Beispiele: Subventionen für Festspiele, Investitionen im Bereich der Infrastuktur einer Region (Flughafen, Messegelände, Theater)

Umweltbilanz
Bilanzartige Darstellung der Umweltschutzmaßnahmen eines Unternehmens im Rahmen des Geschäftsberichtes. Es sind dies meist Aussagen darüber, in welchem Umfang innerhalb des Berichtszeitraumes eine Reduzierung des Schadstoffausstoßes (Emission) erfolgt ist bzw. in welchem Umfang Ressourcen (z.B. Energie) gespart und wiedergewonnen (z.B. Abwärme und Recycling aus Abfällen) wurden.
U.en enthalten sowohl monetäre Angaben (wieviel für Umweltschutzmaßnahmen ausgegeben wurde) als auch quantitative Angaben (über den Umfang der Maßnahmen).

Umweltzertifikate
Scheine, die zu einer bestimmten verbrieften Belastung der Umwelt berechtigen. Werden an Produzenten verkauft, die an diesem Standort interessiert sind. Diese Zertifikate könnten dann auf einer „Umweltbörse“ getauscht werden und würden – im Modell – von jenen Produzenten gekauft werden, für die die betreffende Region eine höhere Standortattraktivität aufweist als für andere Produzenten.

Unbedenklichkeitsbescheinigung (A)
Erklärung des
- Finanzamtes, daß
  - der Auszahlung eines erblasserischen Guthabens keine erbschaftssteuerlichen Bedenken entgegenstehen
  - das Eintragen eines Eigentumserwerbes von Liegenschaften grunderwerbssteuerlich unbedenklich ist.
- Magistrates, daß
  - bei Forderungsabtretung gegenüber der öffentlichen Hand die steuerliche Zuverlässigkeit hinsichtlich der städtischen Abgaben gegeben ist.

Unido
Organisation für Industrielle Entwicklung. 1967 gegründet.

Universalbanken
Banken, die nicht auf einige wenige Sparten des Bankgeschäftes spezialisiert sind, sondern grundsätzlich alle Sparten des Bankgeschäfts betreiben.

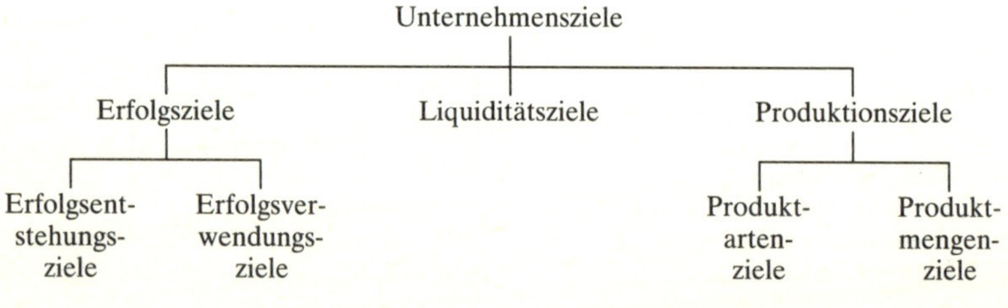

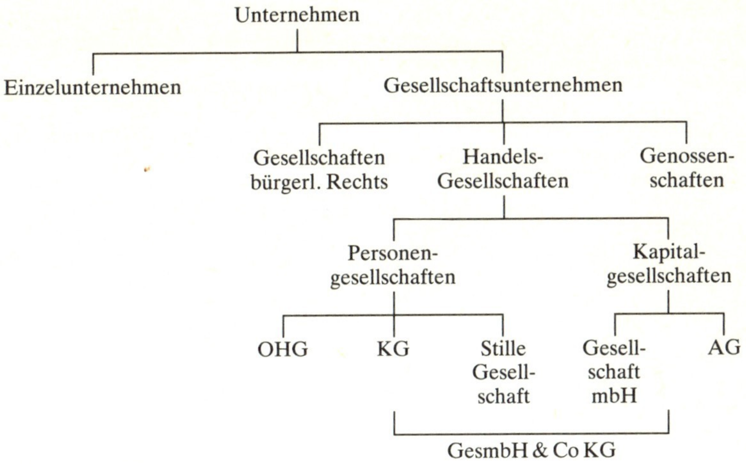

Rechtsformen der Unternehmen

Unternehmen
Unter einem U. versteht man den wirtschaftlich-rechtlichen Rahmen eines oder mehrerer Betriebe. Der Zielkatalog eines U. umfaßt folgende Teilziele:
- Erfolgsziele
- Liquiditätsziele
- Produktionsziele

Unternehmensplanspiel
Eine simulierte Führungssituation, die als Training möglicher Lösungen einer Entscheidungssituation gespielt werden kann.

Upgrading
1. Steigerung des Umsatzes durch Umstellung des Angebotes auf höherwertige Produkte.
2. Im Flugverkehr: In eine höhere Klasse befördern (z.B. von der Business Class in die First Class), kann bei Überbuchung einer Klasse letzter Ausweg sein, um Reklamationen zu vermeiden.

Ursprungszeugnis
Urkunde, die den Ursprung der Ware nachweist.

Usancen
→ Börsen

Utilities
Software-Teile die ganz bestimmte Funktionen ausführen, aber von (fast) allen Anwendungen benötigt werden. Man nennt sie deshalb auch Dienstprogramme.
Beispiel:
Das ordnungsgemäße Verwalten von Datenelementen in einer Datei
- eintragen von neuen Elementen in ein Inhaltsverzeichnis
- kennzeichnen von Elementen, die gelöscht werden sollen
- neuordnen von Elementen (reorganisieren der Datei)
- Druck aller Elemente

V-24
vom → CCITT genormte serielle Datenübertragungs-Schnittstelle

Valutakasse
Unter der V. einer Zentralbank versteht man die Goldbestände sowie die Netto-

Devisenoption der Zentralbank gegenüber dem Ausland. Diese Valutakasse bezeichnet man auch als offizielle Valutakasse, um sie von der privaten Valutakasse der Geschäftsbanken zu unterscheiden, die die Devisenbestände inländischer Geschäftsbanken bei ausländischen Banken umfaßt. Sofern die Zentralbank des jeweiligen Landes über gesetzliche Möglichkeiten verfügt, die Geschäftsbanken zur Ablieferung dieser Devisenbestände zu zwingen.

Valuten (A)

Valuten sind Geldsorten in ausländischer Währung, die im Inland keine gesetzliche Zahlungskraft besitzen. Dazu zählen vor allem Noten und Münzen.
andere Bezeichnung: Sorten

Valutenkurs

Kurs für ausländische Banknoten und Münzen.

Valutierung

Wertstellung. Für die Zinsenrechnung ausschlaggebende Tagesangabe.

Variable

Abk. von variable (veränderliche) Größen.
V. sind Preise, Kosten, Produktionsmengen, Einkommen, Konsum, Investitionen etc. Bei den V.n muß unterschieden werden zwischen

- endogene V. (abhängige V.) und
- exogene V. (unabhängige V.).

Der Wert einer endogenen V.n wird durch den Wert der im Modell enthaltenen exogenen V.n bestimmt. Die exogenen V.n sind entweder konstant oder werden willkürlich festgelegt (bzw. werden bei Simulation beliebig verändert). Ihre Aufgabe ist es, die endogenen V.n zu erklären.
Typisch endogene V. sind z.B. innerhalb der volkswirtschaftlichen Gesamtrechnung der private Konsum, die Ersparnisse, die Investitionen etc. Typisch exogene V. sind die den Haushalten vom Staat zufließenden Einkommen, Transferzahlungen, sowie die direkten und indirekten Steuern. Import und Export sind endogene V., wenn der Außenhandel zwischen zwei Ländern liberalisiert ist. Exogen hingegen sind diese Größen dann, wenn ein Außenhandelsmonopol besteht.
Man unterscheidet ferner zwischen Mikrov. und Makrov. Mikroökonomische V. beziehen sich meist auf individuelle Entscheidungen (z.B. Konsum = Gesamtausgaben eines bestimmten Haushaltes während eines bestimmten Zeitraums). In makroökonomischen V.n hingegen kommt das Verhalten einer Gruppe von Wirtschaftssubjekten zum Ausdruck (z.B. Konsum = Gesamtkonsum aller Haushalte einer Volkswirtschaft während eines bestimmten Zeitraums). Ferner gibt es statische und dynamische V., je nachdem, ob diese V. mit einem Zeitindex versehen sind oder nicht.

Variable Kosten

Solche Kosten, die beschäftigungsabhängig sind. Der Zusammenhang zwischen Beschäftigungsänderung und der Änderung der V.K.n kann jedoch verschiedene Formen annehmen, die man als Kostenverläufe bezeichnet. Zur Beschreibung der Kostenverläufe eignet sich der sogenannte Reagibilitätsgrad der Kosten:

$$R = \frac{\text{prozentuelle Kostenänderung}}{\text{prozentuelle Beschäftigungsänderung}}$$

Variabler Terminkontrakt

Terminkontrakt, welcher dem Kunden das Recht einräumt, die Fremdwährung innerhalb einer im voraus bestimmten Zeitperiode zu liefern, zu beziehen und zu bezahlen.

Variantenvergleich

Beurteilung von Planungsvarianten, von denen nur eine realisiert werden soll.

Varietät

Begriff aus der Systemanalyse. Anzahl und Art der verschiedenen Elemente in einem System.

Veblen-Effekt
Bezeichnung nach dem Amerikaner Thorsten Veblen.
Die Nachfrage nach einem Gut nimmt zu, weil bzw. obwohl sein Preis steigt. Da sich nur bestimmte Konsumenten diese Güter kaufen können, ist mit dem Kauf dieser Güter ein gewisser Prestigeeffekt verbunden.

Venture Capital-Finanzierung
Merkmale:
- Finanziert werden Projekte mit einem besonders hohen Wachstumspotential.
- Es handelt sich um Eigenkapitalfinanzierung, die den wesentlichen Teil der gesamten Kapitalaufbringung für das betreffende Vorhaben umfaßt.
- Die Betreuung des Projekts durch den Kapitalgeber erfolgt durch intensive Managementhilfe und -betreuung (v.a. hinsichtlich Finanzierung, Organisation und Marketing).
- Aus der Vielzahl von Investitionsvorhaben kommt für V.C.-F. nur eine kleine Anzahl ausgewählter Projekte in Frage.

Verbundene Produktion
Erzeugung von mehreren Gütern in einem Betrieb (Mehrproduktfirma)

Verdoorn-Hypothese
Geht davon aus, daß wirtschaftliches Wachstum zu einer Zunahme der Produktivität führt, wonach die zunächst ausgelösten positiven Beschäftigungseffekte in der Folge wieder abgeschwächt werden.

Veredelungsverkehr
Zollbegünstigter Grenzübergang von Waren zwecks Be-, Verarbeiten und Ausbessern.

Verein
Der V. ist eine auf Dauer angelegte, freiwillige Personenvereinigung, die in ihrem Bestand vom Mitgliederwechsel unabhängig ist, eine körperschaftliche Verfassung und einen Gesamtnamen hat.

Verfristung
Verlust der prozessualen Durchsetzbarkeit eines Rechts bei Einrede des Prozeßgegners nach Ablauf einer bestimmten Frist. Durch Einklagung des Rechts vor Ablauf der Verjährung wird die Verjährungsfrist gehemmt.

Verfügbares Einkommen
Erhöht man den Anteil der privaten Haushalte (und privaten Organisationen ohne Erwerbszweck) am Volkseinkommen um die Renten, Pensionen, Unterstützungen und ähnliches, die die privaten Haushalte vom Staat und den anderen Sektoren sowie von der übrigen Welt bezogen haben, und zieht man von dieser Summe die von ihnen an den Staat geleisteten direkten Steuern sowie die an alle Sektoren und die übrige Welt geleisteten Sozialbeiträge und sonstigen laufenden Übertragungen ab, ergibt sich das V.E. des Haushaltssektors. Das V.E. der privaten Haushalte kann sowohl einschließlich als auch ohne nichtentnommene Gewinne der Unternehmen ohne eigene Rechtspersönlichkeit dargestellt werden. Dasselbe gilt für die Ersparnis der privaten Haushalte, die man erhält, wenn man vom V.E. den privaten Verbrauch abzieht.

Verfügbarkeit
Die V. eines Systems ist die Wahrscheinlichkeit, daß sich ein System in einem bestimmten Zeitraum in einem einsatzfähigen Zustand befindet. Sie ist 1 (oder 100%), falls in einem Beobachtungszeitraum keine Störung eingetreten ist.

Verfügungen
Darunter versteht man jede Änderung eines Rechtsverhältnisses. Auch Verfügungen können Teil einer Bewilligung der Österreichischen Nationalbank sein oder einer solchen bedürfen.

Verhaltensnorm
Mit Hilfe der Organisationstheorie und unter Berücksichtigung der Organisationsfaktoren lassen sich zwecks Erreichung bestimmter Ziele V.n aufstellen. Diese vereinfachen komplexe Sachver-

halte, müssen ständig überprüft werden und werden in der Praxis auch als Organisationsprinzipien bezeichnet.

Verhältniskriterium

Das V. ist eine Entscheidungsregel die besagt, daß eine Maßnahme dann realisierungswürdig ist, wenn der Quotient der Nutzen und Kosten größer als 1 wird.

$$\left(\frac{N}{K}\right)_i = \frac{N_i}{K_i}, \text{ Ziel: } \frac{N}{K} > 1$$

Beim V. bleiben die absoluten Größen der Nutzen und Kosten unberücksichtigt. Es wird nur festgestellt, wie wirtschaftlich der Mitteleinsatz ist.

Verhältnis-Spread

→ Ratio Spread

Verkäufermarkt

Von einem V. spricht man, wenn sich der Verkäufer bei der Fixierung der Konditionen (Preis und sonstige Konditionen) in einer starken Position befindet.

Verkaufsoption

Eine Option, die dem Inhaber das Recht gibt, innerhalb einer bestimmten Zeitspanne die zugrundeliegende Währung bzw. den zugrundeliegenden Terminkontrakt zu einem festgesetzten Preis zu verkaufen.
engl. Put

Verkehrsaufkommen

Anzahl von Wegen oder Fahrten, die in einem bestimmten Gebiet (Gemeinde-, Stadtgebiet usw.) in einem festgelegten Zeitintervall (z.B. 24 Stunden) durchgeführt werden.

Verkehrsbelastung

Anzahl von Verkehrsteilnehmern oder Fahrzeugen, die einen bestimmten Querschnitt oder Streckenabschnitt eines Verkehrsweges in einem festgelegten Zeitintervall passieren (Anzahl der Kraftfahrzeuge je 24 Stunden, Anzahl der Personen je 24 Stunden usw.).

Verkehrsgemeinschaft

Die V. ist eine über die Tarifgemeinschaft hinausgehende Kooperationsform von Verkehrsunternehmen. Sie besteht im wesentlichen in einer einheitlichen Netz- und Fahrplangestaltung.

Verkehrsverbund

Der V. ist eine über die ⇒ Verkehrsgemeinschaft hinausgehende Kooperationsform von Verkehrsunternehmen in Ballungsräumen, bei der ohne Fusion dieser Unternehmen wesentliche Zuständigkeiten, insbesondere für die Netz-, Fahrplan- und Tarifgestaltung einer besonderen Institution übertragen werden.

Verkehrswert

Marktwert von Gütern, vor allem von Immobilien.

Verlosung

Form der Tilgung von Wertpapieren.

Verlustvortrag

Ist das Eigenkapital infolge von Verlusten kleiner als das Nominalkapital geworden, so darf dieses in der Bilanz nicht vermindert werden, sondern ist weiterhin in voller Höhe auszuweisen. Die Verluste sind auf der Aktivseite der Bilanz vorzutragen.

Vermeidungskostenmethode

Begriff aus der Evaluierungsforschung.
Bei der V. wird angenommen, daß der Nutzen eines Gutes gleich jenen Kosten ist, die zur Vermeidung von Beeinträchtigungen aufgewandt werden müssen. Im Hintergrund steht dabei die Erfahrung, daß meist die Vermeidungskosten geringer sind als die Beseitigungskosten.

Vermögen

1. Bruttovermögen: Gesamtwert der Aktiva einer Wirtschaftseinheit zu einem bestimmten Zeitpunkt; er ist größengleich (aber nicht identisch) mit dem Gesamtwert der Passiva (Reinvermögen und Verpflichtungen) dieser Wirtschaftseinheit zum selben Zeitpunkt.

GESAMTVERMÖGEN							

| | Kapitalvermögen | | | | | | |

Arbeits-vermögen („Human Capital")	Sonstige Vermö-genswerte Rechte	Sachvermögen (Realvermögen)					Geld-vermögen
		Gebrauchsvermögen (Gebrauchsgüter)		Produktivvermögen (Produktionsgüter)			
		öffentlich	privat	privat		öffentlich	
				nicht Er-werbs-zwek-ken dienend	sachl. Er-werbs-ver-mögen	nicht Er-werbs-zwek-ken dienend	

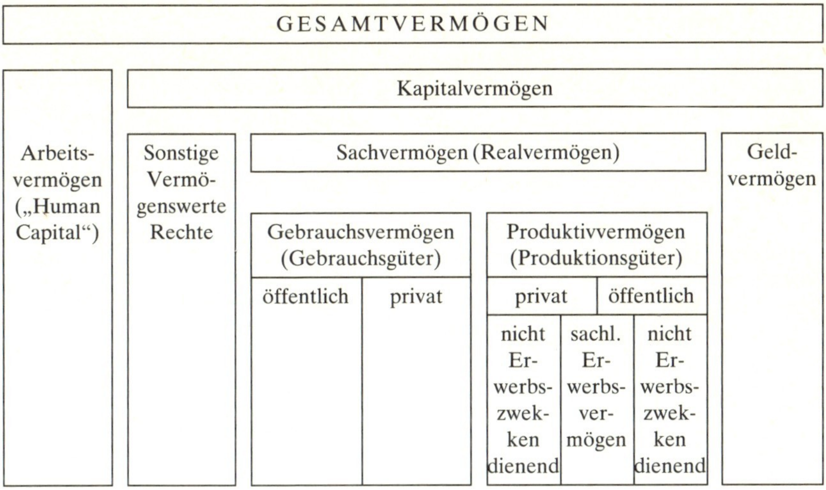

2. Nettovermögen (= Reinvermögen): Gesamtwert der Aktiva abzüglich der Verbindlichkeiten im weiteren Sinn

Vermögensrechnung

Nach bestimmten Grundsätzen vorgenommene Aufstellung der bewerteten Bestände an Vermögensobjekten und Verbindlichkeiten am Rechnungsstichtag. Betriebliche Vermögensrechnungen (Bilanzen) werden im Rahmen der Vorschriften des Handels- und Steuerrechts erstellt. Die volkswirtschaftliche Vermögensrechnung wird nach folgendem Grundschema für einzelne Sektoren erstellt:

Aktiva	Passiva
Sachvermögen	Verbindlichkeiten
Forderungen	Saldo: Reinvermögen

Verschweigung
→ Verwirkung

Verursacherprinzip
Grundsatz, die Kosten für die Beseitigung von negativen externen Effekten (v.a. Umweltschäden) dem Verursacher anzulasten. Dieses von der OECD empfohlene Prinzip ist sinnvoll nur anwendbar, wenn es sich um Schäden handelt, die beseitigt werden können; bei irreversiblen Umweltbelastungen müssen diese vermieden werden. Überdies ist die Ermittlung des Verursachers selten eindeutig möglich.

Verwirkung (D)
Überwiegend im deutschen BGB anerkannt. Bedeutet Rechtsverlust; dieser soll eintreten, wenn der Berechtigte durch Untätigkeit beim Verpflichteten die Erwartung hervorruft, er werde sein Recht nicht mehr ausüben, und deshalb nach den Umständen des Einzelfalles die spätere Geltendmachung Treu und Glauben widerspricht.
Im österreichischen Recht ist die V. nur insoweit anzuerkennen, als im Verhalten des Berechtigten ein stillschweigender Verzicht auf das Recht erblickt werden kann.
Andere Bezeichnung: Verschweigung

Verzögerung
Der Zeitabstand zwischen zwei Ereignissen bzw. zwischen der Änderung einer ökonomischen Größe und der davon aus-

Verzögerung

gelösten Änderung einer anderen ökonomischen Größe.

Verzögerungen lassen sich wie folgt gruppieren:

(a) Interne Verzögerung

(b) Externe Verzögerung

ad (a) Interne Verzögerungen („inside lags"): dies ist der Zeitraum zwischen einer Handlungsnotwendigkeit für die verantwortlichen wirtschaftspolitischen Instanzen und dem Zeitpunkt der tatsächlichen Handlung.

Inside lags können wieder in folgende Teillags zerlegt werden:

- Erkenntnisverzögerungen („recognition lags"): er umfaßt den Zeitraum, der verstreicht zwischen dem Eintreten wirtschaftspolitisch unter Umständen relevanter Effekte und der mehr oder minder eindeutigen Diagnose dieser Effekte. Dieser lag umfaßt sowohl die Erhebung der notwendigen statistischen und sonstigen Informationen als auch die Hypothesenauswahl.
- Entscheidungsverzögerung („decision lags"): Zeitraum zwischen der Diagnose der Effekte und der Vornahme von Makroentscheidungen vom Typ B. Die Länge dieses lags hängt im wesentlichen ab vom Informationsgrad und der Dringlichkeit der zu treffenden Maßnahmen, der Zahl der Alternativen, die es zu beurteilen gilt, der Länge und dem Zeitpunkt, zu dem eine Entscheidung innerhalb der Legislaturperiode zu treffen ist, politischen Konstellationen (z.B. Einparteien- oder Mehrparteienregierung, Vorhandensein einer Koalition usw.) sowie davon, wer die betreffende Entscheidung zu fällen hat (etwa das Parlament oder die Zentralbank). Auch die Fristigkeit der Ziele, d.h. der Zeitpunkt, zu dem bestimmte Ziele realisiert werden.

ad (b) Externe Verzögerungen („outside lags"): dies ist der Zeitraum, der vom Zeitpunkt des Mitteleinsatzes, d.h. also vom Zeitpunkt der Durchführung der

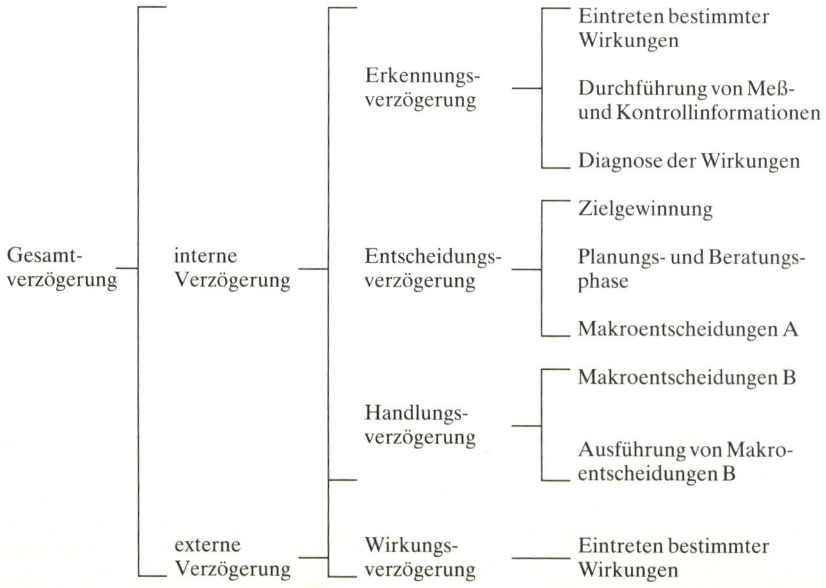

Maßnahmen bis zum Auftreten der gewünschten Wirkungen verstreicht. Interne und externe Verzögerungen bilden zusammen die sogenannte Gesamt- oder Totalverzögerung („total lag“).

Verzugszinsen
Bei Nichteinhalten der vereinbarten Rückzahlungsmodalitäten für die aushaftenden Beträge berechnete zusätzliche Zinsen.

Videotext
Form der Text- und Grafikkommunikation, die gemeinsam von ARD und ZDF als zusätzlicher Informationsdienst neben Rundfunk und Fernsehen angeboten wird. Bezeichnung in Österreich: Teletext. Bezeichnung in der Schweiz: Teletex. Die internationale Bezeichnung lautet: broadcast video tex.
V. macht sich die sog. Austastlücke zunutze und bietet Informationen in Form sog. Videotext-Tafeln (24 Zeilen mit max. je 40 Zeichen). Zum Empfang von V. ist ein Decoder erforderlich.

Vinkulierung
Sperre zu Gunsten Dritter.

Volatilität
Ausmaß von Preisschwankungen im Zeitablauf. Die V. ist wichtig für die Einschätzung von Risiko- und Gewinnchancen. Der Begriff wird hauptsächlich verwendet im Zusammenhang mit Börsenkursen, Warenmärkten, Devisenkursen und Eurodollarkontrakten.

Volkseinkommen
Das V. ist die Summe aller Erwerbs- und Vermögenseinkommen, die Inländern letztlich zugeflossen sind. Es umfaßt – in der Gliederung nach Sektoren – die Erwerbs- und Vermögenseinkommen der privaten Haushalte und privaten Organisationen ohne Erwerbszweck, die Vermögenseinkommen des Staates und die unverteilten Gewinne der Unternehmen mit eigener Rechtspersönlichkeit. In der Verteilungsrechnung des V. werden zwei wichtige Einkommensarten unterschieden, nämlich die

- Bruttoeinkommen aus unselbständiger Arbeit und
- Bruttoeinkommen aus Unternehmertätigkeit und Vermögen.

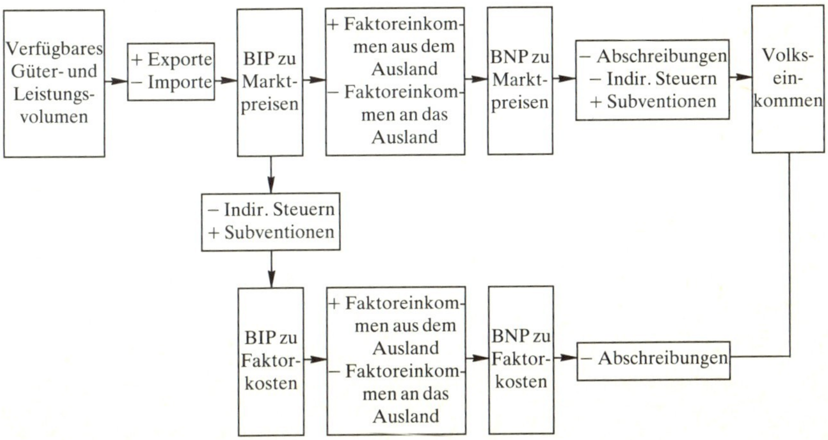

Transaktionen	Hauptaggregate	Rechnungsart
BPW – Intermediärverbrauch = NPW: Brutto-Entgelte für unselbständige Arbeit Abschreibungen Indirekte Steuern Betriebsüberschuß MWSt., Importabgaben	BIP	Entstehungsrechnung
Einkünfte aus Besitz und Unternehmung Entgelte für unselbständige Arbeit	Volkseinkommen	Verteilungsrechnung
Privater Konsum Öffentlicher Konsum Investitionen (einschl. Lagerveränderungen)	Verfügbares Güter- und Leistungsvolumen	Verwendungsrechnung

Volksvermögensrechnung

Unter dem Volksvermögen versteht man die Summe der Vermögensbestände aller Wirtschaftssubjekte eines Landes.

(a) *Volksvermögen in einer geschlossenen Wirtschaft*

Da innerhalb einer Volkswirtschaft jeder Forderung eines Wirtschaftssubjektes eine Verbindlichkeit eines anderen Wirtschaftssubjektes gegenübersteht, heben sich Forderungen (Einnahmen) und Verbindlichkeiten (Ausgaben) gegenseitig auf. Das Volksvermögen ist daher in diesem Fall gleich dem Realmögen aller Wirtschaftssubjekte.

Aktiva	Passiva
Forderungen	Verbindlichkeiten
Realvermögen	Reinvermögen (Volksvermögen)

(b) *Volksvermögen in einer offenen Wirtschaft*

Im Fall einer offenen Volkswirtschaft kommt es zu Transaktionen zwischen In- und Ausländern. Die daraus resultierenden Forderungen und Verbindlichkeiten müssen in der Volksvermögensrechnung berücksichtigt werden.

Das Volksvermögen ist daher in diesem Fall gleich dem Realvermögen aller Wirtschaftssubjekte der betreffenden Volkswirtschaft zusätzlich sämtlicher Forderungen an das Ausland, abzüglich sämtlicher Verbindlichkeiten gegenüber dem Ausland.

Aktiva	Passiva
Forderungen + Forderungen an das Ausland	Verbindlichkeiten + Verbindlichkeiten an das Ausland
Realvermögen	Reinvermögen (Volksvermögen)

Eine Volksvermögensrechnung gibt u.a. darüber Auskunft, ob ein Land ein *Gläubigerland* oder ein *Schuldnerland* ist. Im ersten Fall sind die Forderungen größer als die Verbindlichkeiten, im zweiten Fall ist es umgekehrt.

Volkswirtschaftliche Gesamtrechnung
Sammelbegriff für alle Berechnungen, die die Erfassung gesamtwirtschaftlicher Daten einer Volkswirtschaft auf der method. Grundlage des Kreislaufschemas anstreben.

- Volkseinkommensrechnung (Entstehungs-, Verteilungs-, Verwendungsrechnung): Erfassung der gesamtwirtschaftlichen Leistungsströme. Ergänzt durch
- Input-Output-Tabelle (Disaggregation des gesamtwirtschaftlichen Produktionssektors zur Erfassung der inter-industriellen Verflechtung) und durch die
- Geldstromanalyse oder Finanzierungsrechnung (Erfassung der Finanzierungsströme zur Transparenz der gesamtwirtschaftlichen Kreditverflechtung).
- Volksvermögensrechnung: Erfassung des Volksvermögens zu einem bestimmten Zeitpunkt (Bestandsrechnung).

Vollkosten
Alle Kosten, die die Erzeugung eines Gutes verursacht.

Vollkostenrechnung
Alle angefallenen Kosten werden auf die Kostenträger verrechnet.

Vorkalkulation
Sie ist ein ex ante durchgeführte Kalkulation zum Zwecke der Entscheidung über Annahme oder Ablehnung von Aufträgen.

Vorkaufsrecht
Recht des Liegenschaftseigentümers dem Vorkaufsberechtigten die Liegenschaft zu den Konditionen anzubieten, zu denen es sie dem Käufer verkaufen könnte. Der Berechtigte kann die Liegenschaft sodann zu diesen Bedingungen selbst erwerben oder verliert das Vorkaufsrecht. Eine Schenkung wird durch das Vorkaufsrecht nicht verhindert, es bleibt allerdings im Grundbuch einverleibt.

Vorleistungen
Summe der Produktionsfaktoren, die zur Erzeugung von Gütern benötigt werden, die jedoch nicht selbst erzeugt, sondern von anderen Unternehmen aus dem Inland oder aus dem Ausland (Importe) bezogen wurden.
Andere Bez.: Intermediärverbrauch.

Vorleistungskoeffizient
→ Produktionskoeffizient

Vorverkaufsrecht (CH)
Vorrecht auf den Kauf einer Sache, meist eines Grundstücks, wenn es der Eigentümer (z.B. Vermieter) veräußern will. Das V. an Grundstücken ist nach schweizerischem Recht nur schriftlich gültig und kann (als Sicherung) für höchstens 10 Jahre im Grundbuch vorgemerkt werden.

Vorschußzinsen
Bereitstellungsgebühr.
Betrag, der im Spargeschäft für Nichteinhalten einer Kündigungsfrist eingehoben werden muß.

Vorzeitige Abschreibung (A)
Gemäß § 8 EStG kann von abnutzbaren Wirtschaftsgütern des Anlagevermögens im Jahr der Anschaffung oder Herstellung neben der ordentlichen Abschreibung eine vorzeitige Abschreibung vorgenommen werden. Die vorzeitige Abschreibung ist mit 40%, bei Kraftfahrzeugen mit 20% der Anschaffungs- oder Herstellungskosten begrenzt.

Vorzugsaktie
Aktie mit einem bestimmten Vorzugsrecht.
z.B. bei:

- der Gewinnverteilung
- der Liquiditätsausschüttung und/oder
- dem Stimmrecht (hier spricht man auch von einer Mehrstimmenrechtsaktie).

Voucher
Gutschein. Üblich im Zusammenhang mit Incoming- oder Outgoing-Tourismus.

Wachstum, reales
Tatsächlich erzieltes Wachstum (zumeist des Bruttosozialproduktes), d.h. nach Berichtigung um die Inflationsentwicklung.

Wachstumswerte
In den sechziger Jahren entstandene Bezeichnung für Unternehmen mit jährlich stetig und überdurchschnittlich zunehmenden Gewinnen, die zum größten Teil im Unternehmen investiert werden, um das Wachstum finanzieren zu können. Infolgedessen sind die Ausschüttungen in der Regel niedrig. Für den Anleger besteht die Anziehungskraft einer solchen Aktie in der Chance auf Kursgewinne.

Währung
Gesetzlich geregelte Geldeinheit eines Landes, in Münzen und Noten verbrieft. Festlegen des Austauschverhältnisses gegenüber anderen (ausländischen) Währungen ⇒ Währungsparität.
Arten von W.en:
- Frei konvertierbare Währung
- Beschränkte bzw. nicht konvertierbare Währung

Währungsparität
Wertverhältnis zwischen zwei Währungen.
→ Wechelkurse

Währungsreserven, offizielle
Bestände der Nationalbank, vor allem an Gold, Devisen und Valuten sowie an Forderungen aus der internationalen Währungskooperation.

Währungsschlange
Währungsverbund zwischen der Bundesrepublik Deutschland, Holland, Belgien, Luxemburg, Dänemark und Norwegen; Österreich ist de facto angeschlossen. Die Währungen der Mitgliedsländer haben untereinander feste Wechselkurse, schwanken aber frei gegenüber den übrigen Währungen.

Wall Street
Straße, die durch das Finanzzentrum von New York führt. Im übertragenen Sinn Bezeichnung für die an dieser Straße gelegene New Yorker Stock Exchange, aber auch allgemein für New York als Finanzplatz.

Wandelanleihe
Anleihe, die unter bestimmten Bedingungen während eines bestimmten Zeitraumes in Aktien desselben Unternehmens umgetauscht (konvertiert) werden kann. Dieses Umtauschrecht nennt man Wandlungsrecht.
Andere Bezeichnung: Wandelobligation.

Wandelobligation
→ Wandelanleihe

Warenkurs
→ Briefkurs

Warrant
Bezugsrecht für Aktien oder Schuldverschreibungen von ein und derselben Gesellschaft während eines bestimmten Zeitraumes und zu bestimmten Bedingungen. Der „W.“ stellt faktisch ein über einen längeren Zeitraum laufendes Bezugsrecht dar.

Wechsel
Eine Urkunde, in der sich der Aussteller wechselmäßig verpflichtet, zu einem bestimmten Zeitpunkt einen bestimmten Betrag an eine bestimmte Person entweder selbst zu zahlen oder durch einen Dritten zahlen zu lassen.

Wechselkurse
Eine der Grundvoraussetzungen für Außenhandelsbeziehungen zwischen verschiedenen Staaten ist die Existenz eines gemeinsamen Nenners, der die in unterschiedlichen Binnenwährungen ausgedrückten In- und Auslandspreise untereinander vergleichbar macht. Diesen gemeinsamen Nenner stellen W.e. dar. Sie sind Wertansätze, die angeben sollen, wieviel für eine ausländische Währung (entweder 100 Einheiten oder 1 Einheit), ausgedrückt in Einheiten der Inlandswährung, bezahlt werden muß. Man unterscheidet drei Arten von W.:

⇒ Feste W.
⇒ Flexible W.
⇒ Multiple W.

Wechselkurs, effektiver Ⓐ

Der e.W. einer Währung mißt – vereinfacht ausgedrückt – die Kaufkraft dieser Währung in Devisen. Diese Messung war in Zeiten relativ fixer Wechselkurse vergleichsweise einfach. Änderungen im Wechselkurs einer Währung waren praktisch immer gleichbedeutend mit Abwertungen/Aufwertungen dieser Währung gegenüber allen anderen. Hingegen stehen einander unter den Bedingungen eines Systems weitgehend flexibler Wechselkurse bilaterale Aufwertungen und bilaterale Abwertungen einzelner Währungen gleichzeitig gegenüber. Der Gesamteffekt auf den Außenwert einer Währung ist damit nicht mehr offensichtlich. Es bedarf einer Indexkonstruktion, die die Veränderung der verschiedenen Wechselkurse nach ihrer Bedeutung für den österreichischen Schilling zusammenfaßt. Die in Frage kommenden ausländischen Währungen (bzw. deren bilateraler Wechselkurs zum Schilling) gehen dabei entsprechend einer an Hand der außenwirtschaftlichen Verflechtung eines Landes in einem Basisjahr ermittelten Gewichtung in die Berechnung des Indexwertes ein.

Das Konzept des ⇒ Wifo zur Berechnung von Indizes für den effektiven Wechselkurs des Schillings orientiert sich primär an deren Verwendung für die Beurteilung der preislichen Konkurrenzfähigkeit österreichischer Güter- und Dienstleistungen. Es eignet sich somit insbesondere für die Zerlegung der real effektiven Wertänderung des Schillings in eine Preis-(Arbeitskosten-) und eine Wechselkurskomponente. Für die Berechnung der *real effektiven Wertänderung* des Schillings wird die nominell effektive Aufwertung/Abwertung um die Inflations-(Arbeitslosen-)differenz zwischen Österreich und seinen im Wechselkursindex erfaßten Handelspartnern bereinigt.

Wechselobligo

Obligohöhe für Eskontwechsel.

Über die Wechselverpflichteten werden Vormerkungen meist in Staffelform geführt, aus denen hervorgeht, bis zu welcher Höhe der einzelne Wechselschuldner dem Geldinstitut gegenüber aus Wechselkonten verpflichtet ist. Für die in Betracht kommenden Geschäftsleute wird meist eine bestimmte Obligohöhe festgelegt, die nicht überschritten werden darf.

Wert

→ Valuten

Wertanalyse

Instrument der Kostensenkung. Die Funktion ist der zentrale Begriff der W. Im Rahmen einer Funktionsanalyse wird jedes Produkt in Funktion „zerlegt", wobei zwischen Haupt- und Nebenfunktionen unterschieden wird. Bei allen Funktionen wird hierauf geprüft, welche Funktionen u.U. ohne Qualitätsverlust weggelassen werden können. Der Wertanalyse-Arbeitsplan nach DIN 69910 umfaßt 6 Grundschritte.

Wertefunktion

Begriff aus der Entscheidungstheorie.

Stellt den Zusammenhang zwischen den Eigenschaften und den Erfüllungsgraden in Form einer Funktion dar.

Wertgerüst

Gesamtheit der normativen Elemente in einer Nutzen-Kosten-Untersuchung.

Wertpapiere

W. sind Urkunden, welche unmittelbar aus sich heraus ein Recht verkörpern und der Geldveranlagung dienen. Man unterscheidet:

- inländische W.: W., die von einem Inländer emittiert sind
- ausländische W.: W., die von einem Ausländer emittiert sind
- österreichische Auslandstitel: W., die von einem Inländer emittiert sind, aber auf ausländische Währung lauten und im Ausland zahlbar sind.

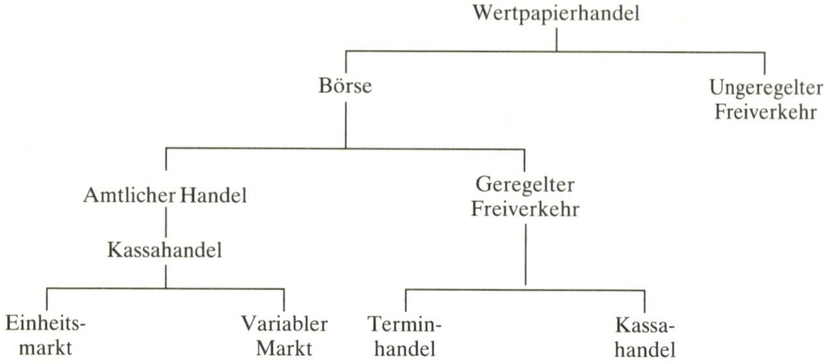

Wertpapierarbitrage
Wertpapierhandel, der darauf ausgerichtet ist, gleichzeitig an verschiedenen Börsen auftretende Kursdifferenzen in denselben Wertpapieren auszunutzen und dadurch Gewinne zu erzielen.

Wertpapierbörse
Markt, auf dem regelmäßig Wertpapiere gehandelt werden.
In der BRD gibt es, außer Düsseldorf und Frankfurt, auch noch Börsen in sechs anderen Städten.
In der Schweiz, außer Zürich, noch in sieben anderen Orten.
In Österreich nur in Wien.

Wertschöpfung
Die W. ist der von einem Unternehmen in einer bestimmten Periode geschaffene Wertzuwachs und gleichzeitig auch Meßgröße für dessen volkswirtschaftliche Leistungskraft. Sie wird errechnet, indem von der Gesamtunternehmungsleistung alle Vorleistungen (Wert der von anderen Unternehmungen bezogenen Güter und Dienstleistungen) abgezogen werden. Dies ergibt die Brutto-W., von der man durch Subtraktion der Abschreibungen die Netto-W. ermittelt, die sich auf die Gruppen Mitarbeiter, Staat, Kredit- und Kapitalgeber sowie auf die eigene Unternehmung (Selbstfinanzierung) verteilt.
Die W. könnte man daher auch als Eigenleistung eines Unternehmens definieren. Es ist sein Beitrag zum Bruttoregionalprodukt. Wirtschaftlich ergibt sich die W. als Differenz zwischen den abgegebenen Leistungen und den vom Unternehmen von vorgelagerten Stufen übernommenen Leistungen. Rechnerisch kann sie *subtraktiv* (als Differenz zwischen dem Bruttoproduktionswert, das sind die Umsatzerlöse zu- oder abzüglich der Bestandsveränderungen zuzüglich der selbsterstellten Anlagen und den Vorleistungen) oder *additiv* (aus den Komponenten Steuern, Personalkosten, Zinskosten, Betriebsergebnis) ermittelt werden.
Das Wertschöpfungsdenken beruht auf der Vorstellung, daß der innerbetriebliche in den zwischenbetrieblichen Werteumlauf eingebettet ist. An sich ist der Kreislaufvorstellung der Gedanke fremd, daß im Rahmen der Produktion ein Überschuß entsteht. Vielmehr ergibt sich aus dieser Fiktion, daß die Summe aller Güterzu- und -abflüsse einer Unternehmung ausgeglichen ist und jegliche Erzeugung als eine Güterumwandlung begriffen werden muß. Eine Saldenermittlung ist (jedenfalls unter dem Blickwinkel der Vorstellung vom Werteumlauf) nur durch die Zurechnung bestimmter Güterströme auf eine bestimmte Zielvorstellung möglich.

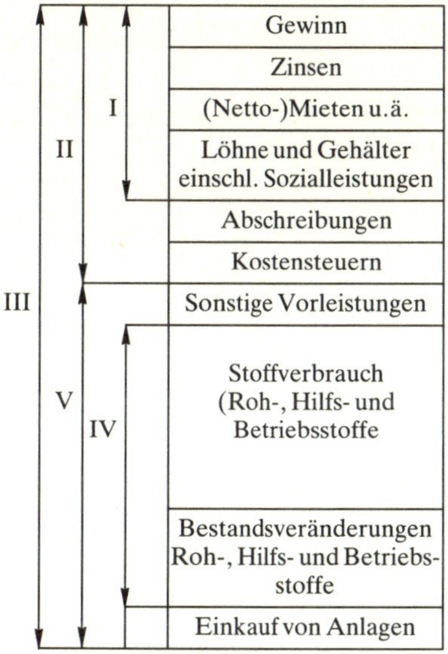
Gewinn
Zinsen
(Netto-)Mieten u.ä.
Löhne und Gehälter einschl. Sozialleistungen
Abschreibungen
Kostensteuern
Sonstige Vorleistungen
Stoffverbrauch (Roh-, Hilfs- und Betriebsstoffe
Bestandsveränderungen Roh-, Hilfs- und Betriebsstoffe
Einkauf von Anlagen
I
II
III
IV
V

I: Nettowertschöpfung
II: Bruttowertschöpfung
III: Bruttoproduktionswert
IV: Einkäufe von Roh-, Hilfs- und Betriebsstoffen
V: Einkäufe von anderen Unternehmungen = Vorleistungen

Wertsicherungsklausel
Vereinbarung, durch die der Geldwert einer Forderung auf einen bestimmten anderen Maßstab (z.B. Preisentwicklung einer Ware) zwecks Schutz des Empfängers der Leistung gegen deren Entwertung bezogen wird.

Wertstellung
→ Valutierung

WIFO (A)
Abk. für Österreichisches Institut für Wirtschaftsforschung, Wien

Willingness-To-Pay-Methode
Begriff aus der Evaluierungsforschung. Eine bestimmte Wirkung wird mit dem Geldbetrag bewertet, den der Konsument der Wirkung im äußersten Fall zu zahlen bereit ist. Die maximale Zahlungsbereitschaft kann u.a. durch Befragungen ermittelt werden.

Winchester
→ Festplatte

Windfall Profits
Unerwartete und ohne Zutun des Empfängers entstandene Gewinne bzw. unvorhergesehene reale Werterhöhung eines Vermögens, die weder auf Einsatz von Leistungen noch Übernahme von Risiken zurückzuführen ist.

Window Dressing
Legale Bilanzmaßnahmen, um deren äußeres Bild – in Hinsicht auf bestimmte Absichten – günstiger zu gestalten.

Wirksame Nachfrage
Die Gesamtheit der von privaten Haushalten, von Unternehmen, vom Staat und Ausland geleisteten Ausgaben für materielle Güter und Dienstleistungen.

Wirtschaftlichkeit
Das in Geldeinheiten bewertete Verhältnis von Erlös einer Produktionsleistung zu den Faktorkosten. Bildet die Wirtschaftlichkeit das Kriterium für die Vornahme von Investitionen, so handelt die Unternehmung nach dem W.sprinzip. Dabei sind zwei Arten zu unterscheiden:
- Mit geringstmöglichem Einsatz an Faktoren (Input) den größtmöglichen Erfolg (Output) zu erzielen (= Minimalprinzip).
- Mit einem bestimmten Einsatz an Faktoren (Input) den größtmöglichen Erfolg (Output) zu erzielen (= Maximalprinzip).

Beiden Varianten gemeinsam ist das Bestreben, einen möglichst hohen (Netto-) Nutzeffekt zu erzielen.

Wirtschaftlichkeitsrechnungen
W. sollen Aussagen ermöglichen über
- die Vorteilhaftigkeit von Investitionen
- die Wahl zwischen verschiedenen Investitionsobjekten

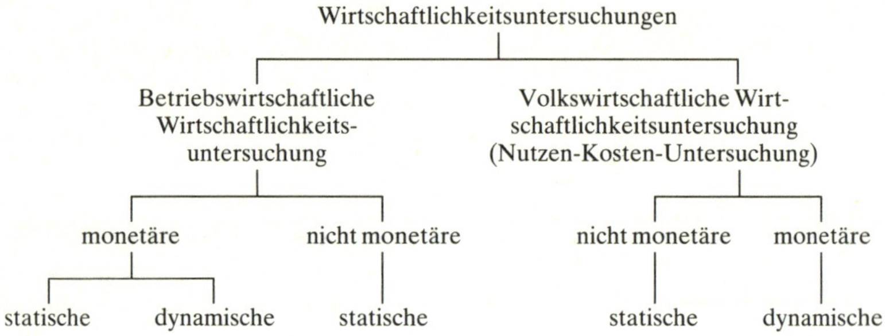

- die optimale Höhe des Investitionsvolumens
- die optimale Nutzungsdauer
- den optimalen Ersatzzeitpunkt eines Objektes

Wirtschaftswachstum

Meist als Zuwachs an verfügbaren materiellen Gütern und Diensten für eine Volkswirtschaft in einem bestimmten Zeitraum interpretiert. Indikator: Reale Zuwachsraten des BIP. Insbesondere durch die Einbeziehung des öffentlichen Sektors und die Nichtberücksichtigung der Abnutzung der natürlichen Umwelt verliert dieser Indikator an Aussagekraft. Die Diskussion über Grenzen des Wachstums, ein erhöhtes Umweltbewußtsein, der Erdölschock u.a. Ereignisse haben einen Wandel in der sozialpsychologischen Beurteilung des Wachstumszieles bewirkt. Die unverminderte Aufrechterhaltung des Wachstumszieles bei den politischen Entscheidungsträgern wird erklärlich durch die Komplementarität hoher Wachstumsraten mit einer Reduzierung des Verteilungskonflikts zwischen gesellschaftlichen Gruppen bzw. zwischen dem privaten und dem öffentlichen Sektor.

Wissen

Die in einem informationsverarbeitenden System unmittelbar verfügbare Information, die zur Lösung eines Problems direkt genutzt werden kann. W. umfaßt also nicht nur die Information, sondern auch deren Verfügbarkeit und strukturierte Nutzbarkeit in Situationen, in denen Probleme gelöst werden sollen.

With-And-Without-Prinzip

Nach diesem Prinzip werden auf Basis des Ist-Zustandes zwei hypothetische Zustände ermittelt:
Zustand 1: Status-quo-Prognose (Zustand ohne Durchführung der Maßnahme)
Zustand 2: Wirkungsprognose (Zustand nach Durchführung der Maßnahme)

Wohlfahrtsökonomie

Summe aller Hypothesen, die versuchen, die Zusammenhänge zwischen wirtschaftlichen und sozialen Einflußgrößen und der individuellen bzw. gesellschaftlichen Wohlfahrt aufzuzeigen.

X-Effizienz

Die X. geht davon aus, daß es Faktoren gibt, die sich im Output niederschlagen, ohne daß die eingesetzten Produktionsfaktormengen vergrößert wurden oder ihr Einsatzort verändert wurde. Da in vielen Fällen nicht bekannt ist, welche Einflußfaktoren es sind, nannte Leibenstein diese Faktoren einfach X. Im einzelnen dürften sich hinter der X. folgende Faktoren verbergen: Motivation der Arbeitnehmer, die Geschwindigkeit, mit der Handlungen ausgeführt werden, die Qualität der Handlungen etc.

I. HANDELSBILANZ	
Warenexporte	Warenimporte Saldo
II. DIENSTLEISTUNGSBILANZ	
Einnahmen aus Dienstleistungsverkäufen Saldo	Ausgaben aus Dienstleistungskäufe
III. ÜBERTRAGUNGSBILANZ	
Emfpangene Übertragungen	geleistete Übertragungen Saldo
IV. LANGFRISTIGE KAPITALVERKEHRSBILANZ	
Forderungen des Auslands	Forderungen an das Ausland Saldo
V. KURZFRISTIGE KAPITALVERKEHRSBILANZ	
Forderungen des Auslands	Forderungen an das Ausland Saldo
VI. GOLD- UND DEVISENBILANZ	
Devisenverbindlichkeiten	Gold- und Devisenforderungen Saldo
VII. RESTPOSTEN UND STATISTISCHE ERMITTLUNGSFEHLER	
Restposten	Saldo

Leistungsbilanz (I.–III.)
Grundbilanz (I.–IV.)
Zahlungsbilanz (I.–VII.)

Zahlungsbilanz
Obwohl der Begriff Z., der eine Eindeutschung des englischen Wortes „balance of payments" ist, es nahelegen würde, handelt es sich bei der Z. weder um eine Bestandsrechnung noch werden ausschließlich Zahlungen erfaßt. Die Z. erfaßt die innerhalb eines Zeitraumes zwischen Inländern und Ausländern vorgenommenen Transaktionen, d.h. alle Güter, Dienstleistungen und Transferzahlungen, welche eine Volkswirtschaft vom sogenannten „Rest der Welt" erhalten und an diesen geleistet hat sowie die Veränderungen der Forderungen und Verbindlichkeiten dieser Volkswirtschaft gegenüber dem Rest der Welt. Die Z. wird nach dem Prinzip der doppelten Buchhaltung geführt, d.h. jede Transaktion muß zweimal – einmal mit positivem und einmal mit negativem Zeichen – verbucht werden. Die Z. muß daher formal stets ausgeglichen sein. Tatsächlich ist dies jedoch nicht der Fall, da grenzüberschreitende Transaktionen vielfach nicht richtig erfaßt werden können. Jede Z. enthält daher die Position „Statistische Differenz", durch die ein formaler Ausgleich hergestellt wird.
Die international gültigen Grundsätze für die Erstellung von Z. wurden vom Inter-

nationalen Währungsfonds festgelegt. Sie sind im Balance of Payment Manual (BOPM) enthalten.

Zahlungsbilanzmechanismen
Sind Regelmechanismen, die eine Selbstregulierung der Zahlungsbilanz in Richtung Zahlungsbilanzausgleich bewirken. Anpassungsprozesse erfolgen über Schwankungen des Wechselkurses (Wechselkursmechanismen), des Preisniveaus (Geldmengen-Preis-Mechanismen) oder des Sozialprodukts (Einkommensmechanismen). Bei freien Wechselkursen führen Zahlungsbilanzüberschüsse der Tendenz nach zu Aufwertungen, Zahlungsbilanzdefizite zu Abwertungen. Die Aufwertung stimuliert i.d.R. die Importe und dämpft die Exporte, sodaß auf dem Devisenmarkt der Wechselkurs wieder zum Gleichgewicht tendiert. Die Wirksamkeit der Wechselkursmechanismen hängt von den in- und ausländischen Angebots- und Nachfrageelastizitäten ab, sowie dem Ausmaß der entgegenwirkenden Einkommenseffekte (Absorptionstheorie). Werden Wechselkursschwankungen z.B. durch Devisenmarktinterventionen der Währungsbehörden unterbunden, tritt die Anpassung über Preis- bzw. Sozialproduktveränderungen an die Stelle der Wechselkursanpassung. Zahlungsbilanzüberschüsse erhöhen die inländische Geldmenge; dies führt (monetaristisch argumentiert) zu Preisniveausteigerungen; diese wirken auf Export bzw. Import wie eine Aufwertung der Währung; gleichzeitig verursacht ein Leistungsbilanzüberschuß über den Exportmultiplikator eine Expansion des Sozialprodukts, was über eine Zunahme der Importe ebenfalls zu einer Korrektur des Zahlungsbilanzungleichgewichts beiträgt. Bedingung für eine erfolgreiche Selbstregulierung ist in jedem Fall, daß die Anpassungsmechanismen spielen können (insbes. Effekte auf Geldwertstabilität oder Beschäftigung hingenommen werden); erfahrungsgemäß dominieren aber in den meisten Ländern binnenwirtschaftliche Ziele vor dem Ziel „außenwirtschaftliches Gleichgewicht“.

ZDF
Abk. für Zweites Deutsches Fernsehen. Wiesbaden.

Zeitreihe
Folge numerischer Beobachtungswerte eines bestimmten Sachverhaltes in der Zeit.

Zeitreihenanalyse
Analyse ökonomischer Zeitreihen mit dem Ziel, einen empirischen Sachverhalt in seinen wesentlichen Komponenten darzustellen („abzubilden“). Störfaktoren wie ⇒ Autokorrelation oder ⇒ Multikollinearität werden dabei durch geeignete Filtermethoden eliminiert.

Zeitwert
Komponente der Optionsprämie. Der Zeitwert repräsentiert die Möglichkeit, daß Wechselkursbewegungen vor dem Auslaufen der Option zu (höheren) Gewinnen führen.

Zentralbankgeld (A)
Auch als Geldbasis bezeichnet; setzt sich aus folgenden Teilaggregaten zusammen:
- Aus dem Bargeldumlauf, der sich aus den Bargeldbeständen (Münzen und Banknoten) der Geschäftsbanken und des Nichtbankensektors ergibt;
- Aus den Mindestreserven, d.h. dem Volumen der vorgeschriebenen unverzinslichen Pflichteinlagen der Banken (in Prozent ihrer reservepflichtigen Verbindlichkeiten, wie Sicht-, Termin- und Spareinlagen) bei der Zentralbank;
- Aus den Überschußreserven, d.h. den über das Mindestreservesoll hinausgehenden freiwilligen Einlagen der Banken bei der Zentralbank;
- Aus sonstigen Verbindlichkeiten der Zentralbank gegenüber öffentlichen und privaten inländischen Stellen (= Sichtguthaben der Nichtbanken bei der Zentralbank.)

Zentralbankgeld (D)

Die Deutsche Bundesbank benutzt eine engere Definition der Zentralbankgeldmenge, die sich nur aus zwei monetären Aggregaten zusammensetzt:

- Aus den Mindestreserven, berechnet als Mindestreserve-Soll zu konstanten Reservesätzen und
- aus dem Bargeldumlauf ohne die auf die Mindestreserven anrechenbaren Kassenbestände der Geschäftsbanken an inländischen Banknnoten und Münzen.

Zentralbankgeldmenge, bereinigte (D)

Definition des ⇒ Sachverständigenrates: Bargeldumlauf und Zentralbankguthaben der Banken, bereinigt um den Effekt von Mindestreservesatzänderungen. Dem liegt die Vorstellung zugrunde, den expansiven oder kontraktiven Impuls, den eine Mindestreservesatzänderung darstellt, in der Zentralbankgeldmenge explizit zu machen. Senkt etwa die Bundesbank die Mindestreservesätze, so wird ein Teil des bisher in der Mindestreserve gebundenen Zentralbankgeldes frei und erhöht die Fähigkeit der Banken zur Geldschöpfung. Der freigesetzte Betrag, die Differenz zwischen dem alten und dem neuen Reservesatz multipliziert mit dem Einlagevolumen zu Beginn der Periode, wird der Zentralbankgeldmenge hinzuaddiert. Um eine Bestandsgröße zu erhalten, werden die durch Mindestreservesatzänderungen freigesetzten oder gebundenen Beträge von einem beliebigen Basiszeitraum aus aufsummiert und der Zentralbankgeldmenge hinzugefügt.

Zentralbankrat (A)

Die vom Z. der Deutschen Bundesbank beschlossene Geld- und Kreditpolitik ist für die Börse eine wichtige Einflußgröße. Bevorstehende Sitzungen des Z. lösen manchmal spekulative Kursbewegungen aus.

Zentralnotenbank

Bankinstitut, das vom Staat mit der Sorge für die Geldwertstabilität betraut wird. Dies beinhaltet u.a.:

- Die Ausgabe von Banknoten und
- das Durchführen einer Geldpolitik (z.B. Erhöhen oder Ermäßigen des Diskontsatzes usw.).

in Österreich: Die Österreichische Nationalbank

in der BRD: Die Deutsche Bundesbank

in der Schweiz: Die Schweizerische Nationalbank

Zero-Base-Bugeting

→ Null-Basis-Budgetierung

Zero-Bonds

Anleihen ohne Zinskupons (Null-Kupon-Anleihen), deren Ausgabepreise entsprechend tief unter dem Nominalwert = Rückzahlungswert liegen und so marktkonforme Renditen garantieren. Die wichtigsten Unterschiede zu gewöhnlichen Obligationen sind:

- Kein Kündigungsrisiko (bei fallendem Zinsniveau), der Schuldner müßte vorzeitig das Nominale rückzahlen!
- Höhere Kursvolatilität, d.h. stärkere Kursreaktion auf Änderung des Kapitalmarktniveaus.
- Keine Probleme mit der Wiederanlage von Erträgnissen.

Für den Privatanleger haben Z.B. den Vorteil einer Steuerstundung bis zum Einlösungstermin. Zusätzlich bleibt der über die Emissionsrendite hinausgehende Gewinn, der sich auf der Basis Steigerungen des Kapitalmarktzinses ergibt, steuerfrei. Beim Erwerber sind die Zinsen dementsprechend ab dem Erwerbszeitpunkt rechnerisch zu ermitteln und der Einkommenssteuer zugrundezulegen, wenn er entweder die Z.B. vor dem Ende der Laufzeit weiterveräußert oder das Wertpapier am Ende der Laufzeit einlöst. Bei der Berechnung des Kapitalertrages ist von den rechnerisch ermittelten Anschaffungs- und Veräußerungskursen der Z.B. auszugehen. Sie sind mit einem aus der Emissionsrendite abgeleiteten und vom Emissionsdatum ausgehenden Aufzinsungsfaktor auf den Übertragungszeitpunkt (Tag der Anschaffung und Tag der Veräußerung) aufzuzinsen. Beim Fehlen von Angaben über die Emissionsrendite wird diese anhand von Emissionswert und Rücknahmewert wie folgt errechnet:

$$\frac{\text{Rücknahmewert}}{\text{Emissionswert}} = \left(1 + \frac{\text{Emissionsrendite}}{100}\right)^{\text{Laufzeit}}$$

Zession

Übertragung einer Forderung vom bisherigen Gläubiger (Zedenten) auf einen neuen Gläubiger (Zessionar).
Kreditnehmer tritt Forderungen, die er gegen einen Dritten hat, dem Kreditgeber zur Sicherstellung des eingeräumten Kredites ab. Grundsätzlich können nur verwertbare Rechte abgetreten und existente Forderungen bevorschußt werden. In der Regel werden aus Lieferungen und Leistungen auf Grund von vorgelegten Rechnungen abgetreten. Die Abtretung künftiger Forderung ist möglich, wenn diese Forderungen zum Zeitpunkt der Abtretung nach dem Grundverhältnis und der Person des Schuldners bestimmbar sind (z.B. Auftragszession).

ZEST

→ Zinsertragssteuer

Ziele

Geben an, welche Wirkungen von den zu setzenden Maßnahmen ausgehen sollen. Maßnahmen können nur dann wirksam gesetzt werden, wenn die damit zu erreichenden Ziele feststehen und in operationaler Form definiert werden können.

Zielgruppe

Gruppe, die gezielt umworben werden bzw. erreicht werden soll. Dies gilt nicht nur für Abnehmergruppen, sie umfaßt bei einem gezielten Marketing auch die Produktpolitik, Preispolitik, Vertriebspolitik und die Werbung.

Zielindifferenz

Liegt dann vor, wenn mit der Erreichung eines oder mehrerer Ziele keine positiven oder negativen Wirkungen auf andere Ziele verbunden sind.

Zielkomplementarität

Liegt dann vor, wenn durch die Erreichung eines Zieles gleichzeitig oder zeitlich verzögert auch andere Ziele erreicht werden können.

Zielkonflikt

Z. liegt dann vor, wenn durch die Erreichung eines Zieles gleichzeitig oder zeitlich verzögert auch die Zielerreichung anderer Ziele ganz oder teilweise beeinträchtigt wird. Die Intensität, mit der Zielkonflikte auftreten, hängt im wesentlichen ab

- von der Zahl der Ziele, die in dem betreffenden Ziel-Instrument-System enthalten sind,
- von der Art und Zahl der wirtschaftspolitischen Instrumente, die zum Einsatz gelangen, sowie der Eingriffsintensität,
- dem Zeitpunkt, zu dem diese Instrumente zum Einsatz gelangen.

Andere Bez.: Zielkonkurrenz

Zielkonkurrenz

→ Zielkonflikt

Ziel-Mittel-Analysen

Zielanalyse bedeutet in erster Linie Herausarbeitung der Zielstruktur, d.h. also die Ermittlung des Verhältnisses der Teilziele, Zielkategorien und Zielelemente zueinander, zunächst ohne Berücksichtigung von Instrumenten. Die Herausarbeitung der Zielstruktur setzt jedoch eine möglichst weitgehende Operationalisierung der Teilziele, Zielkategorien und Zielelemente voraus, und zwar sowohl in sachlicher als auch in zeitlicher Hinsicht. In sachlicher Hinsicht erfolgt die Operationalisierung, indem den Teilzielen operationale Zielkategorien und operationale Zielelemente zugeordnet werden. In zeitlicher Hinsicht erfolgt die Operationalisierung dadurch, daß der Zeithorizont der Planung geschlossen und auf einen Zeitpunkt oder Zeitraum festgelegt wird, in dem die Wirkung eintreten soll. Ohne Zeitbestimmung fehlt den Zielen die Operationalität.

Die grundlegenden Zielbeziehungen sollen an Hand folgender Fälle erklärt werden:

a) Für jedes Ziel gibt es ein Instrument, das zur Realisierung des Ziels eingesetzt wird:

b) Gäbe es in der Wirtschaftspolitik nur Ziel-Instrument-Beziehungen dieser einfachen Art (d.h. nur solche zwischen einem Ziel und einem Instrument), so gäbe es offensichtlich auch keine Beziehungen zwischen den verschiedenen Zielen. Denn jedes Ziel hätte sein spezifisches Instrument und dieses Instrument würde nur auf das betreffende Ziel einwirken

c) In der Realität ist es jedoch meistens so, daß ein Instrument für mehrere Ziele eingesetzt wird.

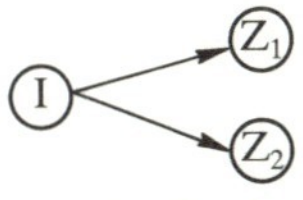

d) Zwischen Instrument und Z_2 wird ein Zwischenteil eingeschaltet:

In diesem Fall haben wir es jedoch nicht mit gleichgeordneten Zielen zu tun. Vielmehr wäre Z_1 nur ein Zwischenziel für das Endziel Z_2.

e) Beeinflussen dagegen zwei Instrumente zwei Ziele, so kommt es zu ⇒ externen Effekten

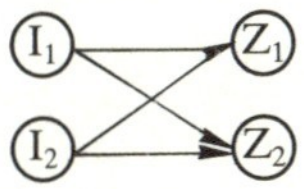

Zielvariablen

Jene meßbaren oder nicht meßbaren Größen, die von betreffenden Wirtschaftssubjekten erreicht werden möchten. Zwischenzielvariable heißen solche Zielvariable, die kein endgültiges Ziel darstellen, sondern instrumentellen Charakter in Bezug auf andere Ziele haben.

Zielwirkungen

→ Primäreffekte

Zinselastizität

Elastizität der Geldnachfrage oder der Investitionsnachfrage in Bezug auf den Zinssatz; beide sind i.d.R. negativ. In der Keynesianischen Theorie wird bei Unterbeschäftigung eine sehr geringe Z. der Investitionsnachfrage unterstellt (geht gegen Null), während die Z. der Geldnachfrage im Fall von Zinssenkungen gegen unendlich tendiert (Liquiditätsfalle). Dieser Umstand schränkt die Wirksamkeit einer expansiven Geldpolitik stark ein.

Zinsertragssteuer (A)

Ab 1.1.1984 unterliegen der Z.:

- Zinserträge aus Geldeinlagen (insbesondere Spar-, Termin- und Sichteinlagen) bei Kreditunternehmungen sowie Zinserträge aus sonstigen Forderungen gegenüber Kreditunternehmungen.
- Zinserträge aus von inländischen Emittenten ab dem 1.1.1984 ausgegebenen Wertpapieren.

Die Z. beträgt ab 1.1.1985 5% (für 1984: 7,5%) der Bemessungsgrundlage. Bemessungsgrundlage bilden die Zinsen und anderen Vorteile, die der Kunde vom Kreditinstitut unmittelbar oder mittelbar erhält. Abgabenschuldner ist der Kunde, die Zinsertragsteuer wird jedoch direkt vom Geldinstitut einbehalten und an das Finanzamt abgeführt. Von der Z. ausgenommen sind:

- Zinserträge aus bis zum 31.12.1983 ausgegebenen Wertpapieren
- Zinserträge aus Bauspareinlagen
- Zinserträge aus Genußscheinen, Aktien, Wandelschuldverschreibungen
- Zinserträge aus Fremdwährungseinlagen und aus auf Fremdwährung lautenden Anleihen in- und ausländischer

Emittenten sowie Schillinganleihen ausländischer Emittenten.

Zinseszinsen
Zinsen, die anfallen, wenn nichtabgehobene Zinsen wie Neueinlagen verzinst werden.

Zinseszinsrechnung
Finanzmathematische Berechnung von Zinseszinsen. Berechnung mittels Zinseszinsformel.
Endkapital (inkl. Zinsen) = Anfangskapital × Verzinsungsfaktor
Aufzinsungsfaktor: 1 + p/100
Endwert: Barwert × Aufzinsungsfaktor für Zinssatz und Periodenanzahl
Barwert: Endwert: Aufzinsungsfaktor für Zinssatz und Periodenanzahl

Zinsgefälle
Unterschied des Zinsniveaus an verschiedenen Orten insbesondere in zwei Ländern, durch den ein Geldabfluß von dem Land mit dem niedrigen Zinsniveau in das mit dem höheren erfolgen soll.

Zinsrisiko
Der Zinsmarkt kann sich während der Laufzeit von Fremdwährungseinlagen und Fremdwährungskrediten ändern.

Zinsspanne
Differenz zwischen dem durchschnittlichen Habenzinssatz und dem durchschnittlichen Sollzinssatz eines Geldinstitutes oder eines Institutssektors (z.B. des Sparkassensektors).

Zufallsvariable
Größe, die bei einem Zufallsexperiment bzw. einer Simulation auftreten kann. Durchläuft eine Z. in einem bestimmten Intervall nur endlich viele Zahlen, so spricht man von einer diskreten Z.
Andere Bez.: Stochastische Variable

Zwischenbilanz
Im Gegensatz zur Eröffnungsbilanz (Jahresanfang) und Schlußbilanz (Jahresende) eine innerhalb des Geschäftsjahres erstellte Bilanz.

Zwischendividende
Im Laufe des Geschäftsjahres ausgeschüttete Dividende, die der später festzustellenden Schlußdividende vorangeht.

Zwischenkalkulation
Kalkulation, die während des Leistungserstellungsprozesses zu Kontrollzwecken durchgeführt wird.

Zwischennachfrage
Summe der in einer Periode erzeugten oder importierten Vorleistungen. Diese Vorleistungen können aus drei Quellen stammen: aus der laufenden Produktion, aus dem Lagerabbau und aus Importen.
Andere Bez.: intermediärer Output

Oldenbourg · Wirtschafts- und Sozialwissenschaften · Steuer · Recht

Oldenbourg · Wirtschafts- und Sozialwissenschaften · Steuer · Recht

Oldenbourg · Wirtschafts- und Sozialwissenschaften · Steuer · Recht

Oldenbourg · Wirtschafts- und Sozialwissenschaften · Steuer · Recht

Oldenbourg · Wirtschafts- und Sozialwissenschaften · Steuer · Recht

Oldenbourg · Wirtschafts- und Sozialwissenschaften · Steuer · Recht